Bettina Eva Stumpp

Prostitution
in der römischen Antike

Bettina Eva Stumpp

PROSTITUTION

in der römischen Antike

Akademie Verlag

Die Deutsche Bibliothek – CIP-Einheitsaufnahme

Ein Titeldatensatz für diese Publikation
ist bei Der Deutschen Bibliothek erhältlich.

ISBN 3-05-003459-9

© Akademie Verlag GmbH, Berlin 2001

Das eingesetzte Papier ist alterungsbeständig nach DIN/ISO 9706

Einbandgestaltung: Jochen Baltzer, Berlin
Druck: GAM MEDIA, Berlin
Bindung: Norbert Klotz, Jettingen-Scheppach
Printed in the Federal Republic of Germany

Inhaltsverzeichnis

Abkürzungen

Arrighetti	Epicuro Opere, Text und ital. Übersetzung G. ARRI-GHETTI (Turin 1973²).
BGU	Ägyptische Urkunden aus den staatlichen Museen zu Berlin, Griechische Urkunden I–XII (Berlin 1895–1968).
C.	Codex Iustinianus, Corpus Iuris Civilis, vol. II¹⁴, ed. P. KRÜGER (Berlin 1967)
C. Th.	Codex Theodosianus, ed. TH. MOMMSEN/ P. M. MEYER, vol I⁴ – II⁴ (ND Dublin-Zürich 1971)
CIL	Corpus Inscriptionum Latinarum, consilio et auctoritate Academiae litterarum regiae Borussicae editum (Berlin 1863 ff).
CIS	Corpus Inscriptionum Semiticarum ab Academia inscriptionum et litterarum humaniorum conditum atque digestum (Paris 1881 ff.)
CMG	Corpus Medicorum Graecorum, edd. Academiae Berolinensis, Havniensis, Lipsiensis (Leipzig/Berlin 1908 ff.)
IG	Inscriptiones Graecae, consilio et auctoritate Academiae litterarum regiae Borussicae, vols. ed. mai. I–V. VII. IX. XI. XII. XIV (Berlin 1873–1939), ed. min (Berlin 1913 ff., teils in 2. Auflage).
IGUR	L. MORETTI, Inscriptiones Graecae Urbis Romae, Bd. 1 (1968); Bd. 2 (1972); Bd. 3 (1979).
ILS	Inscriptiones Latinae Selectae, ed. H. DESSAU, 3 Bde. (Berlin 1962²).
JAC	Jahrbuch für Antike und Christentum, 1 ff. (Münster 1958 ff.).

Nov.	Novellae, Corpus Iuris Civilis, vol. III[4], ed. R. SCHOELL /W. KROLL (Berlin 1912).
OGIS	Orientis Graeci Inscriptiones selectae, vol. I–II, ed. E. DITTENBERGER (Leipzig 1903–5).
P.Oxy	The Oxyrhynchus Papyri, ed. B. P. GRENFELL/ A. S. HUNT (London 1898ff.).
PG	Patrologiae cursus completus, Series Graeca, ed. J. P. MIGNE, 101 Bde. (Paris 1857ff.; ND 1977ff.).
RAC	Reallexikon für Antike und Christentum, ed. J. H. WASZINK/ L. WENGER/ TH. KLAUSER (Stuttgart 1950ff.).
RE	Realencyclopädie der classischen Altertumswissenschaft
SVF	Stoicorum vetera fragmenta, vol. I–IV (Leipzig 1903–1924), ed. J. V. ARNIM.
ThLL	Thesaurus linguae latinae, ed. auct. et cons. Academiarum quinque Germanicarum Berolinenses Gottingenses et al. (Leipzig 1900ff.).
Us.	H. USENER, Epicurea (Rom 1887).

Einleitung

Über die Geschichte der Prostitution ist seit langem schon viel geschrieben worden, darunter bis heute vieles, was rein kompilatorisch ist oder zur Befriedigung voyeuristischer Neigungen der Leser verfaßt wurde[1]. Als Untersuchungsgegenstand, der nicht auf Anekdoten und Kuriositäten basiert, hat sich die Erforschung der Prostitution in den historischen Disziplinen erst in jüngster Zeit im Bereich der Sozial- und Mentalitätsgeschichte etabliert. Gründe dafür sind zum einen die in der Forschung lange Zeit übliche Orientierung auf die gesellschaftlichen Eliten, zu welchen die Akteure im Prostituiertenmilieu selten zählen, zum anderen aber auch der seit den sechziger Jahren allmählich einsetzende Paradigmenwechsel in bezug auf das Thema Gesellschaft und Sexualität. Dies hat dazu geführt, daß mit einem weniger moralisierenden und objektiveren Ton auch die gesellschaftlichen Voraussetzungen (z. B. verbreitete Not und Armut, sexuelle Normen und frauenfeindliche Tendenzen in patriarchalischen Gesellschaften) sowie die Lebensbedingungen von Prostituierten im konkreten historischen Kontext untersucht werden.

In den letzten Jahren wurde dem Thema Prostitution in der Geschichtsschreibung des Mittelalters und der Neuzeit großes Interesse entgegengebracht, welches sich in zahlreichen Publikationen niederschlug[2]. Mit der

---

1 Als Beispiel seien nur zwei Bücher genannt. Das eine erschien am Ende des vorigen Jahrhunderts, wurde anonym verfaßt, kürzlich nachgedruckt und trägt den Titel: Die Geheimnisse der Venustempel aller Zeiten und Völker oder die Sinnenlust und ihre Priesterinnen (Dresden ca. 1870 ND Meitingen 1990); das andere erschien, reich bebildert, vor rund 15 Jahren und bietet eine Darstellung von der Tempelprostitution bis in die neueste Zeit, s. E. MURPHY, Great Bordellos of the World (1983).

2 Viele Titel zeugen vom wachsenden Interesse der Forschung ebenso wie einige neuere Bibliographien: Am umfassendsten ist: V. L. BULLOUGH/B. W. ELCANO u. a., A Bibliography of Prostitution (1977), die mit über 6 000 Einträgen den Zeit-

Untersuchung der Prostitution in einem gesellschaftlichen Gefüge, wie zum Beispiel einer einzelnen Stadt oder Kundengruppe und ihrer Wechselwirkung mit dem für diese Region charakteristischen Sozialgefüge werden sie einer Forderung gerecht, welche enzyklopädische Veröffentlichungen nicht einzulösen vermögen. Letzteren liegt die Vorstellung von „der Prostitution" als einem Kontinuum aller Epochen zugrunde, das im Fortgang der Menschheitsentwicklung abgeschafft werden könne oder sich einfach selbst überlebe. Damit soll nun freilich nicht gesagt sein, daß es überhaupt keine Kontinuität in diesem Bereich gegeben habe, aber die Veränderungen der Mentalität und der sozialen Strukturen wurden generell zu wenig berücksichtigt.

Was nun die Geschichtsschreibung der Antike betrifft, so ist seit über achtzig Jahren keine seriöse Monographie mehr zum Thema Prostitution erschienen. Die letzte derartige Untersuchung stammt aus der Feder des Arztes und Begründers der Sexualwissenschaften Iwan Bloch[3] und entstand nach der Jahrhundertwende, nicht zufällig zu einer Zeit, als in Deutschland unter dem Einfluß von Sozialismus und Psychoanalyse Akademiker für eine sexuelle Liberalisierung ohne doppelbödige Moral eintraten und die Diskussion um die Abschaffung der Prostitution durch Frauenbewegungen erneut angefacht wurde.

Die vorliegende Arbeit untersucht schwerpunktmäßig die Prostitution im römischen Imperium, doch bietet sie überdies zahlreiche Einblicke in das sexuelle Leben und die erotische Vorstellungswelt der Menschen während der Glanzzeit des Kaiserreiches. Sie will dazu beitragen, die Diskussion um dieses alte Thema neu zu entfachen. Dies ist nicht nur notwendig, weil sich die heutigen Perspektiven und Positionen innerhalb der Altertumswissenschaft, aber auch der Soziologie, Anthropologie und Psychologie hinsichtlich des Umgangs mit Geschlechtergeschichte, Gesellschaft und Sexualität weit von den moralisierenden Debatten oder dem verharm-

---

raum von 1600 bis 1977 abdecken und die Einträge kommentieren, des weiteren von S. E. JACOBS, Women in Perspective, A Guide for Cross-Cultural Studies (1974), die knapp 100 Bücher von 1857 bis zum Jahr 1971 zusammengestellt hat, und eine schwerpunktmäßig medizinisch ausgerichtete Bibliographie, die jedoch auch zahlreiche historische, soziologische und anthropologische Einträge vorwiegend aus dem englischsprachigen Raum aufgenommen hat: S. S. KANTHA, Prostitutes in Medical Literature. An annotated Bibliography (1991).

3   I. BLOCH, Die Prostitution, Handbuch der gesamten Sexualwissenschaft in Einzeldarstellungen, Bd. I (1912). Dieser und weitere, nicht mehr erschienene Bände sollten Teil eines großangelegten Handbuches der Sexualwissenschaften sein. Verglichen mit den vielen dilettierenden Vorgängern auf diesem Gebiet zeugt Blochs anthropologisch-historischer Ansatz von hohem Niveau.

losenden patriarchalischen Plauderton vergangener Jahrzehnte entfernt haben, sondern auch, weil spezifisch römische Ausprägungen der Prostitution im Gegensatz zum eher spektakulären griechischen Hetärenwesen bislang wenig Aufmerksamkeit fanden. Ziel des Buches ist es, zu zeigen, daß Prostitution eine wesentliche Rolle im römischen sowie – und hier darf man ohne weiteres verallgemeinern – im antiken Sexualleben überhaupt spielte. Als gut organisierte Institution hatte sie in der Gesellschaft einen festverankerten Platz neben der ihr komplementären Institution der Ehe oder eheähnlichen Formen des Zusammenlebens. Eine moralische Disqualifizierung der Prostitution aus heutiger Sicht greift jedoch zu kurz: Abgesehen von dem in bestimmten Quellengattungen stark polarisierten Bild der asexuellen Gattin und der sexuell aktiven Prostituierten war Prostitution stets legal und stellten Prostituierte keine aus der Gesellschaft ausgeschlossene und marginalisierte Gruppe dar, sondern gehörten zur ärmeren Bevölkerungsmehrheit, die ihrerseits kaum ein positives Echo in den literarischen Quellen fand.

Quellenlage

Die Arbeit entwirft ein Bild der alltäglichen Prostitution von Frauen im Imperium Romanum mit Schwerpunkt in der Stadt Rom in den ersten beiden Jahrhunderten der Kaiserzeit. Die Eingrenzung auf Frauen, obgleich es auch männliche Prostituierte gab, erfolgt nach der zeitgenössischen Definition der Prostitution durch den Juristen Ulpian. Ulpian berücksichtigt nur weibliche Prostituierte. Die von ihm aufgenommenen Definitionskriterien habe ich für die vorliegende Darstellung übernommen. An seinen Ausführungen orientiert sich die Auswahl der Personengruppen, die nach dem Gesetz als Prostituierte galten. Dazu zählten zum Beispiel wider Erwarten nicht die teuren Kurtisanen, wohl aber Serviererinnen und Wirtinnen. Die chronologische Beschränkung auf die ersten beiden nachchristlichen Jahrhunderte und die Schwerpunktsetzung auf die Stadt Rom ergeben sich aus der relativ guten Quellenlage für diese Bereiche. Eine Aufnahme der Zeugnisse aus dem gesamten Imperium sowie eine Ausdehnung auf die christlich-antike Epoche hätten den Rahmen dieser Untersuchung gesprengt. Pompeji ist von diesen Beschränkungen ausgenommen, da keine Analyse der römischen Prostitution seine bedeutenden archäologischen Zeugnisse zum Bordellmilieu unberücksichtigt lassen kann. Auch wurden zusätzliche Informationen, beispielsweise über Preise und steuerpolitische Maßnahmen, aus anderen Regionen des Imperium herangezogen, um lückenhafte Belege zu ergänzen, während die oben angesprochenen rechtlichen Regelungen und Gesetze sowieso reichsweit galten.

Eine Studie über Prostitution berührt mehr als andere Fragestellungen beinahe alle kulturellen und strukturellen Eigenheiten einer Gesellschaft. Entsprechend diesen komplexen Zusammenhängen ist auch die Quellensituation sehr heterogen. Für die vorliegende Arbeit wurden auf breiter Quellenbasis überwiegend literarische (einschließlich medizinischer und juristischer Fachliteratur) sowie papyrologische, archäologische und epigraphische Zeugnisse herangezogen. Fast alle bekannten Autoren der zeitgenössischen Literatur, Dichter von Satire, Komödie und Elegie, Historiker und Biographen, Redner und Politiker, Philosophen und Juristen haben irgendwann einmal etwas über Prostituierte oder ihr Gewerbe verlauten lassen. Hervorzuheben sind wegen der vielen Anspielungen auf käufliche Liebe insbesondere Ovids Liebeskunst, die Epigramme des Martial und die Satiren des Juvenal, die eine Vorstellung vom Ausmaß der Prostitution in Rom zur augusteischen Zeit bis in die Epoche der Flavier und zu Trajan geben, sowie die juristischen Bescheide und Kaisererlasse, die wichtige Informationen über den rechtlichen Status der Frauen und ihre soziale Situation enthalten.

Viele Schwierigkeiten, welche sich aus den überlieferten Texten ergeben, sind typisch für eine unterhalb der Eliten angesiedelte, sozialgeschichtliche Untersuchung, zumal wenn sie Frauen betrifft. Das bekannte Dilemma der mangelnden Schriftzeugnisse aus der Feder von Frauen wird auch hier deutlich. Wir sehen die Situation der Prostituierten gebrochen im Blickwinkel einer männerorientierten Gesellschaft, welche diese Art Tätigkeit verachtete, und – problematischer noch – aus dem Blickwinkel von Literaten, die über Jahrhunderte einen mehr oder weniger wirklichkeitsnahen Typus ‚Dirne‘ tradierten. Während die großteils aus der Reihe der Eliten stammenden Schriftsteller und Dramatiker die Dirnen zwar verachteten oder zum Amusement ihrer Leser oder ihres Publikums der Lächerlichkeit preisgaben, war Prostitution als Einrichtung so selbstverständlich, daß die Situation der Betroffenen nirgendwo diskutiert oder gar problematisiert wurde. In der Komödie des Plautus und Terenz beispielsweise hatte der Typ der gerissenen Dirne schlicht Unterhaltungswert, indem diese die Männer charmant umgarnte und ausnahm. In Satire und Epigramm wurde Gesellschaftskritik zwar als Thema großgeschrieben, doch war es Kritik, die an den urbanen Oberschichten als Träger einer Vorbildfunktion geübt wurde. Prostituierte waren bestenfalls eine Folie für das Mißverhalten ehrbarer Frauen, meist aber rundeten sie lediglich das bunte Panorama großstädtischen Treibens ab, oder sie gehörten, schwer zu trennen von Freigelassenen und Sklaven beiderlei Geschlechts, als Sexualobjekte zu den Annehmlichkeiten des Lebens.

Objektivere Dokumente stellen die Papyri aus dem römischen Ägypten dar. Sie erhellen durch Pachtverträge, Quittungen und Erlaubnisscheine vorwiegend die ökonomische Seite der Prostitution und das Interesse des Fiskus an den hohen Erträgen aus diesem Geschäft.

Besonders eindringliche und authentische Zeugnisse sind die aus Pompeji stammenden archäologischen Spuren. Dazu gehören bauliche Reste von Bordellen, zahlreiche Graffiti, die von Dirnen wie Kunden an die Wände von Kneipen und Bordellen gekritzelt wurden, sowie erotische Fresken vor Ort, die noch heute die Attraktion der Reisegruppen sind.

1
Die Lebensformen der Prostituierten in der römischen Gesellschaft

1.1 Bezeichnungen für Prostituierte

Es gibt im Lateinischen eine solche Fülle von Synonymen für den Begriff „Prostituierte" wie wohl kaum für eine andere Person oder Sache. Zuletzt wurden in einer gründlichen Studie rund 50 Synonyme für *meretrix* („Dirne") gezählt, ohne daß der Verfasser beansprucht, eine vollständige Liste erstellt zu haben[1]. Selbst die so reiche griechische Sprache steht im Verhältnis dazu noch hinter dem lateinischen Variantenreichtum zurück. Dieser Sachverhalt erklärt sich daraus, daß zum einen gerade sexuelle Verhaltensweisen oder die Bezeichnung von Sexualorganen eine Kultur oft zu Euphemismen inspirieren, und zum zweiten, daß einer so großen Zahl an Bezeichnungen eine ausgeprägte und weit entwickelte Prostitution zugrunde liegt. Wir werden in den folgenden Kapiteln noch sehen, daß die Prostituierten in der römischen Gesellschaft tatsächlich eine sehr heterogene Gruppe bildeten, also sehr ungleich verdienten, unterschiedliche Orte zum Kundenanwerben sowie zur Ausübung sexueller Handlungen hatten und auf verschiedene Sexualpraktiken spezialisiert waren. Zu berücksichtigen ist allerdings, daß die Bezeichnungen für Prostituierte oftmals weniger von der tatsächlichen Bedeutung dieser Frauen, ihrer objektiven Stellung oder ihren Qualitäten abhingen, sondern vielmehr von der Perspektive und damit zugleich von der moralischen Wertung durch den jeweiligen Autor.

In der folgenden Übersicht werden die Basis-Begriffe für Prostituierte kurz vorgestellt. Die geläufigsten Begriffe für „Prostituierte" sind *meretrix* und *scortum,* beide werden auch im gehobenen Latein verwendet, gefolgt vom Begriff der *lupa,* welcher wenig schmeichelhaft die „Billighure" bezeichnete.

---

[1] ADAMS, Words for Prostitute (1983), 321ff.

1.1.1 Meretrix

Meretrix stammt von *merere* – verdienen und bedeutet zunächst nur
„Frau, die verdient", bzw. „Frau, die bezahlt wird", vergleichbar dem
Ausdruck *mulier quaestuaria*. *Quaestum facere* („Geld verdienen") ist in
Bezug auf eine Frau mit und ohne den Zusatz „mit dem Körper" (*corpore*)
der Fachausdruck für Prostituierte. Er wird in den Rechtsquellen verwendet, um mit der den römischen Juristen eigenen Präzision sachlich und
(scheinbar) neutral das Tun der Prostituierten zu charakterisieren Dennoch
kommt an nicht wenigen Stellen der juristischen Texte durch den jeweiligen Kontext die Geringschätzung des Dirnen-Berufes zum Ausdruck.

Im gleichen Assoziationsfeld wie *meretrix* bewegen sich auch einige
griechische Begriffe für die Ausübung der Prostitution wie etwa *ergasía*,
ein Wort, das sowohl „Handel, Verdienst, Gewinn" wie auch „Hurenerwerb" bedeuten kann. Entsprechend verhält es sich mit dem dazugehöri-
gen Verb *ergázomai* – tätig sein, betreiben, welches mit dem Zusatz *to
sómati* („mit dem Körper") „Unzucht treiben", Bordellmädchen sein" bedeutet. Ein vergleichbares griechisches Substantiv zum lateinischen *meretrix* – Verdienerin gibt es dagegen nicht. Aus dem Sinngehalt dieser Begriffe kann gefolgert werden, daß Prostitution bereits in einer frühen
Phase der Gesellschaftsentwicklung Roms ein gängiger Weg war, sich als
alleinstehende, mittellose Frau einen Lebensunterhalt zu verdienen. Sie illustrieren die rein pragmatische Seite der Prostitution als berufliche Existenz. *Meretrix* ist zugleich im Verhältnis zu *scortum* das neutralere, weniger emotionsgeladene Wort, das individuelleren Charakter trägt. Es
kann aber dennoch durch den Kontext einen abschätzigen Sinn erhalten.

1.1.2 Scortum und lupa

Scortum war neben *meretrix* der zweite gängige Begriff für „Dirne" und
bedeutete vielleicht ursprünglich „Fell" oder „Leder" (Varr. Ling. 7, 84).
Die Erklärungen für die Anwendung des Wortes auf diesem semantischen
Feld sind so unterschiedlich wie unbefriedigend. Im Kommentar von Do-
natus zu Terenz, Eun. 424 steht, *scortum* sei als Bezeichnung für die
weibliche Scham verwendet worden. Vielleicht war es daraufhin als *pars
pro toto* auf unzüchtige Frauen übertragen worden, was sprachwissen-

schaftlich keine seltene Erscheinung wäre[2]. *Scortum* war allerdings bereits seit Plautus auch die Standardbezeichnung für männliche Prostituierte, d. h. es mußte damals schon seine Bedeutung ausschließlich für die weiblichen Schamgegend verloren haben. Eindeutig zu klären ist diese Etymologie nicht, vielleicht war der Begriff auch gemeint als „Unterlage" im Sinne von „Fell" oder „Leder".

Scortum ist jedenfalls ein abschätziger Ausdruck und wird im Gegensatz zu *meretrix* häufig im Plural verwendet, zum Beispiel für nicht individuell charakterisierte oder namentlich genannte Prostituierte, die an Gelagen teilnehmen und anschließend zum sexuellen Verkehr mitgenommen werden. Bezeichnend für diesen Unterschied ist auch, daß *meretrix* als Objekt zu *amare* („lieben") erscheint, *scortum* jedoch lediglich mit *ducere* im Sinne von „mieten für sexuelle Zwecke". In der römischen Geschichtsschreibung, die mit ihrer moralisierenden Tendenz meist im Ton der Entrüstung von Prostituierten spricht, wird daher bevorzugt *scortum* verwendet.

Lupa (eigentl. „Wölfin") war eine gängige umgangssprachliche Bezeichnung für den niedrigsten Typus der Prostituierten. Man meinte damit meist verkommene Huren, manchmal wurde das Wort jedoch auch neutral verwendet. Daß *lupa* der älteste Terminus für Prostituierte war, ist durch Livius Beschreibungen (1, 4, 7), wie bisweilen behauptet, keineswegs erwiesen[3]. Daß die Gattin des Hirten Faustulus in der Gründungslegende als Amme von Romulus und Remus und zugleich als *lupa* = Dirne beschrieben wird ist kein stichhaltiges Argument. Dieser Text stammt erst aus augusteischer Zeit und basiert seinerseits auf jungen Kompilationen; denn die rationalistische Umgestaltung von der nährenden Wölfin der Gründungssage in eine Dirne *lupa* ist erst den unzuverlässigen jüngeren Annalenschreibern, namentlich Valerius Antias und Licinius Macer, zuzuschreiben. Ob also die Etymologie von *lupa* = Hure etwas mit der *lupa* (*Acca Larentia*) in der Gründungssage zu tun hat, bedürfte einer eingehenderen Prüfung, als das bislang geschehen ist[4]. Richtig ist vielmehr, daß der Begriff *lupa* zuerst bei Plautus im Sinn von „Hure" verwendet wurde, wohingegen das weibliche Tier der Wolfsgattung in alten Texten als *lupus femina* bezeichnet wurde. Mit dem Begriff *lupa*, wird, so die späte, aber

---

2 ADAMS, Words for Prostitute (1983), 322f., nennt als vergleichbare Beispiele *cunnus* (weibliche Scham) als pars pro toto (Hor. Sat. 1, 2, 36; 1, 2, 70; 1, 3, 107), bzw. *mentula* (‚Schwänzchen', Diminutiv für Penis, CIL IV 7089) oder *verpa* (‚Rute', euphemistisch für Penis, CIL IV 1655) für schamlose Männer.

3 So der insgesamt mangelhafte Artikel von WEDECK, Synonyms for meretrix, Classical Week 37, 10 (Jan 1944), 116–118.

4 Forschungsdiskussion s. STUMPP, Prostitution (1998), 20ff.

dennoch plausible Erklärung von Isidorus (Etym. 10, 163), die Beutegier
des Tieres auf die sprichwörtliche Habgier der Dirnen übertragen: „Lupa,
das ist eine Hure, benannt nach ihrer Raffgier, weil sie die Elenden rasch
ergreift und an sich reißt."
Anders interpretierte Servius (Verg. Aen. 3, 647): „Lupae, das sind Huren, die wegen ihrer Schamlosigkeit und wegen des (wolfs-)ähnlichen Ge-
ruches so bezeichnet werden. Er leitete den Terminus also von der Schamlosigkeit und der Ausdünstung der Wölfin ab. Das Wort *lupa* gehörte
während der späten Republik und frühen Kaiserzeit wahrscheinlich zur
Umgangssprache, denn belegt ist es überwiegend in literarischen Gattun-
gen wie Mimus, Satire und Epigramm, doch scheint ihm ein langes Fort-
leben beschieden gewesen zu sein, da es in den romanischen Sprachen
weiterlebt, z. B. „lupa" im Italienischen, „loba" im Spanischen und „lou-
ve" im Französischen.

1.1.3 Euphemismen

Neben diesen drei gebräuchlichen Begriffen *meretrix*, *scortum* und *lupa*
sind fast alle weiteren Begriffe Euphemismen, die Anspielungen auf professionellen sexuellen Verkehr enthalten und diesen zugleich verschleiern
oder verhüllen. Der Anteil derjenigen Euphemismen, die den Ort, die Art
und Weise oder den Zeitpunkt der Kundenwerbung oder der tatsächlichen
Ausübung des Gewerbes als Umschreibung verwenden, ist der weitaus
größte. Wegen seiner weitreichenden Bedeutung für spätere Epochen sei
hier bereits auf das Verbum *prostituere* verwiesen. Aus ihm entwickelte
sich in den meisten europäischen Sprachen der neutralste und in der Wissenschaft verwendete Fachausdruck für Dirne, Hure, Kokotte oder Freudenmädchen. Dem Verb *prostare*, also wörtlich „davor stehen, auf der
Straße stehen" (oftmals vor dem Bordell lokalisiert), welches stets die Bedeutung „eine Prostituierte sein" erhält, korrespondiert das kausative Verb
prostituere – „jemanden oder etwas öffentlich feilbieten, hinstellen". Daraus ist das in der Kaiserzeit vielbenutzte Substantiv *prostituta* abgeleitet,
das dem heutigen offiziellen Terminus „Prostituierte" zugrundeliegt. Auf
weitere vergleichbare Bezeichnungen werden wir in den anschließenden
Kapiteln noch zu sprechen kommen, weil sie zugleich die verschiedenen
Metiers der römischen Prostitution charakterisieren.
    Zu den Euphemismen zählen außerdem – so paradox das zunächst
klingen mag – Begriffe moralischer Verachtung wie *famosa, propudiosa*
oder *impudica*, also „schamlose, ruchlose Frau". Nicht selten meinten die

Autoren damit auch andere ehrlose Frauen, vor allem Ehebrecherinnen, die von den Dirnen kaum unterschieden wurden. Allein den Huren vorbehalten war die gleichfalls verhüllende Bezeichnung *publica* – „Frau, die der Öffentlichkeit oder dem Volk gehört". *Publicae* galten als Dirnen der niedrigsten Kategorie. Eine solche Ausdrucksweise hatte zwar einen geringschätzigen Unterton, doch wurde nicht ausdrücklich gesagt, in welchem Sinne diese Frauen schamlos waren oder der „Öffentlichkeit" angehörten.

Einige Bezeichnungen für Prostituierte sind in der auf uns gekommenen Literatur nach Plautus nicht mehr vorzufinden, sondern lediglich in den Büchern der Grammatiker verzeichnet, z. B. die *anxicia* („Würgerin"), die *diobolaria* („Zweigroschenhure") oder die *schoenicula* („eine, die nach billigem Parfum riecht") und dergleichen mehr. Daher kann nicht mehr festgestellt werden, ob sie in nachplautinischer Zeit noch in der Umgangssprache Verwendung fanden.

Völlig unklar in ihrer Etymologie sind die Termini *scrapta* (*scratta*), *scrup(p)eda* und *strittabilla* aus einem Fragment von Plautus' Nervolaria. Die ersten beiden könnten vielleicht so etwas wie „räudig" oder „struppig" bedeuten, bei *strittabilla* kann man sich dann getrost aufs Raten verlegen.

Auch *amica* („Freundin") konnte als Synonym für „Prostituierte" fungieren, jedoch bezeichnete dieses Wort neben dem gesamten römischen Freundschaftsbegriff in generellem Sinne – also z. B. emotionalen Bindungen zwischen Frauen, oder die einer Frau zu einer ganzen Familie – auch nicht immer klar erkennbare partnerschaftlich-sexuelle Beziehungen dauerhafter Natur. *Amica* hatte bei Plautus noch einen überwiegend positiven Unterton und bezeichnete längerfristige, manchmal auch gefühlsbetonte Beziehungen. Die Bedeutung des Begriffes erfährt jedoch im Lauf der Zeit eine Degeneration, die zwar nicht endgültig zur Gleichsetzung mit dem Wort „Dirne" führt, aber jedenfalls oft im Sinn von „Beischläferin" oder „Mätresse" gebraucht wird. In den Inschriften wurde dieser Begriff auch oftmals als Äquivalent für *concubina*, also für eine Frau in dauerhafter, eheähnlicher Partnerschaft verwendet. *Amica* war nicht so sehr das Äquivalent zu *hetaíra* („Gefährtin"), wenngleich uns das in modernen Texten immer wieder begegnet. Der Begriff *amica* ist wesentlich differenzierter als *hetaíra*, welcher bei allem Wohlklang, den man aus ihm heraushören wollte, stets „käufliche Frau" ohne nähere Spezifizierung bedeutete.

1.2   Die soziale Herkunft der Prostituierten

1.2.1   Zwangsprostitution

Trotz der beträchtlichen Zahl literarischer Zeugnisse über Prostitution in der Antike sind historisch nachprüfbare Einzelschicksale von Prostituierten fast überhaupt nicht dokumentiert. Über die Herkunft, den personenrechtlichen Status und die Lebensweise der Mädchen und Frauen, die in Bordellen, Kneipen oder auf der Straße arbeiteten, kann daher nur wenig in Erfahrung gebracht werden. Der Grund für diesen Mangel an Evidenz liegt darin, daß die vorhandenen schriftlichen Zeugnisse sämtlich von Männern einer strikt patriarchalischen Gesellschaft stammen, die Prostituierte ausschließlich in Bezug auf ihre eigenen Bedürfnisse und ihre moralischen Maßstäbe beurteilten. Das heißt, Prostituierte wurden unter Gesichtspunkten wie der sexuellen Verfügbarkeit, der generellen Unterwürfigkeit sowie hinsichtlich ihrer „therapeutischen" Funktion im Sinne eines „Schutzes" ehrbarer Frauen betrachtet.

Aus verstreuten Details lassen sich, wenngleich der Großteil des Materials eher anekdotisch oder romanhaft ist, immerhin einige Eckdaten eines typischen Werdegangs einer Prostituierten in der antiken Welt rekonstruieren. Die einzige Ausnahme von dieser ungünstigen Quellenlage bietet das Schicksal der Neaira, welches die Anklageschrift des Demosthenes gegen diese Hetäre aus der Mitte des 4. Jahrhunderts v. Chr. recht gut dokumentiert. Doch handelt es sich hier um spezifisch griechische Verhältnisse, für die es in vielen Punkten keine gesicherten Parallelen in der römischen Überlieferung gibt. Die beliebten Motive der römischen Komödie dagegen, die Verschleppung der Tochter aus gutem Hause ins Freudenhaus, die Rettung durch den Liebhaber sowie das ständig wiederholte Motiv der sogenannten Anagnorisis („Wiedererkennung") sind für die Rekonstruktion alltäglicher Vorgänge im Prostitutionsmilieu wenig aussagekräftig, nicht so sehr, weil sie eng an griechischen Vorbildern orientiert sind, sondern auch, weil sie eher dem Bedürfnis der Zuschauer nach spannenden, herzbewegenden oder anrüchigen Szenen (z. B. das Haus des finsteren Kupplers) als der Realität entsprachen.

1.2.1.1 Sklaverei

Der wahrscheinlich wichtigste Faktor für die Zwangsprostitution von Frauen (und natürlich auch Knaben) war die Sklaverei. Die kommerzielle Prostitution machte jedoch nur einen Aspekt der sexuellen Ausbeutung von Sklaven beiderlei Geschlechts in Rom aus. Nicht hierunter fällt die sexuelle Ausbeutung der männlichen wie weiblichen Sklaven durch ihre Besitzer. Diese bezog sich im Wesentlichen auf die Reproduktion von Sklavennachkommen sowie die sexuelle Befriedigung des Herrn. Die uneingeschränkte sexuelle Verfügbarkeit der Sklavinnen und Sklaven für ihre Herren und deren Freunde spiegelt die gesamte antike Literatur seit Homer wider. Bekanntlich beginnt die Ilias mit dem Zorn des Achill, der darin gründet, daß ihm seine Lieblingssklavin Briseis weggenommen wurde. Zur Beute, die die Krieger vor Troja machen, gehören stets gefangene Frauen. Agamemnon bietet sieben schöne Weiber aus Lesbos und zwanzig aus Troja. Gefangene Frauen wurden als Preis für die Sieger beim Wagenrennen ausgesetzt und warteten unter Stuten, Rindern und goldenen Dreifüßen auf ihren Besitzer.

In dieser Hinsicht hatte die Sklaverei in früheren Zeiten eine Art Vorläuferfunktion im Hinblick auf die kommerzielle Prostitution; freilich nur für die kriegerische adlige Herrenschicht. Das hat bereits MEYER um die Jahrhundertwende in einem (sonst allerdings heftig kritisierten) Vortrag festgestellt: „Die versklavten Weiber dienten in erster Linie der Befriedigung des Geschlechtstriebes. Die Sklaverei … erfüllt in einfachen Verhältnissen vor allem die Funktion, welche später der mehr oder weniger geregelten Prostitution zufällt"[5]. Während der erste Teil dieser Aussage zutreffend ist, ist der zweite eher irreführend, da die sexuelle Ausbeutung von Sklaven sicher nicht da endete, wo die kommerzielle Prostitution begann, sondern beide unlösbar miteinander verknüpft blieben, wie sehr sich die gesellschaftlichen Verhältnisse bis in die römische Zeit hinein auch ändern mochten.

Gerade in Rom, als die kommerzielle Prostitution längst weit verbreitet war, hat diese uneingeschränkt akzeptierte Praxis des Sexualverkehrs der Herren mit ihren Sklaven[6] beiderlei Geschlechts einen nicht zu unterschätzenden Einfluß auch auf den Charakter und den Umfang der Prostitu-

---

5 MEYER, Sklaverei im Altertum, (1924), Vortr. 8, 183. Harsche Kritik an diesem Vortrag und weitere Forschungsmeinungen bei FINLEY, Sklaverei in der Antike (1981), 54–57.

6 Äußerste Mißbilligung fand dagegen der Verkehr von freien Frauen mit ihren Sklaven, und Verbindungen dieser Art hatten auch rechtlich gravierende Nachteile, insbesondere für die beteiligte Frau. Sie erfuhr gemäß dem SC Claudianum eine Herabminderung ihres Status entweder zur Freigelassenen oder zur Sklavin: näheres s. CROOK, Law and Life of Rome (1967), 62–3. Quellen zur Rechtslage bei KASER, RPR I² (1971), 289. Einige besonders aussagekräftige Quellen sind bei KOLENDO, L'esclavage, Index 10 (1980), 291–2, besprochen.

tion ausgeübt. Drei Textstellen dokumentieren besonders eindringlich diese Form der Ausbeutung unter spezifisch römischen Verhältnissen. Trimalchio ist zwar eine Romanfigur, doch seine Erinnerung läßt römische
Wirklichkeit durchscheinen, wenn er sagt: „Vierzehn Jahre lang habe ich
seinem Vergnügen gedient. Und was der Herr befiehlt, ist keine Schande.
Ich verschaffte auch meiner Herrin Befriedigung" (Petron. Sat. 75, 11).
Horaz (Sat. 1, 2, 116ff.) empfahl keineswegs bloß in satirischer Verzerrung dem Herrn den Verkehr mit den eigenen Sklaven beiderlei Geschlechts: „Wenn Dir das Glied schwillt und eine Magd oder ein Sklave
ist sogleich zur Triebbefriedigung zur Hand, willst Du eher vor Verlangen
bersten? Ich nicht, denn ich liebe Sex, der leicht zu haben und leicht beschaffbar ist." Der ältere Seneca (Contr. 4, 10) faßt die ethische Seite aus
der Perspektive des passiven Partners so zusammen: „Unzüchtigkeit ist für
den Freigeborenen ein Verbrechen, für den Sklaven ein Zwang und eine
Dienstpflicht für den Freigelassenen". Die Sexualmoral war also je nach
sozialer Stellung eine andere, und während Passivität dem Sklaven und
Libertus ziemte, war sie für den freien Mann zumindest tadelnswert. Diese
Möglichkeit der Kanalisierung der sexuellen Triebe könnte erklären, warum es im Gegensatz zu anderen Gesellschaften im römischen Kulturbe-
reich offenbar keine Nobelbordelle gegeben hat, sondern Massenprostitu-
tion sich fast ausschließlich im Unterschichtsmilieu abspielt, wie die
Untersuchungen zu Bordellinterieur, Kundenkreis und städtischer Topographie belegen. Bessergestellte hatten ihre eigenen Sklaven und Sklavinnen oder die ihrer Freunde bei Gelagen und anderen Gelegenheiten zur ihrer sexuellen Verfügung und brauchten nicht ins Bordell zu gehen. Sie
konnten sich außerdem Musik- und Tanzmädchen zu erotischen Vergnügungen ins Haus bestellen oder aber zu den eleganten und teuren Kurtisanen gehen, die ihnen mehr Raffinement und Kultiviertheit boten als die ra-
sche Treibbefriedigung bei Sklavinnen und Pagen.

Sklaven verfügten als Rechtsobjekte bezüglich ihrer gesamten Person
und daher auch bezüglich ihrer Sexualität über keinerlei wirksamen
Schutz durch das römische Recht, das eindeutig die Besitzerinteressen
vertrat. Die Mentalität der Herrenschicht erklärt auch hinlänglich, wieso in
klassischer Zeit nie ernsthaft Kritik an der kommerziellen sexuellen Ausbeutung von Sklavinnen und Sklaven geübt wurde. Schutz – auch gegen
sexuelle Übergriffe – erfuhr ein Sklave nur dann, wenn das im Interesse
seines Besitzers lag.

Die moderne Forschung teilt fast einhellig die Meinung, daß Prostituierte vielfach unfrei oder unfreier Abstammung waren, also Sklavinnen
oder Freigelassene. Zwar gibt es für Sklavinnen, die sich prostituieren

mußten, reichlich Belege in der Literatur, doch wurde in neueren Untersuchungen – wohl auch mangels eigener Nachforschungen – die Prostitution freier Frauen fast vollständig außer Acht gelassen, obgleich es dafür wichtige Anhaltspunkte, insbesondere die ökonomische Situation gibt. Es ist freilich unmöglich, auch nur annähernd festzustellen, wie groß ihr zahlenmäßiger Anteil im Verhältnis zu versklavten oder freigelassenen Prostituierten war.

Wenn nicht schon die Geburt durch eine Sklavenmutter den Personenstatus vorgab und der Sklave bzw. die Sklavin im Hause geboren und damit ein *verna* war – übrigens auch das Epitheton einiger Prostituierter in Pompeji –, wurde man es durch Kriegsgefangenschaft, Kindesaussetzung, Kindesverkauf, Selbstverkauf oder organisierten Menschenraub.

1.2.1.2 Kriegsgefangenschaft

Kriegsgefangenschaft war wohl die älteste und lange Zeit wichtigste Quelle der Sklavenbeschaffung. Mit der Eroberung einer Stadt oder einer Landschaft gewannen die Sieger in der antiken Welt grundsätzlich die Macht über Leben und Besitz der Besiegten. Das Kriegsrecht nahm davon weder Greise noch Frauen oder Kinder aus. Meist wurden die Versklavten an Ort und Stelle unter die Soldaten verteilt oder an Händler verkauft. Zwar fließen die Quellen, die auf die Versklavung von kriegsgefangenen Frauen zu Prostitutionzwecken Stellung nehmen, – im Gegensatz zur Vergewaltigung bzw. Schonung der Frauen als Symbol der Überlegenheit des Siegers – nicht besonders reichlich, doch war diese Praxis wahrscheinlich ebenso legitim wie selbstverständlich, so daß sie keiner besonderen Erwähnung bedurfte. Seneca (Const. 6, 5) legt in seinem Dialog über den Weisen dem Philosophen Stilpo, dessen Töchter bei der Einnahme von Megara verschleppt wurden, folgende Befürchtungen in den Mund: „Welches Unheil meine Töchter überkam, oder schlimmeres noch, als daß sie aller Welt ausgesetzt sind, weiß ich nicht", nennt aber nicht explizit die drohende Prostitution. Als einziger heidnischer Autor hebt Dio Chrysostomos (7, 133) die Kriegsgefangenschaft als Vorstufe zu einem Leben in der erzwungenen Prostitution als Negativum hervor. Der Codex Iustinianus (8. 50. 7) gibt einen Fall aus dem Jahr 291 n. Chr. wieder, in welchem das Vorgehen einer Frau als schändlich getadelt wird, welche eine Kriegsgefangene freigekauft und anschließend zur Prostitution angehalten hatte. Offenbar war es der Status des nunmehr freien Mädchens, der hier Anlaß zur Kritik gab. Auch zur Zeit des Laktanz (Div. Inst. 4, 21) war diese Praxis noch üblich und wurde aus christlicher Sicht heftigst angegriffen.

Um eine Vorstellung von dem Ausmaß dieser Quelle der Sklaverei und
der in Bordelle verschleppten Frauen zu bekommen, sei nur an die großen
Eroberungskriege der ersten beiden vorchristlichen Jahrhunderte erinnert,
die Massenversklavungen ungeheuren Ausmaßes nach sich zogen. Welche
Bedeutung den Massenversklavungen bzw. überhaupt den einzelnen Quellen der Sklaverei für den Bestand derselben zukommt, darüber gibt es
langwierige Diskussionen in der Forschung, doch kann auf diese Problematik hier nicht näher eingegangen werden.

1.2.1.3 Aussetzung von Kindern

Auch aus der Aussetzung von Kindern rekrutierten sich Prostituierte. Sie
wurden von Zuhältern oder Zuhälterinnen aufgezogen und von kleinauf
zur Prostitution „abgerichtet". Meist hielt man sie – wie Findelkinder ü-
berhaupt – als Sklavinnen, manchmal gab eine Zuhälterin sich auch als
Mutter aus. Aussetzung oder Raub von Kindern und ihre überraschende
Wiederentdeckung war ein altes Motiv der griechischen Sage, Tragödie
und Komödie, welches das römische Drama fortführte[7]. Abgesehen von
der Debatte um die Fiktionalität des beliebten Motivs der Wiedererkennung und anderer romanhafter Details braucht seine Basis im wirklichen
Leben nicht angezweifelt zu werden, besonders, wenn man sie vor dem
Hintergrund der römischen Gesellschaftsstruktur und ihrer ethischen
Grundlagen betrachtet. Die Geringachtung des vorgeburtlichen und früh-
kindlichen Lebens sowie das alte *ius vitae necisque* („Recht über Leben
und Tod") des *pater familias* („Familienoberhaupt"), kraft dessen er das
Recht hatte, sein Kind auszusetzen (*ius tollendi* – „Anerkennung des Neu-
geborenen durch Aufheben"), standen einer solchen Praxis nicht im Wege.

Zu den literarischen Zeugnissen, die aufgrund der Beliebtheit der *expositio* („Aussetzung") als Motiv oder als gängiger Topos der Sozialkritik
ein verzerrtes Bild vermitteln, kommen weitere objektivere Quellen wie
Orakelbefragungen, private Briefe, Ammenverträge[8] und einige Rechts-
satzungen hinzu, so daß ihr tatsächliches Vorkommen und ihre Toleranz
in der gesamten griechisch-römischen Antike von der Forschung auch

---

7 SPRANGER, Sklavenfiguren des Plautus und Terenz (1984), 71.
8 Diese gibt es nach MASCIADRI /MONTEVECCHI, Contratti di baliatico, Aegyptus 62
   (1982), 157ff., erst seit der augusteischen Zeit. Auch sonst tauchen erst nach der
   römischen Eroberung Belege für Kindesaussetzung in Ägypten auf: POMEROY,
   Copromyms and the Exposure of Infants in Egypt (1986), 162; BIEZUNSKA-
   MALOWIST, Die Expositio von Kindern als Quelle der Sklavenbeschaffung im griechisch-römischen Ägypten, JWG 2 (1971a), 129–33.

weitgehend akzeptiert wird. Kontrovers diskutiert werden jedoch das Ausmaß und die (demographischen) Konsequenzen der Kindesaussetzung, womit auch die Frage nach dem Anteil an Findelkindern unter den späteren Prostituierten zusammenhängt. Letzlich scheint es bei den vielen Beweggründen, die einen Akt der Kindesaussetzung auslösen konnten, sowie den zahlreichen Faktoren, die Bevölkerungsdichte und -wachstum beeinflussen, nicht angebracht, irgendwelche „Gesetzmäßigkeiten" feststellen zu wollen.

Neuere demographische sowie anthropologische Untersuchungen zur Kindesaussetzung haben zudem ergeben, daß in allen bislang untersuchten Gesellschaften die Aussetzung immer vorrangig Mädchen betraf. Es gibt keinen Grund zu der Annahme, daß die hellenistisch-römische Kultur eine Ausnahme bildete. Als Motive werden die allgemeine Geringschätzung des weiblichen Geschlechtes in antiken Gesellschaften, die Furcht vor Schande bei unehelichen Kindern sowie ökonomische Gründe geltend gemacht. Mädchen verursachten Kosten, denn sie mußten eine Mitgift erhalten und standen nach einer frühen Verheiratung der Familie nicht mehr als Arbeitskraft oder zur Alterversorgung zur Verfügung. Vielzitiert ist als Nachweis dafür ein Brief auf einem Papyrus aus Oxyrhynchos, in dem ein Mann seiner schwangeren Frau oder Gefährtin schreibt, sie solle das Kind aufziehen, falls es ein Junge sei, sei es aber ein Mädchen, so solle sie es aussetzen[9].

Laktanz (Div. Inst. 6, 20, 22) brachte das Schicksal ausgesetzter Kinder auf die griffige Formel: *vel ad servitutem vel ad lupanar* („entweder in die Sklaverei oder ins Bordell"). Da zudem der Arbeitsmarkt für weibliche Sklavinnen sehr viel weniger Arbeitsmöglichkeiten bot als für männliche Sklaven, dürfte die Aufnahme von ausgesetzten Mädchen oftmals im Hinblick auf ihre sexuelle Ausbeutung geschehen sein. Aufgefallen ist zum Beispiel bei den Untersuchungen der großen Haushalte in Rom die geringe Zahl weiblicher Sklaven. Man kann nur mutmaßen, ob einige lediglich dem männlichen Personal als Bettgefährtinnen oder Lebenspartnerinnen dienten und daher nicht in eigener Funktion erwähnt wurden, ob sie wegen geringer Wertschätzung einfach nicht in den Inschriften erwähnt sind oder ob viele Sklavenmädchen frühzeitig ausgesetzt oder an Zuhälter verkauft wurden, um die Reihen der Prostituierten zu füllen. Aber auch freie Kinder wurden in der Kaiserzeit verkauft. Wegen der politischen, sozialen und wirtschaftlichen Mißstände waren Eltern zu Beginn des 3. Jh. n. Chr.

---

9 P. Oxy. IV 744. Dazu Näheres bei POMEROY, Infanticide in Hellenistic Greece (1983), 207ff.

wieder besonders häufig zu Kindesverkäufen bereit, was die Kaiser dann abzustellen versuchten.

Von Kindern, die von Prostituierten ausgesetzt wurden, nicht der Schande halber, denn ehrlos waren die Mütter ohnehin, als vielmehr wegen der zeitaufwendigen Kinderpflege und der daraus resultierenden Verdienstausfälle, hört man nichts. Die Prostituierten galten jedoch in Sachen Abtreibung und Empfängnisverhütung als kundig und werden dafür gesorgt haben, eine unerwünschte Schwangerschaft von vornherein zu unterbinden. Ältere Dirnen haben aber andererseits Findelkinder aufgenommen, um sich eine Versorgung im Alter zu verschaffen.

In der ‚Cistellaria' des Plautus zieht eine ehemalige Dirne ein Findelkind als ihre Nachfolgerin auf, wobei sie ihre materielle Notlage als Begründung angibt. Interessant ist auch eine psychologisch subtil gestaltete Szene in Terenz' Stück ‚Der Selbstquäler'. Die frischgebackene Mutter hatte gewagt, der vom Gatten angeordneten Aussetzung ihrer Tochter Widerstand zu leisten und sie heimlich einer Amme gegeben. Dazu hatte sie – wie wir oben gehört haben – nach dem Römischen Recht keine Befugnis, denn dem Vater allein stand das Recht der Aussetzung zu. Der Ehemann rügt sie im Nachhinein heftig für ihr Tun und schildert ihr die entsetzliche Vorstellung, aus ihrer Tochter hätte dort eine Hure werden können. Die Mutter gesteht zerknirscht ihre Schuld ein, betont aber ausdrücklich, daß die Alte, der das Kind übergeben wurde, „keineswegs unanständig" war, so daß man annehmen kann, daß nicht alle Ammen lautere Absichten hegten.

Schon seit dem ersten Jahrhundert der Kaiserzeit erregt die Verschleppung ausgesetzter Kinder für eine „Karriere" im Bordell die harsche Kritik der christlichen Autoren. Sie kann ebenso wie die kritischen Stimmen der Philosophen besonders im zweiten und schließlich das Verbot der Kindesaussetzung im dritten nachchristlichen Jahrhundert als Indiz für die fortgesetzte Praxis gelten.

1.2.1.4 Menschenraub

Eine große Gefahr für Knaben und Mädchen, in die Sklaverei und von da ins Bordell zu geraten, war das organisierte Kidnapping durch Räuber, Betrüger und besonders durch Piraten. Der organisierte Menschenraub, der im Gegensatz zum antiken Kriegsrecht einzelne Personen willkürlich aus Profitstreben in die Sklaverei verschleppte, war keine römische Erfindung; schon seit phönizischen Tagen und später in der hellenistischen Welt war er ein einträgliches Geschäft. In der Kaiserzeit blühte er in den

Randgebieten des Imperiums und benachbarten Barbarenländern, aber auch innerhalb der römischen Provinzen. Im ersten vorchristlichen Jahrhundert erlebte die Piraterie vornehmlich in Westkilikien und der Levante einen solchen Höhepunkt, daß Rom sich gezwungen sah, mit aller Entschiedenheit einzugreifen. Doch war auch im Prinzipat weder die Gefahr der Räuber zur See noch derer zu Lande völlig gebannt. Zwar dämmte die kaiserliche Flotte die Seeräuberei stark ein, rottete aber den Menschenraub vor allem im Roten Meer und abgelegenen Orten im Schwarzen Meer nicht ganz aus. Ab dem dritten nachchristlichen Jahrhundert verlagerte sich der Schwerpunkt der Piraterie in nördliche Gebiete des Imperium, gegen welche die in Britannien stationierte Flotte vorging.

Das komische Drama und der spätantike Roman nennen Menschenraub mehrfach als Rekrutierungsbasis für Prostituierte. Im ‚Curculio‘ wird ein Mädchen bei einem Tumult im Theater in die Sklaverei verschleppt. Im ‚Eunuchus‘ des Terenz wird ein Mädchen in Sunion von Räubern entwendet, dann von einem Kaufmann erworben, der es weiterschenkt. Viele Personen gerieten auf Reisen in Gefangenschaft; denn die Räuber fanden offenbar immer Absatz für die menschliche Ware. Obwohl Piraten als gesetzlos betrachtet wurden, ging man nicht gegen die Vermarktung der erbeuteten Personen vor. Das hätte wahrscheinlich den Sklavenhandel zum Erliegen gebracht, woran niemand Interesse hatte. Auf „menschliche Ware“ wurden an Handelsrouten und Häfen Zölle erhoben, die nach Region, „Ware“ und Marktlage ganz verschieden ausfallen konnten. Sueton (Gramm. 25, 2) erwähnt den Fall eines Sklavenhändlers, der, bevor er mit einem jungen und schönen Sklaven in Brundisium an Land ging, diesem die Abzeichen eines Freien umgehängt hatte, um den Sklaven-Zoll nicht zahlen zu müssen. Die Opfer landeten auf den vielen großen und kleinen Sklavenmärkten, wo sie von Piraten oder über Zwischenhändler weiterverkauft wurden. Auch sind in den Komödien Handelsreisen von Zuhältern nach Zypern erwähnt. Jedoch ist nicht bewiesen, daß es dort wegen der früheren sakralen Prostitution in den Aphroditeheiligtümern spezielle Märkte für Prostituierte gab. Daß aber Freudenmädchen im gesamten Mittelmeerraum Handelsobjekte waren, bestätigen noch weitere Quellen. In hellenistischer Zeit werden Prostituierte nach Tyros gebracht und von dort nach Kos ausgeführt (Her. 2, 18). Im späten ersten Jahrhundert n. Chr. berichtet Clemens von Alexandria (Al. Paed. 3, 3, 21) vom florierenden Großhandel mit Prostituierten, der dem an Weizen- und Weinexporten – also den wichtigsten Exportgütern überhaupt – gleichkomme. Auch aus Rom haben wir einige Anhaltspunkte dafür, daß sich Händler auf besondere Sklaven spezialisiert hatten, zum Beispiel auf den Handel „mit schö-

nen Frauen". So steht es geschrieben auf dem Sarkophag des M. Sempro-
nius Nikokrates, der nach seiner Tätigkeit als Musiker „Händler schöner
Frauen" wurde[10]. Wahrscheinlich hatte dieser Mann auch Zuhälter unter
seinen Abnehmern. Die Beschreibung des Älteren Seneca über den Verkauf einer von Piraten erbeuteten Sklavin in die erzwungene Prostitution
ist die ausführlichste und bekannteste Szene dieser Art:

> *Sen. Contr. 1, 2, 1*
> „Nackt stand sie am Ufer zur Betrachtung durch den Käufer: Alle
> Teile ihres Körpers wurden begutachtet und betastet. Wollt ihr den
> Ausgang der Versteigerung hören? Der Pirat verkauft sie, der Zu-
> hälter kauft sie, man erhebt keinen Einwand."

Die tiefe Demütigung und Erniedrigung durch solche Szenen auf dem
Sklavenmarkt blieb nicht bloß den für die Prostitution bestimmten Sklavinnen nicht erspart, sondern war das Schicksal aller zum Verkauf stehenden Sklaven. Sie wurden auf einer erhöhten Plattform zum Verkauf ausgestellt und hatten zuweilen ein Preisschild um den Hals. Die Digestentitel
über Krankheiten und körperliche Defekte von Sklaven bestätigen derartige Szenen und sind ein aufschlußreiches Exempel für die Mißachtung der
Menschenwürde unfreier oder in Unfreiheit geratener Personen. Da die
Sklavenhändler oft gerissene Burschen waren und gegen jede Reklamation
zusammenhielten, suchten sich die Käufer durch die Betrachtung der
Sklaven wie Vieh vor Betrug zu schützen. Analog dazu hatten die Aedilen
strenge Klauseln bezüglich des Verkaufes von Sklaven entworfen[11]. Bei
Frauen, die in die Prostitution verkauft werden sollten, kam es besonders
auf körperliche Makellosigkeit an. Das ging, wenn man Plautus (Merc.
405ff.) Glauben schenken darf, so weit, daß eine überdurchschnittlich
schöne Dienerin von vornherein Gefahr lief, als Prostituierte zu gelten,
und ihr Besitzer somit der Zuhälterei bezichtigt werden konnte.

Rom war sicherlich der größte Umschlagplatz für Sklaven, doch Quel-
len gibt es nur sehr wenige. Einige Angaben weisen auf den Platz beim
Castortempel hin, der mitten im Zentrum lag. In der Saepta in Rom gab es
Händler für Lustknaben. Eine Schilderung Martials vom Sklavenmarkt in
Rom nennt den Verkauf einer Prostituierten aus dem einschlägigen *Subu-
ra*-Viertel, auf deren Preis wir weiter unten noch zurückkommen:

---

10   IG XIV 2000 = IGUR 1326 (von MORETTI ins spätere 3. Jh. n. Chr. datiert).
11   Die berühmten Regelungen: D. 21. 1. 1. 1–2. Vgl. Gell. 4, 2, 1. Die Aedilen be-
     stimmten auch, daß auf dem Schild, das der Sklave bzw. die Sklavin um den Hals
     trug, die ernsthaften psychischen und physischen Defekte anzugeben seien.

Mart. 6, 66

„Kürzlich verkaufte der Ausrufer Gellianus ein Mädchen von nicht
allzu gutem Ruf, wie sie inmitten der Subura sitzen. Da sie lange
nur wenig hoch im Preis stand, wollte er allen beweisen, daß sie
sauber sei. Er zog die sich Sträubende mit der Hand zu sich her
und küßte sie zwei-, drei- viermal. Den Erfolg seiner Küsse möch-
test du wissen? Der 600 bot, der lehnte nun doch ab."

Unabhängige Zuhälter konnten ihre Sklavinnen nach freiem Ermessen
verkaufen, wohingegen zum Beispiel die Pächter städtischer Bordelle, wie
aus dem römischen Ägypten bekannt, der Stadt Rechenschaft ablegen
mußten, wie wahrscheinlich Zuhälter, die selbst Sklaven waren.

Die ethnische Herkunft der versklavten Prostituierten, die in Rom diesem Gewerbe nachzugehen gezwungen waren, ist nicht zu ermitteln. Sie
ist ebenso unklar wie die ethnische Herkunft der anderen Sklaven, da sich
in Rom sowieso sämtliche Nationalitäten fanden. Es läßt sich lediglich
zeigen, daß der gesamte Osten, insbesondere die Provinzen Syria und Asia
aktive Sklavenhandelszentren und „Jagdgründe" für Menschenraub waren.
Syrische Sklaven waren schon lange eine beliebte Ware in Rom, wozu
auch Anspielungen auf syrische Mädchen in Rom passen, wie zum Beispiel Juvenal es schildert:

Juv. 3, 65

„Längst schon strömt in den Tiber die Flut des syrischen Orontes
und hat Sitten und Sprache sowie mit der Flöte die schrägen Saiten
der Harfe und zugleich Pauken, dort heimisch, herbeigebracht, und
Mädchen, die sich am Circus feilbieten. Geht nur, die ihr Lust habt
auf die fremde Hure mit der bunten Mütze."

Juvenal spielt zugleich auf die Musikmädchen an, deren Ruf zu Recht o-
der zu Unrecht nicht besser war als der der Dirnen. Die *picta mitra*, die
„bunte Mütze" scheint ein übliches Erkennungszeichen orientalischer Dirnen gewesen zu sein, nicht nur die verführerische Wirtin in Vergils gleich-
namigem Gedicht trägt eine, sondern auch in der Komödie ist die Mütze
einer Hetäre als buntfarbig charakterisiert. Sklaven kamen jedoch nicht
nur aus den Provinzen des Imperiums, sondern der Sklavenhandel größeren Ausmaßes florierte auch entlang der Grenzen am nördlichen Rhein,
am Bosporus und am Euphrat. Überall dort gab es also ebenfalls potentielle Fanggründe für Mädchen, die man ins Bordell verkaufen wollte.

1.2.2 Freiwillige Prostitution und Gelegenheitsprostitution

1.2.2.1 Motive für die „freiwillige Prostitution"

Die Forschung hat immer wieder die große Zahl von Sklavinnen, die zum Verkauf sexueller Dienstleistungen gezwungen wurden, betont. Der mögliche Anteil von freien Frauen gerade auch in den unteren Chargen des Gewerbes dürfte aufgrund mangelnder Analysen bislang unterschätzt worden sein. Daß sich auch freie Frauen prostituierten, bestätigen zunächst die augusteischen Eheverbote, die sich auf Verbindungen römischer Bürger mit ehrlosen Personen wie beispielsweise mit Prostituierten beziehen. Da Sklaven/Sklavinnen reine Rechtsobjekte waren und sowieso keine rechtmäßige Ehe eingehen konnten, erstrecken sich diese Maßnahmen eindeutig auf Personen von freiem Status. Ein weiteres Argument hierfür bietet die Tatsache, daß Prostituierte sich bisweilen im Bordell eine Zelle anmieteten, also auf eigene Rechnung arbeiteten. Von der Prostitution Freier künden, allerdings reichlich spät, die Maßnahmen der christlichen Kaiser Theodosius und Valentinian: Väter, welche ihre Töchter prostituierten, wurden der *patria potestas* („väterliche Gewalt") beraubt, und bedürftige Frauen, die in die Prostitution abgeglitten waren, erhielten die Möglichkeit der Hilfe durch Bischöfe oder Provinzstatthalter.

Die wesentlichen Motive, warum sich freie Frauen prostituierten, waren hauptsächlich ökonomischer Natur und oft alles andere als eine freie Entscheidung. Moderne Untersuchungen haben immer wieder festgestellt, daß die miteinander verknüpften Faktoren mangelhafter oder fehlender Ausbildung, schlechterer Chancen auf dem Arbeitsmarkt und (relativer) Armut neben katastrophalen Ereignissen im Familienverband selbst noch in den westlichen Industrienationen Frauen häufig auf den Weg in die Prostitution bringen. Bereits seit den Anfängen römischer Literatur scheint durch, daß es oft die Armut war, die Eltern zur Prostitution ihrer Kinder zwang oder Mädchen und Frauen ins Bordell trieb. Plautus und Terenz thematisieren die Verbindung Armut – Prostitution, wenn beispielsweise die Kuppelmutter sagt: „Nicht aus Hochmut habe ich sie zum Hurenerwerb herangezogen, sondern nur, damit ich nicht hungern mußte", oder wenn die unglücklichen Lebensumstände eines Mädchens angeführt werden: „Nachher begann sie wider Willen gezwungenermaßen ihren Lebensunterhalt mit Prostitution zu verdienen"[12]. Selbst in Scherzen über die hungerleidende Dirne scheint oft ihre bittere Armut durch. Mögen diese

---

12   Plaut. Cist. 40; Ter. Heaut. 446–7. Vgl. auch unten, Ter. Andr. 70–9.

Äußerungen auch der Komödie entnommen worden sein, so kann man doch davon ausgehen, daß wirtschaftliche Not Einzelner und später im kaiserzeitlichen Rom besonders die der Plebs, die in den großen Städten ihr Dasein fristete, davon qualitativ kaum verschieden gewesen sein dürfte. Auch christliche Schriftsteller erkannten diese trostlose Verquickung von wirtschaftlicher Not und Prostitution und warfen daher den Männern vor, die Lage der Frauen auszunutzen, aber nicht alle ließen Armut generell als Entschuldigung für den in ihren Augen verwerflichen Lebenswandel gelten.

Lact. Div. Inst. 5. 8. 7
„Auch Not würde eine Frau nicht zwingen, ihre Keuschheit zu Markte zu tragen, so daß sie ihren Unterhalt aufs schamloseste verdient."

Außer Notlagensituationen spielte es oft auch eine Rolle, daß mit Prostitution leichter und mehr Geld zu verdienen war als mit der harten Arbeit z. B. in der typisch weiblichen Domäne der Textilherstellung, die generell in den Quellen mit Armut assoziiert wird. Hier machte also weibliche Armut und der Wunsch nach einem besseren Leben Prostitution attraktiv. So schrieb z. B. schon Terenz, der zugleich die Verantwortungslosigkeit der Verwandten gegenüber der Not der jungen Frau anprangert:

Andr. 70–9
„In der Zwischenzeit zog – drei Jahre sind es nun – eine Frau von Andros her in die Nachbarschaft. Durch Armut und der Anverwandten Nachlässigkeit gezwungen, bildschön und jung … Erst lebte sie ganz ehrbar, sparsam und karg sogar, verdiente mit Spinnen und Weben ihren Lebensunterhalt, als aber ein Liebhaber kam und ihr Geld versprach und hernach ein weiterer und noch einer, ging sie (wie sich der Sinn aller Menschen leicht von der Arbeit zum Genuß hinüberneigt) darauf ein und machte ein Gewerbe daraus."

Bei Lukian (Dial. Mer. 6) versucht eine Witwe nach dem Tode ihres Mannes, der Schmied gewesen war, sich und ihre Tochter mit Spinnen und Weben durchzubringen. Weil das jedoch nicht ausreicht, hält sie später ihre Tochter zur Prostitution an. Auch der Maximaltarif Diokletians, der weibliche und männliche Weber als Lohnarbeiter aufführt, zeigt die kargen und deutlich niedrigeren Löhne für die weiblichen Arbeiter, die nicht zum Leben ausreichten: Sie erhielten 12 Denare für rauhe Gewebe,

16 Denare für feinere Arbeiten, die Männer entsprechend 20 bzw. 40 Denare am Tag[13].

Daß ökonomische Motive für viele freigelassene und freie Frauen in der römischen Kaiserzeit ausschlaggebend waren, ihren Körper zu verkaufen, läßt sich ferner aus der allgemeinen Arbeitsmarktsituation für römische Frauen erschließen. Gerade in jüngerer Zeit haben Untersuchungen über Frauen der römischen Unterschichten gezeigt, daß Frauen auf dem Arbeitsmarkt stark benachteiligt waren. Die Arbeiten, die Frauen erledigten, erforderten meistens keine oder nur eine geringe Ausbildung. Sie beschränkten sich auf die Mithilfe im Gewerbe des Mannes oder auf die traditionelle Rolle der Versorgung von Heim und Kindern, wie das in städtischen und deutlicher noch in bäuerlichen Haushalten in Europa bis in die Neuzeit hinein üblich war.

Bei der Untersuchung des Personals der großen Haushalte, die wegen ihres hohen Grades an Spezialisierung für eine Studie besonders geeignet schienen, hat TREGGIARI festgestellt, daß dort unter dem Sklaven- und Freigelassenenpersonal sehr viel weniger Frauen als Männer beschäftigt waren[14]. Sie hatten – ebenfalls bis in die Gegenwart hinein belegt – keine annähernd so einflußreichen Positionen inne wie ihre männlichen Kollegen, sondern waren Ammen, Kindermädchen, Küchenhilfen, Schreiberinnen, Masseusen, Kammerfrauen, Friseusen und dergleichen. Außer den erwähnten Berufen arbeitete ein großer Teil von ihnen, wie oben bereits gesagt, als Weberin, Näherin oder Spinnerin. Auch hier kann also die enge Bindung der weiblichen Arbeiterinnen an den häuslichen Bereich festgestellt werden.

Es scheint, als ob die Lage auf dem freien Arbeitsmarkt noch wesentlich schlechter war, wenn man die auf häusliche Arbeit bezogenen Tätigkeiten für Frauen außer Betracht läßt. Die Grenzen zwischen diesen Bereichen lassen sich hierbei allerdings nicht immer exakt festlegen. Ein Überblick ergibt nur vierzehn solcher Berufe ohne Bindung an einen Haushalt[15]. Diese sind allerdings kaum mehr als ein- oder zweimal insgesamt belegt. Die Studie von TREGGIARI über Lohnarbeiter und Krämer

---

13   E. FRÉZOULS, Prix, Salaires et niveaux de vie: quelques enseignements de l'Édit du Maximum, Ktema 2 (1977), 253–268; 3 (1978), 289–300; KRAUSE, Witwen und Waisen 2 (1994), 142.

14   TREGGIARI, Jobs for Women, AJAH 1 (1976), 92; DIESS., Jobs in the Household of Livia, PBSR (1975), 58; DIESS. Questions on Women Domestics (1979), 190. Die Mehrzahl männlicher Sklaven fand sich auch dann, wenn eine Frau der Besitzer war.

15   LE GALL, Métiers des femmes (1969), 126f.

gibt sogar nur elf Berufe von Frauen an, die nicht unmittelbar mit der Tätigkeit in einem Haushalt verbunden sind[16]. Zu berücksichtigen ist zwar, daß beide Listen nicht vollständig sind und man nicht davon ausgehen kann, daß die erhaltenen Inschriften einen repräsentativen Querschnitt für die Arbeit in den Unterschichten bieten, andererseits zeigen die Gesamtzahlen der Berufe bei TREGGIARI für Rom und den Lateinischen Westen ein überaus kümmerliches Bild der Arbeitsbereiche für Frauen, verglichen mit denen für Männer[17]. Zu denselben Ergebnissen kommen Auswertungen der literarischen Quellen sowie ägyptischer Papyri.

Angesichts solcher Aussichten werden viele Sklavinnen in den großen Haushalten auch nach ihrer Freilassung gern im Dienst ihrer Herren und Herrinnen geblieben sein. Für die ungelernten Arbeitskräfte hat sich außer Ehe oder Konkubinat sonst kaum eine Alternative zur Versorgung geboten, als in die Prostitution abzuwandern. Doch waren wenigstens die in der Sklaverei für eine bestimmte Arbeit ausgebildeten Freigelassenen noch in einer vorteilhafteren Situation als die ärmsten der freien Frauen. Denn erstere konnten wenigstens mit einer finanziellen Starthilfe für ein eigenes Geschäft oder sonstiger Unterstützung durch ihren Herrn oder ihre Herrin rechnen. In vielen Fällen freilich wurden Freigelassene auch Konkubinen oder sogar Gattinnen ihres Patronus und waren somit versorgt. Dagegen waren arme Freigeborene ganz auf sich selbst gestellt und gemäß der traditionellen Rollenverteilung, nach der eine Frau an Heim und Herd gehörte, in der Regel ohne Berufsausbildung, wenn sie der plötzliche Verlust des Ernährers traf. Es ist sehr wahrscheinlich, daß arme freigeborene Frauen oftmals Straßenprostituierte waren, weil Sklavinnen in der Hauptsache das Personal der Kneipen und Bordelle ausmachten. Freigelassene ohne berufliche Qualifikation werden die Masse derer, die sich in Nebengassen und unter Torbögen, in Hausecken und Grabmälern preisgaben, noch zusätzlich vergrößert haben.

Die angeführten sozialen und ökonomischen Ursachen, warum Frauen damals wie heute zur Prostitution gelangten, werfen die Frage auf, weshalb immer nur einzelne unter ähnlichen sozialen und biographischen Bedingungen diesen Weg gingen. Diese Tatsache veranlaßte die Forschung insbesondere seit der „Entdeckung" der Psychoanalyse zu der Überlegung, ob manche Frauen physische oder psychische Eigenheiten oder Defekte

---

16 TREGGIARI, Urban Labour in Rome: mercenarii and tabernarii (1980), 61–4.
17 Bei TREGGIARI, Urban Labour in Rome: mercenarii and tabernarii, 1980, 56, sind rund 160 Beispiele für Rom im Appendix aufgelistet und 225 städtische Berufe für den Lateinischen Westen insgesamt.

aufzuweisen hätten, welche sie zur Prostituierten „prädestinierten"[18]. Die
moderne sozialwissenschaftliche Forschung steht diesen teils fragwürdigen psychopathologischen Begründungen als Motiv für Prostitution ablehnend gegenüber und betont die gesellschaftlichen und biographischen
Beweggründe. Die antiken Autoren stellten in der Regel solche Fragen
nicht. Die einzige Theorie über die „geborene Prostituierte" ist in der späteren astrologischen Literatur zu finden. Firmicus Maternus (Mat. Math.
6, 31, 91) schrieb, daß es neben astrologischen Vorhersagen über Eltern,
Kinder, Krankheiten und Berufe auch diejenige Konstellation der Sterne
gebe, unter der eine künftige Prostituierte geboren werde. Leidenschaft
und Habgier, so Firmicus weiter, kennzeichneten ihren Charakter. Immerhin war die Astrologie in der römischen Kaiserzeit sehr populär und es
scheint nicht abwegig, daß auch diese Vorstellung von der „geborenen
Dirne" dadurch eine gewisse Verbreitung erfuhr.

1.2.2.2 Musikantinnen und Tänzerinnen bei Gelagen

In Rom werden Tanz- und Musikmädchen von den zeitgenössischen Autoren nicht selten in einem Atemzug mit Prostituierten genannt oder direkt
mit diesen identifiziert. Sicherlich verkauften manche nebenbei tatsächlich

---

18   So die extrem-intolerante erste „psychologisch-anthropologische" Studie dieser
     Art von C. LOMBROSO und G. FERRERO, Das Weib als Verbrecherin und Prostitu-
     ierte. Anthropologische Studien, gegründet auf eine Darstellung der Biologie und
     Psychologie des normalen Weibes (1894), 576, deren Titel allein schon vielsa-
     gend ist. Sie basierte auf einer Untersuchung physischer Degenerationszeichen
     wie Schädel, Stirn, Nase, Ohren und dgl. mehr und kam (ebd., 576ff.) zu dem
     Schluß: „Die Identität zwischen der Verbrechernatur und der Dirnennatur ist auf
     anatomischem und psychologischem Gebiete so vollständig wie nur möglich.
     Beide sind identisch mit dem Typus des sittlich idiotischen Degenerierten, und
     somit auch einander gleich ...". Ihm folgten auch der Psychiater und Schüler
     Lombrosos G. B. MORAGLIA, Neue Forschungen auf dem Gebiete der weiblichen
     Kriminalität, Prostitution und Psychotherapie, Zeitschrift für Kriminalanthropo-
     logie, Gefängniswissenschaft und Prostitution I (1897), 229ff., der Verbrecherin-
     nen, Lesbierinnen, Prostituierte und Ehebrecherinnen untersucht hatte, – alle ent-
     sprechend kategorisiert wie sein Lehrer –, und C. STRÖHMBERG, Die Prostitution.
     Ein Beitrag zur öffentlichen Sexualhygiene und zur staatlichen Prophylaxe der
     Geschlechtskrankheiten. Eine sozial-medizinische Studie (1899), 7, der in der
     Prostitution eine biologische Degenerationserscheinung sah. Aber auch in neuerer
     Zeit gab es verschiedene Wiederaufnahmen eines psychopathologischen Ansatzes
     z. B. in der psychoanalytischen Schule durch E. GLOVER, The Psychopathology
     of Prostitution, Institute for the Study and Treatment of Delinquency (London
     1969), und aus der allgemeinen Psychiatrie durch T. C. N. GIBBENS, Female Of-
     fenders, British Journal of Hospital Medicine (9/1971), 279–286.

außer ihren musikalischen Fähigkeiten ihre körperlichen Reize, obgleich Musikantinnen und Tänzerinnen interessanterweise weder in der juristischen Definition der Prostitution noch in den Eheverbotslisten als *infames feminae* („übel beleumundete Frauen") auftauchen. Daß sie trotzdem als Freiwild betrachtet wurden, kann man einer Rede Ciceros (Planc. 30) entnehmen, in welchem einem seiner Klienten vorgeworfen wird, an einer Gruppenverwaltigung der jungen Mimendarstellerin Atina beteiligt gewesen zu sein. Cicero sah keine Notwendigkeit, den Fall zu diskutieren. Insbesondere in Landstädten sei das ein übliches Vorkommnis anläßlich solcher Bühnenauftritte.

Ein nicht mehr bestimmbarer Anteil der Künstlerinnen war fremder Herkunft, viele wahrscheinlich Sklavinnen, die unter der Führung eines *magister improbus* („unsolider Manager") nach Rom gekommen waren (Hor. Ep. 1, 14, 12), weil die Großstadt Gelegenheit zu guten Geschäften bot. Musikanten fungierten genau wie Schauspieler bei Gelegenheit auch als Kuppler ihrer weiblichen Kolleginnen. Solche Spezialistinnen konnte man zu den verschiedensten Anlässen wie Hochzeiten, Kulthandlungen, Trauerzügen und natürlich zu Gelagen etc. anmieten, wobei für die Gelegenheitsprostitution im wesentlichen die öffentlichen und privaten Gelage sowie Auftritte im Zirkus in Frage kommen. In Statius' ‚Silven' (1, 6, 67–92) wird ein Auftakt zum Saturnalienfest geschildert, bei welchem Dirnen, Lyderinnen mit Zimbeln, Gaditanerinnen sowie syrische Tänzerinnen ihre Künste darbieten. In Petrons ‚Satyrikon' weckt eine Zimbelspielerin im Gasthaus recht unsanft die eingeschlafenen Gäste.

Gastmähler und daran anschließende Trinkgelage hatten in besseren römischen Kreisen mit der Zeit eine kaum geringere gesellschaftliche Bedeutung erlangt als im griechischen Bereich. Cicero, Plinius, Catull, Horaz, die Dichter der Elegie und Petron geben einprägsame Portraits dieser Gelage. Die Hellenisierung auch dieses gesellschaftlichen Ereignisses war den Römern sehr wohl bewußt. Griechisch war auch die Sitte, Musikmädchen oder Dirnen für Gelage anzumieten. Bekanntlich waren in Griechenland zu Symposien nur Hetären zugelassen, da das Auftreten einer anständigen Frau in der Öffentlichkeit ebenso wie geistige und musische Fähigkeiten als zuchtlos galten. Freizügige Darbietungen waren allerdings auch für die anständige römische Frau nicht angemessen, obwohl einige das Tanzen und Singen gelernt zu haben scheinen. Sallust (Cat. 25) spricht mit einer Mischung aus Bewunderung und Abscheu von Sempronia, die besser im Zitherspiel und Tanz bewandert sei, als es sich für eine anständige Frau zieme, Horaz beklagt, die jungen Mädchen würden bereits laszive Tänze erlernen – O tempora – o mores! (Carm. 3, 6, 21–4).

Die Römerinnen begleiteten immerhin wie die etruskischen Frauen ihre Männer auch zu Gelagen, was Cornelius Nepos in seiner Vorrede zu ‚Über berühmte Männer' als wichtigsten Unterschied zwischen der griechischen und der römischen Frau konstatiert hatte. Je nach Charakter des Symposions mußten sie das Diner wahrscheinlich zu Beginn des eigentlichen Trinkgelages verlassen.

Bei römischen Festen und Gelagen traten neben Mimen, Jongleuren und weiteren Unterhaltungskünstlern – auch sie oftmals käuflich – im Verlauf des ersten vorchristlichen Jahrhunderts immer häufiger Musik- und Tanzmädchen auf. Sie spielten zu Beginn des eigentlichen Gelages auf, vollführten erotische Tänze und forcierten gekonnt den Sinnenrausch. Am deutlichsten sind solche Darbietungen und die Atmosphäre des Symposions auf den griechischen Vasenbildern illustriert[19], für welche es an Intensität nichts Vergleichbares aus römischer Zeit gibt. Im Verlauf der skizzierten Entwicklung im ersten vorchristlichen Jahrhunderts tauchen bei römischen Gelagen parallel auch mehr und mehr sogenannte musische und bacchische Prostituierte auf. Außer ihren Darbietungen brachten auch pornographische Wandbilder, Gefäße und Weinbecher mit entsprechenden Bildmotiven die Symposiasten in Stimmung, so daß ein derartiger Abend häufig mit sexuellem Verkehr zwischen Gästen und Professionellen geendet haben wird. Hatte man kein Mädchen mitgebracht, kam es oft vor, daß ein Zuhälter im geeigneten Moment noch Mädchen hereinführte oder daß eine Gruppe von Symposiasten zu anderen Gelagen, ins Bordell oder zur Wohnung einer Angebeteten zog. Diese nächtlichen Umzüge im Anschluß an Gelage waren so verbreitet, daß sie nach dem Gelage selbst als *commissari* („nächtliches Herumtreiben") bezeichnet wurden.

Viele Schriftsteller bringen Musikantinnen und Tänzerinnen mit Prostitution in Verbindung, wenngleich das sicher nicht auf alle zutraf. Allein schon die Kunst des Gesangs machte eine Dirne wertvoller als ungelernte Kolleginnen. Ironisch wird im ‚Stichus' dem Schwiegervater geraten, er solle sich im Bett von einer Dirne vorsingen lassen, da er zu anderem sowieso nicht mehr fähig sei (572f.).

Einen anrüchigen Ruf genossen vor allem die *tibicinae*, die Flöten- oder genauer Pfeifenspielerinnen die bei keinem feuchtfröhlichen Fest fehlen durften, da sie mit exotischer Musik und ihren körperlichen Reizen

---

19 PESCHEL, Die Hetäre bei Symposion und Komos (1987); gute Kommentierung ausgewählter Darstellungen s. REINSBERG (1989).

Abb. 1 Tänzer mit bacchischen Insignien

Abb. 2   ‚Bikini'-Mädchen, Mosaik, Anfang 4. Jh. n. Chr.

Abb. 3   Halbentblößte Frau mit Priapos (?), Anfang 4. Jh. n. Chr.

Abb. 4   Bankett auf einem syrischen Grab, 2. Jh. n. Chr.

großen Anklang fanden. Philemation, Flötenspielerin und Heldin in Plautus' ,Mostellaria', ist die Geliebte des Philolaches, welcher sie vom Zuhälter freigekauft hatte. Horaz und Terenz setzen in ihren Werken die *tibicina* mit einer *meretrix* gleich. Eine besondere Gruppe unter den Pfeifenspielerinnen bildeten die *ambubaiae*, die syrischen Flötenspielerinnen. Es gab wohl schon unter Augustus eine Gilde derselben. Juvenal nennt sie, samt den Künstlerinnen orientalischer Saiteninstrumente, in Verbindung mit den Dirnen am Circus Maximus (3,63ff.). Nero soll gern unter den Dirnen und Flötenspielerinnen der Stadt gespeist haben (Suet. Ner. 27,2). Trimalchio erinnert seine Frau nicht gerade besonders taktvoll daran, daß er sie als zerlumpte Pfeifenspielerin auf dem Sklavenmarkt aufgelesen habe (Petron. Sat. 74). Die Flavischen Kaiser ließen ganze Sklaventruppen solcher Harfen- und Pfeifenspielerinnen sowie Tänzerinnen für die öffentliche und private Unterhaltung nach Rom bringen.

Die Zahl der damals verfügbaren Saiteninstrumente war groß und auch die Virtuosinnen dieser Instrumente werden manchmal im Zusammenhang mit Prostitution genannt. Es gab *citharoedae* („Kitharaspielerinnen"), *psaltriae* („Zitherspielerinnen"), *sambucinae* („Harfenspielerinnen") und dergleichen mehr. In Terenz Komödie ,Phormio' wird eine Kitharaspielerin vorgestellt, die einem Zuhälter gehört. Die kamen zuerst mit Cn. Manlius Vulso nach seinem Sieg über die kleinasiatischen Kelten nach Rom und spielten an der Tafel zur Unterhaltung der Gäste auf. Die Zitherspielerin in den ,Adelphoi' des Terenz ist eine Sklavin, die nach dem beliebten Komödienschema dem Kuppler abgejagt wird. Aber die Musikantinnen hatten auch für die musikalische Untermalung im Kult zu sorgen, denn der berüchtigte Volkstribun Clodius hatte sich zur religiösen Feier der Bona Dea seinerzeit als Harfenmädchen verkleidet, um sich bei dem Frauen vorbehaltenen Fest einschleichen zu können.

Die Angewohnheit, solche Musikmädchen zu importieren, ist auch in Plautus' ,Stichus' reflektiert, wo der Kaufmann von einer erfolgreichen Handelsreise aus dem Osten Lauten-, Flöten- und Harfenspielerinnen von ausnehmender Schönheit mitbringt. Das Geschäft mit ihnen schien einträglich zu sein, und ihre ausnehmende Schönheit läßt auch an ihre Verwendung als Prostituierte denken.

Ihr Ruf war auch in späterer Zeit unverändert schlecht: die Unterbringung von Dirnen und Sambukespielerinnen in Privathäusern hatte Antonius nach dem Zeugnis des Plutarch nicht gerade die Sympathie der Bevölkerung eingetragen (Ant. 9, 8). Für die Zither- und Harfenspielerinnen gibt es einige wenige Inschriften, drei davon aus der Stadt Rom, aber keine weist auf eine eventuelle Nebentätigkeit als Prostituierte hin. Ein Teil dieser mit einer Inschrift bedachten Frauen waren Freigelassene.

Der Tanz war in Rom ebenfalls sehr beliebt. In Verbindung mit Wein und Gesang spielte er auch damals als Mittel der sexuellen Erregung und Ekstase eine bedeutende Rolle: Properz hoffte, sein Mädchen lasse sich vom Wein zu einem zauberhaften Tanz beschwingen, Ovid empfahl den Kurtisanen als unbedingtes Muß die Kunst des Tanzens, und Horaz meldete moralische Skrupel an, weil die anständigen Mädchen zu seiner Zeit laszive ionische Tänze anstelle des züchtigen Reigens erlernten. Der Prostitutionsmarkt hatte nicht nur in Rom und Griechenland, sondern schon bei den Völkern des Alten Orients solche künstlerischen und ekstatischen Elemente in sich aufgenommen. In vielen Gesellschaften hatte das Wort „Tänzerin" oder „Sängerin" gleichzeitig die Bedeutung „Prostituierte".

Begehrt waren hauptsächlich Tänzerinnen, deren Vorführungen von mehr oder minder eindeutiger Erotik waren. Für die sexuelle Attraktivität sorgten schon die Gewänder der Tänzerinnen. Ein Mosaik zeigt neben einem zwergenhaft kleinen Wirt zwei Flötenspieler, die einigen männlichen Prostituierten und durchsichtig gekleideten Tanzmädchen aufspielen[20]. Gerade die Mädchen aus Gades (Cadiz) schienen für derartige erotische Aufführungen außerordentlich talentiert zu sein, wie unter anderen ihr Landsmann Martial mehrfach überliefert. Hier nur ein Beispiel:

Mart. 5, 78, 26–28
„Und keine Mädchen aus dem ausschweifenden Gades schwingen lüstern und in geübtem Zittern ihre üppigen Hüften ohne Ende ..."

Juvenal erwähnt in seiner Schilderung, daß die Tänzerinnen aus Gades auch Klappern und Kastagnetten hatten (11, 162ff.). In diesem Kontext gehören auch die *crotalistriae* („Kastagnettentänzerinnen"), die unter den flavischen Kaisern aus Spanien zusammen mit anderen auswärtigen Tanz- und Unterhaltungstruppen nach Rom gebracht wurden. Auch sie traten in Privathäusern und Kneipen ebenso auf wie in der Öffentlichkeit, z. B. im Zirkus. Wenn die Angabe des Ammianus Marcellinus, es gebe ungefähr dreitausend Tänzerinnen in der Stadt, nicht übertrieben ist, so hatten tänzerische Darbietungen erotischen Charakters auch noch im 4. Jahrhundert nach Christus in Rom Hochkonjunktur (14, 6, 19).

---

20 Die Männer schwingen Gabelbecken, während die Mädchen eine Art Kastagnetten am Handgelenk tragen: DAREMBERG/SAGLIO IV 2, 1106, fig. 6142; s. B. NOGARA, I mosaici antichi conservati nei palazzi pontifici del Vaticano e del Laterano (Milano 1910), 6 tav. 9, 5.

1.2.2.3 Schauspielerinnen

Schauspielerinnen finden häufig unter Begriffen wie *mima, archimima, pantomima, scaenica* etc. in literarischen und inschriftlichen Quellen Erwähnung. Sie hatten, wie die Zunft der Schauspieler überhaupt, keine gute gesellschaftliche Reputation, auch wenn es einige zu hohem Ansehen und weitreichenden Beziehungen brachten. Der sozialen Ehrlosigkeit entsprach ihr rechtlicher Status. Die Ehegesetze des Augustus subsumierten die Angehörigen des Schaustellergewerbes und deren Kinder unter die sozial Deklassierten, mit denen ein freigeborener römischer Bürger keine rechtmäßige Ehe eingehen konnte. Den Senatoren – und fraglos auch den weiblichen Angehörigen des Standes – waren solche Verbindungen sogar bis in die dritte Generation untersagt. Das Eheverbot trat auch in Kraft, wenn die Frau sich erst während der Ehe entschloß, Schauspielerin zu werden. Die Schauspielerin stand also als *infamis femina* („übel Beleumundete") juristisch auf einer Stufe mit den Prostituierten und Zuhälterinnen. Die Diskriminierung der Schauspieler/-innen änderte jedoch nichts an der Tatsache, daß die geradezu theaterbesessene römische Bevölkerung deren Kunst überaus schätzte und diese berufliche Qualifikation insbesondere im Hinblick auf Sklaven und Freigelassene protektionierte.

Schauspielerinnen soll es seit dem ersten Jahrhundert v. Chr. in Rom gegeben haben. Eine der bekanntesten war Cytheris, die Geliebte des Antonius. Manche unter ihnen scheinen damit auch gutes Geld verdient zu haben. Cicero erwähnt mehr nebenbei die Schauspielerin Dionysia, welche immerhin 200 000 HS verdient hatte (Rosc. 23). Aber selbst die durchschnittlichen Schauspielerinnen waren nicht alle schlecht gestellt, sogar wenn sich ihre Auftritte auf lokale Ereignisse beschränkten. Dabei konnte sich die Art der Darbietung durchaus mit der anderer Unterhaltungskünstlerinnen überschneiden. Eine Reihe von Verträgen mit Schauspielertruppen ist aus dem römischen Ägypten bekannt. Bühnenkünstlerinnen scheinen bereits in sehr jungen Jahren ihren Beruf ausgeübt zu haben. Sie waren teilweise Sklavinnen, die dem Produzenten gehörten oder die er bei Bedarf anmieten konnte.

Natürlich war nicht jede Schauspielerin eine Prostituierte, wie die Texte oftmals suggerieren, doch trug die Art der Darbietung, in der die meisten weiblichen Schauspielerinnen auftraten, nicht gerade dazu bei, ihr Image aufzupolieren. Viele von ihnen traten nämlich hauptsächlich im Mimus, einer Art realistischen Volksposse, auf. Der Mimus war schon bald in Konkurrenz zur Tragödie und Komödie in Rom getreten und zeigte Szenen aus dem Alltag der kleinen Leute ebenso wie Komisches, Witziges, Abstruses und Perverses. Oft war die Handlung reichlich obszön, so daß die Miminnen beispielsweise nackt laszive Tänze aufführen, sich nach der Aufführung entkleiden oder Ehebruchsszenen vorführen mußten. Auch die Seitensprünge der Götter fanden realistische Nachahmung wie Leda mit dem Schwan oder der Goldregen, der auf Danae niederging – ein gängiges Bild für die Geldgier der Huren in der Satire der späteren byzantinischen Zeit. Schon Ovid schreibt deshalb aus der Verbannung an Augustus:

Ov. Trist. 2, 497
„Was, wenn ich Possen geschrieben hätte, die über Schamloses Witze reißen und die stets den Kitzel verbotener Liebe zum Thema haben, in denen immer ein geputzter Ehebrecher auftritt, und die schlaue Gattin dem ahnungslosen Mann hinters Licht führt."

Der „Striptease" des weiblichen Ensembles, der an den Floralia im Zirkus stattfand, gehörte zur beliebten Attraktion dieses ausgelassenen Festes[21]. Von der späteren Kaiserin Theodora will Prokop wissen, daß sie sich nur mit einer Art „Lendenschurz", bekleidet – man denkt an die berühmten Mosaiken mit den Athletinnen im 'Bikini' von Piazza Armerina (s. Abb. 1, S. XXX) – auf den Boden gelegt habe, woraufhin einige Sklaven Gerstenkörner auf ihre Scham gestreut hätten, die dann von Gänsen Korn für Korn gefressen worden seien (Anek. 9, 20–22). Ob es nun Theodora war oder nicht, irgendwoher mußte Prokop seine Information über solche Showeinlagen ja bezogen haben, denn solche Details waren wohl nicht seiner Phantasie entsprungen. Die Unmoral der verführerischen Darstellerinnen und des Mimus, die sich übrigens jahrhundertelang größter Beliebtheit erfreuten, empörte ebenso unentwegt die Kirchenväter.

Somit lag die Assoziation Schauspielerin – Prostituierte allzu nahe, und man braucht nicht zu bezweifeln, daß tatsächlich viele gezwungenermaßen oder aus freien Stücken Gelegenheitsprostitution betrieben. Besonders reichlich fließen die Quellen für die hohe Kaiserzeit und das frühe Byzanz. Im dritten Jahrhundert n. Chr. gastierte eine große Anzahl von Schauspielern in der Garnison von Dura-Europos. Darunter waren viele Frauen, besonders Syrerinnen offenbar niederer Herkunft, die sich nebenbei prostituierten. Mimendarstellerinnen begleiteten auch die Heereszüge. Ein Musiker und Tänzer unterhielt eine Theatergruppe in Caesarea, zu der

---

21   Vgl. unten, S. 114ff.

auch Prostituierte gehörten[22]. In Byzanz lebten einige Bühnenkünstlerinnen in den Zellen der Zirkusgewölbe und empfingen, nachdem sie ihre
Reize auf der Bühne gezeigt, dort ihre Kundschaft. Ein Bordell in Byzanz
hieß „Mimarion", also „Haus der Schauspielerinnen". Aus den frühbyzan-
tinischen Quellen sind überdies einige Schauspielerinnen namentlich bekannt, die zugleich als Prostituierte arbeiteten: Pansemne, Pelagia und angeblich auch die spätere Kaiserin Theodora.

Der dubiose Ruf der Tänzerinnen, Musikantinnen und Schauspielerinnen verstärkte sich mit zunehmender christlicher Kritik noch weiter. Eine
Verordnung des Kaisers Theodosius besagt, daß ehrbare Töchter von
Schauspielern nicht gezwungen werden dürften, auf der Bühne aufzutre-
ten; unanständige Töchter solle man aber nicht nur zum Auftritt nötigen,
sondern sie zugleich als Prostituierte anprangern (C. Th. 15. 7. 2). Der
Codex Iustinianus verbot es Bühnenkünstlern und Schaustellern, Frauen
zur Prostitution zu zwingen (C. 1. 4. 14). Offenbar hatten diese Männer
bei Gelegenheit als Zuhälter fungiert. Justinian erklärte den Namen
„Schauspielerin" zum Schimpfwort, das sich jedoch eine vom Theater zu-
rückgezogene nicht mehr gefallen lassen müsse (C. 5. 4. 23). Gleichzeitig
hob er im Jahr 534 nach Christus das Eheverbot mit einer ins bürgerliche
Leben zurückgekehrten Mimin auf. Diese Verordnungen hatten natürlich
mit den persönlichen Belangen Justinians etwas zu tun, da seine Frau
Theodora, wie allenthalben bekannt, Schauspielerin und vielleicht auch
Prostituierte gewesen war.

1.2.2.4 Die Demi-Monde

Die eleganten, kultivierten und teuren „Prostituierten" Roms, die sich
bisweilen deutlich von den billigen Dirnen abhoben und ihre Kundschaft
aus besseren Kreisen bezogen, sind nach übereinstimmender Forschungsmeinung griechischer Import gewesen. Sie faßten in den ersten beiden
vorchristlichen Jahrhunderten in Rom Fuß und waren ein wichtiger Teil
der massiven Umwälzung der römischen Gesellschaft durch die hellenistische Kultur.

Diese römischen Hetären sollen zwar nicht im Brennpunkt dieser Arbeit stehen, die sich mehr mit dem „Fußvolk der Dirnen" befaßt, doch wäre das Bild unvollständig, wenn man diese ersteren, die sich auf dem
schmalen Grat zwischen Prostitution, Versorgungsdenken und leiden-
schaftlichen Affären bewegten, nicht wenigstens erwähnte. Es könnte den

---

22 M. Rostovtzeff (Hrsg.), Excavations at Dura-Europos 1935–6 (1944), 203–65,
   hier: 263.

Eindruck erwecken, daß Prostitution überhaupt ein nur für die Unterschichten relevantes Thema war. Doch die Männer aus den Oberschichten verzichteten keineswegs darauf, außerhalb der ehelichen Beziehungen Affären mit eleganten Kurtisanen zu unterhalten und diese als Gegenleistung dafür auszuhalten[23]. Da die eheliche Pflicht sich in der Regel darauf beschränkte, daß die Gatten sich respektierten, ein freundschaftliches Verhältnis pflegten und Kinder großzogen, blieb genügend Spielraum für leidenschaftliche oder romantische Beziehungen außerhalb der Ehe, ja mußte die Erotik geradezu zwangsläufig anderweitig kanalisiert werden, was freilich nur den „Herren der Schöpfung" offiziell erlaubt war.

Berühmte Beispiele dafür sind die Geliebten eines Scipio Africanus, Sulla, Verres, Pompeius oder Antonius, um nur einige zu nennen. Scipio Africanus Maior hatte eine Geliebte und man sparte nicht mit spöttischen Kommentaren, wie zum Beispiel dem, daß der Vater den großen Feldherrn im Hemde aus dem Haus der Geliebten habe holen lassen. Sulla verliebte sich in eine schöne und reiche Kurtisane namens Nicopolis. Verres hatte nacheinander zwei Geliebte, Chelidon und Tertia, letztere Tochter eines Schauspielers. Pompeius stand in Verbindung mit der Hetäre Flora, welche in späteren Jahren erzählte, sie habe immer nach ihren gemeinsamen Treffen die Spuren seiner Bisse getragen. Er tritt sie später nach einem Gespräch von Mann zu Mann freiwillig an seinen Freund ab. Antonius hatte ein Faible für Schauspieler und Schauspielerinnen, die Schauspielerin Cytheris war seine Geliebte, und wohl auch die des Dichters Gallus.

Man tolerierte solche Beziehungen, solange sie nicht überhand nahmen. Manchmal waren diese Verbindungen von längerer Dauer. Dennoch sollte nicht vergessen werden, daß diese kürzlich treffend als „Semiprofessionals" bezeichneten Frauen in den Augen der höheren Gesellschaft deklassiert und ökonomisch in prekärer Lage waren, da sie allein vom Wohlwollen ihrer Liebhaber abhängig waren. Daher verließen auch sie selbst mit wenig Skrupeln den alten Liebhaber, wenn ein Reicherer ihnen mehr bot. Die Vermittlung und Korrespondenz mit Kunden ließen diese römischen Kurtisanen oft durch ihre Sklavinnen abwickeln, denen ihrerseits geschmeichelt wurde, damit sie ihre Herrin positiv stimmten.

Von diesen Kurtisanen zu trennen sind Frauen, die mit einem Mann in der eheähnlichen Form des Konkubinates lebten. Eine *concubina* hatte in der Regel nur einen Partner, an den sie je nach Status und Vermögen auch

---

23 Einen kurzen und hervorragenden Überblick über die Demi-Monde gibt LYNE, Latin Love Poets (1980), in seinen einführenden Kapiteln.

mehr oder weniger eng gebunden war, vor allem in einem der häufig auftretenden Verhältnisse, in welchem sie als Freigelassene mit ihrem Patronus zusammenlebte. Die *concubina* stand in deutlich besserem Ruf als die
Hetäre oder Beischläferin, welche mehrere Liebhaber gleichzeitig oder in
Folge hatte, sich über ihre Zuwendungen finanzierte und allein lebte.

Die elegischen Dichter haben ihren Angebeteten, die zum Teil den o-
ben genannten Semiprofessionellen zuzurechnen sind, ein unsterbliches
Denkmal gesetzt. Darüber hat man freilich fast vergessen, daß es diese
Kurtisanen schon lange vorher gegeben hat. Der soziale Status und Fami-
lienstand dieser Geliebten läßt sich trotz des umfangreichen Materials aus
der Elegie und nicht enden wollender Forschungsdiskussion nicht eindeutig festlegen. Es könnte sich um freigelassene oder freie Frauen gehandelt
haben, sie könnten verheiratete oder verwitwete Angehörige der Oberschichten gewesen sein. Generell gehörte ein nicht genau bestimmbarer
Prozentsatz dem Freigelassenenmilieu an, wie aus den Werken des Ovid
und Horaz interpretiert wird. Eine freigelassene Schauspielerin war die
Lycoris des Cornelius Gallus, derselbe Status wird teils mit weniger eindeutigen Argumenten, auch der Cynthia des Properz und der Corinna des
Ovid zugewiesen. Die Lesbia des Catull war die berühmte Clodia patrizi-
scher Herkunft und Schwester des ebenso berüchtigten P. Clodius Pulcher, die mit Q. Caecilius Metellus Celer verheiratet und späterhin seine
Witwe war. Sie hatte auch sonst noch mehrere Liebhaber, was den Catull
zu verzweifelt wütenden Gedichten hinriß. Delia und Nemesis, die Freun-
dinnen des Tibull, dürften Pseudonyme gewesen sein, die keine nachweis-
lichen Schlüsse über den Status der Frauen zulassen. Vermutlich ließen
die Dichter der augusteischen Zeit, die sie besangen, den Status ihrer Angebeteten absichtlich offen, um sie zu schützen, oder der soziale Rang der
Angebeteten war ihnen einfach nicht wichtig.

Plausibel scheint aber, daß ein großer Teil der besseren Kurtisanen
freigelassen war, andere hingegen aus den mittellosen freien Unterschichten kamen. Letzteres dürfte jedoch seltener gewesen sein, da armen freien
Frauen, die kurzfristig zur Prostitution übergehen mußten, das „Know-
How" der Hetären fehlte. Wer schon als Sklavin in der Kunst des erotischen Tanzes, des Harfespielens und in sonstigen Unterhaltungskünsten
unterwiesen worden war, hatte eher Chancen, in die Ränge der noblen
Prostituierten aufzusteigen als eine arme Freie, die solche Fertigkeiten nie
gelernt hatte. Die Herkunft dieser Semiprofessionellen, der Kurtisanen
oder Kokotten, war damit wahrscheinlich oft dieselbe wie die der niederen
Prostituierten. Sie waren freigelassene Sklavinnen und hatten sich hoch-

gearbeitet, so daß sie ihr Gewerbe auf eigene Rechnung betreiben konnten.
     Zwar konnte keine Freigelassene dazu gezwungen werden, sich zur Ab-
leistung der obligatorischen Dienste (*operae*), die ein Ex-Sklave seinem
ehemaligen Herrn schuldete, zu prostituieren, aber es gab sicher Mittel
und Wege, durch die sich ein Patron auch weiterhin Anteile an den Einkünften seiner Klientin sicherte. Immerhin hatte eine erfolgreiche Kurtisane die Chance, sich ihre Kunden frei auszuwählen. Meist blieb der „Liebhaber" längere Zeit derselbe. Eben diese freie Wahl der Kundschaft läßt
diese Kurtisanen nach römischem Recht nicht in die Kategorie der Prostituierten fallen, zu der *per definitionem* die wahllose sexuelle Hingabe gehörte[24]. Diese Frauen bewegen sich, wenn nicht gesellschaftlich, so zumindest rechtlich in einer Art Grauzone, die nicht so recht faßbar ist. Das
zeigen auch Textstellen aus Ovid: Auf der einen Seite warnt er sie vor un-
treuen „Schönlingen", die die Liebe bloß als Spiel betrachten, eine in diesem angeblich scherzhaften und spielerischen Kontext erstaunliche Wendung:

Ov. Ars 3, 433–6
„Aber meidet die Männer, die offen Gepflegtheit und Schönheit zu
Schau stellen und die ihre Haare aufwendig frisieren. Was sie euch
sagen, haben sie schon tausend Mädchen zuvor gesagt. Hier
schweift Amor ziellos umher und verweilt an keinem Ort."

Auf der anderen Seite ist es doch nur der Markt sexueller Dienste für eine
Kundschaft, die bisweilen alles andere als wohlbestallt und niveauvoll
war, denn Ovid weist auf Diebe und Betrüger hin und empfiehlt den Damen dringend, zuerst ein Geschenk abzuwarten, bevor sie ihren Verpflichtungen nachkämen (ars 3, 462): „Erst wenn sie (*sc.* die Kunden) etwas gegeben haben, gebt auch ihr die vereinbarten Freuden." Eine Weigerung
der Frau nach Annahme eines Geschenkes war allerdings ebenso unver-
tretbar, wenngleich in den drastischen Vergleichen auch Ironie mit-
schwingen mag:

Ov. Ars, 3, 463–6
„Die ist imstande, die ewigen Flammen der Vesta zu löschen und
aus den Tempeln, Inachustochter, Deine Heiligtümer zu rauben,
und ihrem Mann ein Getränk aus Schierling und Wolfswurz zu rei-

---

24   Vgl. unten, S. 252.

chen, die ein Geschenk annimmt und dann die Wonnen der Venus verweigert."

Auffallend ist an diesen Versen Ovids gerade die Spannung zwischen (der Fiktion?) „freier" Liebe und rücksichtslosen ökonomischen Interessen, die im Ambiente der Freigelassenen und Kurtisanen sehr deutlich zu Tage tritt. Plautus ging davon aus, daß die vornehmere Kurtisane auf jeden Fall Wert darauf legte, sich von der gewöhnlichen Dirne abzugrenzen. Selbst wenn er für diese Stellen ebenfalls aus griechischen Vorlagen kopierte, gibt es keinen Grund anzunehmen, daß das spätrepublikanische und kaiserzeitliche Rom nicht ebensolche Hierarchien aufwies. Diejenigen Dirnen, die in ihrem Beruf Karriere gemacht hatten, vielleicht weil ihre Einstiegsmöglichkeiten von vornherein besser waren, empfanden keinerlei Zusammengehörigkeitsgefühl mit den sozial tiefer stehenden Huren, ja lehnten Vergleiche strikt ab. So wollen sich schon die besseren *meretrices* nicht zusammen mit den billigen Sklavendirnen zum Altar der Venus begeben (Plaut. Poen. 217ff.). Auch lassen sich nur billige Dirnen auf der Strasse küssen (Plaut. Cist. 330).

Am Ende der Republik und während der augusteischen Epoche blühte das römische Kurtisanenwesen, unter das sich bisweilen wohl auch freizügige Aristokratinnen mischten. Diese Frauen inspirierten immerhin die berühmtesten Dichter ihrer Zeit dazu, mit der Elegie eine neue literarische Gattung zu schaffen. Überraschend daran ist, daß ausgerechnet in der Zeit, in der Augustus seine Sittenreform proklamierte und die Rückwendung zu altrömischer Tradition von Ehe und Familie pries, diese Dichter sich auf das Lob der freien, auf innerer Bindung basierenden Liebe verlegten und der attraktiven und gebildeten Geliebten ein Loblied sangen, das die Ideale der altrömischen Gattin („*matrona*") verblassen ließ. Sie wandten sich gegen die alten Tugenden der keuschen, häuslichen Gattin sowie der Ehe und damit gegen das offizielle Interesse des Staates. Ob diese Art Dichtung aber der Grund war, weshalb Ovid ins Exil gehen mußte, wird wohl trotz jahrhundertelanger Bemühungen weiterhin ein Rätsel bleiben.

1.3   Die Lebenssituation der Prostituierten

1.3.1 Prostituierte im Bordell und vergleichbaren Etablissements

Bordelle galten wie Kneipen und Tabernen als übel beleumundete und schmutzige Orte, was sich auch in ihren Bezeichnungen niederschlug. Sie waren außerdem nicht selten identisch mit den Unterkünften, in denen die Angehörigen der Unterschichten ihr Dasein fristeten. Die meisten Frauen oder Lustknaben, die als Bordellprostituierte arbeiteten, waren in den unteren Rängen des breit gefächerten Prostitutionsmarktes anzusiedeln, denn die Gebühr für eine durchschnittliche Prostituierte war normalerweise niedrig und der Kundschaft aus den Unterschichten angepaßt. Dennoch konnte es im Bordell auch Besserverdienende geben. Das zeigen erhebliche Preisschwankungen der Preisliste aus Pompeji, die sich durch besondere Attraktivität oder besondere sexuelle Dienstleistungen der Frauen erklären lassen[25]. In den pompejanischen Graffiti taucht in Verbindung mit den Namen der Prostituierten in Bordellen und Kneipen öfter der Zusatz *verna* auf. Faßt man *verna* im Sinne von „im Haus geborene Sklavin" auf, so bedeutet das, daß auch im Bordellmilieu die in allen Gesellschaftsschichten übliche Sklavenaufzucht praktiziert wurde.

Die Frauen, die dem Bordellwirt gehörten, könnten im Bordell gewohnt haben, obgleich die einzige Quelle hierzu nicht eindeutig ist (Sen. Contr. 1, 2, 1). Das war wahrhaftig kein angenehmer Aufenthaltsort, wenn man sich die winzigen, muffigen, von Lampenruß geschwärzten Kammern vor Augen hält. Prostituierte dagegen, die selbstständig arbeiteten oder von Zuhältern abhängig waren, scheinen im Bordell nicht gewohnt zu haben, sondern dort nur ihrem Gewerbe nachgegangen zu sein. So muß man jedenfalls Juvenal verstehen, wo der Dichter die berüchtigte Kaiserin Messalina als letzte ihre Kammer schließen läßt, als der Bordellwirt frühmorgens die Mädchen wegschickt. Die Frauen zahlten dem Bordellwirt dafür eine Miete für die Kammer. Ein Mal ist die geringe Summe von einem As angegeben, allerdings geht daraus nicht hervor, für welchen Zeitraum das galt. In beiden Fällen aber nahmen die Dirnen selbst den Lohn für ihre Dienste in Empfang.

Der Bordellwirt sorgte für den Unterhalt und die Bekleidung seiner Prostituierten. So sagt einer der Diskussionspartner bei Seneca dem Älte-

---

25   Vgl. unten, S. 177.

ren (Contr. 1, 2, 7): „Da standest Du, in dem Gewand, welches der Bordellwirt Dir gegeben hatte", und auch der furchterregende Zuhälter Ballio im Plautusstück ‚Pseudolus' bietet einen weiteren Anhaltspunkt dafür, daß der Unterhalt bereits zur Zeit des Plautus vom Bordellwirt gestellt wurde.

Die Art der Kundenwerbung war ein herausragendes Kennzeichen der Bordelldirnen. In bunter, aufreizend kurzer oder durchsichtiger Gewandung saßen oder standen sie vor den Bordellen, was einige Autoren dazu veranlaßte, zu behaupten, die Dirnen vor den Bordellen seien nackt. Der Reigen halbentkleideter Hetären, die sich im Freien den Kunden präsentieren, ist schon im spätklassischen Athen auf Trinkschalen ebenso wie bei den Komödiendichtern zu finden. Diese Form der Reklame war so charakteristisch, daß die Prostituierten auch danach benannt wurden. Sie hießen *prosedae* von *sedere* („davorsitzen"), wie es z. B. bei Martial (6, 66) beschrieben ist: „Ein Mädchen von nicht allzu gutem Ruf, wie sie inmitten der Subura sitzen". Die Frauen saßen oft auf einem Stuhl vor dem Bordell oder ihrer Kammer. Der Stuhl ist ausdrücklich schon bei Plautus (Poen. 268) erwähnt, der eine ganze Reihe billiger Dirnen auflistet, und Juvenal spielt gleichfalls darauf an: „... und du zweifelst daran, die Chione von ihrem Stuhl herabholen zu können" (3,136). Ähnlich war die Bezeichnung *prostibulum*, zusammengesetzt aus *pro* („davor") und *stabulum* („Bordell"), also „vor dem Bordell stehend/sitzend". Ein *prostibulum* wird deshalb von Nonius so charakterisiert:

> *Non. p. 684 L*
> „Zwischen der ‚meretrix' und der ‚prostibula' gibt es diesen Unterschied: Eine ‚meretrix' ist weniger schamlos, auch was ihr Geschäft angeht. Denn die ‚meretrices' heißen so nach dem Verweilen an einem Ort, weil sie ihr Geld nur nachts verdienen; die ‚prostibula' aber, welche so heißt, weil sie vor dem Bordell steht, geht Tag und Nacht anschaffen."

Nonius stellt also die *meretrices* als vornehmere Dirnen über die niedrigeren *prostibulae*, mit der Begründung, daß letztere Tag und Nacht arbeiteten. Vielleicht arbeiteten die Bordelldirnen tatsächlich in mehreren Schichten. Allerdings gibt es auch Hinweise darauf, daß die Bordelle erst nachmittags gegen 15 Uhr öffneten (Pers. 1, 133): „Wenn die Neunuhr-Hure den Kyniker schmeichelnd am Bart zupft". Das Wort *stabulum,* von dem sich das Wort *prostibulum* herleitet, ist vieldeutig. Entsprechend könnten damit auch andere Unterkünfte und Herbergen gemeint sein, die rund um die Uhr Einlaß gewährten und keine festgelegten Öffnungszeiten hatten.

1.3.2 Prostituierte in privaten Räumen (Wirtshäuser, Mühlen etc.)

Pompeji ist neben vereinzelten anderen Belegen die reichste Informationsquelle für die enge Verbindung zwischen Kneipen und Lokalen (*caupona*) mit integriertem Bordellbetrieb, in welchen die Bedienungen den Gästen sexuell zur Verfügung standen. Nach den archäologischen Befunden waren das obere Stockwerk oder rückwärtige Räume vieler Kneipen für die Ausübung von Prostitution vorgesehen[26].

Das weibliche Bedienungspersonal war zweifellos nach seiner Attraktivität ausgesucht worden, wie verschiedene Anspielungen auf ihre körperlichen Vorzüge oder sexuelle Fertigkeiten auf den Wandkritzeleien bestätigen. Eine Bedienstete in der *caupona* des Ermes hatte den Beinamen *culibonia*, man pries also ihr schönes Hinterteil (reg. II 1, 1. 13). Diese Benennung dürfte eine Anspielung darauf sein, daß sie sich vorzugsweise von hinten zur Verfügung stellte. Wahrscheinlich ähnlich zu interpretieren ist der Beiname *sitifera* für die Kollegin der *culibonia*, eine gewisse Palmyra. Auch er könnte auf ihr Angebot, sich „nach Art der Tiere" (*more ferarum)* preiszugeben, anspielen. *Fortunata* – ein häufiger Name für Prostituierte in Pompeji – und *Euplia* arbeiteten in der *caupona* des Phoebus (reg. vii 3, 26-28). Letztere rühmt sich des Verkehrs mit *hominibus bellis,* also schönen Männern, vermutlich war hiermit eher die Potenz des Mannes umschrieben als seine Schönheit. Vielleicht ist es dieselbe, die andernorts umgangssprachlich und drastisch als *laxa landicosa* („mit schlaffer Möse") bezeichnet wird.

Das (zerstörte) obere Stockwerk in der Bar der Asellina, in welcher die Mädchen *Zmyrina, Aegle* und *Maria* als Serviererinnen arbeiteten, könnte gleichfalls der Prostitution gedient haben (reg. iv 9 11, 2). Die Kneipe war abends mit einer phallosförmigen Lampe erleuchtet, wie sie aber auch anderswo gebräuchlich waren. Am Eingang befindet sich eine Karikatur eines Mannes mit affenförmigem Kopf und riesigem Phallos. Ähnliches läßt sich auch für die *caupona* des Euxinus vermuten (reg. I 11, 10). Ein unter einer Priapos-Statue stehender Vers gab Anlaß zu dieser Vermutung: „Candida lehrte mich, schwarze Mädchen zu hassen. Ich werden sie hassen, wenn ich es kann, wenn ich nicht gegen meinen Willen liebe." Unzweideutig ist der Verkauf sexueller Dienstleistungen auf den Graffiti in

---

26 Mit der Abkürzung reg., gefolgt von mehreren Ziffern, sind nach einem einheitlichen System die pompejanischen Stadtbezirke, Hausnummern und Hauseingänge bezeichnet, damit man diese auf Karten wiederfinden kann.

der *caupona* des Sotericus (reg. I 12, 3): Die Kritzeleien in der Wand weisen auf die üblichen Dienstleistungen der Kellnerinnen oder auf Wünsche der Gäste hin, so z. B. *Valeria fellas* („Du machst Fellatio, Valeria") und *futui coponam* („Hier habe ich die Wirtin gevögelt").

Freilich ist in vielen Fällen nicht sicher zu rekonstruieren, ob die Bedienungen oder die Wirtinnen immer Prostitution betrieben, dazu sind die Übergänge zwischen Bordell, Herberge und Wirtshaus entschieden zu undeutlich. Sicher zu sagen ist das nur bei eindeutigen mit Preis versehenen Angeboten.

Berühmt als Beleg für Prostitution in Gasthäusern anderswo als in Pompeji ist die Inschrift aus Aesernia samt dazugehörigem Relief (CIL IX 2689). Auf dem Bild sind ein Reisender und eine Frau abgebildet, die an ihren Fingern abzählt. Im korrespondierenden Text berechnet die Wirtin dem Gast Wein, Brot, Übernachtung und ein Mädchen, welches 8 As für die Nacht kostete. Das Mädchen war offenbar von den Wirtsleuten abhängig, da diese ihren Lohn einstrichen.

Nicht alle Bedienungen stammten aus dem Osten, wie aufgrund der zahlreichen griechischen und orientalischen Namen, wie z. B. *Iris, Hedone* oder *Aegle* bzw. *Maria, Zmyrina* und *Palmyra*, oft angenommen wurde. Das mag für einige zugetroffen haben, denn die syrischen Frauen werden auch sonst als Frauen von lockeren Sitten bezichtigt, doch sind derartige Namen, wie neuere Forschungen gezeigt haben, kein Indikator für die Herkunft einer Person. Bestenfalls weisen sie auf die tatsächliche oder ehemalige Unfreiheit des Trägers/der Trägerin bzw. ihrer Vorfahren hin. Daß unter den Bedienungen hauptsächlich Sklavinnen waren, ist aus einer Digestenstelle zur Zuhälterei ersichtlich, die von „Sklaven/–innen als Bedienungen" spricht (D. 3. 2. 4. 2).

Die Serviererinnen der Gaststuben sind von ihrem Angebot her wahrscheinlich auf dem gleichen, relativ niedrigen Niveau anzusiedeln wie die Prostituierten in den Bordellen. Über ihren Preis lassen sich keine verläßlichen Angaben machen, da sich die aus Pompeji überlieferten Preise mit einiger Sicherheit nur den Bordellprostituierten, nicht aber den Prostituierten in Gasthäusern zuordnen lassen und die Angabe aus Aesernia allein kaum repräsentativ ist. Im Unterschied zu den Bordellprostituierten aber fand die Animation und das Umwerben der Kunden hier nicht überwiegend im Freien statt, sondern innerhalb der Kneipen, die auch zur Stimulierung auch die entsprechende Dekoration mit sexuellen Motiven aufweisen konnten.

Eine Reihe von Prostituierten hatte sich die Mühlen und angeschlossenen Backbetriebe als Arbeitsplatz oder zumindest als Platz zum Anlocken von Kunden ausgesucht. Daß es sich bei ihnen um eine eigene Gruppe von Prostituierten in Rom handelte, darauf könnte die Existenz des Begriffes *alicaria* („Mühlendirne"), wie er bei Plautus überliefert ist, hinweisen:

> *Poen. 265f.*
> „Jetzt drängelt alles zum Altar. Du hast doch nicht etwa Lust, dich hin zu zwängen zu dem Hurenpack, zu Bäckermetzen, zum Abschaum aus den Mühlen?"

Alica war ein Getreidekorn oder eine Getreidegraupe, deren Sorte nicht genau festzulegen ist. Festus erklärt den daraus abgeleiteten Begriff *alicaria* in der Bedeutung „Prostituierte". Er sagt, es habe in Kampanien Dirnen gegeben, die sich zum Zweck der Prostitution vor den Mühlen herumgetrieben hätten:

> *Fest. p. 7,18*
> „In Kampanien werden die Huren alicariae genannt, weil sie wegen ihres Erwerbs gewöhnlich vor den Mühlen der Grützehändler herumlungern, so wie diejenigen, die vor den Bordellen sitzen, prostibula (v. *stabulum* = Bordell) genannt werden."

Ob Festus hier nur die Plautusstelle interpretiert und auf diesem Weg zur Bedeutung Prostituierte für *alicaria* kommt, ist nicht zu entscheiden, da Parallelstellen fehlen. Die ursprüngliche oder tatsächliche Bedeutung des Begriffes ist in der Forschung umstritten und entsprechend kommen auch hier ganz unterschiedliche Deutungen vor, z. B. seien die *reliquias alicarias* – das ist eine ebenfalls überlieferte Phrase – „Frauen, die sogar die Müllersknechte bleiben lassen", oder man nimmt an, die Phrase gehöre in den Kontext der zahlreichen Metaphern des Mahlens, Zerstoßens etc. für sexuellen Verkehr und es handle sich daher um „Frauen, die häufig sexuellen Verkehr hatten". Beide Interpretationen schließen jedenfalls nicht aus, daß es sich um Prostituierte gehandelt hat und daß *alicaria* irgendwann mit dieser Konnotation gebraucht wurde. Wenn es sich also um Graupen- oder Grützehändlerinnen handelte, die sich vor den Bäckerläden oder Mühlen aufhielten, werden diese sich wohl nebenberuflich Geld durch Gelegenheitsprostitution verdient haben.

Es gibt aber noch weitere Indizien für Prostitution in den Mühlen, die etwas mehr Licht auf die schwierige Interpretation des Begriffes *alicaria* werfen. Die späte, generell jedoch als zuverlässig beurteilte ‚Historia Ecclesiastica' des Socrates (5, 18), berichtet, daß in der Kaiserzeit an die Bäckerläden direkt Bordelle angeschlossen gewesen seien, die sich als regelrechte Menschenfallen ausnahmen. Über einem Bäckerladen in Pompeji fand man einen Phallos aus Stein mit der Beischrift HIC HABITAT FELICITAS (Hier wohnt die Glückseligkeit) angebracht, was man als Hinweis auf ein Bordell deuten wollte, doch ist die Abbildung des Phallus auch sonst im Imperium verbreitet und könnte genauso gut auch nur übelabwehrende Funktion gehabt haben.

1.3.3 Prostituierte in öffentlichen Räumen (z. B. Bäder)

Die großen und kleinen Thermen boten sich zur Kontaktaufnahme zwischen Prostituierten und Kunden geradezu von selbst an, da das Volk von Rom einen großen Teil seiner umfangreichen Freizeit dort zubrachte, zumal die eigenen Unterkünfte meist katastrophal waren und größere Thermen viel mehr boten als bloßen Badebetrieb. Sie waren „Bad und Klub, Volkshochschule und Kneipe um die Ecke, Sportplatz und Opernhaus"[27]. Außerdem war der Eintritt selbst für die Plebs mit einem Viertel bis halben As durchaus erschwinglich, in manchen kleineren Bädern war er sogar umsonst.

Prostituierte, die in den Thermen verkehrten, dürften aus allen Sparten des Prostitutionsmarktes gekommen sein und taten dies sicherlich nicht immer aus rein beruflichen Gründen, sondern wie andere Leute auch zur Körperreinigung und Erholung. Ob allerdings sexuelle Dienstleistungen an Ort und Stelle geboten wurden und damit eine Therme tatsächlich auch als Bordell fungierte, ist aufgrund der bisherigen archäologischen Evidenz nicht über jeden Zweifel erhaben, doch erhärten die unten angeführten Schriftquellen diese These. Nicht ausgeschlossen ist ferner, daß man dazu in benachbarten Bordelle ging; denn die räumliche Nähe von Bordell und Bad war keine Seltenheit.

Zwar gab es in den Thermen in der Regel entweder getrennte Badezeiten für Männer und Frauen oder aber getrennte Badetrakte, doch da verschiedene Autoren des ersten und frühen zweiten Jahrhunderts häufig auf das gemeinsame Bad anspielen, scheint das gemeinsame Bad zumindest zu ihrer Zeit üblich gewesen zu sein. Einige Forscher sind der Meinung, daß nur auf Frauen mit dubiosem Ruf angespielt werde, also auch auf Prostituierte, doch könnte man sich dann den Unmut einiger Moralisten nur schwer erklären, wenn es sich nicht auch um ‚ehrbare‘ Frauen gehandelt

---

27 GALSTERER, H., Mens sana in corpore sano – Der Mensch und sein Körper in römischer Zeit, in: A. E. IMHOF (Hrsg.), Der Mensch und sein Körper (München 1983), 31–45, hier: 37.

hätte. Für Prostituierte jedenfalls war das Getrenntbaden wohl nie obliga-
torisch, abgesehen davon, daß trotz einiger kaiserlicher Maßnahmen un-
ausrottbar die gemischten Bäder florierten. Die ganz heruntergekommenen Dirnen, die sonst bei den Grabmälern herumlungerten, habe man
freilich, so schreibt Martial (3, 93), erst spät und bei gelöschtem Licht
eingelassen.

Neben den Prostituierten aller Kategorien, die in den Bädern verkehrten, gab es auch dem Bademeister zugehöriges oder unterstelltes Personal,
das von ihm dazu angehalten wurde, sich zu prostituieren:

D. 3. 2. 4.2
„Der Prätor sagt: ‚Wer Zuhälterei betreibt‘. Zuhälterei betreibt, wer
käufliche Sklaven hält; aber auch wer mit Freien ein derartiges
Gewerbe ausübt, fällt in dieselbe Kategorie. Ober er nämlich vorzugsweise dieses Geschäft betreibt oder als Zutritt dazu eine anderes Geschäft benutzt – wenn zum Beispiel ein Kneipenwirt oder
Herbergsvater solche Sklaven hat, die bedienen, und dies als Gelegenheit nutzen, sich gegen Geld hinzugeben, oder wenn ein Bademeister, wie es in bestimmten Regionen vorkommt, in den Bädern
Sklaven angemietet hat, welche die Kleider bewachen sollen – , so
fällt er unter den Straftatbestand der Zuhälterei.“

Wie wir aus den Digesten weiter erfahren, waren das Sklavinnen, die außerdem die Aufgabe hatten, die Kleidung der Badegäste zu bewachen. Die
Bademeister verdienten nebenbei damit, daß sie ihre Sklavinnen zur Prostitution anhielten. Es kamen also nicht nur Dirnen von der Straße in die
Bäder, sondern es gab in den Thermen auch sozusagen hauseigene Prostituierte, die die Badegäste gleich zusammen mit dem Eintrittsgeld anmieten konnten. Den Beruf des Bademeisters übten hauptsächlich Männer
aus, von einer Bademeisterin hören wir nur ein einziges Mal.

Neben männlichen Masseuren hat es wohl auch professionelle Masseusen gegeben, die ihre Arbeit in den Thermen verrichteten. Die *tractatrix*
(„Masseuse“) bei Martial bearbeitet die Damen bzw. Herren *omnibus
membris* („an allen Gliedern“) und zwar mit der Absicht, Lustgefühle zu
erwecken, und auch ein anderer Masseur bei Juvenal (6, 421ff.) hat offen-
kundig die sexuelle Befriedigung seiner Kundin im Sinn.

Nicht zu vergessen ist in diesem Zusammenhang das römische Kurbad
Baiae in der Gegend von Neapel, frequentiert von der Demimonde sowie
den Reichen Roms und als Hort aller Laster von den um die Moral be-
sorgten Autoren der Republik wie der Kaiserzeit beargwöhnt. Das Treiben
in *Baiae* schildert Cicero in einem der Brief an Atticus, in dem er auf

nächtliche Gelage und ehebrecherisches Treiben anspielt (Cic. Att. 1,16). Ovid, weniger um die Moral besorgt, preist es als hervorragend geeigneten Platz zum Knüpfen von Kontakten aller Art außerhalb Roms (Ars 1, 255). Martial (1, 62) beschreibt wiederum die „Gefahren" des Badeortes mit einem mythologischen Exempel, er witzelt über eine Frau, die als Penelope nach Baiae gereist und als Helena zurückgekehrt sei. Allerdings war dieses Bad Gästen mit dickerem Geldbeutel vorbehalten, denn, so seufzt Martial, was sollte dort ein armer Poet mit einem kärglichen Tagegeld (1, 59).

Prostitution in Bädern lebt in verschiedenen Formen noch lange fort, wenn man sich die mittelalterlichen Badestuben vor Augen hält und so manchen Massagesalon und Saunaclub der heutigen Zeit.

1.3.4 Straßenprostituierte

Wenn man von Straßenprostituierten in Rom spricht, so muß man unterscheiden zwischen der großen Zahl von Prostituierten aller Schattierungen, die nach heutigem Verständnis auf den „Strich" gingen, um Kunden anzulocken, und den ganz verwahrlosten Dirnen, die in irgendwelchen dunklen Ecken den Kunden gegen eine Münze schnelle Befriedigung verschafften, weil sie so mittellos waren, daß sie sich nicht einmal eine Bordellzelle anmieten konnten geschweige denn eine Bleibe hatten.

Wie die Quellen der Dichter hinlänglich belegen, hatten Prostituierte in Rom keinerlei Skrupel, auf den belebtesten Straßen im Herzen der Stadt oder in den beliebten Säulenhallen zu flanieren oder sich an Tempeln, Theatern und anderen belebten öffentlichen Plätzen feilzubieten[28]. Einen regelrechten „Straßenstrich", begrenzt auf ein bestimmtes Quartier wie in heutigen Städten, gab es dagegen nicht. Diese Art Straßenprostitution beschränkte sich allerdings auf die Animation als solche, während die Ausübung sexueller Handlungen in angemieteten Zimmern in Herbergen, einzelnen Unterkünften, Bordellen oder vielleicht beim Kunden selbst stattfand.

Demgegenüber gab es aber auch Prostituierte, die tatsächlich irgendwo im Freien oder in Behelfsunterkünften ihre Tätigkeit ausübten. Dabei hat es sich um die auf der niedrigsten sozialen Stufe stehenden Huren gehandelt, gealterte und nun mittellose Freigelassene vielleicht, die dem ehemaligen Besitzer oder Zuhälter nichts mehr einbrachten, oder Freigeborene,

---

28 Unten, S. 125ff.

die sich aus Hunger oder um eines Nebenverdienstes willen prostituierten. Diese Prostituierten hatten in Rom viele Gelegenheiten, sich einen versteckten und geschützten Ort zu suchen; die von Bogen überspannten düsteren Gassen und Gäßchen, welche das übliche Straßenbild prägten, aber auch die Gewölbe, Grabmäler, Wasserleitungen und Märkte boten eine Fülle von Möglichkeiten. Beliebt waren die Gewölbe und generell die Gegend um den riesigen Circus Maximus. Aber nicht alle mit dem Circus in Verbindung stehenden Prostituierten waren armselige Huren: Quintia zum Beispiel war dort Tänzerin und Publikumsliebling.

Eine Reglementierung dieser umherziehenden Prostitution z. B. aus steuerlichen Gründen war nahezu unmöglich. Es hätte einer Armee von Aedilen und Helfern bedurft, alle Winkel, Straßen und Häuser zu überwachen. Die Bezeichnungen für diese herumziehenden Dirnen sind vielfältig, so nannte man sie *scorta erratica* („herumstreifende Huren") oder *vagae puellae* („umherziehende Mädchen"), *circulatrices* oder *ambulatrices* („Herumtreiberinnen"), *noctilucae* oder *noctivigilae* („Nachtschärmerinnen") usw.

Manche der umherstreifenden Prostituierten waren *bustuariae* („Grabmalsdirnen"). Sie verkauften zwischen den Grabmälern ihre Dienste und lebten vielleicht sogar dort. Ersteres belegt auch ein Graffito am Grabmonument vor der Porta Nocera in Pompeji: *Felix fellat as(sibus) I* („Felix/Felicia macht für 1 As fellatio"). Ob das ein Mann oder eine Frau war, läßt sich der Form nicht entnehmen.

Die Übersetzung „Friedhofsdirne" ist irreführend, da es keine Friedhöfe im heutigen Sinne gab. Die *bustuariae* werden im Zusammenhang mit den *lupae* genannt oder mit ihnen identifiziert, z. B. bei Martial (1, 34, 8): „die Grabmäler verbergen dreckige Huren", oder Juvenal (Oxford-Frg. 6, 16): „... es mit der blonden Hure am verkommenen Grabmal zu treiben ..." Ihr zutiefst verachteter Status und ein geradezu physisch empfundener Ekel vor ihnen läßt sich diesen Worten unschwer entnehmen. Zur Ausübung der Prostitution boten sich außerdem Wald und Wiesen vor den Toren der Stadt an: „die auf dem Land arbeitenden Huren, die oft zwischen Weidengebüsch und dichtem Gestrüpp ihre schamlose Lagerstatt haben." (Laber. 56).

Doch das Gros der Straßenprostituierten hielt sich in den Gassen Roms auf, wo mehr Kunden anzutreffen waren. Catull klagt in einem Gedicht, daß seine geliebte Lesbia zur billigen Hure herabgesunken sei und in dunklen Ecken die Männer Roms befriedige:

Cat. 58

„Meine Lesbia, Caelius, jene Lesbia,
welche Catullus allein
mehr als sich und all die Seinen liebte:
In winkligen Sträßchen und am Kreuzweg
saugt sie nun des erhabenen Remus Enkel aus!"

1.3.5. Biographische Anmerkungen zur Laufbahn von Prostituierten

Wann die Mädchen und Frauen ihre Laufbahn im Prostitutionsmilieu begannen, ist dem spärlichen Quellenmaterial kaum zu entnehmen. Das war außerdem, wie auch heute noch, vorwiegend von den biographischen Daten der einzelnen Personen abhängig. Ausgesetzte, geraubte und verkaufte Kinder werden mit der Einführung ins Milieu schon in sehr jungen Jahren sexuell ausgebeutet worden sein, wohingegen Frauen, die plötzlich aus ihren sozialen Bezügen gerissen wurden, auch in späteren Jahren noch mehr oder minder freiwillig dazu übergehen konnten, mit Prostitution Geld zu verdienen.

Der frühe Beginn einer Prostituiertenlaufbahn oder vergleichbarer sexueller Ausbeutung ist an einigen Stellen klar dokumentiert, an anderen schwingt es eher im Hintergrund mit. Im 'Satyrikon' berichtet die Dirne *Quartilla*, ihre sexuellen Kontakte mit Knaben hätten schon im zarten Alter von sieben Jahren begonnen, deswegen könne auch die kleine *Pannychis*, offenbar ein Kind in ihrer Obut, in diesem Alter entjungfert werden. Enkolpius zeigt sich allerdings ernstlich entsetzt über den Vorschlag der Entjungferung des kleinen Mädchens. Die Altersangabe braucht im satirischen Kontext nicht wörtlich genommen zu werden, ist aber nicht so fiktiv, wie man dem Schelmenroman unterstellen möchte, denn Zuhälter, so ein freilich viel späterer Rechtstext, schreckten beim Aufkauf von Mädchen für Bordelle gleichfalls nicht davor zurück, Kinder unter zehn Jahren mitzunehmen. In einem späteren Kapitel des ‚Satyrikon' (140) wird von einer älteren Frau erzählt, die ihren halbwüchsigen Sohn und ihre hübsche Tochter jetzt älteren Herren zuführe, nachdem sie selbst dazu zu alt und verblüht sei. Auch hier gewinnt man den Eindruck, daß beide Kinder noch relativ jung sind.

Allerdings muß bei dieser Fragestellung der frühe Beginn sexueller Kontakte in der römischen Gesellschaft generell berücksichtigt werden, so daß sich diese heute schockierend wirkenden Angaben relativieren. Weder wurde eine extrem frühe Verheiratung der Töchter sowie der Vollzug der Ehe vor Eintritt der Geschlechtsreife der Mädchen als abnorm beurteilt, noch erotische Kontakte mit kleinen Sklavenkindern. Pädophile Neigungen wurden als eine von vielen Spielarten sexueller Betätigung betrachtet, nicht als Pädophile im Verständnis der psychoanalytischen Theorie des 20. Jahrhunderts. Ohne Auswüchse beschönigen zu wollen, muß an dieser Stelle auch daran erinnert werden, daß die radikale Trennung von Kinderliebe und Erotik eine Frage der gesellschaftlichen Definition und des kulturellen erotischen Leitbildes ist und daß das Prolongieren der sexuellen Neutralität des Kindes bis über die Pubertät hinaus einen relativ jungen historischen Prozeß widerspiegelt. Kleine Sklavenkinder beiderlei Geschlechts, *deliciae* ihrer Herren und Herrinnen, wurden teils schon im Alter von 3 Jahren verkauft, um durch ihre Drolligkeit zu erfreuen, und manche wurden mit Sicherheit auch als sexuelle Spielzeuge betrachtet.

Damit bestätigt sich andererseits aber auch die Annahme einer frühen sexuellen Ausbeutung von verwaisten oder versklavten Mädchen. Die frühe Ausbeutung könnte auch auf die in der Literatur der ersten beiden Jahrhunderte n. Chr. ständig angesprochene Neigung der Männer zu homosexuellen Verhältnissen zurückzuführen sein, die knabenhafte, noch wenig ausgeprägte weibliche Formen ganz junger Mädchen bevorzugten.

Die Zeiten guter Geschäfte einer Prostituierten blühten vermutlich nicht allzu lange; denn der Nachschub an jungen Sklavinnen und Freien und damit die Konkurrenz und der Druck auf die ohnehin geringen Preise waren groß. Je älter und unattraktiver eine Prostituierte war, desto weniger konnte sie verlangen, und irgendwann werden die Kunden schließlich ganz ausgeblieben sein. Bedenkt man, welche große Rolle Jugend und Körperschönheit in der Antike besaßen, wie leidenschaftlich junge weichhäutige Knaben und Mädchen besungen werden und wie frühzeitig Mädchen für fortpflanzungsfähig galten, so wird es verständlich, daß eine Frau ab ungefähr dreißig Jahren kaum noch Chancen auf dem Prostitutionsmarkt hatte, zumal der Alterungsprozeß in Anbetracht der frühen sexuellen Ausbeutung und der ungesunden und elenden Lebensumstände vieler Dirnen besonders rasch vorangeschritten sein wird, eine Tatsache, die für Prostituierte besonders bei Schlafmangel sowie Drogen- und Alkoholmißbrauch heute noch genauso gilt.

Für Prostituierte, die ihr Gewerbe aufgeben wollten oder es wegen des fortgeschrittenen Alters aufgeben mußten, gab es je nach der spezifischen persönlichen Situation einige wenige Möglichkeiten, sich durchzuschlagen. Viele werden ihre Hoffnung darauf gesetzt haben, einen Mann für eine dauerhafte Verbindung – sei es nun eine Ehe oder ein Konkubinat – und damit finanzielle Absicherung zu finden. Wie schwierig und unsicher aber eine solche nichteheliche Verbindung gerade bei sozialer Ungleichheit der Partner sein konnte, erhellen die Worte der gealterten Dirne *Scapha* in der ‚Mostellaria‘ des Plautus. Was sie ihrer jüngeren Kollegin mitteilt, ist eine sehr realitätsnahe Schilderung. Sie erzählt, auch sie sei einst von einem *amator* freigekauft worden, dieser habe sie jedoch verlassen, sobald sich die ersten grauen Haare gezeigt hätten[29]. Der neureiche Freigelassene Trimalchio erinnert seine Gattin im Streit, bei dem er sogar handgreiflich wird (Petron. Sat. 37), daran, daß er sie schließlich als Pfeifenspielerin (*ambubaia*) auf dem Sklavenmarkt aufgelesen habe. Beide Texte illustrieren, daß arme und aus verachtetem Milieu stammende Frauen mit dem Freikauf und einer eheähnlichen Verbindung keine Garantie für eine dauerhafte Absicherung errangen, sondern stets vom Wohlwollen ihres Herrn oder Ehemannes abhängig waren. Verließen die Männer die Konkubine oder Gattin, hatte keine von beiden einen Anspruch auf Unterstützung. Zwar konnte auch eine *ignominiosa liberta* („ehrlose Freigelassene“) ihren Gatten und Patron verlassen, da eine derartige Ehe seit Augustus eine nicht rechtsgültige Ehe („*matrimonium iniustum*“) war, aber möglich war das nur, wenn sie ökonomisch unabhängig war, und das dürfte wohl nur selten der Fall gewesen sein.

Dieses Schicksal der totalen Abhängigkeit teilten freilich viele mittellose Mädchen und Frauen mit den aus der Sklaverei freigekauften Prostituierten. Wenn sie keine Mitgift als eigenes Vermögen und wirtschaftliche Absicherung hatten, war ihre Lage keinen Deut besser. Die bei Livius erzählte Episode von der Dirne *Hispala Fecennia* jedenfalls muß, wenn sie nicht eine reine Romanfigur ist, eine große Ausnahme gewesen sein, denn sie soll ihren Geliebten Aebutius nicht nur ausgehalten, sondern ihn darüberhinaus sogar zum Alleinerben ihres Vermögens eingesetzt haben.

Wie sich alternde Prostituierte sonst durchschlugen, darüber läßt sich den historischen Quellen nichts Verläßliches entnehmen, da die Hure nach Erfüllung ihrer gesellschaftlichen Funktion nicht mehr von Interesse war. Das typische Bild der antiken Quellen zeigt sie als Bordellmutter, Kräuterhexe oder dem Alkohol verfallene, erbärmliche Elendsgestalt. Manche Frauen wurden auch Zuhälterinnen oder übernahmen andere Arbeiten im Geschäft mit der Prostitution, wie z. B. Pförtnerin, wie die krasse Karikatur der alten Türhüterin im ‚Curculio‘ des Plautus zeigt. Da ältere Frauen generell eine größere Bewegungsfreiheit besaßen, eigneten sie sich als

---

29 S. unten S. 71.

Heiratsvermittlerinnen oder Kupplerinnen – die Grenzen sind sicherlich
fließend – besonders gut. Ein Lehrgedicht aus der Kaiserzeit rät Frauen
dringend davon ab, alte Frauen zu empfangen, denn sie zerstörten die Familien; das ist sicher eine Anspielung auf Kuppelei. Diese Ansicht teilte
man auch im Mittelalter und in der frühen Neuzeit.

Am eindringlichsten dürfte sich dieses Bild der Armseligkeit, der Flucht
in den Rausch und des verbliebenen Stolzes an der bekannten römischen
Kopie der hellenistischen Plastik der Trunkenen Alten manifestieren, die
ZANKER überzeugend als alte Hetäre gedeutet hat[30]. Demgegenüber fehlt
jeder positive Nachweis, daß Prostituierte die Gewinne aus ihrem Verdienst irgendwann dazu verwendet hätten, ein solides Geschäft zu eröff-
nen. Ein einziges Gedicht spricht von einer Prostituierten, die Weberin
geworden war, und diese Tätigkeit war alles andere als ein beruflicher
Aufstieg (Anth. Pal. 6, 283). Freilich darf allein aufgrund fehlender Quellen nicht ausgeschlossen werden, daß manche Frau, die ein solides Geschäft eröffnet hatte, vielleicht einmal der Prostitution nachgegangen war,
ohne daß sie Wert darauf legte, ihre so verpönte Herkunft publik zu machen.

1.4 Prostituierten zugeschriebene Verhaltensweisen

Die römischen Autoren, besonders Komödiendichter, Elegiker, Satiriker
und in geringerem Umfang auch Historiker nennen eine ganze Reihe „ty-
pischer" Eigenschaften von Prostituierten – fast ausschließlich negative.
Das Verhalten der „guten Dirne" erfährt keine Generalisierung wie die
Dirnenlaster, sondern wird paradoxerweise als die Abweichung vom „Hu-
renhaften" gepriesen. Auch in der griechischen Literatur, besonders in der
Komödie, bietet sich vielfach – von der späten Glorifizierung der großen
Hetären längst verflossener Zeiten einmal abgesehen – ein abstoßendes
Bild der Prostituierten. Wahre Haßtiraden verfaßte Anaxilas in seinem
Stück über eine gewisse *Neottis* (frg. 22):

„Nur ein Sterblicher, der jemals eine Dirne geliebt, vermag zu sagen, was auf Erden ist das schändlichste Geschlecht. Kann ein un-
nahbarer Drache, kann Chimairas Feuerglut, kann Charybdis oder

---

30   ZANKER, Die trunkene Alte (1989).

Abb. 5 Bedienung in Taverne am Hafen in Ostia, Sarkophag

Skylla mit der Köpfe Überzahl, kann die Sphinx, die Hydra, Lö-
win, das Flügelvolk der Harpyien an Verruchtheit übertreffen diese
verdammte Brut? Ausgeschlossen – die Hetären überbieten alle
weit."

Lobende Worte muß man dagegen suchen. Auffallend ist die über Jahrhunderte von Archilochos bis in die christliche Spätantike und darüber
hinaus reichende Kontinuität und Gleichartigkeit vieler Vorwürfe, so daß
man davon ausgehen muß, daß ein zählebiger literarischer Topos des Typus ‚Dirne' tradiert wird, welcher der individuellen Lebenswirklichkeit
von Frauen, die mit Prostitution ihr Geld verdienten, nur in den seltensten
Fällen gerecht wurde.

Dennoch kann man die zeitgenössischen Autoren, wenn sie auch in ihren Ausführungen bisweilen ironisieren und ihrem Genre oder einer bestimmten Intention folgend zu Zuspitzungen und Extremen neigen, nicht
einfach Lügen strafen: Ihre teilweise drastischen Äußerungen geben einen
Einblick in Verhaltensweisen von Prostituierten, die sich aufgrund der übrigens bis in heutige Zeit vergleichbaren Milieubedingungen ausprägten
oder sogar bewußt zur Ausübung ihres Berufes angeeignet wurden. Darüber hinaus waren viele Prostituierte mittellose Frauen ohne berufliche
Chancen oder Ausbildung, die in sehr jungen Jahren schon zur Prostitution abgerichtet wurden und für deren Überleben viele dieser Verhaltensweisen eine geradezu notwendige Strategie darstellten.

Bei der anschließenden Übersicht über diese Berufslaster muß berücksichtigt werden, daß von den betreffenden Autoren keiner die Prostitution
je in Frage gestellt oder gar einen uns Modernen vergleichbaren soziolo-
gischen Standpunkt eingenommen hätte. Den Satirikern, Liebesdichtern
und Komödienschreibern war nicht daran gelegen, nach Ursachen für typische Verhaltensweisen von Prostituierten zu forschen. Prostituierte gehörten in der Regel der *faex populi* – der „Hefe des Volkes" – an, um die
man sich keine Gedanken machte, solange die öffentliche Ruhe und Ordnung gewährleistet waren, und dazu trugen ja nicht zuletzt die Huren bei.
Dazu war in ihren Augen eine Magd und auch eine Freigelassene von
vornherein eine Frau mit obskurem Lebenswandel; denn sexuelle Promiskuität bei Sklaven war ein Klischee in der antiken Welt.

Der Standpunkt der Autoren war derjenige des potentiellen Kunden,
der Prostituierte wesentlich unter dem Gesichtspunkt ihrer sexuellen Verfügbarkeit und Willfährigkeit betrachtete und jede Art widerstrebender,
unerwarteter oder verächtlicher Reaktion von seiten der Prostituierten
verurteilen mußte. Eine Prostituierte wird sich als Überlebensstrategie da-

her zu eigen gemacht haben, was SPRANGER als das Fundament der Strategie und Moral der Sklaven beschrieben hat, eine Grundhaltung des Sich-Arrangieren-Könnens und eine große Anpassungsfähigkeit[31].

Als hervorstechendes Merkmal prangerte man die Geldgier der Prostituierten an, die geradezu sprichwörtlich war. Die Prostituierten werden in ihrer Raffgier mit gräßlichen mythischen Ungeheuern verglichen, die die Männer mit allen Mitteln zu rupfen verstehen und manche sogar gänzlich in den Ruin treiben. Der wahre Kern dieser literarischen Bearbeitungen wird durch die niedrigen Durchschnittspreise, wie sie unten aufgeführt sind, zumindest auf eine kleine Schicht dieser Frauen reduziert. Das Gros der Prostituierten sah das wahrscheinlich ganz anders. Existierten ihre Aussagen, so hätten sie wahrscheinlich auf den harten Existenzkampf und die große Konkurrenz hingewiesen, dem sie das beste abzugewinnen suchten.

Dennoch sind einzelne Fälle von Betrug und dem Einsatz unlauterer Mittel von Seiten der Prostituierten überliefert, die solchen Vorwürfen Nahrung gaben. Auf Erbschleicherei einer Dirne, die demnach allen Verschärfungen der Gesetze zum Trotz möglich war, spielt Juvenal an (Juv. 10, 238). Horaz, ein Kenner des Milieus und stets von Vaterseite gemahnt, das Vermögen nicht zu vergeuden, schreibt über angebliche Verluste, die eine Prostituierte ihrem jungen Kunden in Rechnung zu stellen pflegte (Epist. 1, 17, 55-7). Bestätigt wird letzteres durch eine tatsächliche Begebenheit aus Krokodilopolis, die – wenngleich sie aus ptolemäischer Zeit stammt und über römische Rechtsgepflogenheiten nichts hergibt – doch lebensnah solche Tricks veranschaulicht: Ein Vater richtet eine Beschwerde an den König und bittet um Maßnahmen gegen eine Hetäre aus Krokodilopolis, die seinen Sohn dazu gebracht hatte, ihr einen fiktiven Schuldschein über 1 000 Drachmen ausstellen zu lassen[32]. Das hatte sie durchaus klug eingefädelt, indem sie nach den damals üblichen Rechtsregeln eine sogenannte „Sechszeugenurkunde" hatte anfertigen lassen. Der Ausgang des Falles ist leider unbekannt.

Eng verknüpft mit der Beschuldigung der Habgier war der Tadel der Käuflichkeit der Prostituierten und ihrer Funktion als öffentliche Frauen, deren Bedeutung erst vollkommen deutlich wird, wenn man sich die von den anderen Frauen verlangte größtmögliche Zurückgezogenheit verge-

---

31 SPRANGER, Sklavenfiguren des Plautus und Terenz (1984), 22.
32 P. Ent. 49 (mit BL II, s. a. BL V aus dem Jahr 221 v. Chr.), vgl. J. HENGSTL, Griechische Papyri aus Ägypten als Zeugnisse des öffentlichen und privaten Lebens (München 1978), Nr. 40.

genwärtigt. Damit verleugnete und verteufelte man das wesentlichste Charakteristikum der Existenz der Prostituierten, nämlich, daß sie die erwarteten Freuden nur gewerblich spendeten. Die Anerkennung einer Dirne
reichte nur soweit, als sie ihre Funktion erfüllte. Man behauptete gelegentlich auch, Dirnen überredeten einen Mann durch ihr williges Sich-
Anbieten zu etwas, was er gar nicht wolle, und genau dieser Willfährigkeit
werde man auch schnell überdrüssig. Dadurch wurden die Prostituierten
als Sündenböcke diffamiert, die die armen und dazu noch unwilligen
Männer verführten.

Jede Art von Frechheit und Unverschämtheit war Erkennungszeichen
des Dirnengewerbes. Die in der Branche gepflogenen verbalen Obszönitäten und Zoten gingen oft Hand in Hand mit einem ordinären Verhalten,
das sich in Schamlosigkeit und Aufdringlichkeiten aller Art äußerte. Wie
sehr allerdings in die literarischen Beschreibungen die Standardtypen der
Komödie einflossen, dessen war man sich schon damals wohl bewußt.
Waren die attischen Hetären, allen voran Mania und Gnathaena, für ihren
Zynismus und ihre Schlagfertigkeit berühmt, so konnten Frechheiten gegenüber den Kunden oder Passanten auch das Maß überschreiten und sich
in aggressivem und handgreiflichem Verhalten äußern. Beispielsweise ergoß sich über einen Kunden oder Passanten unversehens der Inhalt des
Nachttopfes von oben herab, ein anderer mußte sich, nachdem ihm die
Tür vor der Nase zugeschlagen worden war, beeilen, zu verschwinden, um
nicht auch noch einen Guß kalten Wassers abzubekommen. Bei Alkiphron
wirft eine Dirne einem Kunden eine mit Blut gefüllte Tierblase an den
Kopf, so daß sie aufplatzt und ihn völlig besudelt (3, 48). Aus Ägypten ist
ein Rechtsstreit wegen Dreistigkeit einer Hetäre wegen Anmaßung überliefert, bei dem es darum ging, daß die Prostituierte Psenobastis einem
Passanten, vielleicht weil er ihre Lockungen verächtlich zurückgewiesen
hatte, den Überwurf zerrissen, ihm ins Gesicht gespuckt und zudem noch
mit Urin überschüttet hatte. Kamen zahlungsunfähige oder zahlungsunwillige Kunden zu einer Prostituierten der besseren Kategorien, so wurden
sie gar nicht erst hereingelassen. Abgesehen von den gattungsspezifischen
Übertreibungen und der durchaus gewollten Komik der literarischen Dokumente sollte man diese Handgreiflichkeiten auch einmal unter dem Gesichtspunkt sehen, daß Prostituierte einen sehr geringen Rechtsschutz hatten und nicht immer aus Dreistigkeit oder Böswilligkeit, sondern aus
Angst um Leib und Leben zur Selbstverteidigung Zuflucht nahmen: Daß
das Milieu der Prostitution von Gewalt und Kriminalität auf beiden Seiten
geprägt war, werden wir unten noch sehen.

Ferner warf man Prostituierten vor, sie seien launisch, hochfahrend und arrogant. Schmeichelndes, unterwürfiges Auftreten auf der einen und herablassendes, anmaßendes Benehmen auf der anderen Seite kennzeichnen die Position der Prostituierten zu Männern überhaupt. Nach zahllosen anonymen Kunden, die sie kurzfristig benutzten, waren Arroganz und Dreistigkeit Ausdruck der Verachtung, ja sogar eines Machtgefühls über den Mann, der in der Rolle des Bittstellers gesehen werden konnte. Die Kehrseite war das Angewiesensein auf die Kunden als Verdienstquelle, die sie mit Schmeicheleien und folgsamer Unterwürfigkeit anzuwerben oder bei Laune zu halten versuchten.

Lügen und Heuchelei waren für die zeitgenössischen Autoren ein weiteres untrügliches Kennzeichen für die Profession der Prostituierten. Horaz spricht von der *meretrix periura* („meineidige Hure") als stehendem Ausdruck (Carm. 1, 35, 25-6). Komisch überspitzt schimpft schon der tölpische Truculentus:

Plaut. Truc. 178
„Wie Milch und Honig fließt Eure Rede aus dem Mund, während das Herz in Galle und Essigsäure schwimmt: Deshalb teilt ihr mit der Zunge süße Reden aus und handelt nach dem Herzen bitter."

Properz nennt die Kupplerinnen Lehrerinnen in der Kunst des Lügens, die sie auch selbst anwendeten. Zentrales Thema dieser Lehren war, daß die Frau vorgeben sollte, ernstlich verliebt zu sein, weil dann das Geld um so reichlicher fließe. Allerdings ging es in diesem Fall nur um Stammkunden, von denen sich eine Kurtisane über längere Zeit aushalten ließ:

Cist. 95ff.
„Oh, meine Selenium, verliebt sich stellen ist schon recht; doch liebst du ihn in Wirklichkeit, sorgst für den Geliebten weit besser als für das, was dir von Nutzen ist."

Heuchelei bezog sich auf das Vortäuschen jeder Art von nicht vorhandenen Gefühlen. Ovid wußte sehr wohl, daß während des Geschlechtsverkehrs bei sexueller Gleichgültigkeit und Gefühlskälte Erregung und Orgasmus durch aufreizende Bewegungen, Stöhnen und Worte vorgetäuscht werden können, und er hielt es bei den Kokotten für angebracht, daß sie dem Mann zuliebe alles vortäuschten.

Ov. Ars, 3, 797
„Auch Du, der es die Natur versagt hat, Lust zu empfinden, täusche mit künstlichem Laut süße Empfindungen vor. Unglücklich ist das Mädchen, bei welchem die Stelle, die Mann und Frau beide genie-

ßen sollten, stumpf und fühllos ist. Hüte dich nur, dich zu verraten,
wenn du etwas vortäuschst. Bemühe dich, daß du durch Bewegung
und Blick glaubwürdig bleibst. Was du gerne magst, bekunde dein
Mund durch Laute und Stöhnen."

Martial bedauerte die zu wenig aktive Beteiligung einer Prostituierten,
wobei man davon ausgehen kann, daß auch er um ihr Vortäuschen wußte:
„Doch die Chione fühlt nicht mein Treiben und gibt keinen Laut von sich,
Du könntest glauben, sie sei gar nicht beteiligt und wie aus Marmor" (11,
60, 7–8). Es ist nicht von der Hand zu weisen, daß Simulation und Heuchelei wie auch in vielen anderen Berufen untrennbar mit der Tätigkeit der
Prostituierten verbunden waren und noch immer sind. Interviews mit heutigen Prostituierten haben ergeben, daß dieses Verhalten zu einer ganzen
Reihe von Maßnahmen gehört, die die Prostituierten zum Schutz ihrer
Person und zur Wahrung des emotionalen Abstandes zum Kunden vornehmen. Sie legen während ihrer Arbeit ihre wahren Gefühle beiseite, und
machen aus dem ganzen Akt gleichsam ein Schauspiel, indem sie Erregung vortäuschen und den Kunden animieren, ohne tatsächlich gegenwärtig zu sein. Dies sind, wie schon Ovid und Properz wußten, erlernbare
Strategien, die dazu dienen, das Ganze möglichst rasch und zur Zufrie-
denheit des Kunden hinter sich zu bringen. Einer Prostituierten, der die
perfekte Täuschung und Unterwerfung unter die sexuellen Wünsche des
Mannes nicht gelang, wie der Chione bei Martial, war vermutlich kein
großer beruflicher Erfolg beschieden. Von diesen Klagen kaum zu trennen
ist diejenige, daß Prostituierte herzlose und gefühllose Geschöpfe seien.
Metaphernreich beschreibt das in der lateinischen Literatur vor allem die
plautinische Komödie, um den Kontrast zwischen der süßen Rede und der
bitteren Fühllosigkeit auszumalen. Das zeigt sich bereits an der oben zitierten Stelle aus dem ‚Truculentus' und geht dann soweit, daß das komische Drama nicht von ungefähr einer Dirne in den Mund legt, daß doch
eigentlich alle Frauen kein Herz hätten:

Cist. 65
„Was? Woher hast du ein Herz? Sag an? Ich bitte dich! Denn we-
der ich noch sonst eine Frau besitzt ein Herz, nach dem, was die
Männer sagen."

Aus der Perspektive der Autoren als potentieller Kunden ist dieser Vorwurf nicht unglaubwürdig, denn zum Geldverdienen mußten die Dirnen
notwendigerweise ihre Gefühle ausschalten. Sympathien oder gar tiefere
Emotionen für Kunden konnten den Ruin bedeuten. Die Konsequenzen

solchen unvorsichtigen Verhaltens, Verlassenwerden und ein Alter in bitterer Armut beschreibt bereits die alte Dienerin Scapha bei Plautus in drastischen Worten:

Most. 195
„Du bist eine rechte Närrin, wenn du glauben kannst, daß ewig er dein Freund und dir gewogen bleibt. Er wird dich, denk an mich, verlassen, wenn er dich nur lang genug gehabt und satt hat. PHIL. Nein, ich hoffe es nicht. SC. Das Unverhoffte kommt weit häufiger als das, was man hofft. Du wirst, wenn Du meinen Worten nicht glauben willst, zuletzt noch an den Taten erkennen, wie wahr ich prophezeit habe. Sieh doch nur mich an, wie ich jetzt bin, und wie ich einst war. Nicht minder als Du jetzt, wurde auch ich geliebt, auch hielt ich mich an einen einzigen nur: doch der, ich schwör es dir, ließ mich sitzen, als mir das Alter mein Haupt gefärbt. Geradeso, glaub mir, wird's dir ergehen."

Es gibt mehrere Indizien dafür, daß in Prostituiertenkreisen ausgiebiger Alkoholkonsum verbreitet war, der in Alkoholabhängigkeit ausarten konnte. Die junge Bacchis zum Beispiel trinkt bereits beim bloßen Probieren des Weins erstaunliche Mengen (Ter. Haut. 457-9). Das Trinken – es handelte sich in aller Regel um Wein – war oft schon durch die Orte, an denen sich Prostitution abspielte, vorgegeben. Man denke an die zahlreichen Wirtshäuser und Animierkneipen, in welchen Serviererinnen den Männern ihren Körper anboten, oder an die private Institution der griechischen Symposien und römischen Trinkgelage („*commissationes*"), bei welchen über Stunden das Zechen die zentrale Beschäftigung war und entsprechend erwartet wurde, daß die Prostituierten mit den Zechkumpanen mithielten.

So bildete das Milieu an sich eine gewichtige Vorbedingung für Alkoholgenuß und die Entwicklung von Suchtverhalten. Dazu kam, daß massiver Alkoholkonsum beim geselligen Beisammensein nicht gesellschaftlich geächtet war. Das Kriterium für eine Hetäre war schon laut Demosthenes (59, 28) außer dem käuflichen Sex immer auch das Trinken in Männergesellschaft. Quellen, die griechische Sitten schildern, berichten außerdem von gemeinsamen Festen unter Hetären, wobei ihr ausgiebiger Alkoholgenuß an ein gemeinschaftliches Zusammensein und Rauscherlebnis geknüpft war, wie es auch in anderen gesellschaftlichen Gruppen üblich war und ist. Für die römischen Prostituierten kann das gemeinsame Feiern und Trinken ohne Kunden immerhin vermutet werden, wenn man an die von ihnen begangenen Festtage zu Ehren der Göttinnen Venus, Fortuna Virilis

Abb. 6   Trunkene Alte, Skulptur, Kopie hellenistischen Originals

und Flora denkt[33]. Für die Floralien sind überdies Trunkenheit und Ausgelassenheit des ganzen Volkes belegt.

Unter diesen Voraussetzungen lassen sich verschiedene Texte über alkoholsüchtige Dirnen nicht nur unter dem Aspekt der Spottlust der Dichter und des Publikums lesen, sondern gewinnen einen konkreten Bezug zur Wirklichkeit, wenngleich sie nicht frei von bestimmten Allgemeinplätzen sind. Der Kuppler Ballio (Plaut. Pseud. 183ff.) beipielsweise wirft seinen „Schützlingen" die Gier nach Wein vor, und die Dirne Phryne in Martials Epigrammen schlägt für ein Fäßchen Wein alle anderen Angebote aus (12,65). Sie arbeitete wohl, um ihren Weinkonsum zu finanzieren. Gewohnheitsmäßige Trinkerinnen versuchten ihren Alkoholkonsum zu verheimlichen, indem sie Pastillen und ähnliches gegen den Weingeruch zerkauten. Abhängigkeit von Alkohol und anderen Drogen, letztere allerdings damals unbekannt, kennzeichnen weite Kreise des Prostituiertenmilieus auch heute. Einschränkend auf die Konsequenzen des Weingenusses wirkte sich hingegen aus, daß Römer wie Griechen stets stark mit Wasser verdünnten Wein tranken. Unvermischter Wein („*merum*") war ein Zeichen des völligen Exzesses.

Manche der zum Gelage geladenen Prostituierten wahrten trotzdem lieber einen kühlen Kopf und hielten beim Zechen Maß, um den Geschäftssinn nicht zu verlieren:

Truc. 853
„Dumm und töricht ist die Dirne, die beim Wein nicht ihren Vorteil stets vor Augen hat. Mag jedes Glied an ihr vom Wein begossen sein, wenn nur ihr Herz noch nüchtern ist."

Die sexuell stimulierende und generell enthemmende Wirkung des Alkohols war in Rom bestens bekannt, und die Verbindung von sexuellen Ausschweifungen, bei welchen Alkohol im Spiel war, fand in zahlreichen Redewendungen Ausdruck. Eine der bekanntesten ist folgender Vers: „*Balnea, vina Venus, corrumpunt corpora nostra, at vitam faciunt balnea, vina, Venus*" („Bäder, Wein und Liebe verderben unsere Körper, aber nur Bäder Wein und Liebe machen das Leben aus").

Auch hinsichtlich des Genusses alkoholischer Getränke bildeten die Dirnen also die Antithese zur ehrbaren Frau; denn der Genuß von Alkohol war Frauen in manchen griechischen Städten wie auch im frühen Rom angeblich sogar gesetzlich verboten und noch in der Kaiserzeit verpönt. Die römischen Autoren, genrebedingt vor allem die Satiriker, prangerten den

---

33 Vgl. unten, S. 115ff.

Weingenuß und die Trunkenheit von Frauen wegen des angeblichen Ver-
lustes von Sittsamkeit an, weshalb heimliches oder öffentliches Weintrin-
ken einer Matrone als Scheidungsgrund galt. Zu allem Überfluß sprachen
die Ärzte dem Wein auch noch empfängnisverhütende und abortive Wirkung zu, was ihn endgültig als ungeeignet für Frauen erscheinen ließ.

Zusammenfassend läßt sich festhalten, daß ausgiebiger Alkoholgenuß
von Prostituierten und bei Einzelnen auch die daraus entstandene Abhängigkeit eine Folge des sozialen Lebens in diesem Milieu waren, bei welchem das von Kunden erwartete Mitzechen ebenso eine Rolle spielte wie
der Rausch als Betäubungsmittel eines harten Existenzkampfes und einer
aussichtslosen Zukunft.

Prostitution war und ist noch immer ein Milieu, das von Kriminalität
und Gewalt geprägt ist, und zwar von seiten der Kunden und Zuhälter wie
auch – in Form von Betrügereien und anderen „Racheakten" – von seiten
der Prostituierten. Bekränzt, ausgelassen und ziemlich alkoholisiert kamen
Kunden zu vorgerückter Stunde vom Gelage im Bordell oder beim Haus
einer Dirne an. Dort konnte es, wenn es nicht bei einem harmlosen Ständchen blieb, zu wüsten Schlägereien aus Rivalität oder zu heftigen Eifersuchtsszenen kommen, die blutig und manchmal sogar tödlich verlaufen
konnten. Raufereien aus verschiedenen Anlässen gab es freilich auch in
Kneipen und Bordellen.

Gewalt, die sich direkt gegen Prostituierte richtete, konnte verschieden
starke Formen annehmen, vom Zerreißen des Kleides bis zur Vergewaltigung, vom Ausreißen der Haare bis hin zur Tötung, wobei es angesichts
der schweren Fälle unbekannt ist, ob es sich um impulsive Handlungen,
spontane Wutausbrüche in alkoholisiertem Zustand oder um geplante (Ra-
che-) Akte handelte.

An dieser Stelle muß auch die Grobheit und Gewalt von Zuhältern er-
wähnt werden, die in den Quellen wenig Beachtung findet, möglicherwei-
se, weil selbst hier das unumschränkte (Züchtigungs-)Recht des Herrn ge-
genüber dem Sklaven unangetastet blieb. Aufschlußreich, wenn auch ohne
Zweifel genrebedingt überzogen, ist die Schilderung des Zuhälters Ballio
(Plaut. Pseud. 196ff.), der den für ihn arbeitenden Mädchen grausame
Strafen bei Ungehorsam androht. In einer rhetorischen Übung des älteren
Seneca (Contr. 1, 2, 12) wird es als gängige Praxis dargestellt, daß *leno-
nes* die neuerworbenen Jungfrauen vergewaltigten. Hier will zwar die eine
Partei das Bordellmilieu möglichst negativ schildern, doch muß man nicht

annehmen, daß derartige Vorfälle mit den eigenen Sklavinnen besonders aufsehenerregend waren[34].

Obendrein muteten Kunden den Prostituierten auch unter weniger dramatischen Umständen physisch wie psychisch einiges zu. Nicht zu vergessen sind auch mehr oder minder sadistische Sonderwünsche, obgleich sie in den Quellen kaum Beachtung finden. Eine Episode, die wahrscheinlich ins zweite Jahrhundert v. Chr. zurückreicht, erzählt von einer Dirne, die sich aus Angst vor einem Eindringling, der sich als angetrunkener Aedil entpuppte, durch einen Steinwurf zur Wehr gesetzt hatte. Es kam auch vor, daß junge Zecher scharenweise ins Hurenhaus einfielen, um dort zu stehlen, und es scheint ebenso glaubwürdig, daß sich die Prostituierten ihrerseits rächten, indem sie den einen oder anderen Kunden nach allen Regeln der Kunst ausnahmen. Prostituierte ließen sich auch sonst, wie wir gesehen haben, manchmal unlautere Methoden einfallen, um ihren Profit zu steigern. Eine vergleichbare Situation wie die eben erwähnte diskutiert der Rechtsgelehrte Ulpian in einem Gutachten. Dabei handelt es sich um die Frage, ob der Einbruch ins Haus einer Prostituierten, ihre Vergewaltigung bzw. der Diebstahl in ihrem Haus als „*furtum*" (Diebstahlsklage in leicht anderem Sinne als heute) oder aufgrund einer anderen Klage geltend gemacht werden könne. Der einflußreiche Rechtsgelehrte Ulpian lehnte eine Klagemöglichkeit ab, und man muß davon ausgehen, daß dies die generelle Haltung im klassischen römischen Recht war. Nicht ganz eindeutig ist allerdings, ob nur versklavte Prostituierte betroffen waren, aber vermutlich hatten auch freigelassene oder freie Prostituierte wenig Aussicht auf rechtlichen Schutz vor Vergewaltigung oder anderen Gewalttätigkeiten. Insofern ist es legitim, anzunehmen, daß Gewalt von seiten der Prostituierten oftmals eine Maßnahme des Selbstschutzes war. Um rhetorische Fiktion wird es sich bei einer weiteren von Quintilian überlieferten Episode (Decl. 297) gehandelt haben, wo es heißt, ein Mann habe eine Prostituierte geblendet und es hinterher unter seiner Würde gefunden, als ihr Führer zu fungieren.

Schwere Fälle wie Mord konnten, vorausgesetzt, daß sich ein Kläger fand, durchaus gerichtlich verfolgt werden.

In Alexandria ist im vierten Jahrhundert ein Ratsherr namens Diodemos des Mordes an einer Prostituierten, die für einen Zuhälter arbeitete, angeklagt und verurteilt worden. Der „Mord von Alexandria" gehört zu einer

---

34 Es gab keinen Tatbestand der Vergewaltigung von Sklaven. Diese beiden Begriffe schlossen sich aus, vgl. DOBLHOFER, Vergewaltigung (1994), 18ff.

Sammlung von Papyrustexten in einem Codex, zu denen weitere Fälle von Straftaten gegen Frauen verschiedenen rechtlichen und sozialen Status gehören[35]. Das Prozeßprotokoll zeigt den typischen Aufbau einer außerordentlichen Klage vor einem Provinzgouverneur. Die ausgefeilte Urteilsbegründung bestimmt Diodemos wegen der Ermordung einer öffentlichen Hure zum Tode durch das Schwert, und da er Ratsherr war, erstaunt auch die Begründung, daß es um die „Würde der Stadt" gehe, nicht mehr weiter. Erstaunlich dagegen ist, daß die Mutter der Prostituierten, eine arme alte Frau, für sich selbst sprechen und eine Petition vorbringen durfte, die in der Übersetzung von LEWIS lautet: *„It was for this I gave my daughter to a brothel-keeper, in order, that I might have some means of support. Now since, with my daughter dead, I have been deprived my source of sustenance, I accordingly ask that some modicum be given me, a poor women, for my support."*[36]

Bezeichnenderweise geht es der Mutter hier nur um die finanzielle Seite, da ihre Tochter ihr den Lebensunterhalt finanzierte. Sie erhält ein Zehntel des Vermögens des Angeklagten.

Interessanterweise ähnelt dieser Fall der Situation, die durch viele Komödien belegt ist: Mütter, die aus Armut von der Prostitution der Tochter leben. Freilich ist hier ein angesehener Mann, der ein öffentliches Amt bekleidete, angeklagt, was eine Übertragbarkeit auf vergleichbare Situationen mit Angehörigen der Unterschichten problematisch macht. Bei einem Matrosen beispielsweise hätten die Richter wahrscheinlich kaum auf die „Verletzung der Würde der Stadt" gepocht. Man kann also nicht davon ausgehen, daß sich beim Mord an einer Prostituierten allzu oft ein Kläger fand oder daß der Fall wirklich aufgeklärt wurde, zumal versklavte Prostituierte meistens in fremde Städte irgendwo im römischen Reich verschleppt worden waren und in der Anonymität untergingen.

Leider wissen wir nichts Näheres darüber, wie die römischen Prostituierten auf die kleinen und großen Gewalterlebnisse reagiert haben. Wir können nur vermuten, daß sie Grund zur Angst hatten und auch versuchten, sich notfalls selbst zu verteidigen. Weiter dürften sie sich dessen bewußt gewesen sein, daß Gewaltakte ihr „Berufsrisiko" waren, der sie ebensowenig zu entrinnen vermochten wie der Erniedrigung und Demütigung ihrer Person.

Welche Beziehungen die römischen *meretrices* untereinander pflegten, ist wesentlich schlechter dokumentiert als andere Schilderungen aus dem

---

35 BGU IV 1024, S. 3, Z. 15; 29.
36 LEWIS, Life in Egypt (1983), 146.

Milieu, an dem immerhin einige Autoren als potentielle Kunden oder auch bloß als Literaten ihr Interesse bekundeten. Im Vergleich dazu bieten die Quellen für die griechischen Verhältnisse mehr Material, das sowohl von gemeinsamen Unternehmungen wie auch von Rivalitäten in Hetärenkreisen zeugt. Vasenbilder des ausgehenden 6. Jahrhunderts stellen reine Hetärengelage dar, an welchen die Frauen anstelle der Kunden auf den Sofas liegen, wobei die Ausrichtung eines kostspieligen Symposiums wohl nur wohlhabende Hetären bestreiten konnten. Weiter boten religiöse Feste, hauptsächlich natürlich die Aphrodisien, Gelegenheit zu gemeinschaftlichen Unternehmungen von Prostituierten, an denen auch männliche Prostituierte teilnahmen. In Korinth sollen die Hetären an diesem Tag sogar gemeinsam mit den Bürgerinnen gezecht haben. Im beruflichen Bereich traten anstelle des Zusammengehörigkeitsgefühls eher Neid, Eifersucht und das Abspenstigmachen der Liebhaber auf, manchmal auch zwischen männlichen und weiblichen Prostituierten, da Kunden nicht selten bisexuell waren.

Für Rom weist eine Interpretation der spärlichen Quellen in dieselbe Richtung. Gerade die ausführlichsten Passagen über den Umgang der Prostituierten untereinander stammen aus den Komödien des Plautus (‚Poenulus‘ und ‚Cistellaria‘). Wegen der Verschmelzung griechischer und römischer Elemente und bedingt durch das Genre der Komödie ist es oft schwierig zu entscheiden, ob und wieviel Römisches und ob überhaupt historisch Glaubwürdiges in diese Partien eingeflossen ist. Für die hier relevanten Texte gibt es immerhin Anhaltspunkte, daß die Milieuschilderung römisch gefärbt sein könnte, ohne daß wir sicher beurteilen können, ob Plautus dies den Prostituierten „abgelauscht" oder ein Raster dessen, was als typisch „dirnenhaft" galt, dramatisch bearbeitet hat. In der ersten der im folgenden zitierten Passagen darf als Basis der Schilderung mit einiger Sicherheit auf eine römische Straßenszene geschlossen werden. Für die weiter unten angeführte zweite Stelle weist das Aufeinandertreffen der Dirnen mit den Matronen auf eine Art „Klienten-Status" der ersteren hin, einer bekanntlich typisch römischen Institution. Damit liegt zumindest der Hintergrund für diesen Dialog im Bereich einer historischen Faktizität:

Poen. 265ff.
„Jetzt drängt sich alles zum Altar *(sc.* der Venus). Du hast doch
wohl nicht Lust, dich hinzudrängen zu dem Hurenpack, zu Bäk-
kermetzen, Abschaum aus den Mühlen, zu den gemeinen, schmut-
zigen Sklavenliebchen mit ihrem üblen Duft, die nach ihrem Aufenthaltsort, nach dem Stall und der Latrine riechen, die nie ein

freier Mann berührt noch mit sich nimmt, Zweipfennigshuren, schmutziger Sklaven Zeitvertreib."

Die beiden Hetären, die sich hier unterhalten und für den Festtag der Aphrodite herrichten, halten sich in jedem Fall für etwas besseres als ihre Kolleginnen. Aus dem Text geht hervor, daß die linear-hierarchische Abstufung in bestimmte Ränge, die für die römische Gesellschaftsstruktur so charakteristisch ist, sich im Prostituierten-Milieu wiederfindet bzw. vom Autor bedenkenlos auf dieses übertragen werden konnte, weil unter den Prostituierten kaum eine „horizontale Solidarisierung" vorkam, sondern vielfach eine Vereinzelung der Interessen und die mitleidlose Verachtung Tieferstehender, wie RILINGER treffend die römische Gesellschaftsstruktur insgesamt charakterisiert hat[37].

Auch der zweite Text, in welchem sich die Kupplerin an die Hetäre Selenium richtet, die aus dem Gewerbe aussteigen will, weil sie sich verliebt hat, belegt durch die Mahnung an Solidarität und dem Hinweis, wie schwer sie doch zu erreichen sei, daß für gewöhnlich ein ausgeprägtes Konkurrenzverhalten unter den Prostituierten vorherrschte. Die positive Normsetzung der angesprochenen „*amicitia*" („Freundschaft") orientiert sich, wie es auch sonst üblich war, am moralischen Standard der Oberschichten:

Cist. 21ff.
„Meine Selenium, das darf bei unserem Stand auch gar nicht anders sein. Zusammenhalten, Freundschaft wahren gilt es stets, wenn man so sieht, wie hochgestellte Damen aus den ersten Häusern Freundschaft schließen und diese immer mehr vertiefen. Wenn wir es auch so machen und nach ihrem Beispiel handeln, bringen wir's mit Mühe dahin, daß Neid und Mißgunst uns nicht ständig verfolgen. Sie hätten gern, daß wir stets auf ihre Hilfe angewiesen sind, nichts zustande brächten aus eigner Kraft ..."

Man hielt zusammen, wenn es um gemeinsame Interessen gegen Dritte, in diesem Falle die Matronen, ging. Wahrscheinlich stand weniger das Solidaritätsgefühl als vielmehr ein Zweckbündnis im Vordergrund. Matronen und Prostituierte hatten verständlicherweise keine ausgeprägten Sympathien füreinander, wie der weitere Verlauf des Abschnittes zeigt:

---

37   R. RILINGER, Humiliores – Honestiores, Zu einer sozialen Dichotomie im Strafrecht der römischen Kaiserzeit (München 1988), 278.

Cist. 33

„Spricht man sie aber einmal an, ginge man lieber wieder weg als
daß man gekommen ist. Vordergründig tun sie einem freundlich
und hinterrücks, wo's immer geht, begießen sie uns mit kaltem
Wasser. Ihre Männer trieben es mit uns, wir seien ihre Nebenfrau-
en. Sie wollen uns zu Boden drücken."

Die sehr viel später von Prokopius (9,26) abgefaßte Biographie der Kaiserin Theodora beschreibt sie während ihrer ehemaligen Laufbahn am Theater als einen 'Skorpion', weil sie von giftigster Eifersucht auf die anderen
Theaterdirnen erfüllt gewesen sei. Der Text ist ohne Zweifel stark tendenziös, weil Prokop bekanntlich kein gutes Haar an Theodora ließ. In seiner
grundsätzlichen Aussage über die scharfe Rivalität unter den Miminnen
und Dirnen wird er aber durch eine viel frühere Stelle in Ovids ‚Amores'
(1, 8, 67) gestützt. Sie handelt ebenfalls von wenig kollegialem Verhalten,
bei welchem eine weibliche Prostituierte offenbar dazu ermuntert wird, ihrem männlichen Kollegen skrupellos das, was er von seinem Liebhaber
erhalten hat, wieder abzujagen.

Freundschaften einzelner, wie die zwischen Selenium und Gymnasium
in der ‚Cistellaria', oder die Verbindung durch verwandtschaftliche Bande
und ein gemeinsames Schicksal wie die der beiden Schwestern im ‚Poenulus' mögen vorgekommen sein. Dennoch sind die unten zitierten, überaus
herzlichen Worte der Selenium nicht als repräsentativ anzusehen; denn
Selenium ist als ‚Pseudo-Hetäre' in erster Linie eine literarische Figur und
eigentlich ja eine freie Bürgerstochter, auf deren edles, so gar nicht ver-
dorbenes und „hurenhaftes" Gemüt Plautus gleich im ersten Akt abhebt.

Cist. I 1

„Zwar war ich dir schon immer mit Liebe zugetan und habe dich
als meine Freundin betrachtet, dich, Gymnasium, wie auch deine
Mutter. Aber heute habt ihr es mir erst recht bewiesen. Ja, wärst du
meine Schwester, ich wüßte nicht, wie du mich höher schätzen
könntest. Wenigstens wie ich das sehe, habt ihr ganz allein für
mich euch abgemüht, alles andere beiseite lassend. Deshalb seid
ihr mir so lieb und wert, und eben darum fühle ich mich euch zum
Dank verpflichtet."

Feste zu Ehren der Venus, der Patronin der Dirnen, begingen Prostituierte
in Rom ebenso mit gemeinschaftlichen Aktivitäten. Zu diese Festen gehörten in erster Linie das Fest für die Göttin Venus mit dem Beinamen Erucina (benannt nach dem Berg Eryx auf Sizilien) und das Fest für die Fortuna

Virilis (Fest zu Ehren der Schicksalsgöttin in einem ihrer vielen Aspekte) in den Männerbädern. Die Floralia (Fest zu Ehren der Göttin Flora) boten für Rausch und Ausgelassenheit des Volkes zwar auch reichlich Gelegenheit, doch scheinen die Dirnen mit ihrem Striptease im Zirkus eher beruflich denn aus Privatvergnügen dort engagiert gewesen zu sein[38].

Die Prostituierten der mediterranen Kulturen hegten, nicht anders als ihre Zeitgenossen, einen volkstümlichen Glauben an die Wirksamkeit von Zauberei und Magie. In ihrem Metier spielten Liebestränke und Liebeszauber die größte Rolle. Der allgemeine Begriff *Venenum* („Gift") bezeichnete ursprünglich wohl nur den Liebestrank. Prostituierte waren teils Kundinnen für solche Zaubereien, teils galten sie selbst als Zauberinnen. Vor allem den Alten und Abgedankten unter ihnen, die nebenbei Zuhälterei betrieben, wurden Hexereien dieser Art unterstellt.

Die immer wiederkehrende Assoziation der Begriffe Dirne/Kupplerin-Zauberin oder Ehebruch – Unzucht – Zauberei ist auffallend und offenbar eine sehr alte Vorstellung, die mit der sexuellen Macht der Frau und männlichen Ängsten davor zusammenhängt. Der Alte Orient[39] und Israel[40] kennen die Verknüpfung Zauberin - Verführerin, und sie ist in der Gestalt der Kirke auch der griechischen Dichtung seit Homer bestens bekannt. In römischer Zeit soll sich der alte Cato – drastisch wie immer – dazu geäußert haben, indem er feststellte: „es gibt keine Ehebrecherin, die nicht zugleich auch eine Giftmischerin wäre" (Quint. Inst. 11, 39). Dieser Satz war sprichwörtlich. Überdies wurde auch sonst bei jeglicher Art von Giftmischerei die führende Rolle der Frauen hervorgehoben.

---

38 Details zu diesen Festen vgl. Kap. 2.7.1, 154.

39 KAŠŠAPTU war die Hexe oder Zauberin, und auch die weibl. Kupplerin (MUMMERTU) war als böse Frau charakterisiert, S. G. STEINER, Die Femme Fatale im Alten Orient, in: (Hrsg.), La Femme dans le Proche-Orient Antique, XXXIIIe Rencontre Assyriologique Internationale, Paris, 7-10. Juli 1986 (Paris 1987), 147–153. Dirnentum (IŠTARITU) und Zauberei (KAŠŠAPTU) sind in der babylonischen Beschwörungssammlung Maqlu identisch, vgl. FAUTH, Sakrale Prostitution, JAC 31 (1988), 31.

40 In Nah. 3, 4 ist Ninive die Hure und Meisterin der Zaubereien; KŠP (Zauberei) taucht im Begriffsfeld Ehebruch Unzucht, Abgötterei auf, und da sind immer Frauen am Werk (2. Kön. 9, 22; Jes. 47, 9, 12; Ex. 22, 17), vgl. U. WINTER, Frau und Göttin. Exegetische und ikonographische Studien zum weiblichen Gottesbild im Alten Israel und dessen Umwelt, Orbis Biblicus et Orientalis 53 (Fribourg 1983), 49f.; eine Annäherung von Dirnentum und Zauberei kehrt wieder in der rabbin. Legende von den 80 Zauberinnen von Askalon vgl. M. HENGEL, Rabbinische Legende und frühpharisäische Geschichte. Schimeon bei Schetach und die 80 Hexen von Askalon, AbhHeidelberg, Phil.-Hist. Kl. 1984 (Heidelberg 1984), Nr. 2, 44f.

Bei Prostituierten waren diese Künste der weiblichen Bezauberung, bei der es „nicht mit rechten Dingen zugeht", nun sozusagen potenziert. Bei Plautus werden einzelne Dirnen als Giftmischerinnen („*veneficae*") beschimpft, auch eine mythologische Anspielung auf die Gestalt der Kirke fehlt nicht. Namentlich die römischen Elegiker, aber auch Horaz und Petron in ihren satirischen Werken sowie Alkiphron und Lukian in den Hetärengesprächen und -briefen räumen der erotischen Magie (aber auch anderen magischen Praktiken) durch Dirnen und Kupplerinnen breiten Raum ein. Da es in Rom zu allen Zeiten Zauberei gab – schon die Zwölftafelgesetze bestraften Schadenzauber, und bekannt sind die Fluchtäfelchen, die Menschen den Mächten der Unterwelt ausliefern sollten – , gibt es keinen Grund, den Liebeszauber als frei erfundenen literarischen Topos abzutun, den es im aufgeklärten augusteischen Rom nicht mehr gegeben habe. Treffend beschreibt FAUTH, daß der Einsatz zauberischer Therapeutika oft als Metapher für das irrationale Moment der erotischen Überwältigung diente, deren Basis aber doch eine nie ganz verwundene Superstition war[41]. Ohne Zweifel also haben die Dichter die beschriebenen Ereignisse literarisch verdichtet, nicht von der Hand zu weisen aber ist die Lebendigkeit und Eindringlichkeit der dargestellten Vorstellungswelt magischen Brauchtums.

Magie und besonders die Herstellung von Aphrodisiaka scheinen ein lukrativer Nebenerwerb für Prostituierte und Zuhälterinnen gewesen zu sein, denn man glaubte, daß diese Frauen magische Kräfte besäßen, die in einer anderen Person Liebe oder Haß erwecken könnten. Wer in Liebesnöten war, suchte Rat bei den Kuppel- und Kräuterweibern in der Subura, die als beliebtes Dirnenquartier Roms bekannt war. Abgeneigte Kunden oder auch Mädchen, die man verführen wollte, sollten durch Liebestränke, nächtliche Beschwörungen und andere, oft unheimliche magische Prozeduren in Bann geschlagen werden, wieder andere wollten sich aus solchen Banden lösen.

Im ersten Brief des Lukian sagt die Hetäre Glykera, die ihren „Liebhaber" an eine andere Hetäre verloren hat, zu ihrer Freundin Thais:

„Glaubst du denn, Thais, der Akarnier sei durch ihre Reize bezirzt? Weißt du denn nicht, daß die Chrysarion, ihre Mutter, eine Hexe ist, daß sie thessalische Zaubersprüche weiß und den Mond auf die Erde herabzaubern kann? Man behauptet sogar, sie fliege bei

---

41 FAUTH, Venena amoris (1980), 274ff.

Nacht. Die hat dem Menschen einen Trank gegeben und ihn verrückt gemacht".

Das hier erwähnte „Herabzaubern des Mondes" gehört zu einem alten literarischen Motiv, das bereits bei Aristophanes und Platon als thessalischer
Zauber auftaucht und häufig beim Liebeszauber anzutreffen ist. Es findet
sich bei den römischen Dichtern häufig wieder. Luna, die Mondgöttin,
bzw. die mit ihr gleichgesetzte Hekate, die Göttin der Dreiwege, war am
Liebeszauber mitbeteiligt, und Nächte, in denen sie unmittelbar gegenwärtig war, hatten höchst zauberkräftige Wirkung. Man glaubte daher auch,
daß Mondfinsternisse durch Zauberinnen bewirkt würden.

Berüchtigt war im augusteischen Rom die Zauberin Canidia, in deren
Schilderung die ein oder andere biographische Tatsache einer historischen
Person miteingeflossen sein könnte, wenngleich Horaz sie mit solcher In-
brunst verfolgt und verdammt, daß die Forschung ihm enttäuschte Liebe
zu ihr unterstellen wollte. Sie soll eine Prostituierte niedriger Herkunft
gewesen sein und wie ihre Helfershelferinnen in eben jener Subura gelebt
haben, dem berüchtigten Dirnenquartier Roms. Horaz nennt sie die „Geliebte von Matrosen und Trödlern" (Ep. 5, 20). Genaueres über ihre Lebensumstände ist nicht bekannt, und viel Abwegiges wurde aus den Gedichten des Horaz herausgesponnen. Canidia soll sich auf verschiedene
magische Praktiken wie auch auf Liebeszauber verstanden haben. Zum
Bereiten eines Liebestrankes soll sie sogar einen Knaben entführt und ge-
schlachtet haben (Ep. 5, 1ff.). Freilich besitzt eine solche Aussage keinen
dokumentarischen Wert, dafür aber einen psychologisch interessanten
Gehalt, der das Grauen vor solchem unheimlichen und schauerlichen Wirken reflektiert. Übrigens kommt ritueller Kindesmord in der antiken Literatur selten vor und taucht erst in den Vorwürfen gegen die Christen wieder auf, was wir hier nicht weiter verfolgen können.

In grellen Farben schildert auch Properz eine Kupplerin namens A-
canthis, die der Freundin des Dichters ihre Dienste anbietet (4, 5, 5-20).
Sie versteht sich auf die wesentlichen Seiten des Liebeszaubers, sie kann
Liebe wecken und Leidenschaft töten. Sie blendet argwöhnische Gatten,
deren Frauen sie verkuppelt hat, und kann Männer impotent machen.
Würdige Ebenbilder sind die Kupplerin Dipsas, bewandert in den üblichen Hexenkünsten und mit zwei böse funkelnden Pupillen in jedem Auge, sowie die Zauberin Oenothea, welche Encolpios' Impotenz beseitigen
will. Hier verdichten sich die Vorstellungen von Dirnen und Kupplerinnen
zu solchen von Zauberinnen. Auch Tibull will eine Kupplerin und Zauberin kennen, welche seiner Freundin einen reicheren Liebhaber vermittelt

hat (1, 5, 48–56). Entsprechend heftig sind die Flüche, die er auf sie herniederprasseln läßt.

Die drastischen Schilderungen sind Ausdruck der Pervertierung des weiblichen Ideals der keuschen, fruchtbaren und gehorsamen Matrone und zugleich Ausdruck der Furcht vor und des Hasses besonders auf ältere erfahrene Frauen. Sie passen zu den vielen aggressiven Invektiven auf den Typus des häßlichen alten Weibes in der Literatur. Die räuberische Kuppelhexe steht stellvertretend für die Furie des dämonischen Weibes, die in der Literatur mehr und mehr zur komisch vulgären Figur verkommt. Kupplerinnen, meist als sexuell unersättlich skizziert, entziehen zudem die jungen Mädchen der männlichen Kontrolle und raten ihnen zur Promiskuität, damit sie emotional und finanziell unabhängig bleiben. Sie verabreichen Liebestränke und Abortiva, von welchen erstere eine konkrete Gefahr für die Männer darstellen, letztere aber Zeugung und Fortpflanzung untergraben. Liebestränke waren zwar in der Regel nicht tödlich, aber auch alles andere als harmlos: nach Ovids Zeugnis (Ars 2, 106) konnten sie schwere geistige Störungen hervorrufen:

„Liebestränke schaden dem Geist und treiben in den Wahnsinn."

1.5 „Hurenkünste"

1.5.1 Historischer Überblick

Wie zu allen Zeiten, so waren auch die Prostituierten in der Antike darauf angewiesen, durch bestimmte Signale, die kulturellen und gesellschaftlichen Veränderungen unterworfen sind, Kunden zu werben und anzulokken. Solche Signale bezogen sich auf das Verhalten und die äußere Erscheinung. Für ein anspruchsvolleres Publikum, das nicht kurzfristigen Sexualkontakt, sondern länger dauernde Unterhaltungserotik, z. B. auf Symposien, erwartete, waren zusätzlich zu den vordergründigen optischen Reizen Fähigkeiten in Tanz, Musik oder Gesang besonders attraktiv.

Die Gesamtheit dieser Verhaltensformen, der kosmetischen Tricks, kurz, der ganzen „branchenüblichen" Fertigkeiten, bezeichneten die Zeitgenossen als *artes meretriciae* („Hurenkünste"). Das praktische Wissen dieser erotischen Künste ist von Kurtisanen über die Generationen weitergegeben worden, entweder über professionelle Kupplerinnen oder vermittels eines leiblichen oder emotionalen Mutter-Tochter-Verhältnisses. Neben Schönheitstips und Verhaltensmaßregeln gehörten dazu aber auch

„Überlebensstrategien", d. h. die Kunden als Feinde zu betrachten und den Profit im Auge zu behalten. Zahlreiche Quellen lassen erkennen, was man in Rom unter einem „hurenhaften Aufzug" verstand. Die konkrete Seite der gesammelten Toilettenkünste und Ausstaffierung war bereits mehrfach Gegenstand früherer Arbeiten, doch berücksichtigten sie weder die historische noch die psychologische Komponente der erotischen Künste, der wir im folgenden Abschnitt nachgehen wollen.

Sexualtrieb, Fruchtbarkeit und Fortpflanzung als eminent wichtige Erfahrungen des menschlichen Lebens standen seit jeher unter göttlichem Schutz. Aus der Sakralisierung der Sexualität waren auch Dirnen ursprünglich nicht ausgeschlossen. Im Gegenteil, Göttinnen wie z. B. die sumerische Inanna, die hethitische Göttermutter Titiutti, die babylonische Ishtar und die alte semitische Astarte waren Patroninnen der Dirnen, hatten Dirnen in ihrem Gefolge oder wurden selbst als eine Art göttlicher Hetäre geschildert[42]. Sie finden ihren Widerhall in Aspekten der griechischen Aphrodite und der Venus Erucina in Rom sowie den sie verehrenden Hetären. Sie verkörperten die religiöse Macht der Sexualität und waren deswegen die Schirmherrinnen der Liebes- und Verführungskünste, derer sich von Berufs wegen hauptsächlich die Prostituierten bedienten.

Nicht umsonst war der Spiegel – einige davon sind bis heute erhalten geblieben – Sinnbild und Attribut der schönsten der Göttinnen, der Aphrodite, und ihrer Liebesdienerinnen. Eindrucksvoll ist in der ‚Ilias' geschildert, wie Hera die Aphrodite konsultiert, um sich nach der Beratung einer Prozedur des Waschens, Frisierens, Einölens usw. zu unterziehen (14, 193–223), Aphrodite gibt Hera auch den über der Brust gekreuzten Zauberriemen, der dem Geliebten die Besinnung rauben soll. Einen solchen Riemen trug schon die Fruchtbarkeitsgöttin aus Kish und Susa im 3./2. Jt., und er findet sich noch auf einem pompejanischen Fresko.

Die Bindung der Dirnen an Aphrodite-Venus zeigt sich auch an kulthistorischen Ereignissen, z. B. daran, daß sich die Freudenmädchen in Kalydon zu Ehren des Festes der Aphrodite mit großem Aufwand herrichteten und schmückten, wie es Plautus im ‚Poenulus' schildert:

Poen. 217-225
„Denn seit dem frühesten Morgen bis hin zu dieser Stunde hat jede
  von uns beiden stets zu tun gehabt mit Waschen, Reiben, Bürsten,
  Schmücken, Reinigen, mit Putzen, Stutzen, Bügeln, Schniegeln,

---

42 Zur Verbindung dieser Göttinnen mit Erotik und Prostitution s. FAUTH, Sakrale
     Prostitution im Orient und im Mittelmeerraum, JAC 31 (1988), 24ff., YAMAUCHI,
     Cultic Prostitution (1973), 213–222.

und dazu haben noch zwei Mägde, welche jede von uns hat, beim Bad und Waschen uns hilfreich die Hand gereicht. Auch sind zwei Männer vom Wassertragen müde und matt: ‚Pfui, wie viel macht ein einzig Weib zu schaffen schon! Sind's gar noch zwei, die könnten selbst, das ist gewiß, ein ganzes Volk und wär's noch so groß, mehr als genug beschäftigen. Ihr ganzes Leben, Tag und Nacht ist nichts als Schmücken, Waschen, Glätten, Reinigen.'"

Umgekehrt badeten und schmückten die Dirnen Roms am Festtag der Venus Erucina die Statue ihrer Göttin und opferten ihr Wohlgerüche, während sie um Schönheit und gute Geschäfte baten.

In Rom hatte die Liebe als komplexes Lernsystem, das freilich nicht allein den Dirnen vorbehalten war, ihre wesentlichsten Impulse aus der hellenistischen Kultur erhalten, welche die *erótike téchne* („Liebeskunst") zu höchster Perfektion brachte. Konkreter Ausdruck der *erótike téchne* waren die ungefähr seit dem 4. Jh. v. Chr. zirkulierenden Handbücher über Sex, die Teil einer verbreiteten didaktischen Literatur wie zum Beispiel medizinischer, astronomischer, enzyklopädischer oder kulinarischer Kompendien waren. Besagte Erotika erschienen aber bezeichnenderweise unter dem Namen von Prostituierten wie etwa Philaenis oder Elephantis, oder sie gaben zumindest vor, aus deren reichem Erfahrungsschatz zu stammen. Von den Texten ist nur wenig erhalten, aber vermutlich waren Verführungskünste und vor allem die Liebesstellungen beim heterosexuellen genitalen Verkehr ihr Thema. Auch Ovid hat wohl für die Ars Amatoria, die nach eigenen Angaben für Kurtisanen geschrieben war, aus ihnen geschöpft. Daß das komplexe Lernsystem der Erotik, welches Ovid bereits als Erbe einer langen Tradition ausbreitete, entsprechend der patriarchalischen Gesellschaftsverhältnisse dazu diente, spezifisch männliche Wunschvorstellungen zu befriedigen, ja mehr noch, daß es durch die „Anatomisierung" des weiblichen Körpers auch pornographische Züge trägt, wurde erst kürzlich überzeugend dargelegt[43].

Man erwartete von den Huren, daß sie die Initiative ergriffen und sich „hurenhaft" benahmen, im Gegensatz zu den ehrbaren Mädchen und Frauen, für die Keuschheit und Schamhaftigkeit Leitbilder waren. Was für die Huren paßte, empfand man bei ehrbaren Frauen als Ungeheuerlichkeit: Sallust (Cat. 25) erzählt, um nur ein Beispiel zu nennen, von der Aristokratin Sempronia, sie habe oft zum Anknüpfen eines Verhältnisses die Initiative ergriffen. Unerfahrene junge Männer wurden zu den „Lehrmeiste-

---

43 PARKER, Love's Body anatomized (1992), 97ff. MYEROWITZ, Ovids Games of Love (1985), 104-149 und DIESS., Domestication of Desire (1992), 136.

rinnen der Liebe" geschickt. Mit einem Seitenhieb gegen einen unverbes-
serlichen Päderasten, der nun heiraten muß, stellt Martial diese Praxis als
eine Art „Aufklärung" dar: „Nutze die Umarmungen des Weibes, Victor,
nutze sie, und möge dein Schwanz dies dir unbekannte Werk erlernen"
(11,78,11). Er bescheinigt den Huren der *Subura*, daß sie als Ausbilderin-
nen den *tiro*, d. h. den Lehrling oder Rekruten, in ihrem Handwerk unter-
weisen können. Auch hält er es für notwendig, im Schlußsatz den Kontrast
zur unerfahrenen Jungfrau zu betonen: „Denn eine Jungfrau lehrt nicht
gut."

In einem ganz anderen Zusammenhang hatte viel früher schon Lukrez
in seinem Lehrgedicht im Abschnitt über Liebe und Zeugung dargestellt,
daß sich nur die Huren beim Liebesspiel bewegten, um die Männer mehr
anzustacheln und dadurch außerdem die Empfängnis zu verhüten, während Gattinnen das nicht nötig hätten.

Lukr. 4, 1268ff.
„Denn es verhindert die Frau, daß sie empfängt und sie sträubt sich
dagegen, wenn sie selbst durch Schenkelbewegung die Lust dem
Mann freudig erwidert und mit der ganzen weichen Brust die Wo-
gen aufwühlt. Bringt sie doch die Furche aus gerader Linie, des
Pfluges Bahn, und lenkt ab von den Stellen die Stöße des Samens.
Und so pflegen sich aus Eigennutz zu bewegen die Dirnen, damit
sie nicht empfangen und schwanger liegen und daß zugleich die
Venus die Männer mehr reize, was unsere Frauen in keiner Weise
nötig haben, wie ich meine."

Schönheit und Attraktivität werden als Erkennungszeichen der idealen
Dirne selbst in den späten Texten der Heiligenviten noch ausgiebig ge-
schildert, dann allerdings im negativen Sinn als gefährlicher Fallstrick.
Doch bereits in früheren Zeiten konnte allzu großer Liebreiz einer
Dienstmagd die Herrschaften sogar in den Verdacht der Kuppelei bringen
und der Herrin Schande bringen, wenn sie in ihrer Begleitung auftrat:

Plaut. Merc. 405
„Weil es Verdacht erregte, wenn einer ehrbaren Hausfrau ein Mädchen von solcher Schönheit folgte. Man würde sie, wenn sie durch
die Straßen ginge, anstarren und betrachten, nicken, zischen, an ihr
zupfen, rupfen, drängen, an der Türe Ständchen bringen, mit Kohle
Liebesgedichte an die Haustür schreiben, und wie die Menschen
sind, die gerne schlecht von jemand sprechen, würde man mir und

meiner Frau nachsagen, daß wir sie zur Hurenwirtschaft in unser Haus gebracht hätten."

Für die Wahl einer Ehefrau hingegen war Schönheit kein relevantes Kriterium. Sie wird zwar manchmal auf den Grabsteinen für verstorbene Gattinen erwähnt, gehört aber nicht zum üblichen Kanon der Lobesprädikate, der epigraphisch oder literarisch festgehalten wurde.

Durch die optischen Reize, die die Prostituierten boten, sollte die Begierde der Männer geweckt werden. Das Auge galt auch in der Antike als das sicherste Vehikel der sexuellen Anziehung und Begierde. Schon seit Empedokles wurde in der Philosophie die Ursache für die Ansammlung männlichen Samens in der weiblichen Schönheit gesucht, und nicht nur die Epikureer verknüpften die Stimulierung durch erotische Bilder mit dem sexuellen Verlangen. Das Anbieten als Lustobjekt, um männliche Begierden und Phantasien zu wecken, machte deswegen wesentlich den beruflichen Erfolg einer Prostituierten aus.

Moderne psychologisch orientierte Studien über Prostitution haben festgestellt, daß die „Verwandlung in eine Hure" durchaus nicht eigenes Bedürfnis und Wunsch der Prostituierten ist, sondern daß erst die Phantasie der Männer über Sexualität und Weiblichkeit derartige Schablonen schafft, oftmals solche, die Liederlichkeit und/oder Verfügbarkeit ausdrücken. Prostituierte warben aber bewußt oder unbewußt zu allen Zeiten mit genau diesen Schablonen. In verblüffender Übereinstimmung zu heutigen Verhältnissen waren zwei „Stile" besonders gefragt: der typische „Hurenstil" in aufreizender Aufmachung und der „Jungmädchenstil". Das Mädchen sollte keine Schminke verwenden, keine Parfums und aufreizenden Gewänder oder gar herausforderndes Verhalten an den Tag legen, kurz, sich so den Kunden zeigen, also ob es gar keine Prostituierte wäre. Die Attraktivität des letzteren Stils könnte seine Wurzel darin gehabt haben, daß das ideale, erotische Objekt eines erwachsenen Mannes, ob nun Knabe oder Mädchen, möglichst zart, weich und schutzbedürftig sein sollte, was den paedophilen Präferenzen der römischen Gesellschaft entsprach.

1.5.2 Die Aufmachung der Dirnen

Welchen Aufwand die Prostituierten in Rom trieben, um solche „Verwandlungen" zu bewerkstelligen, wird im folgenden unter drei Gesichtspunkten betrachtet: Kleidung, kosmetische Finessen und angelernte Verhaltensweisen. Nicht nur Besserverdienende achteten auf ein gepflegtes Äußeres. Auch Ärmere bemühten sich um hübsches Aussehen, damit man ihnen nicht anmerkte, in welchen armseligen Zuständen sie leben mußten:

Ter. Eun. 934-40
„Ist eine auswärts, so scheint nichts reinlicher, nichts wohlerzogener, nichts zierlicher oder artiger. Bei Tisch mit ihrem Freier tut sie leckerhaft. Doch ihren Schmutz und Heißhunger, ihre Bettelei zu sehen, wie garstig, wie gierig sie daheim zur aufgewärmten Suppe schwarzes Brot verschlingt."

Sklavinnen und andere abhängige Prostituierte, die nicht über ihre Einnahmen verfügen konnten, wurden vom Zuhälter ausstaffiert, denn dies steigerte letzten Endes wiederum seinen Profit. Der berüchtigte Zuhälter Ballio herrscht im ‚Pseudolus' (172) seine Frauen an, daß sie ihm ständig nur Kosten für Kleidung, Schmuck und dergleichen mehr bereiteten.

Er will im Verlauf einer längeren Prahl- und Drohrede dazu anstacheln, möglichst viel Umsatz zu machen. Für die Bekleidung der Prostituierten gab es entgegen älteren Ansätzen in der Forschung keine gesetzliche Vorschrift, obwohl die Toga mit einer kurzen Tunika als Unterkleid ein charakteristisches Kleidungsstück für Dirnen war und häufig in der Literatur erwähnt wird. Warum ausgerechnet das Staatskleid des Römers ein typisches Dirnenkleid wurde, ist so recht nicht zu erklären. In alter Zeit sollen beide Geschlechter unterschiedslos die Toga getragen haben, wie dies die freigeborenen Knaben und Mädchen auch später noch taten. Dabei dürfen freilich die eminent wichtigen farblichen Kriterien der römischen Kleidung, welche die soziale Stellung zum Ausdruck brachten, nicht übersehen werden, und die Dirnentoga war von dunkler Farbe, eine *toga pulla*. Sie glich damit den Arbeitskitteln und Tuniken des niederen Volkes[44]. Ansonsten stellten sich Bordelldirnen zur sexuellen Reizsteigerung mehr oder minder nackt oder jedenfalls mit nackten Brüsten zur Schau. Bekannt schon zur Blütezeit Athens, waren auch in Rom in Kreisen der Demimonde hauchdünne, durchsichtige Gewänder ausgesprochen beliebt. Treffend beschrieben sind sie bei Petron: „Ist es denn in Ordnung, daß die Gattin sich in ein dünnes Fähnchen hüllt, sich öffentlich quasi nackt feilbietet in durchsichtigem Gewand?" (55, 6). Sie hießen ihrem Herkunftsort von der Insel Kos entsprechend *Coae vestes* („Gewänder aus Kos"). Kurze oder

---

44 H. R. GOETTE, Studien zu römischen Togadarstellungen. Beiträge zur Erschließung hellenistischer und kaiserzeitlicher Skulptur und Architektur (Mainz 1989), 4-6.

aufgeschürzte Kleider und auffallende Farbigkeit der meist aus dem Osten importierten Stoffe waren das Vorrecht der Prostituierten und Blickfang für die Männer. Eine Hetärenmodenschau mit den raffiniertesten Schnitten, die bei Plautus überliefert ist, scheint zu seiner Zeit noch eher griechischen Verhältnissen angemessen.

Im allgemeinen waren Prostituierte an ihrer Kleidung also leicht zu erkennen. Von den bessergestellten, ehrbaren Frauen erwartete der Sittenkodex der julisch-claudischen Zeit, daß sie die *stola*, ein bodenlanges Gewand, und die Haarbinde der Matrone trugen. Nach dem Verschwinden der *stola* am Ende des ersten Jahrhunderts forderte man immerhin ein nicht näher definiertes „matronenhaftes Auftreten". Dieses sollte auch einen rechtlichen Schutz vor Belästigung bieten. War eine Frau dagegen „hurenhaft" gekleidet, konnte ihr rechtlicher Vormund nicht wegen *adtemptata pudicitia* („Angriff auf die Schamhaftigkeit") klagen[45]. Die starke Akzentuierung der *toga* der Hure und Ehebrecherin und der *stola* der Matrone in moralisierenden oder satirischen Kontexten ließ moderne Kommentatoren oft vergessen, daß es überwiegend nicht-standesspezifische Bekleidung, z. B. Tuniken oder die anderen Gewänder samt Mantel, gab, die, insbesondere nach dem Verschwinden der *stola*, Ähnlichkeiten der Kleidung ohne Weiteres ermöglichte[46]. Denn zum Entsetzen der Hüter der Moral fand die Mode der Prostituierten bei den Damen aus wohlhabenderen Schichten durchaus Anklang, so daß die äußerlich sichtbare Kluft zwischen Dirnen und respektablen Frauen nicht immer so deutlich war, wie erstere sich das wünschten. Das mangelnde matronenhafte Erscheinungsbild der Frauen wurde bereits in tiberischer Zeit zum Politikum, allerdings blieben angestrebte Maßnahmen ohne durchschlagenden Erfolg. Auch wesentlich spätere Texte von Tertullian und Ulpian lassen noch darauf schließen, daß zu ihrer Zeit ebenfalls Nachlässigkeit im Hinblick auf die Kleidung von ehrbaren Frauen und Kurtisanen herrschte.

Auch Kosmetik und Make-up gehörten zur Verführungskunst. Prostituierte waren auf diesem Gebiet besonders bewandert, namentlich dann, wenn es darum ging, körperliche Mängel oder kleine Schönheitsfehler zu kaschieren. Alle diese Tricks gehörten zum Repertoire raffinierter hellenistischer Hetärenkünste, die in Rom schon lange an der Tagesordnung waren, bevor Ovid sie in seinen Lehrgedichten veröffentlichte.

---

45 Vgl. die Ausführungen Ulpians zum Edikt *de adtemptata pudicitia*: D. 47. 10. 15. 15.

46 *Tunica, calasis* und *palla* waren keine standesspezifischen Trachten, ebensowenig wie der Mantel, der eventuell darüber getragen wurde.

Die Frauen nahmen zum Beispiel Bleicarbonat *(cerussa)* oder weißen
Ton *(creta)* als Puder, Zinnober als Wangenrouge, Lider und Augenbrau-
en wurden mit Ruß nachgezogen; selbst Gesichtsmasken zur Verfeinerung
des Teints waren längst bekannt, wobei Ovid die dringende Empfehlung
gab, solche Prozeduren mit lauwarmem Hefebrei wegen ihrer wenig ästhetischen Wirkung tunlichst vor den Männern zu verbergen.

Die erotisierende Wirkung von Düften war ebenfalls schon lange beliebt. Die Parfümtradition stammte nach übereinstimmender Meinung der
antiken Autoren aus dem Orient. Von dort gelangte sie über die griechischen Kolonien Unteritaliens, vor allem die für ihren Luxus bekannte
Stadt Sybaris, trotz anfänglicher Gegenmaßnahmen durch die Zensoren
nach Rom. Seit dem ersten Jahrhundert v. Chr. fand sie in weiten Kreisen
Verbreitung. Insbesondere in der frühen Kaiserzeit wurde sie bisweilen
hinsichtlich der Qualität wie auch der Quantität bis zur Unerträglichkeit in
Anspruch genommen. Daher nannte man Prostituierte manchmal auch
schoeniculae, benannt nach billigen und schlechten Salben, und mancher
Kunde triefte nach dem Bordellbesuch von Wein und Parfümölen. Petron.
Sat. 105:

> „Unter anderem haben sie bei ihrer gemeinsamen Freundin meinem
> Geld den Garaus gemacht. Dort habe ich sie letzte Nacht herausge-
> holt mit Wein und Parfüms übergossen. Kurz, sie riechen jetzt
> noch nach meinem restlichen Vermögen."

Außergewöhnlicher Wert wurde auf die Frisuren gelegt, vor deren Raffi-
nesse und Vielfalt Ovid (Ars 3, 149ff.) in seiner Schilderung scherzhaft
die Waffen streckt. Elaborierte Frisuren waren keineswegs Privileg der
Prostituierten, wenn man die aufwendigen Haartrachten der Oberschicht-
damen und der Kaiserinnen betrachtet. Langes Frauenhaar übte auch damals einen starken erotischen Reiz aus. Einige Quellen lassen erkennen,
daß gerade die Kurtisanen und Freudenmädchen sich mit Vorliebe die
Haare blondierten oder aber blonde Perücken trugen. Blondhaar entsprach
einem verbreiteten Schönheitsideal, welches seit der klassischen griechischen Zeit in Mode war, gleichgültig, ob es sich nun um eine sterbliche
Geliebte oder um eine mythologische Gestalt handelte. In Rom kam das
Haar für die Perücken als Import aus Britannien oder Germanien. Auch
bei spärlichem Haarwuchs oder beginnender Kahlheit konnte eine Perücke
Abhilfe schaffen, wobei übertriebene mechanische oder chemische Prozeduren am eigenen Haar wohl manchmal an solcher Misere schuld waren.
Für Perücken und Haarersatz gab es im augusteischen Rom mindestens
einen Laden in der Nähe des Herkulestempels.

Eine Sitte, die in Rom wie auch in Athen bei Frauen und Männern üblich war, war die Depilation am Körper und insbesondere im Genitalbereich[47]. Die Häufigkeit ihrer Anwendung läßt sich eher daran erkennen, daß es in den Bädern extra Sklaven und Sklavinnen für diese Prozedur sowie eine große Anzahl von Rezepten gab, als an der dichterischen Tradition, die mit diesem beliebten Topos sexuell interessierte Personen aufs Korn nahm, insbesondere sorgfältig depilierte Männer, die mit Vorliebe als weibisch und als Lüstlinge verhöhnt wurden. Hauptsächlich die ältere Forschung hat für die Herkunft dieser Gewohnheit aus dem Osten plädiert. Das läßt sich allerdings nicht belegen. Denkbar ist jedenfalls, daß die Depilation ursprünglich eher hygienischen denn ästhetischen Zwecken diente, bevor sie in Mode kam. Prostituierte, die sich depilierten, standen hoch im Kurs, so daß man annehmen kann, daß die depilierte weibliche Scham auf viele Männer besonders erregend wirkte. Die erotische Attraktivität der depilierten weiblichen Scham als Sujet der Konkurrenz zwischen Sklavinnen (also auch Konkubinen und Prostituierte) und Freien thematisierte schon in der griechischen Komödie Aristophanes, wo die Bürgerinnen auf ihr Privileg der Depilation des Venushügels pochen (Eccl. 717-24). Auf die Enthaarungsprozedur als üblichen Vorgang im Bordell spielt auch Martial an: „... und hier ist auch der Mutter Topf mit garstigem Harz zur Enthaarung, wie es die Frauen im Bordell des Memmius brauchen" (12, 32, 21). Es gab aber auch die gegenteilige Ansicht, die von depilierten Freudenmädchen nichts hielt, wie ein Graffito aus Pompeji belegt: „Ein behaartes Mäuschen vögelt sich viel besser als ein glattes; es hält die Wärme fest und reibt zugleich den Schaft"[48]. Von den Kaisern Domitian und Heliogabal behaupten die Geschichtsschreiber, daß erstere ihre Konkubinen und Huren während des gemeinsamen Badens eigenhändig depilierten – ob sie wohl dabei waren?

Man wandte verschiedene Methoden zur Depilation an, etwa das Ausrupfen mit Pechpflastern, das Auszupfen mit Pinzetten oder das Absengen mittels Nußschalen. Einige Mittel scheinen regelrechte Torturen gewesen zu sein. Die Frauen strichen sich zum Beispiel Arsenik und Kalklauge auf die Schamhaare, gingen dann ins Warmbad und entfernten dort die Haare mit einem Striegel. Diese Mittel müssen stark gebrannt und gebeizt haben.

Die Gesamtheit dieser kosmetischen Maßnahmen wird besonders im lateinischen Epigramm, vor allem bei Martial, dazu benutzt, alternde oder

---

47 Zur Depilation allgemein s. KRENKEL, Me tua forma capit, WZRostock 33, 9 (1984), 73ff., mit Literatur; HERTER, *Genitalien*, RAC 10 (1978), 2ff.

48 CIL IV 1830; Üb. KRENKEL, Me tua forma capit, WZ Rostock, 33, 9 (1984), 73.

gealterte Dirnen als häßliche, vertrocknete Vetteln ins Groteske zu verzerren, die sich mit Accesoirs, Farbe und Schminke nur noch mehr verunstalten.

Waschungen vor und nach dem Coitus waren schon in den bronzezeitlichen Hochkulturen und in Griechenland weit verbreitet, denn diese Sitte wurzelte in traditionellen Kultvorschriften. Reinlichkeit beim Sexualverkehr für Männer genauso wie für Frauen hob aber auch Ovid in seiner Liebeskunst als unabdingbar hervor. Wie die zahlreichen Toilettenszenen zeigen, hatte das Baden und Waschen als Grundlage jeglicher Toilette bei Prostituierten einen außergewöhnlich hohen Stellenwert. Dieser erklärt sich zum einen aus der hochentwickelten Badekultur im römischen Imperium, zum anderen aus der erklärten Abscheu vor Unreinlichkeit in sexuellem Zusammenhang: der verbreitete Ekel vor üblem Geruch, hauptsächlich bei den von Prostituierten ausgeübten Praktiken der *fellatio*, ist in den Quellen oft belegt. Auch im ‚Satyrikon' ist sich die Dirne der negativen Auswirkungen aufs Geschäft wohl bewußt, als sie den impotent gewordenen Encolpius fragt, ob denn ihr Atem schlecht röche oder ob sie vielleicht Achselschweiß habe. Deswegen wollten Frauen nicht mit einem Mann verkehren, wenn sie *Leucorrhoe* hatten, und die *Gonnorhoe* wird als ekelerregendes Leiden bezeichnet[49].

Der Aufwand, den die Prostituierten beim Bad betrieben, und die entsprechende Dauer solcher Prozeduren scheinen erheblich gewesen zu sein, allerdings war er auch in der klassischen Kunst und Literatur gleichermaßen beliebtes Motiv. Der Kunde Diniarchus führt humorvoll Klage darüber:

Plaut. Truc: 322
„Wenn man so lange, wie die Weiber baden, auch geliebt würde, es würden alle Liebhaber zu Bademeistern werden."

Eine ergänzende, psychologische Erklärung für die langdauernden Reinigungsaktionen der Prostituierten, wie sie öfter geschildert sind, gibt die moderne Prostitutionsforschung. Interviews mit heutigen Prostituierten ergaben, daß die oft weit über die Erfordernisse gründlicher Hygiene hinausgehende Reinigung als ein Abspülen des als schmutzig empfundenen Huren-Ichs und des Ekels vor dem eigenen Tun verstanden werden kann, also ein Versuch einer „inneren" Reinigung ist, um alle Spuren des Hurendaseins zu entfernen. Während spezielle Hurenkleider, Schminke, Pe-

---

49   Man beachte den Unterschied zwischen dem modernen und dem antiken Begriff der *Gonnorhea*, s. unten, S. 110f.

rücken und Namensänderung (alles dies auch in Rom üblich) auch als Maßnahmen zum Schutz der eigentlichen Person, die in der Prostitution ganz massiven Angriffen ausgesetzt ist, dienen, soll die „Hurenrolle" durch Bad und ausgiebige Reinigung wieder abgelegt werden. Das bleibt für antike Verhältnisse zwar eine Hypothese, aber vielleicht kann sie ein Ansporn sein, die *artes meretriciae* („Hurenkünste") einmal unter einer solchen Perspektive zu betrachten.

Wie und wo gebadet wurde, war eine Frage des Ranges und der finanziellen Lage der Prostituierten. Selbständig arbeitende Prostituierte, die eine eigene Wohnung hatten und womöglich einen Dienstboten, ließen sich das Wasser herbeitragen, aber sogar in Bordellen waren für das Wasserholen eigens Sklaven angestellt, die *aquarioli* oder *aquarii* („Wasserträger"), die das Bad herrichteten. Sie entsprechen den Wasserträgern der Privathäuser, die frühmorgens das Wasser aus den Endstationen der Aquädukte holten. In der Kaiserzeit gab es bereits den Luxus, daß sämtliche Bordelle mit fließendem Wasser versorgt waren. Der hohe Wasserverbrauch der Hurenhäuser war sprichwörtlich.

Anders sah es freilich in der Straßenprostitution aus. Den armseligen Dirnen, die an Grabmälern oder in den dunklen Winkeln der Großstadt den Freiern schnelle Befriedigung verkauften, bot sich kaum Gelegenheit zur Körperreinigung. Diese Frauen besuchten zwar auch die öffentlichen Bäder, aber sich nach jedem Kundenkontakt zu waschen war ihnen unmöglich. Es ist denkbar, daß die armseligen Dirnen deshalb erst abends ins Bad kommen durften, weil man sich vor gemeinsamen Bad mit den gemeinen Huren ekelte.

1.6 Medizinische Aspekte der Prostitution

1.6.1 Empfängnisverhütung und Abtreibung

1.6.1.1 Kenntnisse und Methoden in der kaiserzeitlichen Gesellschaft

Wie aus naturwissenschaftlichen, medizinischen und pharmakologischen Abhandlungen der griechisch-römischen Antike bekannt, gab es eine große Anzahl von Methoden zur Empfängnisverhütung und zum Schwangerschaftsabbruch[50]. Auch ihre Anwendung und das Bewußtsein um ihre be-

---

50 Eine moderne Durchsicht ergab rund 400 Rezepte, ungefähr die Hälfte waren A-bortiva, vgl. FONTANILLE, Avortement et contraception dans la médecine gréco-

völkerungspolitische Bedeutung war den Alten wohl bewußt, wenngleich hier die Quellen nicht so reichlich fließen wie für die medizinischen Rezepte und Vorschriften[51]. Immer wieder strittig sind die Fragen nach der generellen Wirksamkeit der verfügbaren Mittel und die schwierige Interpretation des Passus über die Abtreibung im Hippokratischen Eid. Diese Punkte werden unten noch besprochen, denn sie betreffen auch die Situation der Prostituierten. Übereinstimmung herrscht jedoch in der Ansicht, daß das hebräische, griechische und römische Recht das ungeborene Leben per se nicht unter gesetzlichen Schutz stellte.

Als Erben einer langen Tradition, die sich auf orientalische[52] und griechische[53] Vorläufer berufen kann, verfügten die – meist griechisch-hellenistischen – Ärzte des römischen Imperiums bis weit in die Spätantike hinein über eine umfangreiche literarische Überlieferung für Verhütungs- und Abortivpraktiken. Eine bedeutende Quelle für die kaiserzeitlichen Kenntnisse ist Dioskurides aus Kilikien, der in seiner um 75 n. Chr. verfaßten ‚Materia Medica' das pharmazeutische Wissen seiner Zeit aus griechischen Quellen zusammengestellt hat. Auch in der etwa um dieselbe Zeit edierten naturwissenschaftlichen Enzyklopädie des älteren Plinius gibt es viele Rezepte zur Abtreibung und Verhütung, die jedoch nicht selten mit magischen und der Volksheilkunde entstammenden Vorstellungen vermischt sind. Von den Ärzten, die sich im Rahmen der Gynäkologie auch mit Empfängnisverhütung und Schwangerschaftsabbruch befaßten, war der stoisch beeinflußte Soranus, der zur Zeit Trajans in Rom praktizierte, der bedeutendste. Die spätere Überlieferung basiert hauptsächlich auf Soranus und Dioskurides, so zum Beispiel die Schriften des Oribasios und

---

romaine (1977), 78–119; KELLER, Abortiva in der röm. Kaiserzeit (1988), 100 *et passim.*

51 Der Forschungsstand bis 1997 ist in der Erstausgabe des vorliegenden Buches zusammengefaßt.

52 Aus Ägypten stammt die älteste schriftlich erhaltene Anweisung eines Verhütungsmittels überhaupt, der sogenannte Petrus- oder Kahun-Papyrus (Text s. F. L. GRIFFITH, The Petri Papyri – Hieratic Papyri from Kahun and Gurob, principally of the Middle Kingdom (London 1898). Er empfahl eine Art Pessar. Auch die Juden kannten empfängnisverhütende Mittel wie Samenentfernung, unfruchtbar machende Tränke und Schwämme als Pessare. Interessanterweise war den jüdischen Frauen die Anwendung von Kontrazeptiva nicht verboten, da nicht an sie, sondern nur an die Männer das göttliche Gebot „Seid fruchtbar und mehret Euch" gerichtet war (HIMES, Medical History of Contraception, 1936 ND 1970, 72-74).

53 Aus dem griechischen Kulturraum empfiehlt z. B. Hippokrates Tränke und Pessare. Auch Aristoteles (Hist. Anim. 583a) hatte sich aus naturwissenschaftlichem Interesse für Kontrazeption interessiert und empfahl, Genitalien mit Bleiweiß, Zedernöl oder Weihrauch in Olivenöl einzureiben.

Aetios; beide waren sehr angesehene Ärzte, letzterer ein hoher Würden-
träger am Hofe Justinians. Seit dem fünften nachchristlichen Jahrhundert
verschwand mit dem wachsenden Irrationalismus das Wissen um die empfängnisverhütenden Methoden zumindest aus der literarischen Tradition.
In mittelalterlichen Abschriften der Arzneimittellehre des Dioskurides und
einer Kopie von Soranus' Frauenheilkunde wurden offenbar absichtlich
die Kräuter für Empfängnisverhütung eliminiert bzw. die entsprechenden
Passagen weggelassen.

Neben der literarischen Tradition aber hat es zu allen Zeiten ein – freilich schwerlich wissenschaftlich greifbares – von Frau zu Frau weiterge-
gebenes mündlich überliefertes Wissen über die abortive oder kontrazep-
tive Wirkung bestimmter Kräuter gegeben, das bislang in der Forschung
wenig Beachtung fand. Vor allem die Hebammen, die außer für Geburten
für gynäkologische Eingriffe zuständig waren, müssen hierüber gut informiert gewesen sein. Deutlich macht das eine Stelle aus Platon, welche Sokrates, dessen Mutter ja Hebamme war, in den Mund gelegt wurde:

Plat. Theat. 6, 149d
„Ja, die Hebammen können durch Arzneimittel und Zaubersprüche
auch Wehen hervorrufen und, wenn sie wollen, sie auch wieder
lindern, und den schwer Gebärenden zu Geburt helfen, oder sie
können auch das Kind abtreiben, solange es noch ganz klein ist,
wenn man beschlossen hat, sich dessen zu entledigen."

In der hellenistisch-römischen Kultur hatte sich am weitreichenden gynä-
kologischen Aufgabenbereich der Hebammen, die man vielleicht besser
Ärztinnen nennen sollte, nichts wesentliches geändert. Vermutlich hatte
Soranus seine ,Gynaecia' für Hebammen geschrieben. Einige Autoren geben auch historisch nicht faßbare Frauen als Quelle ihres Wissens an, so
zum Beispiel Plinius eine Lais und Elephantis, Pseudo-Priscian eine Arsinoe und Salvina, Aetios eine Aspasia, welche Abortiva empfohlen haben
sollen und vielleicht Hebammen waren. Es ist zwar verlockend, bei den
hetärenhaften Namen wie Lais und Elephantis auch an Hetären zu denken,
doch sind derartige Namen in Rom für Libertinen und Sklavinnen in den
unterschiedlichsten Tätigkeitsbereichen zu finden.

Als Mittel zur Empfängnisverhütung gab es orale Kontrazeptiva, Pessare, Salben zum Auftragen auf die Genitalien, körperliche Bewegungen, die
den Samen ausstoßen sollten, die Ausnutzung der sterilen Periode der
Frau sowie magische Praktiken, vor allem Amulette.

Mit Abstand am häufigsten erwähnten die Gelehrten unterschiedliche
Tränke aus Kräutern. Die Wirksamkeit der von Soranus und Dioskurides

Abb. 7   Symposium mit Hetären, Wandgemälde

angegebenen Drogen zur oralen Kontrazeption wurde in modernen pharmakologischen Studien experimentell untersucht und zu einem hohen Prozentsatz für effektiv befunden, im Gegensatz zur verbreiteten Ansicht über
die Primitivität und Unwirksamkeit dieser „Kräutertränke". Die Ingre-
dienzien der Drogen rufen entweder eine zeitweilige Sterilität hervor oder
verhindern die Ovulation bzw. die Einnistung des Eis. Soranus bezeichnete sie sowohl als Anticoncipientia wie auch als Abortiva, da sie in jedem
Fall die Menstruation hervorriefen. Tränke hielt er, obgleich er einige angeführt hatte, wegen ihrer Nebenwirkungen nicht für ratsam. Sinnvoller
erschienen ihm Pessare:

Soran. Gynaec. 1, 61
„Außerdem verhindern die Kontrazeption Einreibungen des Muttermundes mit altem Öl oder Honig oder Zedernharz oder Opobal-
samum, entweder nur diese oder mit Bleiweiß verbunden, oder mit
Salbe, welche in Myrtenöl und Bleiweiß bereitet ist, oder mit A-
laun, welches ebenfalls vor dem Coitus zu befeuchten ist, oder
Galbanum in Wein. Wirksam ist auch weiche Wolle in den Muttermund eingebracht oder vor dem Coitus der Gebrauch von Mut-
terzäpfchen, welche zusammenziehen und verschließen. Denn
wenn solche Mittel adstringierend und kühlend wirken, so verschließen sie den Muttermund vor dem Beischlaf und verhindern
das Eindringen des Samens in den Uterus; wenn sie dazu noch reizen, so verhindern sie nicht nur das Verbleiben des Samens im
Uterus, sondern ziehen sogar noch andere Flüssigkeit aus demselben".

Die Pessare wurden mit verschiedenen Substanzen getränkt oder letztere
wurden direkt auf die weiblichen Genitalien aufgetragen. Ähnliche Angaben finden sich auch bei Dioscurides, Oribasius und Aetius. Harze und
Säuren wirken antiseptisch und spermizid; säurehaltige Mittel wurden bis
ins 20. Jahrhundert hinein zur Kontrazeption angewandt. Dickflüssige
Substanzen wie Honig oder Olivenöl verschließen nicht nur den Muttermund, sondern setzen auch die Mobilität des Spermas herab, und zugleich
besitzen Myrtenöl und Galbanum sterilisierende Wirkung. Im ganzen gesehen waren die Anwendung dieser häufig aufgelisteten Vaginalsuppositorien demnach erfolgreich. Doch finden sich selbst bei erfahrenen und ra-
tionalen Autoren neben den effektiven Rezepten auch Tränke und
Amulette, die auf magischen Vorstellungen basieren und keinerlei Wirkung zeigten. Soranus zählt ironisch solche nutzlosen Amulette auf, die

z. B. Gebärmutter von Mauleselinnen oder deren Ohrenschmutz enthielten. Unzuverlässig waren auch die bei Lukrez und Soranus beschriebenen Ratschläge an die Frau, sie solle sich durch heftige Bewegungen beim Coitus bzw. rasches Aufsetzen und Auswischen der Scheide danach vor einer Befruchtung schützen. Ob der Coitus Interruptus in der Antike praktiziert wurde, ist noch immer fraglich, hat aber für das Prostitutionsmilieu keine Rolle gespielt, denn Kunden, die gegen Entgelt sexuelle Befriedigung ohne weitere Verantwortung erwarteten, werden sich selbstverständlich nicht an empfängnisverhütenden Maßnahmen beteiligt haben und schon gar nicht an solchen, die ihren Lustgewinn einschränkten. Man kannte auch die Möglichkeit der Vermeidung der fruchtbaren Tage der Frau. Allerdings dürfte diese Methode eher den gegenteiligen Effekt gehabt haben, da man kontinuierlich die Zeit unmittelbar nach der Menstruation für besonders fruchtbar hielt.

Der Abbruch einer bereits bestehenden Schwangerschaft wurde in Rom mit wenig Skrupeln praktiziert. Einige Ärzte standen vorwiegend späten Abtreibungen wegen ihrer Gefährlichkeit für die Frau ablehnend gegenüber. Nur manche befolgten strikt den ebenso berühmten wie umstrittenen Passus des hippokratischen Eides über Abtreibung:

CMG I 1, 4ff.

„Ich werde niemandem, auch auf eine Bitte nicht, ein tödlich wirkendes Gift verabreichen und auch keinen Rat dazu geben; desgleichen werde ich keiner Frau ein keimvernichtendes Zäpfchen geben."

Dabei war schon damals umstritten, ob er nun ein Verbot gegen jegliche Abtreibung enthielt oder nur ein Verbot gegen eine bestimmte Applikationsform. Eine globales Verbot anzunehmen war um so problematischer, als Hippokrates selbst abortive Mittel eingesetzt hatte. Viele Ärzte hielten sich jedenfalls nicht daran und gaben, selbst wenn sie eine Abtreibung vordergründig ablehnten, Abortiva, sei es unter dem Deckmantel der „Schnellgebärmittel" oder „des Austreibens des toten Fetus". Als Beispiel sei nur Galen genannt, der ein Mittel empfiehlt, welches ohne eine Schädigung der Schwangeren und *ohne jede Nachweismöglichkeit* den Fetus tötet[54].

Der Abortus wurde hauptsächlich mit pharmazeutischen Methoden durchgeführt, an deren Effektivität bei sachkundiger Betreuung einer neueren

---

54   Galen. De Remed. Parab. II 21= KÜHN XIV 481.

Untersuchung zufolge keine Zweifel bestehen. Sie wurden in Form von Tränken, Vaginalsuppositorien, Räucherungen und Sitzbädern verabreicht. Die Ärzte nahmen genaue Dosierung und therapeutische Maßnahmen vor, die sich in *ékbolia*, also „austreibende Mittel", die Uterusblutungen oder -kontraktionen und somit Fehlgeburten hervorriefen, und in *phtoría*, „Vernichtungsmittel", welche embryotoxisch wirkten und eine Totgeburt herbeiführten, einteilen lassen. Auch physischer Stress spielte als therapeutische Unterstützung eine Rolle. Darunter waren Nahrungsentzug, Schwächung der Schleimhäute oder Aderlässe zu verstehen[55].

Soran. Gynaec. 1, 64
„Hat die Befruchtung stattgefunden, so ist zuerst dreißig Tage lang das Gegenteil von dem zu tun, was wir vorher gesagt haben, indem die Frau zum Ablösen der Frucht sich anstrengt und umhergeht und sich von Fuhrwerken durchschütteln läßt; angestrengt springt und Lasten hebt, die über ihre Kraft gehen, mit urintreibenden Abkochungen therapiert wird, die auch in der Lage sind, die Menstruation in Gang zu bringen und den Magen zu laxieren, – auch mit schärferen Klistieren zu spülen."

Dagegen spielte der Schwangerschaftsabbruch mit chirurgischen Methoden, wie er heute praktiziert wird, wegen der großen Gefahr für die Patientin und wegen Mangels an antiseptischen Mitteln eine untergeordnete Rolle.

Neben diesen professionellen Methoden gab es aber auch laienhafte Eingriffe mit spitzen Instrumenten, wie sie Ovid in zwei seiner Elegien beschreibt. Das war die berüchtigte Stricknadelmethode, zu welcher vor allem die Frauen griffen, die kompetente Hilfe nicht in Anspruch nehmen konnten, weil sie sich aus Angst vor Schande niemandem anzuvertrauen wagten. Diese Methoden, die Eihäute mit Pflanzenstengeln, Federkielen oder ähnlichem zu durchbohren, führten meist zu schlimmen Komplikationen oder zum Tod.

1.6.1.2 Geburtenkontrolle und Prostitution

Gegenüber der Fülle von Methoden sind die Quellen, welche die Kenntnis und Anwendung dieser Praktiken bei Prostituierten direkt oder indirekt belegen, gering und oft auch unpräzise. Das dürfte eher am Desinteresse

---

55 KELLER, Abortiva in der röm. Kaiserzeit (1988), 275-6. Z. B. Schon Hippokrates hatte für den Abort einer Frau das kräftige Springen und Hüpfen empfohlen, s. unten, S. 101.

der Autoren für die persönlichen Belange der Prostituierten und an der
stillschweigenden Billigung dieser Praxis als an der tatsächlichen Verbreitung liegen; denn gerade in Prostituiertenkreisen ist eine umfassende
Kenntnis effektiver Praktiken zur Geburtenkontrolle vorauszusetzen, da
sie unmittelbar mit dieser Problematik konfrontiert waren. Für Prostituierte oder für ihre Besitzer stellten Schwangerschaften einen längeren, emp-
findlichen Verdienstausfall dar. Dazu kamen die – nicht nur auf die Dirnen zutreffende – Gefahr für Leib und Leben der Mutter sowie die Furcht
vor dem Ruin von Schönheit und Jugendlichkeit. Wegen der bei ihnen üblichen Geburtenkontrolle galten Prostituierte als Hort der Unfruchtbarkeit:
In der Traumdeutung wird das Bordell mit einem Friedhof verglichen, da
hier wie dort viel menschlicher Samen zugrunde gehe. Auch in späteren
Epochen, vom Mittelalter bis ins 17. Jh., blieb allein den Prostituierten
das Wissen um Kontrazeptiva erhalten. Es ist anzunehmen, daß die Älteren die Jüngeren darüber unterrichteten oder ihr Wissen gegen Honorar
verkauften. Ein Beispiel dafür findet sich in den Briefen des Aristaenet, in
welchem die Hetäre Melissarion Rat und Hilfe bei einer Erfahrenen ihres
Gewerbes erhält, weil sie eine Abtreibung vornehmen möchte. Wenngleich der Text erst aus der Zeit um die Wende des 5. zum 6. Jh. n. Chr.
stammt, so liegen hier doch viel ältere Motive erotischer Dichtung vor, die
der späte Literat von seinen berühmten Vorgängern aufgesammelt hat, und
man darf annehmen, daß dieses Motiv die jahrhundertelange Alltagspraxis
reflektiert. Ähnliches gilt für die Schilderung der Theodora als Prostituierte und Schauspielerin in der Geheimgeschichte des Procopius, in welcher
er immer wieder auf die angeblich häufigen – und im christlichen Byzanz
vehement verurteilten Abtreibungen – der späteren Kaiserin zurück-
kommt. Wichtig ist hier nicht der Wahrheitsgehalt des Klatsches, sondern
die Glaubwürdigkeit von Abortivpraktiken in Prostituierten- und Schau-
stellerkreisen.

   Für die früheren griechischen Verhältnisse ist die Quellenlage zur Abtreibung von Hetären etwas besser als für die römische Zeit. Griechische
Ärzte konstatieren gelassen die Praktika der käuflichen Damen. Der Autor
der hippokratischen Schrift über den Aufbau des menschlichen Körpers
erwähnt, er habe seine anatomischen Kenntnisse von Foeten, welche Hetären abgetrieben und ihm überlassen hätten. Folglich müssen griechische
Hetären Schwangerschaftsabbrüche häufiger und erfolgreich vorgenommen haben. Ebenfalls im hippokratischen Corpus wird berichtet, die Hetären wüßten genau, wann sie empfangen hätten und würden sodann die
Leibesfrucht abtreiben. Ihre Methoden werden allerdings in beiden Bei-
spielen nicht genannt. Hippokrates selbst hatte dagegen einer begabten

Harfenspielerin, die im Haus einer Bekannten wohnte und gegen ihren Willen schwanger war, empfohlen, mehrmals heftig so zu springen, daß sie mit den Fersen das Gesäß berühre.

Die Praxis von Abtreibungen dürfte den Römern im zweiten Jh. v. Chr. ebenfalls nicht unbekannt gewesen sein. Dies setzt eine Szene im plautinischen ‚Truculentus' voraus, in welcher eine gerissene Hetäre ihrem Kunden eine Schwangerschaft vorgaukelt und auf seine Frage, warum sie ihm diese verheimlicht habe, antwortet, sie habe befürchtet, er hätte sie womöglich zu einer Abtreibung zwingen wollen. Der nächste Hinweis stammt von Lukrez, der in seinem um 60 v. Chr. verfaßten epikureischen Lehrgedicht im Abschnitt über die Zeugung erwähnt, daß Prostituierte sich zur Vermeidung der Empfängnis beim Sexualverkehr heftig bewegten, was folglich die ehrbaren Frauen nicht tun sollten[56]. Rund sechzig Jahre später wirft Ovid seiner Geliebten Corinna in harten Worten vor, daß sie durch eine dilettantische Abtreibung ihr Leben aufs Spiel gesetzt habe (Ov. Am. 2, 13 u. 14). Man kann sich des Eindrucks nicht erwehren, daß Ovid vor allem aus egoistischen Gründen so bewegte Klage führt. Ob Corinna, sei sie nun historische Person oder Prototyp eines bestimmten weiblichen Lebensstils, überhaupt zu den Prostituierten gerechnet werden darf, ist nicht eindeutig zu beantworten. Man könnte jedoch aus dem höchst unsachgemäßen, von ihr selbst vorgenommenen Eingriff auch schließen, daß eine Frau oder ein bestimmter Typ Frau aus besseren Kreisen gemeint war, deren Tun heimlich bleiben mußte.

In den darauffolgenden Jahrzehnten, in welchen sich nur Seneca und Juvenal mißbilligend über die Abtreibungen der Frauen der höheren Gesellschaftschichten äußern, verstummen die ohnehin kärglichen Quellen zum Gebrauch von Kontrazeptiva und Abortiva speziell bei den Dirnen ganz. Erst die christlichen Autoren mit ihrem entschiedenen Moralanspruch kommen wieder auf dieses Thema zurück. Augustinus antwortet einem Anhänger der Manichäersekte, welche beharrliche Fürsprecher der Empfängnisverhütung waren, hämisch, daß sie, d. h. die Manichäer, ja sowieso lieber mit Huren verkehrten, weil diese die Empfängnis verhinderten, als eine Ehe mit der Zeugung von Nachkommen einzugehen (Aug. Contr. Sec. 21). Nur um der Schönheit willen, so Johannes Chrysostomos voll Entsetzen, würden die Frauen zu Beschwörungen und Liebestränken greifen, und Drogen würden nicht nur für den Unterleib einer Prostituierten bereitet, sondern auch für den einer liederlichen Frau (Chrys. Hom. 24 zum Römerbrief). In beiden Texten klingt das ganz so, als ob die Dirnen

---

56   Vgl. S. 86 u. S. 216.

nach wie vor selbstverständlich Kontrazeptiva verwendeten und ihnen im Gegensatz zur sonst einhellig ablehnenden Meinung der Christen in dieser Frage eine gewisse Gleichgültigkeit entgegengebracht worden wäre. Das paßt zu der in der Praxis reichlich indifferenten Haltung gegenüber der Prostitution, wie sie Augustin formuliert hatte: „Nimm die Dirnen aus dem menschlichen Leben fort und du wirst wegen der Begierden alles durcheinanderbringen" (De Ord. 2, 4, 12).

1.6.2 Die Debatte um Moralität und Recht

Medizinische und literarische Quellen zeigen zur Genüge, daß Abtreibung und Verhütung ein im römischen Alltagsleben der Frauen aller Schichten übliches Vorkommnis waren. Sklavinnen nahmen Abtreibungen ebenso vor wie die Frauen der gehobeneren Schichten. Gegen diese Praxis gab es zwar moralisierende Kritik von einigen kaiserzeitlichen Autoren, doch richtete sich diese generell gegen die Verweigerung von Schwangerschaft und Kinderaufzucht römischer Familien. Ihr liegen demographische Gründe, entweder der befürchtete oder der tatsächliche Rückgang der Geburtenrate und eine damals vielbeklagte Emanzipierung der Frauen durch wachsenden Wohlstand und urbane Kultur zugrunde, wobei letztere auch zu außerehelichen Verhältnissen führen konnte. Juvenal prangert in einem vielzitierten Abschnitt das Verhalten der wohlhabenden Frauen im Vergleich zu den armen an:

Juv. 6, 597-601
„Doch diese ertragen noch gern die Gefahren der Geburt und – da das Schicksal sie zwingt – alle Mühen der Amme, doch als Wöchnerin liegt kaum noch eine im vergoldeten Bett. Soviel bewirken die Künste, soviel die Arzneimittelchen, die unfruchtbar machen und die Menschen im Leibe töten, von einer, die sich mieten läßt. Doch freue dich, Unglückseliger, und reiche den Becher, was immer es auch sein mag; denn wollte sie füllen den Bauch und den Leib mit zappelnden Kindchen plagen, wärest du vielleicht der Vater eines Aethiopiers und bald käme ein farbiger Erbe in dein Testament, den du eigentlich nicht sehen willst."

Moderne Studien haben dargelegt, daß die hier geäußerte Kritik sich nicht gegen Verhütung oder Abtreibung als solche richtete, sondern gegen die Weigerung der Matronen, sozial verantwortlich zu handeln, nämlich ihrer Pflicht zur Kinderzeugung nachzukommen, um die Kontinuität der Familie durch rechtmäßige Erben und dem Staat Bürger und Soldaten zu gewährleisten. Ein „vaterloses" Kind einer „verkommenen Person" war nach römischem Recht und herrschenden Wertmaßstäben uninteressant. Dadurch wird verständlich, weshalb die Prostituierten als Außenseiterinnen der Gesellschaft und als Beispiele der Schlechtigkeit nie in einen dieser moralisierenden Kontexte miteinbezogen wurden.

Die philosophische und die durch sie beeinflußte juristische Debatte über die Moralität der Abtreibung in Rom konzentrierte sich im wesentlichen auf die Frage nach der Belebung und Beseelung des Foetus. Nach einer Übersicht von Plutarch mit dem bezeichnenden Titel „Ob der Embryo ein Lebewesen ist" haben die Stoiker und die meisten anderen Philosophen dem Foetus die Bezeichnung des lebenden Wesens abgesprochen[57]. Ungeachtet verschiedener Erklärungsweisen herrschte auch bei den meisten Philosophen die herkömmliche Ansicht, die Seele trete erst im Augenblick der Geburt von außen in den Leib ein.

Daß das römische Recht den Fetus nicht schützte, ist in hohem Maße auf den stoischen Einfluß zurückzuführen, der sich in Rom seit dem Ende der Republik in steigendem Maße durchsetzte. Das zeigt sich deutlich an den Formulierungen in den ‚Digesten', in denen der Fetus als *mulieris portio* („Teil der Frau") bezeichnet wird. Abtreibung galt daher nicht als Mord. Die Regelungen zum Schwangerschaftsabbruch im klassischen Recht konzentrierten sich auf zwei strafrechtlich verfolgte Deliktbereiche. Zum einen wurde erstmals unter Septimius Severus und Caracalla die gegen den Willen des Vaters, d. h. also unter Mißachtung der *patria potestas*, vorgenommene Abtreibung der Ehefrau strafrechtlich verfolgt. Zum anderen wurde die Verabreichung von Abortiva und Liebestränken verboten. Sie fiel unter das Gesetz der *mala medicamenta*, des Drogenmißbrauchs.

Beide Tatbestände dürften im Leben einer Prostituierten keine große Auswirkung gezeitigt haben. Starb sie an der Verabreichung einer zu starken Abortivdroge, bedurfte es zunächst eines Klägers. Da Prostituierte oft fremde oder alleinstehende Frauen waren, kam dafür nur ihr Zuhälter in Frage, sofern es einen gab, und ein solcher war aufgrund seiner Ehrlosig-

---

57 Plut. De Placit. Philos. 5, 15: Diogenes nennt den Feten dort auch *ápsychon*, also „seelenlos". Zusammenstellungen philosophischer Ansichten zum Thema gibt es öfter, z. B. bei Galen, KÜHN IV 700. Bei KELLER, Abortiva in der röm. Kaiserzeit (1988), aufgeführte Passagen aus den medizinischen Schriften bezeichnen den Fetus direkt als eine Art Eingeweidewurm oder Tierchen („pecus"), woraus sich auch die Kongruenz von ungezieferverichtenden Mitteln und Abortiva erklären läßt.

keit nicht befugt, eine solche Klage einzureichen oder als Zeuge aufzutre-
ten. Denkbar wäre höchstens, daß die Prostituierte zur Rechenschaft gezogen wurde, wenn sie selbst eine solche Droge verkauft hatte, doch weder für den einen noch für den anderen Fall haben wir irgendwelche
Anhaltspunkte in den Quellen.

Das zweite Gesetz betraf von vornherein lediglich verheiratete oder ge-
schiedene Frauen. Abtreibungen im gegenseitigen Einverständnis der
Ehepartner waren davon ebensowenig betroffen wie Schwangerschaftsabbrüche infolge außerehelicher Verhältnisse. Stillschweigend ausgenommen waren demgemäß auch Prostituierte. Freien und Freigelassenen, die
auf eigene Rechnung arbeiteten, war es rechtlicherseits freigestellt, sich
der Verhütungs- und Abtreibungsmittel zu bedienen; ihre Entscheidung
war wohl in erster Linie durch ökomonische Zwänge determiniert. Jeder
rechtlichen Grundlage entbehrt hätte daher das Eingreifen eines Liebha-
bers, wie es in einer Komödie des Plautus in Aussicht gestellt wurde
(Truc. 196ff.). Diese Quelle kann ungeachtet ihrer Abfassungszeit im
zweiten vorchristlichen Jahrhundert als Beispiel dienen, da die Rechtslage
zu diesem Punkt in der Kaiserzeit unverändert fortbestand: Dort erläutert
die Dienerin einer augenscheinlich freien Kurtisane deren Liebhaber, warum diese ihm ihre Schwangerschaft nicht angezeigt habe. Sie habe Angst
gehabt, daß er sie zu einer Abtreibung oder Tötung des Kindes habe nötigen wollen. Der Liebhaber besaß weder die *patria potestas* („väterliche
Gewalt") noch das damit verbundene *ius vitae necisque* („Recht über Leben und Tod") über das illegitime Kind. Bei Sklavinnen, deren sexuelle
Ausbeutung gesellschaftlich und rechtlich legitim war, hatte der Besitzer
die Verfügungsgewalt über ihren Nachwuchs, und während dieser bei anderen Sklavinnen als Reproduzentinnen von Arbeitskräften durchaus erwünscht sein konnte, wird der Besitzer einer Prostituierten sich in der Regel gegen eine Schwangerschaft ausgesprochen haben, um die Arbeitskraft
des Mädchens nicht zu verlieren.

Zwar änderte sich mit dem Christentum die einst indifferente Haltung
der heidnisch-antiken Welt zum ungeborenen Leben; denn die christliche
Lehre verdammte im Kontext mit der Vorstellung vom beseelten Feten,
dem Gebot der Nächstenliebe und der Schöpfung als Gottes Werk Abtreibung und Kontrazeption ganz entschieden als Mord, doch hört man von
staatlicher Seite noch lange nichts von Strafmaßnahmen gegen Prostituierte, die abtrieben. Erst ein byzantinisches Gesetzbuch stellt 741 n. Chr. Abtreibungen auch von Prostituierten unter Strafe, die wie im klassischen
römischen Recht noch immer in der Verbannung bestand. Man sollte sich
jedoch davor hüten, den rechtlichen Bestimmungen in diesem Bereich all-

zu große Wirkung zuzuschreiben. Naturgemäß wußte zuerst die Frau selbst, wann sie empfangen hatte, und sie wird im Fall einer ungewollten Schwangerschaft auch Mittel und Wege gefunden haben, diese abzubrechen.

1.6.3 Sexuell übertragbare Krankheiten

Die Verbreitung und Phänomenologie venerischer Krankheiten in verschiedenen Gesellschaften hängt immer von den sexuellen Praktiken einer Zivilisation und damit auch von Art und Ausmaß der vorhandenen Prostitutionsformen ab. Prostituierte sind aufgrund ihres häufigen Geschlechtsverkehrs gleichzeitig die am meisten gefährdete Personengruppe und ein gravierender Ansteckungsherd für venerische Infektionen. Deshalb könnte man annehmen, daß bei der außerordentlichen Größenordnung der Prostitution in den urbanen Zentren der römischen Zivilisation etliches über venerische Erkrankungen und gesundheitspolizeiliche Maßnahmen zu erfahren wäre. Jedoch sind die Quellen zu diesem Punkt, die sich grob in nichtmedizinische und medizinische aufteilen lassen, überaus problematisch: die nichtmedizinische Überlieferung, weil sie keine akkurate Terminologie aufzuweisen hat, und die medizinische Literatur, weil sie allem Anschein nach Geschlechtskrankheiten als solche weder kannte noch von ihrer Ansteckungsgefahr wußte.

An nichtmedizinischer Überlieferung existieren einige mehrdeutige pompejanische Graffiti[58], unklare Anspielungen aus literarischen Werken der flavischen und trajanischen Epoche sowie die in der Forschung weitgehend unbekannt gebliebenen Episoden aus hagiographischen Quellen.

Einige Beispiele sollen diesen Sachverhalt illustrieren. Wenn zum Beispiel in einem Graffito (CIL IV 760) steht: *destillatio me tenet* („die *destillatio* hat mich erwischt"), so ist der Begriff für eine Krankheitsanalyse unbrauchbar; denn der Begriff *destillatio* kann in nichtmedizinischen Texten vom Stockschnupfen bis zum Durchfall alles mögliche bedeuten. Ein weiteres Graffito (CIL IV 1882) lautet: „*accensum qui pedicat, urit mentulam*" („Wer es mit einem *accensus* treibt, verbrennt sich den Schwanz"). Hier geht es um ein Wortspiel mit dem Begriff *accensus*, der hier als Subjekt wohl „Amtsdiener" und nicht „Infizierter" bedeutet, zumal auch *urere*

---

58 Die Graffiti sind auch bei VARONE, Erotica Pompeiana (1994) 117ff., aufgeführt, der bezüglich ihrer Aussagekraft über Geschlechtskrankheiten ebenso skeptisch ist wie ich.

zweideutig ist, nämlich sowohl „verbrennen" als auch häufig „geil machen, erregen" bedeutet. Somit ist hier mit einer versteckten Bosheit auf
den Amtsdiener (oder seinen Herrn?) zu rechnen als mit einer Warnung
vor Ansteckung. In eindeutiger Beziehung zur Prostitution steht das dritte
pompejianische Graffito (CIL IV 1516), verfaßt von einem Bordellkun-
den, der mit dem gekauften Mädchen unzufrieden war: *„Hic ego nu(nc)
futue formosa(m) fo(r)ma puella(m), laudata(m) a multis, sed lutus intus
erat"* („Hier habe ich ein schönes Mädchen gevögelt, gepriesen von vielen, doch innen war nur Schmutz"). Auch hier kann die Aussage sehr verschieden aufgefaßt werden, entweder tatsächlich als Unreinlichkeit der
Prostituierten, was aber lediglich den Ekel vor Schmutz belegen würde
und nicht ein Wissen um venerische Ansteckung, oder aber als Metapher,
mit welcher der Kunde seine Unzufriedenheit über unangemessene Bedienung ausdrücken wollte.

Die Problematik dieser Quellen wird dadurch noch verstärkt, daß sich
die sozialhistorische Forschung bislang nicht mit den Geschlechtskrankheiten in der römischen Zivilisation und des weiteren nicht mit der Rolle
der Prostituierten darin befaßt hat. Interpretationen zum Thema sind in
manchen modernen Studien in grober Unkenntnis des medizinhistorischen
Forschungsstandes erfolgt und haben zu unzutreffenden Schlüssen und
Anachronismen im Hinblick auf die Existenz bestimmter venerischer Erkrankungen geführt.

Als Beispiel für die problematische Textinterpretation von Quellen zur
Übertragbarkeit von Geschlechtskrankheiten werden die Texte der Heili-
genlegenden angeführt, weil sie einerseits noch am ehesten auf konkret
faßbare Leiden hindeuten und andererseits alle auf das Prostituierten- und
Bordellmilieu Bezug nehmen. Ihre späte Datierung ist dabei relativ un-
problematisch, denn wenn es bestimmte Erkrankungen im vierten nachchristlichen Jahrhundert im Mittelmeerraum gab, hat es sie mit Sicherheit
auch schon zwei Jahrhunderte früher dort gegeben. Zu bedenken ist allerdings, daß der Zweck dieser Heiligenviten die Belehrung der Gläubigen
und die Darstellung von Gottes wundersamem Wirken war; von daher
wird leicht begreiflich, daß auch in diesen Legenden auf die Beschreibung
der Krankheitssymptome als solche kein besonderer Wert gelegt wurde.

Der erste Text schildert eine Episode während der Christenverfolgung
des Diokletian. Eine schöne und keusche junge Christin wird zur Prostitution in einem Bordell gezwungen und muß dem Wirt täglich drei Münzen
abliefern. Um die Kunden abzuschrecken, erzählt sie, sie habe an verbor-
gener Stelle ein übelriechendes Geschwür und bitte daher, sich einige Tage zu gedulden, dann stehe sie ihnen zur Verfügung:

Nachdem ihr diese Täuschung gelungen ist, bittet sie Gott, ihr ihre Jungfräulichkeit zu erhalten, was ihr dann auch erfüllt wird. Das vermeintliche Geschwür an verborgenem Ort befand sich höchstwahrscheinlich, wenngleich das nicht explizit erwähnt wird, an den Geschlechtsteilen. Immerhin wußte nicht nur die Kundschaft, sondern selbst die angeblich so unerfahrene junge Frau von der Verbreitung und Existenz derartiger Genitalgeschwüre und auch, daß diese ebenso wie ekelhafter Geruch allgemein verabscheut wurden. Die Beschaffenheit des Geschwürs läßt keine Festlegung auf eine bestimmte Erkrankung zu. Genitalgeschwüre mit der Bezeichnung *hélkoi* („Geschwüre") gibt es in großer Zahl, und ihnen können die verschiedensten Erreger zugrundeliegen.

Wiederum direkt im Bordell spielt eine bei Ioannes Moschos berichtete Wundererzählung über die seltsame Erkrankung eines Mönches aus dem Kloster Penthukla. Der Mönch hatte sein Kloster verlassen, um in ein Bordell in Jericho zu gehen. Kaum aber war er im Bordell angekommen, überfiel ihn eine Krankheit. Es handelte sich wahrscheinlich um Lepra oder um eine lepröse Krankheit. Kein Argument bietet die Quelle dagegen für einen Ausbruch von Syphilis und für das Wissen um die Übertragung von Geschlechtskrankheiten gerade in Bordellen. Denn der Mönch hatte den Coitus mit der Prostituierten noch gar nicht ausgeübt, da ihn die mysteriöse Krankheit ja sofort beim Betreten des Bordells, und zwar auf göttliche Schickung hin, befallen hatte. Es ging dabei ganz offenbar um ein Zeichen Gottes, das dem Begehen der Sünde zuvorkommen sollte. Es scheint, daß in diese Geschichte unser modernes Wissen um die Anstekkungsgefahr sexuell übertragbarer Erkrankungen hineinprojiziert wurde, zumal sie im Assoziationsfeld Bordell-Geschlechtskrankheit angesiedelt ist. Schon die Sage von Minos und Prokris hatte man so interpretieren wollen, daß sie das Bewußtsein der Menschen um die mögliche Ansteckung durch sexuellen Verkehr enthalte. Der Text aus Apollodor (Bibl. 3,15,1,4) lautet wie folgt:

„Wenn sich aber eine Frau dem Minos hingab, war sie verloren. Denn da er so mit so vielen Frauen zu schlafen pflegte, hatte ihn Pasiphae vergiftet, und sobald er einer anderen beiwohnte, verseuchte er diese mit *thería* (eig. „Tiere", oft für „Geschwür" verwendet), die den Tod verursachten ... Prokris erst machte durch den Genuß eines aus der Kirkäischen Wurzel zubereiteten Trankes den Beischlaf unschädlich."

Interessant ist eine davon abweichende Version, die erstmals etwas ähnliches wie ein Kondom erwähnt, was aber leider sonst nirgends mehr auftaucht: Prokris gibt den Geliebten des Minos Ziegenblasen, die sie sich in die Scheide schieben, so daß Minos zuerst die Schlangen in diese Blase hinein ausscheidet, um dann mit der Betreffenden zu verkehren.

Die Unterstellung eines derartigen empirischen Gehaltes mythischer oder biblischer Texte findet sich ebenso in bedeutenden Abhandlungen zur Medizingeschichte, wie z. B. in den Prüfungen des Gilgamesch, dem Mythos von Dionysos oder in der biblischen Geschichte von der Erkrankung Tausender Israeliten, die mit den Töchtern der Moabiter verkehrt hatten.

Eine dritte Erzählung einer wundersamen Bekehrung aus der ,Historia Lausiaca' (um 400 n. Chr. von Palladios, Bischof von Helenopolis verfaßt) bezeichnet zum ersten und einzigen Mal in der antiken Literatur eine Prostituierte als Überträgerin einer ansteckenden venerischen Krankheit (ebda. Kap. 26): Ein gewisser Heron gelangte nach Alexandria, wo er Pferderennen, Spelunken und Theatervorführungen besuchte, kurz, einen ausschweifenden Lebenswandel führte und auch mit einer Schauspielerin, was damals dasselbe wie „Prostituierte" war, sexuell verkehrte. Daraufhin brach an seiner Eichel ein schwärzlich verfärbtes Geschwür hervor. Er lag sechs Monate lang schwer krank, währenddessen verfaulten ihm die Geschlechtsteile und fielen ab. In syrischen Versionen des Textes fehlt der Hinweis auf die göttliche Schickung des Geschwürs, so daß ein unmittelbarer Zusammenhang zwischen dem Coitus mit der Prostituierten und der Entstehung des Geschwürs hergestellt wird. Das venerische Geschwür, welches die antiken Ärzte wegen seiner Schwarzfärbung ándrax = Kohle (lat. *carbunculus*) nannten, hatte man als Schanker diagnostiziert, was nur mit einem Fragezeichen versehen werden kann.

Die Texte aus den späten Jahren des Imperium dürften gezeigt haben, wie diffizil eine nachträgliche Analyse einer Krankheit oder gar die Feststellung von Kenntnissen venerischer Ansteckung in der damaligen Gesellschaft ist. Das in den zitierten Quellen überall vorausgesetzte Bordellmilieu ist keine Garantie dafür, daß man venerische Ansteckung kannte, es diente im christlich gefärbten Kontext als Stellvertreter sämtlicher Stätten des Lasters zur bildreichen Untermalung der „Errettung verlorener Schäflein durch Gottes Fügung". Nur der dritte Text stellt eine Ausnahme dar, insofern als er darauf hinweist, daß die Ansteckungsgefahr für ein schreckliches Geschwür von einer Prostituierten ausging. Allerdings bleibt er ein vereinzeltes Zeugnis, das sonst keine Parallelen in der klassischen Literatur hat.

Die maßgeblichen nichtmedizinischen Texte lassen also nicht erkennen, ob man sich einer Ansteckung durch den Coitus bewußt war. Wußten denn andererseits die antiken Ärzte von venerischer Ansteckung? Das

medizinische Schrifttum kennt durchaus krankhafte Affektionen der Geschlechtsteile. Sie waren, wie zahlreiche Schilderungen hinreichend belegen, ein weit entwickelter Zweig der griechisch-römischen Medizin. Der
Ansteckung durch den Coitus aber schrieb man sie nicht zu. Bei keinem
Arzt oder medizinischen Schriftsteller ist die Erkenntnis ausgesprochen,
daß venerische Affektionen eine gesonderte Gruppe bilden und hauptsächlich oder ausschließlich durch Geschlechtsverkehr übertragen werden, wie
sie doch eigens in den Abhandlungen über Coitus und Hygiene zu erwarten gewesen wäre, so z. B. in der Schrift des Celsus über die Erkrankungen der *obscaenae partes* („Geschlechtsteile"). Pathologische Absonde-
rungen oder Erkrankungen an Geschlechtsteilen brachte man zwar
bisweilen mit sexuellen Ausschweifungen oder Perversionen in Verbindung, doch beruhten sie auf ästhetischem oder moralischem Widerwillen
gegen solche Praktiken. Der Arzt und Sexualwissenschaftler BLOCH hatte
das schon zu Beginn dieses Jahrhunderts folgendermaßen zusammengefaßt: „Es gab bei den Alten keine eigentlichen „Geschlechtskrankheiten",
d. h. direkt oder indirekt mit dem Geschlechtsverkehr zusammenhängende
Leiden, sondern nur Krankheiten der Geschlechtsteile"[59].

Als Ursachen für die Nichtbeachtung der Ansteckungsgefahr führte die
medizinhistorische Forschung verschiedene Gründe an, zum Beispiel, daß
die antiken Ärzte generell wenig Ursachenforschung betrieben hätten, daß
die durch Hautveränderungen in Erscheinung tretenden venerischen Geschwüre wegen der humoralpathologischen Auffassung von Hauterkran-
kungen nicht erkannt, sondern nur rein formalistisch kategorisiert worden
seien, oder aber, was wohl als widerlegt gelten darf, daß es schlicht Unwissenheit aufgrund mangelnder Beobachtungsmöglichkeit gewesen sei.
Dennoch bleibt diese Unkenntnis frappierend und die Erklärungen dafür
unbefriedigend. Ihren eklatanten Niederschlag findet sie in der Tatsache,
daß weder im griechischen Osten noch im lateinischen Westen eine gesundheitspolizeiliche Überwachung oder obligatorische Hygienemaßnah-
men für Prostituierte oder ihre Kunden zu finden sind. Keiner der antiken
Texte, der den verderblichen Einfluß oder die schlechten Eigenschaften
von Prostituierten thematisiert, erwähnt die drohende Ansteckungsgefahr
als negativen Faktor. In Frage gekommen wären neben Aristophanes
(Eccl. 749ff.), wo die Bürgersfrauen den Huren das Handwerk legen wollen, auch Lucrez (4, 1130ff.), der den Verliebten auffordert, die Fehler
und Gebrechen einer Kurtisane zu betrachten, oder Petron (Sat. 128), wo
Circe den Encolpius fragt, ob sie ihm Anlaß zur Abscheu gebe. Nicht

---

59   BLOCH, Ursprung der Syphilis (1911), II 674.

einmal Martial, der so oft physisch Ekelhaftes anführt, spielt nicht auf Hurenkrankheiten an, noch enthält das drastische Gedicht der Sammlung *Priapea* 46, das eine schmuddelige Dirne beschreibt, eine Anspielung auf eine Geschlechtskrankheit.

1.6.3.1 Krankheitsbilder

Da die römische Gesellschaft so unbekümmert mit den hygienischen Problemen der Sexualität umging, stellt sich die Frage, ob es denn in der Antike überhaupt venerische Krankheiten nach heutigem Verständnis gegeben hat, also Erkrankungen, die durch Viren, Bakterien oder Mikroorganismen hervorgerufen werden und vornehmlich oder ausschließlich durch sexuellen Verkehr übertragbar sind. Jedenfalls hat die medizinhistorische Forschung, trotz vieler Zweifel und Uneinigkeiten, anhand tradierter Krankheitsbilder eine ganze Reihe sexuell übertragbarer Erkrankungen, die in der Antike schon vorkamen, verifizieren können. Einschränkend ist allerdings festzuhalten, daß jede Zuordnung zu heute bekannten sexuell übertragbaren Krankheiten schwierig bleibt, da die philologische Interpretation einzelner medizinischer Begriffe für krankhafte Erscheinungen oft unsicher ist und zudem die aus der Antike überlieferte klinische Beschreibung eines bestimmten Krankheitsbildes durch verschiedene Erreger verursacht sein kann, die vor dem Zeitalter bakteriologischer Forschungen oft miteinander verwechselt wurden.

Schon den alten Israeliten bekannt und noch heute weltweit – vielfach in Prostituiertenkreisen – verbreitet ist die durch Bakterien (Gonokokken) hervorgerufene *Gonorrhoe*, auch *Neisseria gonnorrhoeae* oder umgangssprachlich Tripper genannt. Eine neuere kritische Analyse der tradierten Texte griechischer und römischer Ärzte ergab, daß einige Beschreibungen die Diagnose von *Gonorrhoe* zulassen, wenngleich dies jeweils nicht die einzig mögliche Deutung ist, so daß ein gewisser Unsicherheitsfaktor bestehen bleibt. Gonorrhoe wird überwiegend genital übertragen, ist hochinfektiös und bewirkt im akuten Zustand beim Mann Urethritis, bei der Frau die Infektion des Muttermundes, der Urethra oder des Gebärmutterhalses mit eitrigem Ausfluß. Bei Personen, die *fellatio* ausüben, kann auch *oropharyngeale Gonorrhoe* an Mund und Zunge auftreten. Dabei sei an die verbreitete Praxis der Fellatio der Prostituierten in Pompeji und Rom erinnert. Nicht zu verwechseln mit der heutigen Gonorrhoe ist die Bezeichnung *gonorhea* in der antiken medizinischen Literatur. Der Begriff setzt sich aus *gone* und *rein* zusammen, also wörtlich „Samenfluß". Die antiken Ärzte benutzten diesen Begriff zur Bezeichung von *Spermatorrhoe* bei

Männern und bestimmten Formen von *Leukorrhoe* bei Frauen, denn sie meinten, diese eitrigen Ausflüsse seien Samenflüssigkeit. Die *Leukorrhoe* ist auf verschiedene bakterielle, mykotische oder parasitäre Erreger zurückzuführen, von welchen insbesondere *Trichomonaden* und *candida albicans* schon den Frauen in der Antike zu schaffen gemacht haben. Auch die ansteckenden, bisweilen gefährlichen *Herpesinfektionen* an den Schamlippen der Frau sind bereits bei den Hippokratikern beschrieben worden.

Ein paar der beschriebenen Geschwüre lassen sich der ausschließlich sexuell übertragbaren Affektion des *lymphogranuloma inguinale* zuweisen, welche je nach Art des sexuellen Verkehrs an den männlichen und weiblichen Genitalien, rektal oder pharyngeal auftreten. Der Erreger dieser und anderer Erkrankungen, *Chlamydia trachomatis*, war damals namentlich in Ägypten und auch in anderen mittelmeerischen Regionen weit verbreitet. Gefürchtete Komplikationen dieser Infektion waren und sind noch heute außerordentliche Schwellungen im Genitalbereich.

Die griechisch-römischen Ärzte kannten auch bösartige Geschwüre. Ihre Entstehung wurde durch die Feuchtigkeit und Wärme, die zu geschwürigen und fauligen Prozessen neige, erklärt, weswegen für ihre Entstehung warme, feuchte Sommer und Südwind als günstig angesehen wurden. Eine exakte Diagnose, die Ursprung und Art des Geschwürs angibt, ist im Einzelfall kaum möglich. Ursachen könnten der weiche Schlanker, Tuberkulose oder auch Karzinome gewesen sein. Die bei Plinius (Ep. 6, 24) erzählte Geschichte eines römischen Ehepaares, welches Selbstmord beging, weil der Mann an einer chronischen, geschwürigen Krankheit der Geschlechtsteile litt, wird neuerdings als Fall von Tuberkulose diagnostiziert.

Kondylomata, die je nach Aussehen mit verschiedenen Namen wie z. B. *thumos*, *ficus* oder *marisca* gekennzeichnet waren, kamen im Altertum bei Männern und Frauen häufig vor. Die Viruserkrankung wird durch direkten Sexualkontakt übertragen. Bei beiden Geschlechtern können Kondylome außer an den Genitalien auch zwischen Anus und Genitalien üppig wuchern. Die Verbreitung solcher Kondylomata im rektalen Bereich ist auf die ausgedehnte päderastische Praxis wie auch Analverkehr mit Frauen in der griechisch-römischen Zivilisation zurückzuführen. Satiriker wie Martial und Juvenal ließen sich unsensible Anspielungen auf diese Leiden der sich zur Penetration zur Verfügung stellenden Homosexuellen (*pathici*) nicht entgehen. Operationen von *Kondylomata* z. B. durch Ausbrennen scheinen durchaus erfolgreich verlaufen zu sein.

Von besonderer Bedeutung im Hinblick auf spezifische Leiden bei Prostituierten ist die Tatsache, daß Geschwüre und entzündliche Affektio-

nen der Genitalien auch durch äußere mechanische Reize entstehen können. So führt zum Beispiel heftiges und gewaltsames Eindringen in eine
enge Vagina zu Rupturen und Abschilferungen an den männlichen und
weiblichen Genitalien, wodurch über sekundäre Infektionen gangränöse
oder diphterische Geschwüre und weiche Schanker entstehen können. Eine weitere Ursache solcher Affektionen können Praktiken wie Saugen,
Beißen und Kratzen und andere (teils sadistische) Manipulationen an den
Geschlechtsteilen sein. Das alles wird in den Bordellen antiker Städte
vermutlich auch vorgekommen sein. Es ist nicht anzunehmen, daß die oft
angetrunkenen Gäste der billigen Absteigen besonders rücksichtsvoll waren, und Sonderwünsche wie *fellatio* und *cunnilingus* sind beide hinlänglich für das antike Prostitutionsmilieu belegt[60]. Von gezielt sadistischen
Perversionen ist aus dem römischen Prostitutionsmilieu allerdings nichts
bekannt. Auch die Verwendung künstlicher Apparate kann entzündliche
Läsionen an den Genitalien hervorrufen. Bei sexuellen Orgien und Darbietungen griechischer Gelage kam es auch zur Verwendung von künstlichen Phallen, sog. *ólisboi*, wie sie auf griechischen Vasen abgebildet sind.
Für Rom gibt es keine zuverlässigen Quellen.

Ob denn auch die Syphilis, jahrhundertelang das Schreckgespenst der
Prostitution und – vor dem Auftreten von AIDS – die schlimmste venerische Krankheit überhaupt, im Altertum existiert habe, hat seit Jahrhunderten immer wieder hitzige Debatten in der medizinhistorischen Forschung
ausgelöst und die Experten in zwei Lager gespalten: die Amerikanisten,
welche der Ansicht sind, die Syphilis sei von den Seeleuten des Kolumbus
im letzten Dezennium des 15. Jahrhunderts eingeschleppt worden, und ihre Gegner, welche den europäischen Ursprung der Syphilis voraussetzen.
Festzuhalten ist vorläufig, daß keine der schriftlich oder ikonographisch
überlieferten Krankheitsbeschreibungen eine eindeutige Zuweisung zur
Syphilis aufweisen kann. Die im 19. Jahrhundert zusammengestellten
Quellen aus den antiken Schriftzeugnissen, die die Existenz der Alter-
tumssyphilis beweisen sollten, wurden im wesentlichen schon durch
BLOCH widerlegt[61]. Dennoch gab und gibt es immer wieder Befürworter
einer Existenz der Syphilis in der Antike, die ihren Nachweis anhand der
überlieferten Schilderungen der Physiognomie oder den Krankheiten be-
rühmter historischer Persönlichkeiten führen wollen. So wollte man die
deformierte Nase des Sokrates als erbsyphilitisches Phänomen deuten,

---

60 Vgl. Kap. 3.6.4, 29–301.
61 BLOCH, Ursprung der Syphilis (1911), 2 Bde. Die Kritik durchzieht den gesamten
    zweiten Band seines Werkes über den Ursprung der Syphilis.

versuchte nachzuweisen, daß Sulla an Syphilis gestorben sei, und deutete die Krebserkrankung der Kaiserin Theodora mit ihrem tödlichen Verlauf als Syphilis, die sie sich während ihrer Zeit als Prostituierte zugezogen habe.

Aber auch auf anderem Weg als über den dornigen Pfad der Interpretation literarischer Überlieferung wird neuerdings die These einer Existenz der Syphilis in den mediterranen Populationen des Altertums wieder verstärkt vertreten. Epidemiologisch-historische Untersuchungen aus dem amerikanischen und britischen Raum haben auf der Basis allgemeiner biologischer Betrachtungen der vier verschiedenen Formen, in denen die Syphilis auftreten kann, die uralte und weltweite Verbreitung dieser Krankheit postuliert. Allerdings bleiben diese interessanten evolutionistischen Theorien hypothetischer Natur und ignorieren die konkreten Ergebnisse der Knochenarchäologie. Überblickt man zusammenfassend den gegenwärtigen Stand der medizinhistorischen Forschung, so gibt es bislang keinen zuverlässigen Anhaltspunkt für die Existenz der Syphilis in den antiken Zivilisationen.

1.6.3.2 Behandlung und Prophylaxe

Verschiedene Faktoren begünstigten die Ausbreitung sexuell übertragbarer Krankheiten. Das waren zum einen gesellschaftliche Gründe, wie die Mobilität einiger Kundenkreise (z. B. die der Händler, der Heeresverbände bzw. die Mobilität von Zuhältern und ihren Mädchen), zum anderen aber die Grenzen des damaligen Wissensstandes der Medizin mit ihrer Unkenntnis über die Ansteckungsgefahr der Genitalinfektionen und ihrer Unfähigkeit, diese Erkrankungen wirklich auszuheilen; denn die heutzutage bei den meisten venerischen Infektionen eingesetzten Antibiotika waren unbekannt, so daß bestenfalls eine Bekämpfung der Symptome erfolgen konnte.

Eine Behandlung setzte freilich voraus, daß Prostituierte sich in ärztliche Behandlung begaben. Ob sie das taten und wie effektiv die Behandlung unter den genannten Einschränkungen war, ist unbekannt. In Griechenland standen Hetären manchmal mit Ärzten in Verbindung. Als Nachweis für regelmäßige ärztliche Untersuchungen an Hetären reicht diese Nachricht allerdings nicht aus, und für die Verhältnisse in Rom fehlt jeglicher Anhaltspunkt. Da aber zum Beispiel eine Vaginitis hauptsächlich beim Sexualverkehr heftige Schmerzen und Krämpfe hervorruft, ist es kaum anders vorstellbar, als daß der Leidensdruck zur Konsultation eines Arztes oder einer sonst in der Heilkunst bewanderten Person führte. Immerhin ist hinlänglich gesichert, daß in der Hauptstadt Rom Leute aus den unteren Schichten – und damit wohl auch Prostituierte – ärztliche Behandlung in Anspruch nehmen konnten. Dafür sprechen verschiedene Indizien, z. B. die Maßnahmen römischer Herrscher, die die medizinische Versorgung der explosiv wachsenden Stadtbevölkerung durch verschiedene Maßnahmen förderten, zum anderen solche „Schulen" wie die der Methodiker, die zahlreiche Schüler, zu Galens Entsetzen sogar Sklaven aufnahm und ihnen im Schnellverfahren Kenntnisse in praktischer Medizin vermittelte. Ferner ist eine Spezialisierung der Ärzte zu verzeichnen, wobei für Frauenkrankheiten oft Ärztinnen und Hebammen herangezogen wurden. Öffentliche Ärzte hatten überdies um ihre Existenz zu kämpfen und werden um jeden Patienten, auch wenn er weniger angesehen war, froh gewesen sein. Allerdings erfuhren die seriösen Vertreter der Heilkunst auch starke Konkurrenz durch Heilpraktiker, Drogisten, Quacksalber und Kurpfuscher beiderlei Geschlechts, deren Behandlung oft mehr schadete als nützte. Da Prostituierte nicht anders als viele ihrer Zeitgenossen der Zauberei und Magie anhingen und Personen aus den eigenen Kreisen dabei oft eine aktive Rolle spielten, ist es sehr wahrscheinlich, daß viele bei Kurpfuschern und Scharlatanen landeten oder jedenfalls nichtprofessionelle Hilfe in Anspruch nahmen. Die Menschen sahen überdies Genitalkrankheiten als Strafe der Götter, insbesondere natürlich der Liebesgötter wie Venus, Priapos oder Dionysos, an, die durch Sühne und nicht durch ärztliche Behandlung zu beheben seien. Fatal im ureigensten Sinn des Wortes waren desgleichen astrologische Theorien, die behaupteten, daß eine unter einer bestimmten Konstellation der Venus geborene Person später den „Tod durch gonnorhea" (d. h. durch Samenausfluß) erleide.

Was die Prophylaxe angeht, so war entgegen früherer Behauptungen die ausgeprägte Badekultur der Prostituierten keineswegs ein wirksames Mittel gegen Ansteckung, denn die meisten Erreger dringen über winzige Schleimhautdefekte rasch in den Körper ein. Noch eher dürfte die Praxis des Salbens und Ölens des Körpers, die offenbar auch im Prostitutionsmilieu beliebt war, eine gewisse, wenngleich eher zufällige Prophylaxe bewirkt haben, da die damals gebräuchlichsten pflanzlichen Kosmetika zur Haut- und Haarpflege eine mehr oder minder ausgeprägte antimykotische und antibakterielle Wirkung besitzen, so z. B. Safran, Walnußrindenextrakt, Bischofskraut, Styrax, Weihrauch, Rizinus oder Mastix. Kondome, die eine venerische Ansteckung hätten verhindern können, wie z. B. aus Tierblasen hergestellte, waren im Altertum noch nicht bekannt.

Einen geringen Schutz gegen die Einschleppung von sexuell übertragbaren, aber natürlich auch anderen Erkrankungen bot die beim Ankauf

von Sklaven und Sklavinnen übliche Untersuchung auf körperliche Mängel und unangenehme Eigenschaften. Dazu wurden die Armen nackt zur
Begutachtung ausgestellt oder aber die Kleidung entfernt, damit der Käufer äußerlich sichtbare Gebrechen ausfindig machen konnte. Zu den auf-
gezählten Gebrechen zählten auch Mundgeruch und Sterilität weiblicher
Sklaven.

1.7 Prostituierte im Kult

Dirnen waren an einigen öffentlichen Festen und Kulthandlungen für
weibliche Gottheiten beteiligt, welche im Zusammenhang mit Fruchtbarkeit und Sexualität standen und somit unmittelbar mit deren Metier verknüpft waren[62]. Diese Verbindung hat zumindest in Rom nichts mit der
besonders in populären Veröffentlichungen vielzitierten sakralen Prostitution zu tun, obgleich die religionshistorische und archäologische Forschung neuerdings die Existenz sakraler Prostitution für das frühe Rom
und Etrurien postuliert hat. Meiner Meinung nach genügen weder die My-
theninterpretationen noch die bisherigen archäologischen Funde, um eine
solche These ernsthaft zu vertreten.

Zu den Göttinen, denen die Dirnen ihre Verehrung erwiesen, gehörten
Venus, allerdings mit deutlich semitisch-orientalischen Zügen, Flora, die
italische Göttin der Pflanzenblüte, und, weniger berühmt, Fortuna Virilis,
die Glücksgöttin unter einem ihrer vielen Sonderaspekte. Alle Feiern, an
denen Prostituierte und Kurtisanen teilnahmen, fanden im April statt, dem
Monat, dessen Schutzgöttin ebenfalls Venus war.

1.7.1 *Venus Erucina*

Von besonderem Interesse ist der Kult der Venus Erucina, einmal, weil er
ausschließlich von den Dirnen begangen wurde, zum anderen, weil die
Geschichte seines Kultes einen älteren, traditionellen Konnex mit sakraler
Prostitution aufweist, und schließlich, weil die Behandlung dieser Göttin
typisch für die Integration weiblicher Sexualität in den römischen Kult ist.

Der älteste Tempel für Venus mit dem Beinamen *Obsequens* („die Ge-
horsame") war bezeichnenderweise aus den Strafgeldern unzüchtiger Ma-

---

62 Forschungsabriß und Quellen s. Erstausgabe dieses Buches.

tronen 295 v. Chr am Circus Maximus erbaut worden, und einem weiteren, rund 180 Jahre später erfolgten Tempelbau lag ein ähnlicher Anlaß
zugrunde, nämlich der Inzest einiger Vestalinnen. Der zuletzt genannte
Tempel wurde der Venus *Verticordia* („Herzenswenderin"), geweiht, die
dafür sorgen sollte, unerlaubte sexuelle Verlockungen von den Frauen
fernzuhalten. An beiden Tempelweihen zeigt sich, daß die Göttin zunächst
nicht ungebundene Sexualität und Erotik ermöglichen, sondern im Gegenteil den weiblichen Sexualtrieb in die Bahnen der Ehe bzw. priesterlicher
Jungfräulichkeit lenken sollte.

Ganz anderen Zwecken diente der auf Geheiß der Sibyllinischen Bücher 181 v. Chr. geweihte Tempel und Kult für die Venus Erucina, einer
Übernahme der damals weltberühmten Astarte-Aphrodite vom Berg Eryx
auf Sizilien. Dieser Tempel wurde zur Pilger- und Kultstätte für die Dirnen Roms. Er war offenbar das Pendant zu einem bereits 215 v. Chr. für
die Erucina auf dem Kapitol errichteten Heiligtum, welches gerade aus
(außen-) politischen Gründen die Aspekte dieser Venus als Stammutter
der Römer und Siegesgöttin im Zweiten Punischen Krieg betonen sollte.
Der Kult auf dem Kapitol wurde stark romanisiert, wobei der erotische
und exotische Aspekt der Erucina, der der römischen Nationalgöttin unangemessen war, offenbar komplett abgespalten und später im Kult an der
Porta Collina teilweise wieder aufgenommen wurde. Der Tempel an der
Porta Collina befand sich außerhalb der sakralen Stadtgrenze (*extra pomerium*). Es scheint, daß dieser Kult seine Fremdheit und sein orientalisch-phönikisches Erbe beibehalten hat und deshalb wie alle Kulte, die
die religiösen Bräuche ihres Herkunftsortes weiterhin pflegten, außerhalb
der geweihten Stadtgrenze bleiben mußte. Spuren des Tempels sind nicht
erhalten, und seine exakte Lage ist ebenfalls ungeklärt. Vielleicht wurde er
später in die Sallustianischen Gärten einbezogen, denn in nachaugusteischer Zeit wird er nicht mehr erwähnt, dafür aber mehrfach eine *Venus
hortorum Sallustianorum* („Venus in den Gärten des Sallust").

Im Gegensatz zur „Herzenswenderin" und zur „Stammutter" weilte also
die „Dirnengöttin" vor den Toren. Ihr Epitheton verweist eindeutig auf ihre Herkunft vom Berg Eryx im Nordwesten Siziliens. Die alte Gottheit auf
dem Eryx trug ihrerseits schon fremdländische Züge, die orientalischen,
mediterranen und phönikischen Ursprungs waren, denn sie war ein Abkömmling der machtvollen Herrinnen über Fruchtbarkeit und Sexualität
wie Ištar, Astarte und Aphrodite. Der Kult auf dem hochaufragenden Eryx
in Sizilien reichte in archaische Zeit zurück. Die Stationen seines wechselvollen Schicksals gibt Diodorus Siculus (4, 83, 4) wieder: „Zuerst verehrten sie die Sicaner, zu ihnen gehörten Elymer und Phönizier, dann folg-

ten die Punier, daraufhin hellenischer Einfluß und zuletzt kamen die Römer". Der Kult der Erucina strahlte nicht nur bis nach Kampanien und
Rom aus, sondern verbreitete sich im gesamten westlichen Mittelmeerraum.

Das bemerkenswerteste Charakteristikum des Kultes auf dem Eryx war
die dort wahrscheinlich bis in die Kaiserzeit hinein ausgeübte Tempelprostitution. Es gab dort beträchtliche Mengen an Tempelsklavinnen („Hierodulen"), als deren Aufgabe sakrale Prostitution angenommen wird und
die dem orientalisch-phönikischen Erbe zuzuschreiben ist. Den Phöniziern
wird bereits von den antiken Schriftstellern und überwiegend auch in der
modernen Forschung die Verbreitung der sakralen Prostitution in Verbindung mit dem Kult der Ištar-Astarte nach Westen zugeschrieben, die die
Griechen mit Aphrodite identifizierten.
Pausanias (1, 14, 7) schreibt:

> „Die Verehrung dieser Urania (Anm.: Beiname der Aphrodite) ha-
> ben zuerst die Assyrer bei sich eingeführt, nach den Assyrern die
> Paphier in Zypern, und unter den Phöniziern die Einwohner von
> Askalon in Palästina. Von den Phöniziern lernten sie die Einwoh-
> ner von Kythera kennen und verehrten sie."

Es erfolgten weitere Gründungen von Astarte-Aphrodite-Heiligtümern im
griechischen Raum sowie in phönizischen Kolonien des Westens, so z. B.
auf auf Cythera, in Korinth, Karthago und Sizilien[63]. Obwohl Astarte-
Aphrodite in den westlichen Heiligtümern viele ihrer ursprünglichen Kult-
charakteristika beibehielt, ist für den Westen sakrale Prostitution nur für
das Heiligtum auf dem Eryx und für das hierfür berühmt-berüchtigte Korinth nachgewiesen. Strabo berichtet, daß der Tempel auf dem Eryx früher
voll von geweihten Tempelsklavinnen gewesen sei, doch zu Beginn der
Kaiserzeit hätte die Zahl der Hierodulen erheblich abgenommen. Er erwähnt in diesem Zusammenhang auch den Tempel der Erucina in Rom,
der beeindruckend gewesen sein soll:

> *Strab. 6, 272*
> „Der Eryx, ein steiler Berg, ist ebenfalls bewohnt. Auf ihm gibt es
> einen Aphroditetempel, der außergewöhnlich geehrt wird und frü-
> her voll von weiblichen Tempelsklaven war, die für die Einlösung
> von Gelübden – nicht nur von Bewohnern Siziliens sondern ebenso

---

63 YAMAUCHI, Cultic Prostitution (1973), 222. Zur umstrittenen Frage nach der
Herkunft der griechischen Aphrodite S. P. FRIEDRICH, The Meaning of Aphrodite
(Chicago/London 1979), der semitischen Einfluß annimmt.

von vielen Fremden – gestiftet worden waren. Jetzt aber hat der Tempel ebenso wie die Siedlung selbst Mangel an Männern, und die Masse der geweihten Sklaven ist verschwunden. In Rom gibt es auch ein Bild dieser Göttin, ich meine den Tempel vor der Porta Collina, welcher der Tempel der Venus Erucina genannt wird und sowohl für seinen Schrein als auch für seine Säulenhalle berühmt ist". Ein weiterer Hinweis für Tempelprostitution könnte die Bemerkung Diodors (4, 83, 6) sein, daß, wann immer römische Magistrate nach Sizilien gekommen seien, sie den Tempel nicht vergessen hätten, sondern ebendort, um der Göttin zu gefallen, ihre Seriosität abgelegt und sich in Gesellschaft von Frauen amüsiert hätten.

Diese Sitte folgte dem Kult der Erucina jedenfalls nicht nach Rom. Dafür aber war, vielleicht in Erinnerung an diese Institution, der Festtag für die Venus Erucina an der Porta Collina am 23. April ein *dies meretricum* („Hurenfesttag"), wie er in einer Kalendernotiz genannt wird[64]. Vermutlich war der Kult schon seit seiner Einführung ein Kult der Dirnen und ist somit ein Indiz dafür, daß es zu Beginn des zweiten vorchristlichen Jahrhunderts bereits eine größere Gruppe von Prostituierten in der Stadt gegeben hat, wie sich auch aufgrund einiger plautinischer Stücke vermuten läßt, wenn es da z. B. heißt: „es soll ja keine feile Hure auf der Bühne sitzen" (Poen. 17), oder: „beim Heiligtum der Cloacina …, genau dort werden die feilen Huren sein und die, die sich feierlich etwas versprechen lassen" (Curc. 472), oder: in der Tuskergasse, dort sind die Leute, die sich selbst verkaufen (Curc. 483).

Eine kurze Beschreibung des Festes gibt Ovid in den Fasten (4, 865ff.), hauptsächlich, um in diesem Zusammenhang auf Venus, die legendäre Ahnherrin Roms, zurückzukommen. Die Dirnen, so schildert er, zogen in feierlicher Prozession zum Tempel und ehrten die Göttin mit Weihrauch-, Blumen- und Kräuteropfern, wobei namentlich die Myrte als der Aphrodite bzw. der Venus zugehörige Pflanze erwähnt wird. Gerade die Myrte war wegen ihres reichen Wachstums und der üppigen Blüte mit der aus dem Orient stammenden Aphrodite verbunden, wobei sich allerlei Legenden um diese Pflanze rankten. Sie versteckte zum Beispiel die Göttin beim Bad vor den neugierigen Blicken der Satyrn, und sie war der Siegeskranz der Göttin nach dem Parisurteil. Für die Gaben erhofften sich die Dirnen, so Ovid, die Gunst der Männer, Attraktivität und eine lose Zunge für lok-

---

64   CIL I² 316. FAUTH, Römische Religion, in: ANRW II 16. 1 (1978), 155ff.

kere Scherze und Schmeichelworte, kurz, die notwendigen Voraussetzungen für einen guten Verdienst.

Tempel und Schrein der Erucina an der Porta Collina sollen prachtvoll gewesen sein, und es ist durchaus möglich, daß der archaische Kopf der Aphrodite und ein Triptychon der Anadyomene, die sich heute im Thermenmuseum befinden, zur Ausstattung des Tempels gehörten. Die Venus Erucina an der Porta Collina war demzufolge zur bedeutenden Patronin der römischen Dirnen geworden, die, soweit uns bekannt, zumindest noch in augusteischer Zeit das Fest zu Ehren der Venus Erucina feierten. Für spätere Zeiten fehlen Hinweise auf Kult und Göttin.

1.7.2 *Venus Verticordia und Fortuna Virilis*

Da Venus die Schirmherrin des Monats April war, ist es nicht verwunderlich, daß die Kalenden des April mit einem Fest der Frauen für die oben erwähnte *Venus Verticordia* begannen. Die Erklärung für diesen Kultbeinamen gibt Valerius Maximus (8,15,12): „damit die Gesinnung der Jungfrauen und Weiber sich leichter von der Wollust zur Keuschheit hin wende".

Zusammen mit dieser für Sittsamkeit zuständigen Venus wurde am selben Tag und in einer eigentümlichen Verschmelzung, die Anlaß zu allen möglichen Spekulationen gab, auch die Fortuna Virilis, die Glück bei den Männern bringen sollte, verehrt, und zwar offensichtlich von den Frauen aller Stände einschließlich der Dirnen und Kurtisanen.

Eine Notiz im Kalender von Praeneste lautet: „Häufig opfern die Frauen der Fortuna Virilis, die niederen Standes auch in den Bädern, weil in diesen die Männer sich an dem Körperteil entblößen, dessen Gunst die Frauen herbeiwünschen." Ovid beschreibt die kultischen Bräuche ausführlicher: „Junge Frauen, Matronen und Freudenmädchen begingen die Zeremonie mit der rituellen Waschung und der Schmückung des Abbildes der Göttin" (5, 133–138). Hernach badeten die Frauen selbst, mit einem Myrtenkranz geschmückt, in den Thermen (4, 139ff.). Dort richteten sie ihr Gebet und Weihrauchopfer an eine andere Göttin, die *Fortuna Virilis*, die Gunst bei den Männern verleihen sollte. Schließlich bereiteten sie ein Mischgetränk aus Honig, Milch und Mohn, welches traditionell ein Beruhigungsmittel für die Braut war, und angeblich bereits von Venus als Braut getrunken worden war.

Abb. 8   Hebammen und Gebärende, Steinrelief

In den Quellen kommt deutlich zum Ausdruck, daß es die Gesamtheit der Frauen aller Stände war, die dieses Fest für Venus und Fortuna beging. Flaccus, der Verfasser nennt zuerst alle Frauen, hebt dann noch einmal die der niederen Stände gesondert hervor. Ovid richtet bei der Beschreibung des Festes seinen Appell nicht nur an die weiblichen Angehörigen höherer Stände, sondern ausdrücklich an die Frauen, die weder Stola noch Kopfbinde tragen. Das waren Frauen der Unterschichten, aber auch speziell die leichten Mädchen. Plutarch spricht generell von Frauen (*gynaikes*), Lydus trennt wiederum in ehrbare Frauen und in diejenigen des Pöbels.

Daß zwei auf den ersten Blick so verschiedene Göttinnen, Venus Verticordia, Ideal der Treue und Züchtigkeit, und Fortuna Virilis, die unverhohlen auf sexuelle Bereitschaft zielte und bei den Männern Glück bringen sollte, an ein und demselben Festtag verehrt wurden und zusammengehörten, hat in der Forschung seit langer Zeit einen intensiven Disput hervorgerufen. Einige nehmen an, daß die Venus Verticordia kulthistorisch älter ist als die Fortuna Virilis, andere sehen das gerade andersherum, wieder andere sahen in beiden Göttinnen einen seit jeher bestehenden Dualismus zwischen „Dirnengöttin" und „sittsamer Venus der Matronen". Doch der Widerspruch zwischen den Kulten liegt vielleicht in unserem modernen Verständnis von „Sittsamkeit" und ist somit nicht zwingend ein ursprünglicher; denn der Kult beider Göttinnen handelte umfassend von weiblicher Sexualität und Fruchtbarkeit. Die Aufforderung, das Bild der Göttin zu waschen und zu schmücken, der Genuß des Mohngetränks, das Bad der myrtenbekränzten Frauen, das waren sämtlich Elemente von starkem aphrodisischem Symbolcharakter. Die Bäder waren überdies der geeignete Ort für einen Kult der sexuellen Bereitschaft, Wasser war schließlich immer schon das Element der Zeugung und Fruchtbarkeit.

Dadurch, daß bestimmte vor der Hochzeit übliche Riten nachvollzogen wurden, sollten die Göttinnen nicht nur für sexuelle Vereinigungen generell, sondern auch für eine glückliche eheliche Sexualität sorgen. Denkbar ist allerdings, daß mit der zunehmend stärker in den Vordergrund tretenden Venus Verticordia eine standesbedingte Trennung der Kultpraxis erfolgte, die zur Folge hatte, daß später nur noch die Frauen der niederen Stände (*humiliores*) das Ritual zu Ehren der unverblümteren und primitiveren Fortuna Virilis in den öffentlichen Bädern begingen, wohingegen die Rituale um die Sexualität jungvermählter Frauen mehr und mehr sublimiert wurden, indem nun das Bild der Göttin gebadet oder Weihrauch gespendet wurde.

Die Frage nach dem Alter des Kultes und das Verhältnis dieser beiden
Gottheiten zueinander lassen sich nicht restlos klären, aber offensichtlich
begingen zur Zeit des Augustus in Rom sämtliche Frauen einschließlich
der Dirnen dieses Fest für die beiden Göttinnen so, wie es Ovid beschrieben hat. Allein diese Tatsache macht das Fest für die komplementären
Göttinnen bemerkenswert, da andere spezifisch auf die Belange von Frau-
en ausgerichtete Kulte meist von den Matronen allein begangen wurden.
So komplementär wie die miteinander konkurrierenden Göttinnen waren
auch ihre Kultgenossinnen. Freilich können wir nicht mehr nachvollzie-
hen, ob es zwischen Kurtisanen und Matronen, die gerade in der augusteischen Zeit immer in krassen Gegensatz zueinander gestellt wurden, tatsächlich zu näherem Kontakt kam oder ob die Gruppen sich doch mehr
oder weniger separierten.

1.7.3 *Flora*

Außer Venus und Fortuna wurde auch Flora in Verbindung mit den Freudenmädchen gebracht. Hier steht die Mitwirkung der Dirnen am Fest der
Göttin aber irgendwo zwischen profanem Vergnügen und heiliger Handlung, im Gegensatz zu den vorher beschriebenen Kulten, die Gebet, Rei-
nigungsritual und Opfer in den Vordergrund stellten.

Flora war eine mittelitalische Gottheit der Pflanzenblüte, insbesondere
des Getreides. Sie wurde seit alten Zeiten in Rom verehrt, wie die Existenz eines gesonderten Priesters (*flamen Floralis)* belegt sowie die Tatsache, daß die Arvalbrüder, die nur den ältesten Gottheiten Roms opferten, ihr Sühnopfer (*piacula*) darbrachten. Daß im ältesten Festkalender
kein Jahresfest verzeichnet ist, dürfte wohl daran liegen, daß es sich um
ein ländliches Wandelfest handelte.

Im Zusammenhang mit den Prostituierten aber geht es um ein jüngeres,
städtischen Gepflogenheiten angepaßtes Floralienfest, welches jedoch
Verbindungslinien zum älteren aufweist. Dieses jüngere Fest wurde auch
ungefähr zur gleichen Jahreszeit gefeiert, nämlich Ende April. Anfangs
auf den 28. April begrenzt, wurde es seit der Kaiserzeit sechs Tage lang,
bis zum 3. Mai, gefeiert.

Zunächst gab es die Feierlichkeiten nicht jährlich, doch seit 173 v. Chr.
wurde es wegen häufiger Mißernten jedes Jahr begangen. Es wurde von
den plebejischen Ädilen ausgerichtet und umfaßte Theateraufführungen
und Zirkusspiele sowie ein Opfer an Flora. Sein heiterer und ausgelassener Charakter zeigt, daß es sich um ein Volksfest handelte. Zudem war

Flora, wie Ceres, zu deren Kult sich auch Verbindungen aufzeigen lassen, eine chthonische Gottheit irdischen Wachstums und der Toten zugleich, und solche Gottheiten standen in einem besonders engen Verhältnis zu den niederen und unfreien Schichten, die an solchen Festtagen große Freiheiten genossen. So läßt sich der nachstehend beschriebene Auftritt der Dirnen an den Floralia vielleicht auch aus sozialhistorischer Perspektive erklären, da Prostituierte meist diesen Schichten entstammten.

Am letzten Tag der Floralia fanden in feuchtfröhlicher Stimmung die Zirkusspiele mit den verschiedensten Veranstaltungen statt. Die Dirnen der Stadt feierten Flora und sorgten für den Höhepunkt in der Reihe der Zirkusveranstaltungen. Sie traten anstelle der Schauspielerinnen auf, zogen auf Verlangen des Volkes ihre Kleider aus und führten dazu „obszöne Tänze und Reden" auf, was der christlichen Polemik nicht nur ein Dorn im Auge war, sondern geradezu als Gipfel der Unzucht erschien. Dankenswerterweise fallen daher die Schilderungen der christlichen Autoren besonders ausführlich aus. Es gibt aber bereits frühere Quellen heidnischer Autoren, die belegen, daß es sich nicht um verzerrende christliche Polemik handelte. Ihnen zufolge soll bereits der ältere Cato, um die Zuschauer nicht an ihrem Vergnügen an diesem „Striptease" zu hindern, unter begeistertem Applaus das Theater verlassen haben. Diese Anekdote zeigt, daß diese Sitte bereits im 2. Jh. v. Chr. bestand, womit aber nicht gesagt ist, daß ihre Wurzeln sehr viel weiter zurückreichen als die Feststiftung der jüngeren hellenistischen Floralia.

Die Motive für das Ablegen der Kleider und die obszönen Tänze wurden von Religionshistorikern und Altertumswissenschaftlern verschieden gedeutet. Man dachte an die Nachahmung griechischer Gepflogenheiten im Kult der Aphrodite Antheia, postulierte für die obszönen Gesten und Tänze einen starken Einfluß der griechischen Demeter auf Flora in hellenistischer Zeit oder sah darin die Spuren einer alten römischen Fruchtbarkeitsgöttin in neuem Gewand. Aber es geht doch entschieden zu weit, das Ablegen der Kleider als Symbol für das Abfallen der Blüte nach der Befruchtung zu deuten. Der Charakter des Kultes trägt jedoch tatsächlich Spuren eines alten Vegetationsritus. Die im Zirkus losgelassenen Hasen und Ziegen galten als besonders wollüstige, geile und fruchtbare Tiere, und Bohnen und Erbsen waren Symbole der Fruchtbarkeit. Ob die obszönen Tänze gleichfalls ein archaisches Element sind, ist damit letzlich auch nicht zu beweisen.

Wie dem auch sei, im Lauf der Zeit hatte sich der Kult für die Fruchtbarkeitsgottheit Flora großstädtischen Verhältnissen angepaßt, und der Dirnenauftritt war zu einer Volksbelustigung ersten Ranges geworden, der gleichzeitig den Prostituierten Gelegenheit zu ganz profanen Werbekampagnen bot. Sie proklamierten bei dieser Gelegenheit nämlich ihre Aufenthaltsorte, Preise und Angebote.

Die Sage, Flora sei eine Dirne gewesen, die ihr Vermögen dem römischen Volk vermacht und befohlen habe, man solle von dem Geld alljährlich ihren Geburtstag feiern, bietet keinen Anhaltspunkt für eine frühe Verehrung der Flora durch die Dirnen, sondern ist wohl erst in der Kaiserzeit entstanden. Flora war – wie wir oben gesehen haben – keine „ursprüngliche Prostitutionsgottheit", wie BLOCH das hatte sehen wollen[65]. Sein Ansatz war bedenklich, da er von der mittlerweile überholten These ausging, die primitive Gesellschaft habe in sexueller Anarchie gelebt, für welche die sakrale Prostitution – Vorläufer der Profanform – als eine Art Sühneopfer der patriarchalischen Zivilisation eingetreten sei[66]. Daher vermutete er hinter verschiedenen Gottheiten und Kulten regelmäßig „Reste oder Spuren sakraler Prostitution". Floras Verbindung mit den Prostituierten war wahrscheinlich sekundärer Art und wie die hellenistischen Floralia jüngeren Datums. Ihr Kult erinnert aber auch in seiner großstädtischen Überformung an alte Fruchtbarkeitsriten für Land und Menschen. Der Auftritt der Prostituierten läßt sich aus den vielfältigen Verflechtungen zwischen Erotik und Sexualität mit der religiösen Sphäre erklären, wie sie der griechischen und römischen Religion eigen war.

---

65 BLOCH, Prostitution (1912), I 87.
66 Diese Theorien haben eine lange und verwickelte Geschichte. Sie gehen u. a. auf BACHOFEN, Mutterrecht, 76, 78ff zurück, der in der Entwicklung der Urgesellschaft vom Matriarchat zum intellektuell höherstehenden Patriarchat die Prostitution als Opfer der höherstehenden Kultur betrachtete. Prononcierter wurden die Thesen bei ENGELS, MEW 29 (1884[1] ND 1990), 21; 68, und deutlicher noch ebd., (1891[4] ND 1990), 180-1, der behauptete, Prostitution von Frauen sei aus der Gruppenehe (Hetärismus) entstanden und die ersten Prostituierten seien Tempelsklavinnen gewesen, wonach mit der wachsenden Ungleichheit des Besitzes und dem Aufkommen der Lohnarbeit auch professionelle Prostitution von Frauen aufgekommen sei. Von der Seite der religionsgeschichtlichen Forschung war die einflußreiche Arbeit von J. FRAZER, The Golden Bough, 2 Bde. (1890[1]); 3. Aufl. : 12 Bde. (1911–1915[3]), maßgeblich, welche Prostitution als Sühneopfer für einstige sexuelle Promiskuität betrachtete, s. ebd., dritte Auflage der Ausgabe von 1936, Bd. IV 1, 36ff.

2
Strukturen der Prostitution in der römischen Gesellschaft

2.1. Topographie der Prostitution in Rom

2.1.1 Allgemeiner Überblick

In Rom hat es, wie in allen Hafen-, Handels- oder Verkehrszentren des Imperiums, beispielsweise Antiochia, Alexandria, Karthago, Korinth oder Pompeji, ein beachtliches Angebot an Prostitution und zweifellos auch die entsprechende Nachfrage nach käuflichem Sex gegeben. Die blühende Prostitution beim Aphroditetempel in Korinth war sprichwörtlich im gesamten Imperium bekannt, unter dem Motto „nicht jedem frommt die Reise nach Korinth". Aber auch die Prostitution in Cumae und Neapolis, beides griechische Kolonien, fand schon in der zeitgenössischen Literatur der Republik Erwähnung.

Magnet für Geschäftsleute der käuflichen Erotik waren die Städte besonders dann, wenn Feste oder Markttage ins Haus standen, da zu diesen Zeiten eine Menge Volk zusammenströmte. Auch Prostituierte und Zuhälter kamen dann von auswärts, um ihre Gewinne zu steigern. Daß die Hauptstadt des Reiches dabei der größte Anziehungspunkt war, dürfte sich von selbst verstehen. Aber Prostitution war nicht auf die größeren Städte beschränkt, auch in abgelegeneren Orten wie zum Beispiel in Libyen, Lukanien oder auf der Krimhalbinsel war es nicht schwierig, Prostituierte zu finden.

Die topographische Verteilung von Bordellen oder von Straßenprostitution innerhalb einer Stadt ist von wesentlicher Bedeutung für die Feststellung der Popularität solcher Dienstleistungen und zugleich für ihre Eingliederung in den größeren Rahmen einer Sozialtopographie.

Abb. 9   Venus, Mamorstatuette, um 70 n. Chr.

Wegen der Themenstellung der vorliegenden Arbeit wird der Schwerpunkt auf der Sozialtopographie der Prostitution des kaiserzeitlichen Rom liegen[1].

Zur Klärung topographischer Aspekte der Prostitution in Rom sind wir überwiegend auf literarische Quellen angewiesen. Archäologische Befunde hierzu gibt es im Gegensatz zu Pompeji kaum. Die Quellenangaben stammen vorwiegend aus vereinzelten Anspielungen in den Stücken des Plautus, aus Ovids Liebesdichtungen, aus den Werken Juvenals und Martials sowie dem spätantiken Verzeichnis der stadtrömischen Regionen aus konstantinischer Zeit. Die Lücken in dieser zeitlichen Spanne sind damit freilich sehr groß, weswegen eine rein chronologische Betrachtung der Topographie nicht in Frage kommt.

Ovids ‚Ars amatoria‘ ist die ergiebigste Quelle zur topographischen Verteilung der Prostitution in Rom. Daher ist auch am meisten aus der Epoche des augusteischen Rom bekannt, doch gab es auch eine jahrhundertelange Attraktivität bestimmter Treffpunkte, sofern die Veränderungen des Stadtbildes dies zuließen.

Die Anzahl der Bordelle wird in den konstantinischen Regionenverzeichnissen, den ‚Notitiae‘, und dem wenig später verfaßten ‚Curiosum‘ der Stadt Rom mit 45 bzw. 46 Lupanaren angegeben. Diese Zahlenangabe ist jedoch wenig aussagekräftig, denn es ist nicht bekannt, nach welchen Kriterien diese Zählung vorgenommen wurde. Es darf als sicher gelten, daß in diesem offiziellen Dokument nur größere, amtlich registrierte Bordelle aufgenommen waren, nicht aber die zahllosen Verkaufsbuden, Garküchen oder Kammern, in welchen sich der Verkauf sexueller Dienstleistungen gewöhnlich der Registrierung entzog. Die Anzahl der einschlägigen Plätze in der Stadt muß daher um ein vielfaches höher gewesen sein, als die offizielle Zählung angibt. Dafür spricht ein Vergleich mit der Hafenstadt Pompeji. Nimmt man für das Rom des vierten nachchristlichen Jahrhunderts, aus welchem auch die Regionsbeschreibungen stammen, eine Einwohnerzahl von knapp einer Million an und vergleicht damit die Angaben über Pompeji, das nach neuesten Schätzungen inklusive des Umlandes 20 000 Einwohner und rund 25 Bordelle aufweist, so kann die oben genannte Zahl von Bordellen in der Metropole des Imperiums unmöglich stimmen, selbst wenn die Lupanare sehr viel größer gewesen wären als in Pompeji.

---

1 Die Ergebnisse für Pompeji sind in der Erstausgabe des Buches zusammengestellt.

2.1.2 Prostitution an zentralen Punkten der Stadt

Es gab eine ganze Reihe von Orten in der ausgedehnten Hauptstadt, an welchen sich Prostituierte jeglicher Couleur den Passanten präsentierten. Gleich das erste der drei Bücher der ‚Ars Amatoria' beginnt nach einigen einleitenden Versen mit einer ausführlichen Beschreibung, an welchen Orten Galane am leichtesten Mädchen finden können. Eine wesentlich komprimiertere Version gleichen Inhalts findet sich auch im dritten Buch, welches an das weibliche Geschlecht gerichtet ist (ars 3, 381ff.). Ovid hatte nun bestimmt keinen „Bordellführer" verfaßt. Ihn interessierten vor allem die Treffpunkte von bessergestellten Prostituierten mit zahlungskräftigen und längerfristigen Liebhabern. Doch vielbesuchte Orte wie beispielsweise Fora, Geschäftsstraßen, Thermen oder Zirkusanlagen wurden von Prostituierten verschiedenster Kategorien zum Kundenfang genutzt, nicht nur von den exklusiven Kurtisanen, wie die folgenden Ausführungen zeigen werden. Wir folgen in erster Linie Ovid, bevor der Dichter uns im Sumpf der Subura und bei den armseligen Dirnen an den Stadtmauern allein läßt.

2.1.2.1 Säulenhallen (Porticus)

Als passende Orte zum Kundenfang werden bei Ovid zuerst die prachtvollen Säulenhallen des Pompeius, der Octavia, der Livia und der Danaiden um den Apollotempel auf dem Palatinshügel genannt. Zum Flanieren wie für Rendezvous waren die mit Springbrunnen und Statuen aufwendig geschmückten *porticus* beliebt, da sie angenehm kühl waren und Schatten spendeten, was in der südlichen Mittagshitze besonders geschätzt wurde.

Auf dem Marsfeld lagen vielbesuchte Orte, zum Beispiel die Halle des Pompeius mit dem davor liegenden gleichnamigen Theater, die Portikus der Octavia, die Theater des Balbus und Marcellus, das Heiligtum der Isis und die Thermen des Agrippa auf dem Marsfeld. Worauf sich die Attraktivität des Marsfeldes – nicht zuletzt für alle, die sehen und gesehen werden wollten – gründete, läßt sich der Beschreibung Strabos aus augusteischer Zeit gut entnehmen:

Strab. 5, 236
„Die außergewöhnliche Weite der Ebene erlaubt bequem Wagenrennen und jede andere Art des Pferdesports, außerdem Ball- Reifen- und Kampfspiele. Die ringsum aufgestellten Kunstwerke, die Pflanzen, die während des ganzen Jahres grünen, und die Hügelkette, die bis zum Flußufer hin reicht, bieten einen Rundblick, von

dem man sich nur schwer losreißen kann. Neben dieser Ebene liegt eine andere, mit ringsum angeordneten Wandelgängen, Hainen, drei Theatern, einem Amphitheater und prächtigen Tempeln, die einer neben dem anderen liegen, so daß der Rest der Stadt wie ein Anhängsel dieses Viertels wirkt."

Ein beliebter Treffpunkt von Prostituierten und Müßiggängern war zu Catulls Zeit die Säulenhalle des Pompeius. Dort trifft der Dichter auf der Suche nach einem Freund ein paar leichte Mädchen, die, so hofft er vergebens, ihm weiterhelfen können:

Cat. 55
„In des großen Pompeius Säulenhalle hab' ich alle Weiber angehalten, deren Miene mir recht freundlich vorkam, um von ihnen dich zurückzufordern: „Her mit meinem Camerius, schlechte Mädchen!" Sagt, ihren Busen entblößend, eine: „Schau nur nach, zwischen den Brustwärzchen sitzt er."

Diese Beliebtheit bei Freudenmädchen und ihrer Kundschaft hielt zumindest bis in die Zeit der Flavier an. Martial beschreibt den Zweck des Flanierens dort ohne große Umschweife: wer nicht auf Sex aus sei, gehe dort auch nicht spazieren (11,47,3–4).

2.1.2.2 Tempel

Ovid nennt auch einige Tempel, die er als Treffpunkte all denjenigen empfiehlt, die ein Liebesabenteuer suchen. Namentlich der Tempel der Venus Genetrix auf dem Forum Iulium, der Tempel der Bona Dea am Aventin und das Heiligtum der Isis und des Serapis auf dem Marsfeld werden aufgeführt. Juvenal behauptete sogar, daß die Tempel der Isis, der Pax, der Ceres sowie der Magna Mater ein wahrer Sündenpfuhl seien, in welchen sich die Frauen öffentlich preisgäben:

Juv. 9, 22-25
„Denn neulich hast du, wie ich weiß, den Tempel der Isis und das Ganymedbild im Tempel der Pax und die geheimen Paläste der fremdländischen Mutter und den der Ceres (denn in welchem Tempel prostituiert sich nicht irgendeine Frau?) entweiht, nicht ärger treibts der Hurer Aufidius."

Den Anspielungen Ovids und Juvenals ist gemeinsam, daß sie überwiegend Gottheiten hervorheben, welche ausschließlich oder mehrheitlich von Frauen verehrt wurden, wie zum Beispiel Bona Dea, Ceres oder Isis.

Es braucht nicht bezweifelt zu werden, daß an solchen Plätzen, an welchen viele Frauen anzutreffen waren, sich auch die Dirnen gerne unters Volk mischten, um Kontakte zu Kunden aufzunehmen. Drastisch überspitzt und nicht als sozialtopographisches Zeugnis verwertbar ist jedoch Juvenals zynische Behauptung, in sämtlichen Tempeln werde Prostitution ausgeübt. Skepsis ist hier aus mehreren Gründen angebracht. Erstens witterte der gesellschaftskritische Satiriker bei allen Ansammlungen von Frauen Ehebruch und Unzucht, wofür seiner Meinung nach die Neigung der Frauen zu religiösem Fanatismus lediglich eine Art Vehikel darstellte. Mit diesem Mißtrauen befand sich Juvenal in bester Gesellschaft, denn weiblicher religiöser Fanatismus war ein beliebter Topos der römischen Literatur. Zweitens galt sein Angriff nicht den ,echten' Prostituierten, sondern den Damen der Oberschichten, deren Lebenswandel er auf dem Hintergrund einer „konservativen Nestideologie" anprangert. Schockierend sollte in diesem Zusammenhang der Vorwurf der Prostitution ausgerechnet in Verbindung mit dem Tempel der keuschen Ceres wirken, an deren Mysterien nur Frauen der Oberschichten teilnehmen durften. Daß Aristokratinnen Juvenals eigentliche Zielscheibe waren, wird bei der Schilderung der Orgie am Festtag der Bona Dea noch einmal hervorgehoben, auf welcher angemietete Prostituierte hinter der skandalösen Ausschweifung der Aristokratinnen kläglich zurückbleiben.

Mehr als die anderen Tempel stand das große Iseum auf dem Marsfeld im zweifelhaften Ruf, Treffpunkt von Prostituierten und Schauplatz erotischer Abenteuer zu sein. Die hellenistisch-ägyptische Himmelskönigin Isis hatte nicht nur eine große Anzahl weiblicher Anhänger, was Anlaß genug zum Mißtrauen von offizieller Seite war, sondern fast noch schlimmer für die Ausbreitung von Gerüchten aller Art war die Fremdartigkeit dieser Mysterienreligion, die noch nicht einmal die den Römern so heilige hierarchische Ordnung der Gesellschaft anerkannte und Sklaven, Frauen und Fremde gleichermaßen aufnahm. Die feindselige Haltung des römischen Staates äußerte sich in vielfältigen Repressalien, denen Kult und Anhänger von der späten Republik bis hin zu Tiberius ausgesetzt waren. Dem Ruf des Isiskultes wenig zuträglich war ferner die angeblich 19 n. Chr. erfolgte Verführung der Isisanhängerin und vornehmen Matrone Paulina. Ein gewisser Decius Mundus, der in sie verliebt war, hatte die Priester bestochen, sie möchten der Paulina ausrichten, der Gott Anubis verlange nach ihr, woraufhin sich Paulina eine Nacht mit dem vermeintlichen Gott im

Tempel einschließen ließ. Das Ganze flog auf und hatte ein schreckliches Nachspiel für Kult und Priesterschaft[2].

Schon die antiken christlichen Schriftsteller hatten solche Gerüchte zum Anlaß genommen, Geschichten über die Prostitution der Göttin in Tyros zu verbreiten, welche im alten Mythos keine Wurzel haben. Aber auch eine Vielzahl von Veröffentlichungen des letzten Jahrhunderts hat die Äußerungen der Dichter immer wieder aus dem Zusammenhang gerissen oder die überlieferten Texte gar nicht mehr geprüft, und so den Isiskult zu einem Kult der Unmoral und sexuellen Promiskuität stilisiert, ja sogar sakrale Prostitution in den Tempelmauern postuliert: „Diese Göttin beherrschte in Rom und dem ganzen römischen Reiche die *heilige Prostitution* [Hervorheb. der Verf.] mehr als selbst Venus. Sie hatte zur Zeit der größten Sittenverwilderung überall ihre Tempel und Kapellen"[3]. Diese Meinung hielt sich bis heute, wie ein Zitat aus einer 1990 erschienenen Arbeit zeigt: „Da Isis infolge des Synkretismus auch Züge orientalischer Göttinnen annahm, bei denen die Tempelprostitution üblich war, konnten Kurtisanen und Halbweltdamen sie als ihre Patronin anrufen".[4] Doch der Isiskult war weder ein Kult der Demi-Monde, noch trug er Charakteristika sexueller Freizügigkeit. Professionelle oder sakrale Prostitution stand mit der Kultpraxis im Isisheiligtum ebensowenig in Verbindung wie mit den anderen Tempeln orientalischer Gottheiten. Seine Anziehung beruhte auf seiner großen Beliebtheit bei den Frauen aller Stände, und er war deswegen tatsächlich ein geeigneter Ort, um Kontakte, auch erotische, zu knüpfen.

Seltsamerweise gibt es kein Zeugnis, das den Tempel der Venus Erucina als Ort für die Anwerbung von Kunden ausweist, obgleich dieser als Sitz der „Dirnengöttin" dafür doch prädestiniert gewesen wäre und nach Strabos Aussagen doch immerhin ein attraktives Bauwerk darstellte. Dieser Tempel an der Porta Collina erschien einem größeren Publikum, jedenfalls in der Kaiserzeit, wenig attraktiv und hat vielleicht nur zum Zeitpunkt des Hurenfesttages Zulauf gefunden. Das könnte auch an seinem relativ ungünstigen Standort an der Peripherie der Stadt liegen, während bei anderen Tempeln schon durch ihre zentrale Lage mehr Betrieb herrschte.

---

2 Jos. Ant. Iud. 18, 65-80, zu dieser Episode s. den Kommentar bei HEYOB, Cult of Isis among Women (1975), 113-9.

3 DUFOUR, Prostitution (1925[7]), 99.

4 M. GIEBEL, Das Geheimnis der Mysterien (München/Zürich 1990), 169.

2.1.2.3 Fora

Hervorragende Kontaktmöglichkeiten zwischen Mädchen und Kunden boten auch die *Fora*, da sich auf ihnen ein Großteil des öffentlichen Lebens abspielte:

> *Ov. Ars 1, 78-84*
> „Passend sind für die Liebe stets auch die Fora (wer könnte es glauben?). An diesem wortreichen Ort wurde oft mancher entflammt. Da wo die appische Nymphe beim Marmortempel der Venus das Wasser hervorströmen läßt und so die Luft damit peitscht, dort wird der Rechtsgelehrte von Leidenschaft ergriffen. Andern erwirkte er Schutz, doch sich selber schützt er nicht."

Der Dichter exemplifiziert die Bedeutung der Fora anhand des Caesarforums mit dem Tempel der Venus Genetrix als Stammutter der Julier. Caesar hatte es 46 v. Chr. anläßlich seines vierfachen Triumphes über Ägypten, Gallien, Pontos und Afrika erbauen lassen. Es diente wie schon das alte Forum als Einkaufszentrum und Mittelpunkt des Gerichtswesens. Auf letzteres hebt Ovid ab, wenn er ausgerechnet einen Rechtsanwalt in den Fängen eines leichten Mädchens darstellt.

Lange vor dem Beginn der Kaiserzeit gingen auf dem einst einzigen Zentrum des politischen, religiösen und wirtschaftlichen Lebens, dem Forum Romanum, Prostituierte und Zuhälter ihrem Gewerbe nach. Plautus beschreibt in lebhaften Bildern das Forum als populären Marktplatz des frühen zweiten Jahrhunderts v. Chr. im ‚Truculentus' und besonders im ‚Curculio', auf welchem die Huren nicht fehlen dürfen:

> *Plaut. Truc. 66*
> „Und trifft man sie auch nirgends sonst, so sieht man das Hurenvolk doch bei den Wechslerbuden Tag für Tag herumlungern."

Die alten Wechselstuben, zu Plautus Zeit wohl einfache Holzbauten, die geschützt von überdachten Wandelgängen um den Forumsplatz lagen, dürften damals an der Südseite des Forums gelegen haben, wo diese Buden bis zum Bau der Basilica Iulia unverändert blieben. Es war sicher kein schlechter Platz als Standquartier der Dirnen, geschützt vor Wind und Wetter. Er lag interessanterweise unmittelbar beim berüchtigten Tuskerviertel um die Ecke. Auch an der Nordseite des Forums, an welcher Basiliken seit dem frühen zweiten Jahrhundert Wechslern, Kaufleuten und Anwälten Raum boten, konnte man Dirnen antreffen, wie wiederum Plautus' Katalog der Taugenichtse in der Urbs anführt:

Curc. 471
„Wer einen Lügner und Aufschneider sucht, der gehe zu Cloacinas Heiligtum. Verschwenderische reiche Ehemänner sind am Börsenplatz zu finden; dort trifft man auch die feilen Huren und diejenigen, die sich Geld auszubedingen pflegen."

Plautus beschreibt hier das alte Forum schrittweise in west-östlicher Richtung. Die Basilika, vor der laut Plautus Prostituierte herumlungerten, ist nicht namentlich bekannt, sie muß östlich des Heiligtums der Cloacina gestanden haben. Sicherlich ist nicht die direkt hinter dem Heiligtum der Cloacina erbaute Basilika Aemilia gemeint, da diese zur Zeit des Plautus noch gar nicht erbaut war. Vermutlich war sie ein Vorläufer der großen Basiliken, die mit der Intensivierung des geschäftlichen und öffentlichen Lebens in Rom nach den punischen Kriegen entstanden.

LUGLI hat außerdem behauptet, in republikanischer Zeit habe es direkt am Forum zwischen dem Haus der Vestalinnen und dem späteren Titusbogen neben Privathäusern mit *tabernae* ein großes Bordell mit 36 Kammern gegeben, dessen Grundriß man unter den kaiserlichen Bauten habe nachzeichnen können[5]. Weitere Nachweise für seine These gibt er nicht an, noch finden sich irgendwelche Anhaltspunkte dazu in den Quellen oder in der Forschung. Das von LUGLI beschriebene Gebiet an der Sacra Via zwischen Vestalinnenhaus und Velia war tatsächlich in republikanischer Zeit ein Wohnviertel mit Läden, die auf die Straße hinausgingen, ganz ähnlich wie in Pompeji, von Bordellen aber fehlt jede Spur. Daher ist diese These gegenstandslos.

Im Stadtinneren standen auch einige Straßen im Ruf, als „Strich" zu fungieren, und wir können gleich beim Forum bleiben, denn bezeichnenderweise waren dies gleichzeitig die Hauptverkehrsadern im Herzen der Stadt: der Vicus Tuscus und die Via Sacra. Wenngleich es außer für diese beiden Straßen keine Quellen hierzu gibt, ist doch anzunehmen, daß viele andere belebte Straßen denselben Zwecken dienten. Der Vicus Tuscus führte südwestlich vom Forum zwischen Castortempel und Basilica Iulia vorbei und war die Hauptroute zur Porta Flumentana und zum Circus Maximus. Schon in plautinischer Zeit scheint er ein Quartier für Zuhälter und Prostituierte gewesen zu sein, beliebt deshalb, weil dort lebhaftes kaufmännisches Treiben herrschte. Ihn säumten ganz unterschiedliche Geschäfte, vor allem aber Textilwarenläden. Im ‚Curculio' bezeichnete Plautus die Tuskische Gasse als Ort, an welchem Leute ihren Körper

---

5 G. LUGLI, Itinerario di Roma Antica (Rom 1975), 275.

feilbieten. Mit der dort verwendeten geschlechtsneutralen Formulierung wird zugleich auch auf Prostitution von Männern angespielt. Die Attraktivität der Gasse für dubiose Geschäfte scheint auch in augusteischer Zeit ungebrochen. Horaz spricht in einer seiner Satiren vom „Gesindel in der Tuskischen Gasse", was man mit der Erklärung kommentierte, daß es sich um Zuhälter handle, die sich dort aufhielten. Der Name der Gasse läßt auf ein Wohnviertel von Leuten etruskischer Herkunft schließen, da *Tuscus* bekanntlich die lateinische Bezeichnung für „etruskisch" ist. Nicht nachprüfbar sind die verschiedenen Erklärungen der antiken Autoren, die sagenumwobene Ereignisse aus der Frühzeit Roms dafür heranziehen. Nicht viel fundierter moderne Erklärungen[6]. Insbesondere aber muß die These BLOCHs zurückgewiesen werden, der *Vicus Tuscus* dem Sinn nach sogar mit „Bordellgasse" übersetzen wollte[7]. Seine Interpretation beruht auf einem Potpourri verunglimpfender Behauptungen griechischer und römischer Autoren über die losen Sitten der Etrusker. Man sagte ihnen wüste Gelage mit Hetären nach, und es kursierten Gerüchte, ihre Töchter verdienten sich ihre Mitgift *Tusco more*, was soviel heißen sollte wie „durch Prostitution". Diese Texte zeugen aber eher von den vielen Mißverständnissen über eine fremde Kultur als daß sie ein authentisches Bild der etruskischen Lebensgewohnheiten abgeben könnten. Der Vicus Tuscus war weder ein Bordellviertel noch eine Bordellgasse, wenngleich er in seiner Eigenschaft als Hauptverkehrsader auch für die leichten Mädchen attraktiv gewesen ist.

Auch an der zweiten, mitten über das Forum vom späteren Titusbogen zum Saturntempel hin verlaufenden Hauptstraße, der Sacra Via, warteten Prostituierte auf ein gutes Geschäft. Daß die Sacra Via stets sehr belebt war, braucht wohl kaum eigens betont zu werden. Zumindest in den letzten beiden Jahrhunderten der Republik ist besonders die Summa Sacra Via, also der Teil zwischen Aedes Iovis Statoris (beim späteren Titusbogen!) und Velia ein Wohn- und Geschäftsviertel mit vielen Läden, die Luxuswaren und Delikatessen anboten. Genau in diesem Bezirk liefen bessere Prostituierte herum, deren Preise deutlich über dem Durchschnitt lagen.

---

6 H. JORDAN/ CHR. HÜLSEN, Topographie der Stadt Rom im Alterthum, 3 Bde (Berlin 1871–1901), I 2, 273-4, mutmaßte, daß die Bauleute des kapitolinischen Jupitertempels dort gelebt und der Gasse ihren Namen gegeben hätten. F. COARELLI, Rom. Ein archäologischer Führer, dt. Üb. A. ALLROGGEN-BREDEL (Freiburg 1975), 82, ist der Meinung, daß im angrenzenden Viertel die Etrusker gelebt hätten, die mit Tarquinius Priscus nach Rom gekommen seien, beruht also auf Tac. Ann. 4, 65.

7 BLOCH, Prostitution (1912), I 318.

Properz spricht dagegen von einer Dirne, die mit staubigen Schuhen unermüdlich die Via Sacra herauf- und herunterläuft (2, 23, 15).

2.1.2.4 Bäder

Die über die ganze Stadt verstreuten großen und kleinen Bäder waren alle potentielle Lokalitäten für Kontaktaufnahme und auch für sexuelle Dienstleistungen vor Ort. Rom hatte, in Relation zu wesentlich kleineren Orten wie Pompeji oder Ostia betrachtet, sehr viele Bäder. Von circa 170 zur Zeit des Augustus stieg ihre Zahl auf 856 im ‚Breviarium' aus der Zeit des Kaisers Konstantin an, allerdings ist ihre Lage oft unbekannt. Mit ihrer Anzahl wuchsen auch Ausmaß und Ausstattung während der Kaiserzeit beständig. Sie mündeten schließlich in den monumentalen Thermenbauten eines Trajan, Caracalla oder Diokletian.

In Ovids Aufzählung der Treffpunkte spielen die Thermen allerdings eine völlig untergeordnete Rolle. Wahrscheinlich wird hier eine lokale Distanzierung zwischen Kurtisanen und einfachen Straßendirnen deutlich, was dadurch bestätigt wird, daß Ovid auch den Garküchen und Kneipen keine Beachtung schenkt.

Thermen waren natürlich nicht nur in Rom für die Besorgung sexueller Dienstleistungen beliebt. In den Rechtsquellen ist die reichsweite Prostitution von Sklavinnen in Thermen und Badeanstalten gut dokumentiert. Aber auch archäologische Erkenntnisse könnten die These einer Integration von bordellähnlichen Einrichtungen innerhalb von Thermen stützen: In Ephesos hat man zum Beispiel das Untergeschoß der Scholastikiathermen als vornehmes Bordell interpretiert, welches aus der Zeit des 2.–3. Jahrhunderts n. Chr. stamme und auch in christlicher Zeit weiterhin in Betrieb gewesen sei. Ähnliche Vermutungen wurden auch für einige Thermen im kampanischen Raum angestellt. In den Terme del Sarno (reg. viii 2, 17–21) in Pompeji beispielsweise ist der Baukomplex zweigeteilt, in den eigentlichen Badebereich und in einen weiteren, bestehend aus neun Kammern, deren Funktion teils als Bereich für Massage und Einölung etc., teils als Bereich für Prostitution gedeutet wird. In den Terme Suburbane in Herculaneum entdeckte man im Raum rechts vom Eingang Graffiti, die offenbar dort erlebte Sinnesfreuden zum Ausdruck bringen. Kürzlich wurden auch in den Terme Suburbane in Pompeji unverblümte erotische Wandbilder entdeckt. Die maßgebliche Veröffentlichung von JACOBELLI will aber keinen Zusammenhang mit dort institutionalisierter Prostitution sehen[8].

---

8 JACOBELLI, Le pitture erotiche dell Terme Suburbane di Pompei (1995), 97.

2.1.2.5 Theater und Circus

Von Lucilius bis zu den Kirchenvätern galt der Circus, meist ist der Circus Maximus gemeint, geradezu als der „Strich" par excellence. Der zwischen Aventin und Palatin im vallis Murcia liegende Bau stammte angeblich aus der Zeit der Könige, war über die Jahrhunderte immer wieder verändert worden und beherbergte in seinen Gewölben auch armselige Dirnen, welche die Besucher von Veranstaltungen gleich an Ort und Stelle abpaßten. Möglichkeiten dafür boten die zahlreichen Tabernen an der Außenseite sowie die Wandelgänge hinter den Sitzreihen. Außerdem saßen Männer und Frauen dort nicht getrennt, was das Flirten erheblich erleichterte:

Ov. Am. 3, 2, 19-26
„Was rückst du vergeblich ab? Uns zwängt ja doch die Reihe zusammen. So ist des Circus Gesetz. Du aber, der du dort rechts sitzt, nimm Rücksicht da neben dem Mädchen, drängst mit der Hüfte und fällst ihr damit zur Last. Auch du, der da hinter uns schaut, zieh an deine Beine, etwas Abstand bitte und drücke uns nicht hart in den Rücken dein Knie. Aber allzutief hängt dein Mantel auf den Boden: Heb ihn oder vielmehr – siehst du! – ich bin schon dabei."

Wenn man sich ein Mädchen ausgesucht hatte, versuchte man sogleich Konkurrenten in die Flucht zu schlagen und sich als hilfreich und charmant zu erweisen. Auf jeden Fall gingen Frauen jeglichen Standes scharenweise zu den Spielen, um gesehen zu werden, und es ist kaum vorzustellen, daß die Dirnen sich das entgehen ließen:

Ov. Ars 1, 93-100
„So wie im langen Zug die Ameisen hin und her wimmeln, wenn sie Körner im Mund tragen, ihr übliches Mahl, oder die Biene, wenn sie ihre Wälder und duftenden Weiden fand, durch die Blumen und hoch über den Thymian fliegt, in ebensolcher Zahl eilen zum volkreichen Spiel die gepflegtesten Frauen. Oft hat die riesige Schar mir die Entscheidung erschwert. Sie kommen zum Spiel, kommen, um selbst gesehen zu werden; sittsamer Anstand gerät an diesem Ort in Gefahr."

Ähnlich populär und frequentiert waren auch die Theater. Im ersten Buch der Liebeskunst fordert Ovid die Männer auf, dort zu „jagen". Im dritten an die Schönen Roms gerichteten Buch werden die Theater des Marcellus, Balbus und Pompeius als Orte für Rendezvous gepriesen, welche, nahe beieinander gelegen, ein richtiges Theaterviertel bildeten.

2.1.2.6 Subura

Ein berüchtigtes Viertel Roms, welches im traurigen Ruf eines Armenhauses stand, war die Subura. So wurde die Gegend bezeichnet, welche das Forum mit dem Osten der Stadt verband und in der Niederung zwischen Quirinal, Viminal, Cispius und Esquilin lag. Typisch für diese Behausungen der Unterschichten war, daß sie sich in den ungesünderen Niederungen der Stadt ausdehnten, wohingegen auf den Hügelkuppen wie zum Beispiel auf dem Esquilin und dem Caelius überwiegend die Reichen wohnten. In der überfüllten Subura herrschte viel geschäftige Betriebsamkeit und das Leben pulsierte kräftig, kein Wunder also, daß es dort zugleich laut und schmutzig war. Man hört jedoch erst seit dem 1. Jh. der Kaiserzeit – wenn man von einem dubiosen Zeugnis für das Jahr 461 v. Chr. (!) einmal absieht – häufiger von Prostituierten, die dort arbeiteten und wahrscheinlich auch lebten.

Gleich am Eingang zur Subura boten Prostituierte ihre Dienste an. Manchesmal geschah das unter dem Deckmäntelchen anderer Gewerbe. So könnte man jedenfalls Martial verstehen, welcher der Barbierin Tätigkeiten sexueller Natur unterstellt:

Mart. 2, 17

„In der Subura vorn, wo des Folterknechts blutige Geiseln hängen und viele Schustersleut sitzen, am Argiletum, dort gibt's eine Barbierin. Doch die Barbierin, Ammianus, schert niemals. ,Sie schert nicht?' ,Nein', sag ich. ,Was tut sie dann?' ,Reiben'."

Sonst saßen die Dirnen inmitten des Viertels vor den Absteigen und Bordellen. So umschreibt Martial ihren Charakter als Mädchen von nicht allzu gutem Ruf, wie sie inmitten der Subura sitzen. Ebenfalls in der Subura angesiedelt ist eine andere Szene bei Martial, in welcher die Besitzerin Leda ihr Bordell schließt, als sie vom Fenster aus einen stadtbekannten „Wüstling" kommen sieht (11, 61, 3).

Dort waren auch altgediente, erfahrene Huren zu finden, die als Lehrmeisterinnen selbst einen eingefleischten Päderasten zum Beischlaf mit seiner Braut bekehren sollten. Daß diese Szenen sämtlich bissige Angriffe auf das sexuelle Verhalten einzelner Leute sind, beeinträchtigt nicht die Glaubwürdigkeit für die Ortsangaben. Einzelne Huren aus der Subura waren wohlbekannt, wie zum Beispiel eine gewisse Telethusa. Sie wird als Prostituierte vorgestellt, die genügend verdient hat, um sich freizukaufen (Priap. 40). Ihre Historizität ist dabei weniger von Belang als die Tatsache, daß sie als der Subura zugehörig beschrieben wird.

„Telethusa, bekannt unter den Mädchen der Subura,
die, wie ich glaube, durch ihr Gewerbe frei geworden ist,
bekränzt Dir das Glied, Heiliger, mit einem vergoldeten Kranz:
Dieses sehen die lüsternen Dirnen als die höchste Gottheit an."

Eine gleichnamige Dirne kommt auch in weiteren Dichtungen vor, wo sie jeweils als erotische Tänzerin geschildert wird.

Trotz dieser zahlreichen Anspielungen wäre es falsch, die Subura als typisches Rotlichtviertel nach heutigem Verständnis aufzufassen. Sie war vielmehr ein Viertel, in dem sich Wohnen, Kleingewerbe und Prostitution mischten und das zugleich von Elend und Überbevölkerung geprägt war, so daß sich an ihm die weitgehende Kongruenz von Unterschichtswohn- und -arbeitsplätzen mit den Arbeitsorten der einfachen Prostituierten besonders deutlich zeigt.

Primitive Unterkünfte waren oft als Herberge oder billiges Hotel mit angeschlossenem Prostitutionsbetrieb organisiert, in welchen aber auch Dauergäste oder Durchreisende wohnen und Verpflegung erhalten konnten. Deshalb bedurften die römischen Schriftsteller keiner terminologischen Trennung zwischen den Begriffen Gasthaus, Herberge und Armenquartier. Encolpius nannte zum Beispiel im ‚Satyrikon‘ sein Übernachtungsquartier einmal *deversorium*, einmal *taberna*. Bei Cicero ist eine *taberna* dagegen eine Kneipe, die von einem *caupo* geleitet wird. Ebenso mehrdeutig sind die Begriffe *meritorium* und selbst *caupona*, welche normalerweise mit Wirtshaus übersetzt werden. Valerius Maximus bezeichnet mit *meritorium* einen Gasthof. Bei Juvenal und in der Invektive Tertullians, die den Himmel der Valentinianer als typisch römische Mietskaserne vorführt, ist mit *meritorium* dagegen wieder die Armenunterkunft gemeint.

Die Berührungspunkte zwischen Prostituierten und anderen Angehörigen der unteren Klassen waren also in der Subura sehr eng. Diese Integration der Huren in das alltägliche Treiben war aber mit Sicherheit nicht nur ein Charakteristikum der Subura, auch wenn uns Quellen für vergleichbare Orte fehlen.

2.1.3 Prostitution an der Peripherie der Stadt

Ein Teil der Prostitution spielte sich außerdem, den wenigen Quellen nach zu urteilen, in den Randbezirken oder vor den Toren der Stadt ab.

Das konstantinische ‚Breviarium‘ gibt an, daß es eine Anzahl von Bordellen („*lupanaria*") auf dem Caelius gab, welcher die zweite Region der augusteischen Stadtbezirke bildete. Einzelheiten über diese Bordelle sind leider nicht bekannt. Der Auszug aus den Eintragungen sieht folgendermaßen aus:

reg. II	Die zweite Region
Caeleomontium	auf dem Caelius
Claudium (sc. Templum)	Tempel des Claudius
Macellum magnum	großer Markt
Latrinae	Öffentliche Toiletten
Lupanarios	Bordelle
Cohortes praetoriae	Prätorische Kohorten
Cohortes urbanae	städtische Kohorten
Cohortes vigilum	die Feuerwehr
Castra equitorum singulariorum	Unterkunft der berittenen kaiserlichen Wachtruppe
Castra peregrinorum	Abordnungen der Provinzheere
Castra Ravennatium	Abordnungen der Flotte

Der Reihenfolge der Aufzählung nach zu urteilen, lagen die *lupanaria* in der Nachbarschaft der zahlreichen dort befindlichen Kasernen. In diesem am Rand der Stadt gelegenen Bezirk hatte sich im Laufe der Kaiserzeit neben öffentlichen Bauten und Villen ein regelrechtes Militärviertel entwickelt, wie die nebenstehende Skizze zeigt.

Seit wann *lupanaria* dort zu finden waren, ist nicht bekannt, doch ist eine parallele Entwicklung mit dem Anwachsen der Lager plausibel. Außer der fünften Kohorte der Stadtwache waren hier die *Equites Singulares* stationiert, eine von Trajan ins Leben gerufene kaiserliche Wachtruppe, welche unter Konstantin wieder aufgelöst wurde. In den *castra Peregrina* waren Abordnungen der Provinzheere untergebracht, wenn sie Sonderaufträge in Rom zu erledigen hatten. Die Nähe zu dermaßen vielen Kasernen muß für die Betreiber von Bordellen sehr einträglich gewesen sein. Gerade die Militärs der auswärtigen Truppenkörper werden die Möglichkeit, zu Freudenmädchen zu gehen, als willkommene Abwechslung gern in Anspruch genommen haben, ohne weite Wege zurücklegen zu müssen. Attraktiv für Prostituierte war in dieser Gegend außer den militärischen Kasernen auch die Nähe des *Ludus Magnus*, der großen, von Domitian errichteten Gladiatorenkaserne, die gleichfalls zahlreiche Kunden versprochen haben dürfte.

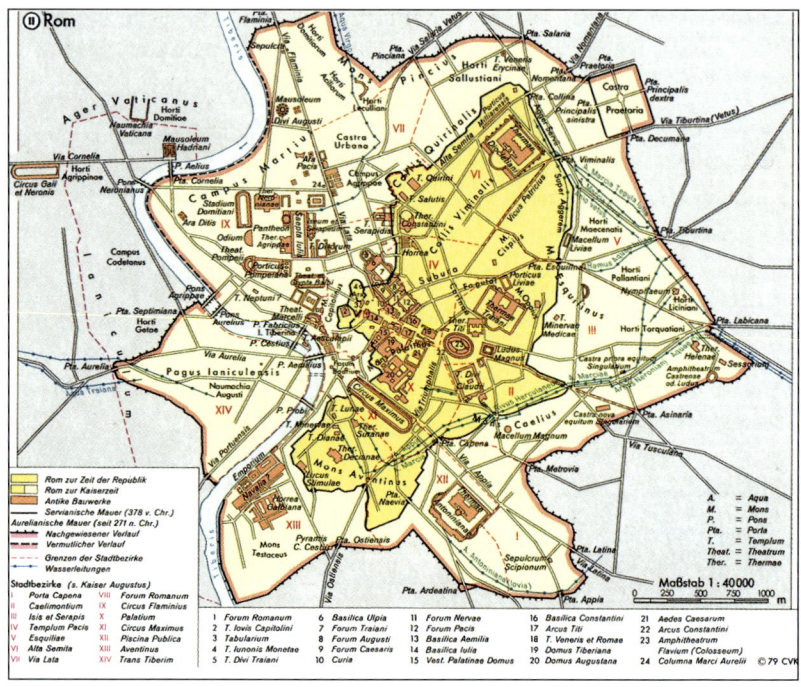

Abb. 10   Stadtplan von Rom

Eine auffallende Nähe zwischen Militärlager und Bordell wollte man auch für die Gegend bei den *castra Praetoria*, die nordöstlich außerhalb der Stadt lagen, postulieren. Tiberius hatte sie links des Tiberufers errichten lassen. Anlaß zu einer solchen Annahme gab eine Verknüpfung zwischen dem archäologischen Befund von Behausungen, die an der Außenwand des ausgedienten Agger Servi Tullii, gegenüber den *castra Praetoria* lagen, und mehreren Anspielungen Martials über Bordelle bzw. ihre Insassinnen, welche *summoenium* bzw. *summoenianae* heißen sollten[9]. Diese Bezeichnung ließ sich als Zusammensetzung von *sub* und *moeniis*, also „unterhalb der Mauern" erklären und paßte bestens zu den freigelegten Unterkünften an der Wallmauer. Doch kommt der Begriff *Summoenianae* oder *Summoenium* in keiner einzigen Handschrift vor, sondern ist eine späte Konjektur. In den Manuskripten steht *Summemmium* oder *Summemmianae*, ein Begriff, der zwar inhaltlich wie grammatikalisch ungeklärt, aber wohl kaum mit der Bezeichnung *sub moeniis* in Einklang zu bringen ist. Das *Summemmium* könnte eher die satirische Bezeichnung eines unbekannten und nicht lokalisierbaren Bordells oder Bordellviertels sein, rechtfertigt aber nicht das Festhalten an der alten Hypothese, es handele sich hier um Dirnenquartiere an den Wallmauern.

Nicht nur in diesen Randbezirken, sondern auch außerhalb der Tore Roms, vor allem bei den Grabmälern, konnte man auf Prostituierte treffen. Vermutlich fanden alle Aktivitäten, d. h. Kontaktaufnahme und sexuelle Dienstleistung, irgendwo an der Straße statt. Der um 400 n. Chr. verfaßte Text der Vita des Elagabal stellt klar und deutlich die außerhalb der Mauern befindlichen Prostituierten den innerhalb der Mauern befindlichen gegenüber, wenngleich der ganze Kontext über Getreideverteilungen an die betreffenden Personen völlig unglaubwürdig ist:

HA Heliog. 27,7

„Er hatte auch angeordnet, daß eine Getreideration in der Menge, wie sie dem römischen Volk für ein ganzes Jahr zustand, an die Dirnen, Bordellwirte und Lustknaben ausgeteilt wurde, und denen außerhalb Roms dieselbe Spende versprochen, weil damals dank der Fürsorge des Severus und des Bassianus in Rom ein Getreidevorrat für sieben Jahre aufgespeichert war."

Elagabals Verschwendung von Geldern an nichtswürdige Huren und Kuppler ist ein Exempel der traditionsreichen Tyrannentopik, die auf den *pessimus princeps* („schlechtester aller Kaiser") besonders gut paßte. Die

---

9 Mart. 1, 34, 6 nennt ein *fornix Summemmi*; vgl. auch 3, 82, 2; 11, 61, 2; 12, 32, 22.

Bezeichnung *extra muros* („außerhalb der Mauern") kann nur auf die Aurelianische Mauer anspielen – die freilich zu Elagabals Lebzeiten noch nicht existierte und daher den Text als authentische Nachricht aus Elagabals Zeit erst recht fragwürdig macht –, denn von der Servianischen Mauer war in dieser Zeit längst kaum mehr etwas zu sehen. Wahrscheinlich handelt es sich wie bei den Grabmalsdirnen um billige Dirnen, die sich außerhalb der Mauern, d. h. an den Ausfallstraßen der Stadt verkauften.

2.1.4. Sozialtopographische Einordnung der Prostitution

Zur Topographie der Prostitution in Rom sind folgende Punkte festzuhalten: Sie spielte sich erstens außerhalb der Tore, d. h. an den großen Ausfallstraßen ab, an welchen zahlreiche Reisende vorbeikamen, zweitens in denjenigen Randbezirken, in welchen Truppen stationiert waren, und schließlich trat sie massiv an den Brennpunkten religiösen, sozialen und kulturellen Lebens im Inneren der Stadt auf. Passender „Jagdgrund" für Prostituiertenkunden und Schürzenjäger waren, nicht nur in Rom sondern auch in Pompeji, Tempel, Fora, Bäder und Theater. Während die zuletzt genannten Orte der Kontaktaufnahme mit Prostituierten aller Schattierungen dienten, fanden billige sexuelle Dienstleistungen häufig in Kneipen, Garküchen, Herbergen und Absteigen statt, die überall in der Stadt zu finden waren.

Die Verteilung der Lokalitäten für Prostitution war von ökonomischen und nicht von moralischen Gesichtspunkten bestimmt. Nicht bestätigt hat sich die öfter geäußerte Behauptung, Prostitution habe hauptsächlich in abgelegenen Gegenden stattgefunden. Entschieden abzulehnen sind aufgrund der oben vorgetragenen Argumentation auch die Ausführungen von LAURENCE, Prostitution sei „isolated from other activities" gewesen, „hidden from women and children" und hätte überhaupt „no contact with people" gehabt[10]. Vom sozialtopographischen Standpunkt aus gesehen, kann man in den Dirnen der *urbs* keine abgedrängte Randgruppe sehen. Entgegen früheren Ansätzen ist besonders hervorzuheben, daß Prostituierte damals nicht „kaserniert" waren. Rotlichtviertel, Sperrbezirke oder Eroscenter in heutigem Sinne lassen sich weder in Pompeji noch in Rom ausmachen. Versuche der Reglementierung auf bestimmte Bezirke beginnen in Konstantinopel und Rom erst mit dem Erstarken des Christentums.

---

10 R. LAURENCE, Roman Pompeii, Space and Society (London/New York 1994),
    hier 73; 75f.

Eine hohe Konzentration an Prostituierten läßt sich in den Quartieren nachweisen, in welchen Leute aus ärmeren Schichten wohnten. Diese Tatsache erklärt vielleicht auch das rätselhafte Fehlen von Lupanaren in Ostia, weil sie einfach in die mehrstöckigen, teilweise slumähnlichen Mietskasernen und Wohnblöcke integriert waren.

Die Verbreitung der Orte für Prostitution über die ganze Stadt dürfte ferner damit zusammenhängen, daß es selbst im kaiserzeitlichen Rom keine strikte Trennung in bessere oder minderwertige Wohnviertel gab. Einzig der Palatin, das Forum Romanum und die Kaiserforen waren überwiegend monumentalen öffentlichen Bauten vorbehalten. Aber auch ihre Großartigkeit konnte nicht verhehlen, daß Rom ohne eine wirkliche Stadtplanung herangewachsen war. KRAUTHEIMER faßte dies folgendermaßen zusammen: „Aber im Großen und Ganzen waren Mietshäuser, Villen und öffentliche Prachtbauten unentwirrbar durcheinander gemengt. Der Boden war teuer, die Mieten horrend, und wie es heute noch in älteren Teilen Roms der Fall ist, wohnten öffentlicher Glanz, privater Reichtum und schäbige Armut nah beieinander"[11].

Das Fehlen einer Aufteilung in strikt getrennte Viertel für Reiche und Arme sowie in Wohngebiete und gewerblich genutzte Gegenden – eine in den heutigen westlichen Gesellschaften geläufige Trennung – wurde von neueren archäologischen Untersuchungen besonders am Beispiel Pompeji immer wieder hervorgehoben. WALLACE-HADRILL faßte diesen Befund folgendermaßen zusammen: „La Torre in particular shows that though there are contrasts to be drawn from region to region, the overwhelming pattern is of a mixed distribution of the various types of commercial and artisanal activity, whether of bakers, fullers, taverns or inns or even (if credibility stretches so far) brothels in among the residential areas of the city"[12]. Sein vorsichtiger Einwand in Bezug auf die Bordelle scheint den vorliegenden Ergebnissen zufolge nicht mehr notwendig.

2.2 Die Kundschaft

Über die Kundschaft der römischen Prostituierten bieten die Quellen nur wenige und undifferenzierte Angaben. Hinsichtlich des personenrechtli-

---

11 R. KRAUTHEIMER, Rom, Schicksal einer Stadt (München 1987), 27.
12 A. WALLACE HADRILL, The Social Spread of Roman Luxury: Sampling Pompeii and Herculaneum, PBSR 58 (1990), 145–190, hier: 164.

chen Status oder der sonstigen sexuellen Beziehungen dieser Kunden ist demzufolge wenig Gesichertes zu ermitteln. Der Grund dafür ist nicht, daß der Gang ins Bordell schamhaft verschwiegen oder gar tabuisiert worden wäre, sondern im Gegenteil, daß er als ausgesprochen alltägliches Ereignis wenig literarisches Echo fand, wenn es sich nicht gerade um Klatsch über eine hochgestellte Persönlichkeit handelte[13]. Die Kaiserbiographie weiß davon zu berichten, daß einige Kaiser den Umgang mit Prostituierten sehr geschätzt haben, soll ausgerechnet der sparsame Vespasian 400 000 HS für eine Nacht mit einer Dirne gezahlt haben, Domitian gemeinsam mit Huren gebadet, Commodus abends durch Tabernen und Bordelle gestrichen sein, Elagabal eine Art Bordell in der Residenz unterhalten haben und sogar mit den Dirnen der Stadt über Liebesstellungen diskutiert haben. Immerhin hatten die hochgestellten Herren sich beim Bordellbesuch das Haupt mit einer Kapuze verhüllt. Welchem Zweck diese unnachprüfbaren und oft verunglimpfenden Histörchen verfolgten, werden wir unten noch sehen.

Das Hauptmasse der Besucher der schmuddeligen Stadtbordelle stammte aus den unteren Schichten, doch gesellten sich auch junge Männer aus besseren Kreisen dazu. Soweit die spärlichen Quellen das beurteilen lassen, zeichnet sich vom letzten Jahrhundert der Republik bis in die christliche Spätantike hinein keine grundlegende Änderung der Kundenschichten ab.

Methodisch bedenklich ist der Ansatz einiger Untersuchungen, die Komödien des Plautus summarisch und unter Mißachtung jeglicher Chronologie als Quelle für die gesamte griechische wie römische Kundschaft heranzuziehen. Die Komödie reflektiert – wenn auch in ironisierender Übertreibung und mit eingestreutem römischem Kolorit – vornehmlich griechische Verhältnisse und aus diesen wiederum nur Ausschnitte: handelsreisende Fremde, junge Männer des gehobenen attischen Bürgertums und Söldneroffiziere vergnügen sich mit bessergestellten Hetären bei Symposia, dem Inbegriff griechischer Männerunterhaltung. Vergleichbares gab es im Rom dieser Zeit, wenn überhaupt, nur vereinzelt in den Oberschichten, die gerne griechischen Lebensstil imitierten, ohne daß damit die gesellschaftlichen Verhältnisse hellenistischer Städte beliebig und teils auch anachronistisch übertragen werden könnten. So gab es in Rom vermutlich keine vertraglich festgelegte (und kostspielige) Dauermiete von Hetären, und die zahlungskräftigen Korn-, Öl- und Fleischhändler im

---

13 Zu den Hintergründen der Tyrannentopik über sexuelle Ausschweifungen s. unten S. 225ff.

‚Pseudolus' des Plautus, einst als typisch römisches Milieu betrachtet, stammen aus einer griechischen Komödienvorlage. Ausgeblendet werden durch die Konzentration auf das schillernde griechische Hetärenwesen der Komödie ferner die versteckten Andeutungen des Plautus auf die zwar bereits existente, wenn auch eher primitive einheimische Prostitution, die einen viel wirklichkeitsnäheren Eindruck über die Kundschaft dieser Zeit vermitteln.

Diese Problematik wirft die grundsätzliche Frage nach der unterschiedlichen Klientel der nobleren Kurtisanen und der billigen Prostituierten auf. Dem Kurtisanentum hellenistischer Prägung, welches seit Mitte des 2. Jh. v. Chr. immer mehr Zulauf in Rom bekam, waren gerade hochgestellte Männer ganz und gar nicht abgeneigt[14]. Ihre finanziellen Mittel eröffneten ihnen die Möglichkeit, sich langfristig Geliebte zu halten, ganz im Gegenteil zu den kurzfristigen Sexualkontakten eines Sklaven im Freudenhaus. Dabei soll aber nochmals daran erinnert werden, daß nach römischem Recht diese Kurtisanen nicht zu den Prostituierten zählten, da sie eine gewisse Wahlfreiheit besaßen und auch wahrnahmen.

2.2.1 Arbeiter, Sklaven und Müßiggänger

Der größte Teil der Kunden stammte aus den Unterschichten. Dafür gibt es ein anrührendes Zeugnis, nämlich den einst im Bordell des Africanus und Victor in Pompeji unter der Treppe zurückgelassenen ärmlichen Korb mit Bohnen und Zwiebeln, einem typischen Armeleute-Essen. Doch aussagekräftiger sind die Namen der Besucher an den Bordellwänden Pompejis. Diese Graffiti deuten auf die unfreie Herkunft vieler Kunden hin. Es waren wohl Sklaven, Freigelassene bzw. deren Nachkommen, die sich dort verewigt haben. Ihre oftmals griechischen Namen erlauben allerdings keine zuverlässigen Rückschlüsse auf ihre tatsächliche Herkunft. Immerhin fanden sie nichts dabei, sich auf Wirtshaus- und Bordellwänden namentlich zu verewigen.

Sklaven werden auch in der Literatur als Prostituiertenkunden genannt. Den Texten zufolge hatten die Sklaven in den Städten mehr Abwechslung als ihre Kollegen auf dem Land. Schon in der Komödie wird das Motiv des faulen Lotterlebens in der Stadt dem emsigen Landleben gegenübergestellt und die müßigen Stadtsklaven den eifrigen Landsklaven, doch steckt wie so oft ein wahrer Kern in diesem Allgemeinplatz. In der Nähe

---

14 Vgl. oben S. 48

der Landgüter hat es – ganz zu schweigen von Theatern, Circusaufführungen oder Bädern – selten Bordelle gegeben, und die Sklaven waren ihrer Tätigkeit nach enger an Haus und Hof gebunden, so daß bereits der alte Cato schon ein Geschäft daraus gemacht hatte, seinen Sklaven gegen Entgelt sexuellen Verkehr mit den Mägden zu gestatten. Zu Festen und Feiertagen lockten die städtischen Vergnügungen entsprechend viele Sklaven in die Stadt und in die Bordelle. Columella, der sicherlich der Meinung war, daß die italische Landwirtschaft an den schlechten und unkundigen Sklaven zugrundegehe, beschreibt dies so:

Colum. Rust. 1, 8,2
„Dieser träge und verschlafene Schlag von Sklaven, an Mußezeit, Circus, Theater, Würfelspiel, Kneipen und Bordelle gewöhnt, beständig träumt er von demselben Unfug ...“

Solche Vergnügungen werden die Sklaven von ihrem *peculium* („Sparpfennig“) bezahlt haben, welches sie von ihrem Herrn erhielten bzw. selbst erwirtschaftet hatten. Allerdings ist das nur bei Plautus erwähnt, daß Sklaven vom *peculium* Bordellbesuche oder auch Theaterbesuche finanzierten, spätere Belege fehlen. Spaßhaft werden an den Texten die finanziellen Gefahren der Hurerei exemplifiziert. So spricht der Diener eines Kupplers spöttisch von den Sklaven, die im Hurenhaus ausgenommen werden, und ein Sklave im Stichus bejammert heftig, daß die Hurerei so ins Geld gehe, daß er sich womöglich nicht mehr freikaufen könne.

Über die Höhe dieses Spargutes ist aus der Kaiserzeit nichts Zuverlässiges bekannt. Vermutlich differierte es je nach Vermögen und Ermessen des Herrn. In der Regel war aber der Besuch bei einer Dirne der unteren Kategorie eine billige Angelegenheit und auch für einen Sklaven erschwinglich. Für ein oder zwei As war in Rom oder Pompeji die Liebe käuflich. Soviel kostete auch ein Glas Wein oder ein Laib Brot, mithin eine der wenigen Freuden im sonst wohl illusionslosen Leben der städtischen Unterschichten.

Ähnliches galt auch für die besitzlosen Bürger der Stadt Rom. Diejenigen, die Juvenal zufolge als einzigen Verdienst von ihrem Patronus täglich eine *sportula* („Geldgeschenk“) von 25 AS erhielten, konnten davon durchaus ab und an ins Bordell gehen, da sie zusätzlich auch noch Getreiderationen erhielten. Außerdem verteilten die Kaiser an Festtagen und Jubiläen auch noch Gratis-Eintrittsmarken ins Bordell, so daß auch daduch immer wieder ein armer Schlucker in diesen „Genuß“ kommen konnte.

Abgesehen von der freilich in sich schon inhomogenen Gruppe der Sklaven war die Schar der Bordellbesucher ziemlich bunt zusammenge-

würfelt. In einer Redeübung des älteren Seneca sind die Kunden der Prostituierten in wenig schmeichelhafter Weise als besoffene und kriminelle
Truppe angesprochen, die sich vorwiegend in trunkenem Zustand befände.
An anderer Stelle im Text wird die betrunkene Mannschaft dann noch etwas genauer differenziert. Es handelt sich um Gladiatoren, Soldaten und
junge Männer ohne nähere Angabe.

Da Bordelle und Kneipen oftmals nicht nur in unmittelbarer Nähe zueinander lagen, sondern vielfach ein und dasselbe Etablissement waren,
kann man davon ausgehen, daß das Gros der Kneipenbesucher meist identisch mit der Hurenkundschaft war. Welche Art Leute sich in den zahllosen Garküchen, Trinkstuben und Wirtschaften einfand, belegen anschauli-
che Schilderungen verschiedener römischer Dichter. So erzählt Juvenal,
mit wem der Konsul Lateranus in einer Kneipe in Ostia zusammentreffen
werde:

Juv. 8, 173ff.
„Du wirst ihn dort mit irgendeinem Schwerverbrecher finden, zwischen Matrosen, Dieben und entlaufenen Sklaven, unter Henkern
und Sargschreinern fürs Gesindel und unter den Tamburinen der
herumliegenden Kastrierten. Gleich ist hier die Freiheit, ein Becher
für alle."

Drastischer noch und eindeutig läßt sich der Dichter Catull über die „Hu-
renböcke" in einer *salax taberna* („lüsterne Kneipe") aus, in welcher seine
Angebetete Lesbia sitzt. Bei der wüsten Rauferei im Wirtshaus, die bei
Petronius so eindringlich gezeichnet wird, sind Betrunkene und Sklaven
besonders hervorgehoben (Sat. 95-6). Diese Texte sind freilich oft literarisch übertrieben und sozial diffamierend; denn in diesen Garküchen und
Kneipen verkehrten vor allem Arme und Ärmste, denen die Autoren keinen Funken Sympathie entgegenbrachten. In Rom wie in Pompeji oder
Ostia waren sie Orte der Verpflegung und Kommunikation gleichermaßen.
Treffender wird an anderer Stelle ihre Situation beschrieben: „Aus der
Gruppe derjenigen mit dem elendesten und bitterärmsten Los übernachten
einige in den Weinstuben, andere verstecken sich unter den Sonnensegeln
des Theaters."

Anhand der Graffiti der Gegend um das Bordell des Africanus und Victor und der benachbarten Kneipe des Paris läßt sich sehr schön das alltägliche Leben nachzeichnen. Sie zeigen unvoreingenommen, daß dort die
einfachen Leute der unmittelbaren Nachbarschaft verkehrten, die, wenngleich kaum des Schreibens kundig, doch voller Leidenschaft mitten im
Leben standen und auch einem Bordellbesuch nicht abgeneigt waren.

Auf diesem Umweg über die Kneipengäste wird – vielleicht detaillierter als aus den spärlichen direkten Belegen über Kunden der Freudenhäuser – deutlich, daß die Kundschaft der billigen Prostituierten sich im Wesentlichen aus der Plebs rekrutierte, welche in den Tabernen und
Lupanaren Amusement und Zeitvertreib suchte.

2.2.2 Die jeunesse dorée

Auch die männliche Jugend der gehobenen Schichten fand gleichfalls Gefallen daran, sich bei Prostituierten die Zeit zu vertreiben. Während für
den angesehenen Römer Bordelle und Kneipen verpönte Orte waren, in
die er nach Möglichkeit keinen Fuß setzte, um seinem Ansehen nicht zu
schaden, war man bei der Jugend damit nachsichtig. Unakzeptabel war die
käufliche Liebe lediglich im Hinblick auf die Verschwendung des Vermögens. Diese Gefahr war bei kostspieligen Hetären natürlich besonders
groß, weshalb den Söhnen der Reicheren aus Kostengründen sogar der
preiswertere Gang ins Bordell angeraten wurde.

Nach römischem Recht waren Hauskinder und Sklaven vermögensunfähig und mit wenigen Lockerungen blieb diese Regelung die ganze klassische Periode über in Kraft. In der Praxis ermöglichte ihnen jedoch, genau wie den Sklaven, das *peculium*, ein vom Familienvater zugeteiltes
Sondervermögen, eine gewisse finanzielle Selbständigkeit. Dieses konnte
zwar der Sitte nach nicht grundlos, wohl aber bei Mißbrauch vom Familienvater auch wieder eingezogen werden. Durch die damit immer noch bestehende finanzielle Abhängigkeit der Söhne hatte der *pater familias*
(„Familienoberhaupt") also eine wirksame Möglichkeit, seinem Sohn, der
sein Geld mit Dirnen verpraßte, die Finanzmittel entsprechend zu beschneiden.

2.2.3 Die Armee als Kundschaft

2.2.3.1 Voraussetzungen

Nach dem Urteil der antiken Autoren zählte der gemeine Soldat durchaus
zum einfachen Volk, wenn er auch deutlich über der Gruppe der Unfreien
stand. Das war nicht nur die arrogante Behauptung der Vornehmen, denn
tatsächlich waren viele einfache Soldaten schlicht Habenichtse. Insofern

widerspricht der gesellschaftliche Standort des *miles gregalis* („gemeiner Soldat") nicht der oben getroffenen Feststellung, daß hauptsächlich einfache Leute verschiedenster Provenienz mit Prostituierten verkehrten. Wenn Soldaten als potentielle Prostituiertenkunden in einem gesonderten Abschnitt behandelt werden, so deshalb, weil für sie auf rechtlichem Gebiet und wegen des unterschiedlichen sozialen Umfeldes andere Voraussetzungen galten als für Zivilisten.

Diese Voraussetzungen sowie die im Laufe der Zeit auftretenden Veränderungen in der Mobilität und Heeresstruktur dürften die Bereitschaft der Truppen, zu Prostituierten zu gehen oder ihre sexuellen Bedürfnisse anderweitig zu befriedigen, entschieden beeinflußt haben. Daher soll zunächst ein kurzer chronologischer Abriß der maßgeblichen Faktoren erfolgen, bevor die Beziehungen zwischen Prostituierten und Heer näher beleuchtet werden.

Zwar waren die Soldaten des Bürgerheeres zu Zeiten der Republik, bevor die großen Umwälzungen der Bürgerkriege und die Marianische Heeresreform einsetzten, oftmals verheiratet und Familienväter, doch dürfte sie dies nicht davon abgehalten haben, während langdauernder kriegerischer Kampagnen ihre sexuellen Bedürfnisse bei Prostituierten zu befriedigen. Da bereits in der Republik eine Disziplinarordnung zwar nicht die Ehe, aber das Zusammenleben der Soldaten mit Frauen im Lager verbot, blieb den Truppenangehörigen nichts anderes übrig, als auf kurzfristige sexuelle Kontakte mit Prostituierten zurückzugreifen, zumal der Gedanke an längerfristige Abstinenz dieser Epoche abwegig erschienen wäre. Die Arbeit der Heeresdirnen hat zu Zeiten des Milizheeres demnach wohl saisonalen Charakter gehabt, da sie nach Beendigung des Feldzuges wieder anderweitig unterkommen mußten. Leider wird von dieser speziellen „Saisonarbeit" nichts berichtet, wohl aber von Kupplern und Dirnen, die aus Profitgründen zu bestimmten Anlässen wie Festen, Spielen etc. weite Reisen unternahmen, so daß das Mitziehen im Heerestroß nicht so außergewöhnlich war. Prostituierte haben wie Händler, Gaukler und Köche zum irregulären Troß des Heeres gehört, der Scipio vor Numantia ebenso verärgert haben soll wie Caecilius Metellus während der Kämpfe mit Iugurtha, weil er die Truppendisziplin beeinträchtigte. Auch den Legionen Caesars folgten wie zu allen Zeiten die sogenannten *lixae*, die Zivilpersonen im Heeresgefolge.

Mit dem Wandel des Bürgerheeres zu einem stehenden Heer von Berufssoldaten, das auch Besitzlose aufnahm und ca. 400 000 bis 450 000 Mann umfaßte, dürfte sich der Bedarf an käuflichen Frauen während des ersten Jahrhunderts deutlich erhöht haben. Dennoch gibt es keine Fakten, die einen solchen Trend bestätigen. Für einem Boom der Prostitution sprechen einerseits die langen Dienstzeiten, die im Gegensatz zu vorher eine konstante Nachfrage nach Prostituierten bedingten, aber auch vor allem das von Augustus im Zuge seiner Militärreformen erlassene Eheverbot für sämtliche aktiven Soldaten bis hinauf zum Rang des Centurio. Die ritterlichen und senatorischen Legaten durften zwar verheiratet sein, doch war die Anwesenheit ihrer Frauen im Lager nicht erlaubt. Da zumindest im ersten Jahrhundert der Kaiserzeit an dieser strengen und mit zahlreichen juristischen Komplikationen behafteten Regelung festgehalten wurde und zudem ständige Truppenverlegungen engere Bindungen zu anderen Frauen ausschlossen, müssen flüchtige sexuelle Kontakte zu Prostituierten einen bedeutenden Umfang eingenommen haben.

Die Prostituierten werden sich, nicht anders als auch Handwerker und Marketenderinnen, in den lagernahen *canabae* („Lagerdorf") niedergelassen haben, welche einst den irregulären Troß des Heeres gebildet hatten.

Bereits ab der Mitte des zweiten Jahrhunderts wurde die zuvor strikte Einhaltung des Verbots, Frauen und Kinder zu haben, nicht mehr generell respektiert. Das hing mit der veränderten Rekrutierungsstruktur und der zunehmend festen Stationierung der Truppen seit Trajan und Hadrian zusammen. Dadurch konnten Soldaten häufiger feste Bindungen – oft mit fremden Frauen – eingehen und Familien gründen, wie die steigende Zahl der erwähnten Soldatenfrauen und -kinder auf Militärdiplomen und Grabinschriften bezeugt. Dasselbe gilt schon früh für Flottensoldaten in den Hafenstädten. Mit der Milderung der einst streng gehandhabten Regelung zu Partnerlosigkeit war der Schritt zur Legalisierung dieser Verbindungen, die übrigens stillschweigend geduldet wurden, nicht mehr so groß. Septimius Severus hob das Eheverbot schließlich auf und trug damit den sich verändernden Gegebenheiten Rechnung. Dahinter stand sicherlich der Gedanke, die Truppen, auf denen seine Macht basierte, zu belohnen und generell den Heeresdienst wieder attraktiver zu machen. Severus war es auch, der sich von den Grundsätzen des Augustus vollkommen abkehrte, da Soldaten nun ein Haus kaufen und folglich einen Hausstand gründen durften.

Ob die zunehmenden festen Verbindungen zu Frauen einen zumindest partiellen Rückgang der Prostitution in bzw. bei den Legionslagern begründeten, läßt sich wegen der mangelhaften Quellenlage nicht sagen, legt aber eine solche Vermutung nahe. Natürlich wird immer noch eine Menge von Zuhältern und Prostituierten in den Lagersiedlungen Brot und Arbeit gefunden haben, denn nicht jeder Soldat wird in festen Händen gewesen sein, und außerdem schloß eine eheähnliche Bindung nicht aus, daß ein Mann zu einer Prostituierten ging.

Neben diesen beiden erwähnten Möglichkeiten, der Prostitution bzw. dem Zusammenleben mit freien fremden oder einheimischen Frauen, gab es noch weitere Alternativen für Soldaten, sexuelle Beziehungen zu unterhalten. Dazu gehörte einmal die eigene Sklavin, zum anderen der Kontakt mit Partnern des gleichen Geschlechtes.

Die Beziehung zur eigenen Sklavin überschnitt sich häufig mit dem Zusammenleben im Konkubinat, denn ein Soldat konnte auch als Haussohn seine Sklavin freilassen und sie als Lebensgefährtin ansehen. Das war, wie die Zahl der Inschriften zeigt, eine häufige Praxis, allerdings entzieht sich unserer Kenntnis, wieviele Soldaten überhaupt eine Sklavin besaßen, so daß Quantitäten unbekannt bleiben.

Von homosexuellen Beziehungen in der Armee zeugen einige Texte, die sich fast alle im republikanischen Militär abspielen. Die meisten berichten über eine zum Skandal gewordene Episode aus dem Heer des Marius, in welcher ein Offizier einem Rekruten nachstellt und von letzterem schließlich aus Notwehr getötet wird. Andere Texte weisen ähnliche Inhalte auf: es geht um die päderastische Neigung eines Militärtribuns einem Rekruten gegenüber. Deutlich geht aus ihnen hervor, daß homosexuelle Beziehungen zwischen Soldaten vorkamen, daß sie aber öffentlich geächtet und verboten waren, ganz besonders, wenn ein Ranghöherer seine Stellung in dieser Weise ausnutzte. Das Verbot richtete sich jedoch nicht gegen die in der kaiserzeitlichen Gesellschaft akzeptierten homosexuellen Neigungen als solche, sondern lediglich gegen die verpönte Ausnutzung freier Knaben und Männer als passive Sexualpartner. Möglich und akzeptiert war somit die selbstverständliche sexuelle Ausnutzung der eigenen Sklaven oder männlicher Prostituierter im Heer. Aufschlußreich für die herrschende Moral ist eine Episode des Valerius Maximus (6, 1, 10): ein verdienter Hauptmann gibt homosexuelle Beziehungen zu einem Knaben zwar zu, verteidigt sich aber mit dem Argument, derselbe sei ein stadtbekannter Hurjunge. Die gesellschaftliche Akzeptanz homosexueller bzw. päderastischer Neigungen machte nicht vor den römischen und romanisierten Truppenteilen halt. Eine große Bereitschaft zur Homosexualität vornehmlich, aber nicht nur, in den griechischer Lebensart zugeneigten Oberschichten, die in den Offizicrsrängen dienten, darf angenommen werden.

In welchem Umfang Homosexualität und sexuelle Ausbeutung von eigenen Sklaven und Sklavinnen jedoch dem Gang zu einer Prostituierten Konkurrenz machten, ist anhand der Quellen unmöglich zu ermitteln. Zudem sind diese aufgezeigten Alternativen kein stichhaltiger Beweis dafür, daß man nicht zu Dirnen ging, denn weder war Bisexualität verpönt, noch war nach römischem Dafürhalten eine Gattin oder Konkubine ein Hinderungsgrund für die Befriedigung sexueller Wünsche bei Prostituierten.

Als weiterer begünstigender Faktor für eine starke Nachfrage nach Prostituierten ist auch die als kollektive Mentalität zu bezeichnende Vorliebe der Soldaten für bestimmte Arten von Vergnügungen zu sehen. Als Angehörige der Plebs bevorzugten die römischen Truppen Unterhaltung ohne intellektuellen Anspruch wie Gladiatoren- oder Tierkämpfe, Pferderennen oder Darbietungen von Gauklern, und dazu gehörte als integrierter Bestandteil auch die sexuelle Unterhaltung mit Prostituierten. Ihr im Verhältnis zu Kleinbauern und Sklaven relativer Wohlstand und ihr regelmäßiges Einkommen ermöglichte ihnen zudem, für ihren Zeitvertreib einiges an Geld aufzuwenden. Es wäre interessant, zu wissen, ob Prostitution in den Lagern kostspieliger war als anderswo, doch gibt es dafür keinerlei Anhaltspunkte.

2.2.3.2 Militär und Prostitution

Kontakte zwischen Prostituierten und Militärs sind durch etliche Quellen bezeugt. Zur Verbreitung und Organisation einer „Heeres-Prostitution" aber erlauben sie uns nur indirekte Einblicke. Vieles bleibt hypothetisch, manches ist nur auf Umwegen über das Privatleben der Truppenangehörigen zu erschließen.

Problematisch ist vor allem die Interpretation derjenigen historiographischen Dokumente, in welchen Prostitution im Heer erwähnt wird. Sie weisen zwar nach, daß Dirnen bereits seit der Republik den Heeren folgten und als beliebter Zeitvertreib für Soldaten während ihrer Mußezeiten oder als eine Art Beruhigungsmittel bei Krisen fungierten, sind aber ungeeignet für ein Skizze über die Rolle der Prostitution im normalen soldatischen Alltag. Texte dieser Art lassen sich in die moralisierende Tradition römischer Geschichtsschreibung eines Sallust, Livius oder Tacitus einreihen, die ständig mit dem traditionellen Raster des Sittenverfalls arbeitet. Die Ursachen des moralischen Verfalls des Heeres werden mit *licentia, luxuria* und *libidines* („Zügellosigkeit, Ausschweifung und Lastern") umschrieben. Dazu zählten Trinkgelage und Völlereien, Bäder, Zirkusbesuche und schließlich Prostituierte. Seltener sind im üblichen Verlauf von Kampagnen oder im Lagerleben andere sexuelle Ausschreitungen einschließlich Vergewaltigungen erwähnt. Die Intention der Autoren bestand darin, in verschiedenen kriegerischen Kampagnen die völlige Aufweichung der militärischen Disziplin des Heeres oder eines einzelnen Truppenverbandes zu schildern, um eine unausbleibliche Schlappe – auch der Gegner – zu begründen, die Grauen der Bürgerkriege zu brandmarken oder die Wiederherstellung der Disziplin durch einen verdienten Heerführer um so heller erstrahlen zu lassen. So schildert Tacitus den sittlichen Verfall von Bürgern und Truppen in Rom während des Vierkaiserjahres mit eindringlichen Worten:

> *Tac. Hist. 3, 83*
> „Grausig und entstellt ist das Antlitz der ganzen Stadt: hier Gefechte und Wunden, dort Bäder und Kneipen; zugleich Blut und Leichenhaufen, daneben Huren und Ihresgleichen."

Und Septimius Severus soll an seinen Statthalter in den gallischen Provinzen geschrieben haben:

> *Pesc. Nig. 3, 9-10*
> „Du läßt Deine Soldaten herumstreifen, Tribune baden am hellichten Tag, statt der Speisezimmer haben sie Kneipen, statt der Schlafzimmer Bordelle, sie tanzen, saufen, singen, und unter maßvollen Gastmählern verstehen sie maßloses Zechen."

Gewiß haben solche Schilderungen einen Bezug zu realen Erlebnissen, ohne daß man sich die römischen Truppen deswegen sämtlich als Pulk von desolaten, sexbesessenen Säufern vorzustellen hat. Die Quellen geben lediglich Einblick in die Art der Vergnügungen, nicht aber in das Ausmaß und die Häufigkeit derartiger Exzesse.

Kontakte mit Prostituierten fanden entweder in den Lagern bzw. den Lagersiedlungen an den Grenzen des Reiches statt, wo die Hauptmasse der Truppen stationiert war, oder aber in Garnisons- oder Hafenstädten, welche Truppen beherbergten, allen voran freilich in der Hauptstadt selbst. Die Verbindung der Truppen zum zivilen Leben war bereits seit augusteischer Zeit auch in den Grenzbezirken vielschichtig und eng. Drehscheibe dieser Kontakte zur Zivilbevölkerung waren die selbst bei den entlegensten Lagern vorzufindenden Ansiedlungen und Lagerdörfer. Diese aus dem einstigen, unregelmäßigen Troß hervorgegangenen Zivilsiedlungen lagen meist in unmittelbarer Nähe des Lagers. Sie ersetzten den Truppen in ihrer Freizeit den Sozialisationskreis der Stadt und boten ihnen alle möglichen Zerstreuungen. Aus den oben erwähnten Texten und aus unmittelbaren Dokumenten der Beteiligten selbst, beispielsweise den in den Lagern gefundenen Briefen, geht hervor, daß die Soldaten für Wein, gutes Essen, Bäder und Frauen schwärmten.

Die Kontakte der Truppenangehörigen zum anderen Geschlecht sind relativ gut dokumentiert. Die Anwesenheit von Frauen in den Lagerdörfern und etwas später auch in den Lagern selbst bezeugen etliche archäologische Funde, unter anderem Haarnadeln, Armringe, Fingerringe, etc. Briefe auf Holztäfelchen, welche auf der Schutthalde im Lager Vindonissa gefunden wurden, veranschaulichen die Beziehungen zwischen Truppenangehörigen und Frauen, so z. B. die Einladung einer als *hospita* („Wirtin") bezeichneten Frau an einen Soldaten:

Außen: Denke an Deine Wirtin in Haus Nr. 12
Innen: So sollst Du erfahren, wo ich das Gastmahl bereite, diverse Spiele und ein prächtiges Trinkgelage. Morgen werde ich bei den mächtigen Schutzgeistern des Spiels den Würfel schwingen wie ein Schwert, leb wohl teurer Bruder[15].

Diese Frau, die Spiele und Trinkgelage ausrichtet und den Würfelbecher beim Gelage wie das Schwert schwingen will, war sicher keine brave Matrone nach römischen Wertmaßstäben. Man muß ihr aber auch nicht unterstellen, sie sei eine Prostituierte gewesen, nur weil das römische Recht Wirtinnen als solche einstufte. Denkbar wäre in Analogie zu anderen Orten immerhin, daß sie den Gästen Mädchen zur Verfügung stellte, doch äußert sie sich dazu in ihrem Einladungsschreiben nicht.

Status, Tätigkeit, Herkunft und Anzahl der Frauen in den Lagerdörfern und Lagern lassen sich aus diesen archäologischen Zeugnissen allerdings nicht rekonstruieren. Nicht aufrechtzuerhalten und eher zum Schmunzeln sind die Schlüsse von schweizerischen Archäologen, daß Knöchelringe nur von „etwas lockereren Frauen" getragen worden seien[16]. Man muß davon ausgehen, daß Frauen ganz verschiedenen Status, sogenannte *uxores* („Gattinnen"), die wohl keine waren, aber auch Konkubinen, Sklavinnen und Prostituierte in den Lagern gewesen sind, und daß ihre Zusammensetzung zudem regional stark schwanken konnte. Aufgrund dieser Ungewißheiten gehen die Forschungsmeinungen bezüglich der Anzahl der Prostituierten in den Lagersiedlungen stark auseinander.

Letzten Endes kann man annehmen, daß sich als Nebeneffekt der von den Truppen getragenen Romanisierung gerade an den Nordgrenzen des Reiches eine mehr oder minder organisierte Prostitution entwickelte, die

---

15 Text aus: HÄNGGI/HARTMANN, Das Liebesleben römischer Soldaten (1992), 14f.
16 So die euphemistische Umschreibung der Schweizer Autoren in: HÄNGGI/HART-MANN, Das Liebesleben römischer Soldaten (1992), 13f.

es dort – zumindest in kommerzialisierter Form – zuvor kaum gegeben haben dürfte.

Zwar kaum reichlicher, aber eindeutiger als für die Lagerdörfer lassen sich in den Quellen Kontakte zwischen Prostituierten und Soldaten im nicht grenzgebundenen, städtischen Bereich nachweisen, vor allem in Rom selbst, welches von allen Städten die höchste Truppenkonzentration aufwies.

Nicht jeder Kontakt der Soldaten mit Prostituierten geschah aus dem Bedürfnis nach Lustbefriedigung und privatem Vergnügen. Viele Soldaten kamen sozusagen von Berufs wegen, aufgrund ihrer Funktion als polizeiliche Aufsicht bei Krämern, Gaunern, Kneipiers und Kupplern bzw. als Eintreiber der Prostituiertensteuer in Verbindung mit dem Prostituierten-Milieu. Die Steuereintreibung war in Rom seit Caligula die Aufgabe der Prätorianergarde. Sogenannte *beneficiarii* und *curiosi* als Sonderbeauftragte eines Bataillons zogen in Karthago die Steuer von Huren und Kupplern ein und versahen gleichzeitig eine polizeiliche Funktion. Es ist möglich, daß in Lyon, Ostia und Puteoli – überall dort sind städtische Kohorten bezeugt – die Angehörigen der Kohorten mit der Einziehung dieser Steuer betraut waren. Auf der Krimhalbinsel im Ort Chersonnes dagegen ist nicht nur die Einziehung der Hurensteuer durch die Soldaten der nahegelegenen Garnison inschriftlich belegt, sondern auch der Mißbrauch und die Auswüchse unkontrollierter Soldateska, die bei dieser Aufgabe überhöhte Summen erpreßten und die Bürger mißhandelten[17].

Vereinzelte Inschriften vermitteln ferner den Eindruck, daß Soldaten auf Urlaub oder Dienstreise gerne die lockenden Angebote der Städte annahmen. So scheint sich ein Angehöriger der ersten Prätorianerkohorte in Pompeji ein Schäferstündchen geleistet zu haben (CIL IV 2145). Ein Legionär prahlt damit, daß er es ebendort mit sechs Frauen gleichzeitig getrieben habe (CIL IV 8767), kein Wunder daß es in der Komödie als festen Typus den „prahlerischen Soldaten" *(miles gloriosus)* gibt. Daß in diesem Graffito vielleicht nur Phantasien Ausdruck gegeben wird, wurde bereits vorgeschlagen, es birgt aber in Anbetracht weiterer vergleichbarer Stellen doch die Möglickeit eines konkreten Bezugs zur Wirklichkeit: Eine Inschrift aus Thamusida in Afrika vermittelt den Eindruck, daß Sklavinnen von einem Truppenteil gemeinsam benutzt wurden[18]. Der Fund aus der Umgebung des Stadttores ist ein Bronzeplättchen, auf welchem ein

---

17 Vgl unten, S. 262ff.
18 AE 1966, 618, aus Thamusida in Afrika, in Mauretania Tingitana, s. TREIDLER, RE IV A 2 (1932), 2152.

Adler auf einer Weltkugel zu sehen ist. Es dürfte die militärische Dekoration eines Fähnleins gewesen sein. Offenbar teilte sich eine ganze Einheit eine Frau, wobei sich hier die Grenzen sexueller Ausbeutung zwischen Sklavin und Prostituierter vollständig verwischen.

Zum Schluß sei noch ein Zeugnis aus den Rechtstexten angeführt, welches sich allgemein auf offenbar nicht allzu seltene Beziehungen von Soldaten zu ehrlosen Frauen bezieht. Es handelt sich um einen Rechtstext zum Testament von Soldaten aus hadrianischer Zeit und verbietet einer sogenannten „schändlichen Frau", etwas aus dem Vermächtnis eines Soldaten zu erben:

D. 29. 1. 41. 1
„Eine Frau, auf die der Verdacht der Schändlichkeit fallen kann, kann aus dem Testament eines Soldaten nichts erben, wie es der vergöttlichte Hadrian geschrieben hat."

Unter der Frau, auf welche der Verdacht der Schändlichkeit fallen kann, kann auch eine heimliche oder ehemalige Prostituierte verstanden werden, da der im Text benutzte Begriff *turpis* („schändlich") häufig im Zusammenhang mit „Prostituierte" auftaucht. Man ist am ehesten geneigt, an eine ehemalige Prostituierte denken, welche – ehrlos auch nach Aufgabe ihres Gewerbes – mit einem Soldaten zusammenlebte. Denn eine Frau, die im Nachlaß bedacht wurde, muß doch wohl eine engere Verbindung zum Erblasser gehabt haben und wird ihm nicht nur aus flüchtigen sexuellen Kontakten bekannt gewesen sein.

2.3 Profiteure des Handels mit Sexualität

Bei der Betrachtung der ökonomischen Aspekte des Sexhandels reicht es nicht aus, nur die direkte Beziehung Prostituierte – Kunde zu betrachten; denn der Prostitutionsmarkt wurde damals wie heute von einer Reihe weiterer mittelbar oder unmittelbar an diesem Gewerbe beteiligten Personen ausgenutzt. In Betracht kommen an erster Stelle die *lenones* und *lenae*, in den Übersetzungen und älteren Werken meist mit dem etwas veralteten Begriff „Kuppler" bzw. „Kupplerinnen" übersetzt. Heute würde man eher Zuhälter oder Schlepper(-innen) sagen. Daneben findet sich für männliche Zuhälter auch der Begriff *adductor*, und als Entsprechung dazu *conciliatrix* oder *adductrix* für weibliche Zuhälterinnen, sinngemäß etwa zu übersetzen mit „Verführer/Verführerin" bzw. „Vermittlerin". Sonst verwenden

die Dichter bezeichnenderweise nur für die weiblichen Personen die wenig schmeichelhaften Begriffe *saga* bzw. *venefica*, wörtlich also „Hexe"
bzw. „Giftmischerin".
Zu einseitig von Betrachtungen über die Figur des *leno* in der Komödie
ausgehend, haben verschiedene Forscher die Meinung geäußert, daß es
kein Äquivalent zum Begriff des *leno* bzw. des griechischen *pornobóskos*
(„Kuppler") im Deutschen bzw. Englischen gebe. So siedelte man das
Wort auf einer Bedeutungsskala, die von „Sklavenhändler" über „Schlepper" bis hin zu „Bordellbesitzer" reicht, an. Es ist zwar richtig, daß der
Begriff *leno* nicht angemessen übersetzt werden kann, doch sollte das
nicht dazu verleiten, sein Bedeutungsspektrum zu schmälern. Ein *leno*
konnte Zuhälter großen oder kleinen Stils sein, er konnte seine Frau, seine
Töchter oder Sklavinnen prostituieren, ferner konnte er Bordellbesitzer
oder -verwalter, Kneipier, Bademeister, Friseur oder Bäcker und nebenbei
Mädchen-/Knabenhändler sein. Es gab also eine Vielzahl von Varianten,
die, wenngleich erst im späten Imperium, im römischen Recht im Digestentitel *de infamia* („Über die Ehrlosigkeit") und in den Kommentaren
zur *lex Iulia de adulteriis* („Julisches Gesetz über Ehebrüche") ihren
rechtlichen Niederschlag fanden.
Der Leumund der Kuppler und Kupplerinnen war denkbar schlecht und
schlug sich nicht nur in gesellschaftlicher Geringschätzung, sondern auch
in der Beschneidung bürgerlicher Rechte nieder. Die römische Komödie
stilisiert die Kuppler mit unerbittlicher Eintönigkeit zu kriminellen, lüsternen und habgierigen Außenseitern, zur „moralischen und sozialen Kontra-
faktur des Bürgers"[19], aber auch spätere Texte verwenden den Begriff *leno* fast ausschließlich in pejorativem Sinn. Einen ganz unmittelbaren
Reflex dieser negativen Einstellung den Zuhältern gegenüber bieten zwei
Graffiti aus Pompeji. In dem einen wird ein Bordellbesitzer namens Somene als *nequam*, also „nichtsnutzig, verworfen" bezeichnet, im anderen –
am Eingang seines eigenen Bordells – steht: *Somene vermietet für 100 As*
(gemeint sind wohl Kammern!). Diese Summe ist so extrem hoch, daß sie
nur dahingehend verstanden werden kann, daß jemand die Habgier des
Somene hatte anprangern wollen.
Der professionelle Zuhälter war aber trotz der Verachtung, die ihm ent-
gegenschlug, über Jahrhunderte ein Geschäftsmann mit legalem Beruf.
Seine Beteiligung an den Einkünften der Prostituierten kann kaum über-

---

19 M. FUHRMANN, Lizenzen und Tabus des Lachens – Zur sozialen Grammatik der
hellenistisch-römischen Komödie, in: W. PREISENDANZ / R. WARNING (Hrsg.),
Das Komische, Poetik und Hermeneutik 7 (München 1976), 65–101, hier: 87ff.

schätzt werden. Er hatte auch die anfallende Steuer auf das Prostitutions-geschäft zu entrichten[20]. Erst am Ende des weströmischen Reiches verbo-ten die christlichen Kaiser Theodosius und Valentinian die Zuhälterei und legten für Väter, die ihre Töchter, und Besitzer, die ihre Sklavinnen prostituierten, empfindliche Strafen in Form von Bergwerksarbeit und Verbannung fest. Vom Verbot des Mädchenfangs handelt außerdem ausführlich die 14. Novelle Iustinians (Belisar i. Jahr 535), sie ist überschrieben mit dem Titel: *ne quo in loco Romanae rei publicae lenones sint* („Damit es nirgendwo im römischen Staat Kuppler gebe"), auf welche wir unten noch zurückkommen.

Die Schwierigkeiten einer Rekonstruktion des personenrechtlichen, so-zialen und ökonomischen Status der Zuhälter liegen darin, daß es trotz der zahlreichen Textstellen über sie wenig historisch verbürgte Fakten gibt. Sie sind in erster Linie die komischen Bösewichte der Komödie und des Romans, die Negativ-Beispiele der Satiren-Schriftsteller und der verlieb-ten Dichter. Die Berufsangabe *lena* ist uns nur ein einziges Mal bekannt, als Erwähnung auf einem Grabstein, worauf unten näher eingegangen wird. Bordellbesitzer legten wegen der Mißachtung ihrer Tätigkeit offen-bar ebensowenig wie Prostituierte gesteigerten Wert darauf, sich einen Grabstein mit Berufsangabe zum Andenken setzen zu lassen. Bei ihnen kann man dieses völlige Stillschweigen noch weniger als bei den Prostitu-ierten auf mangelnde finanzielle Ressourcen zurückführen. Mehr als eini-ge wenig aussagekräftige Namen von Bordellbesitzern aus Pompeji gibt es deswegen nicht. Daneben spielt außer der Verachtung durch die Eliten auch die Tatsache eine Rolle, daß eine unbekannte Anzahl von Zuhältern andere Berufe oder Beschäftigungen nebenher oder als Vorwand betrie-ben, ganz besonders die Kneipiers und Hoteliers.

2.3.1 Der Bordellwirt

Unter den Gastwirten, Kneipiers und Herbergsbesitzern insbesondere in Pompeji befanden sich bei aller gebotenen Vorsicht bei der Interpretation der kargen Inschriften vorwiegend freigelassene Personen. Ihre Herkunft aus dem Osten, öfter genannt wird Syrien, mag ein Anhaltspunkt sein, aber auch nicht mehr.

Unter den Wirtsleuten gab es durchaus auch Frauen, die den Gasthaus-betrieb in eigener Regie führten. Auch für sie stammen die meisten Belege

---

20   Vgl unten, S. 263.

aus Pompeji. Interessant ist darüber hinaus eine bislang kaum berücksichtigte Inschrift, die zwischen Aquinum und Casinum in der Nähe der Via Latina bei einem alten Heiligtum für Venus gefunden wurde[21]. An diesem Ort hatten vier freigelassene Frauen gemeinschaftlich eine Garküche auf eigene Kosten eingerichtet. Allerdings waren sie wohl nicht die Eigentümerinnen der Lokalität, sondern diese war ihnen zur Nutzung überlassen worden. Mit allzuviel Phantasie sehen einige Forscher einschließlich der Herausgeber der Inschrift ihre Namen *Lais, Thais* etc. als typische Namen von Prostituierten an. Dem kann ich aufgrund intensiver Namensstudien der Unterschichten in Rom und Pompeji ebensowenig zustimmen wie dem bei jeder Gelegenheit aufgegriffenen Gedanken, es habe sich um Tempelprostituierte des benachbarten Venustempels gehandelt.

Manchmal hatten die Wirte die Gasträume gemietet, oder der Eigentümer der Räumlichkeiten hatte seine Sklaven oder Freigelassene als Verwalter eingesetzt. Gastwirte hatten wie die Zuhälter einen schlechten Ruf, aber vermutlich hatten die Wirte ein durchaus anderes Selbstverständnis ihrer Tätigkeit als sich der Meinung Außenstehender entnehmen läßt. Es gibt sogar Hinweise darauf, daß es in Rom und wohl auch in Pompeji bereits seit der frühen Kaiserzeit ein *collegium* („Innung") der Gastwirte gegeben hat.

Wegen der fließenden Grenzen zwischen Gastwirt und Zuhälter ist es nicht erstaunlich, daß beide im römischen Recht unter die Kategorie der ehrlosen Personen fielen und ihre weiblichen Pendants, Familienangehörigen oder Angestellten den Kupplerinnen und Prostituierten gleichgestellt waren. Das galt aber bezeichnenderweise nur für die weiblichen Angehörigen. Die Graffiti legen, allerdings aus der wohl nicht immer objektiven Sicht der Kneipengäste, nahe, daß sich die Funktion einer Gastwirtin mit der einer Dirne überschneiden konnte. Der Wirtin und ihrem weiblichen Personal wird moralische Verkommenheit dadurch attestiert, daß sexuelle Beziehungen zu ihnen nicht unter die Ehebruchsgesetze des Kaisers Augustus fallen, also auch keinen Schutz vor Übergriffen genießen. Wie den Dirnen und Kupplerinnen schrieb man auch den Wirtinnen unheimliche Verführungs- und Hexenkünste zu, z. B. die Fähigkeit, Menschen in Tiere zu verwandeln[22]. Der Ruf der Wirtinnen erklärt sich auch daher, daß die oft fremde Herkunft dieser Frauen, ihre Nähe zum bei Frauen beargwöhn-

---

21 AE (1980), 216: FLACCEIA A(ULI) L (IBERTA) LAIS | ORBIA C(AIAE) L(IBERTA) LAIS, COMINIA M(ARCI) L(IBERTA) PHILOCARIS | VENTURIA Q(UINTI) L(IBERTA) THAIS | CULINAM VENERI DE SUO FECERUNT LOCO PRECARIO.
22 Vgl. oben, S. 80ff.

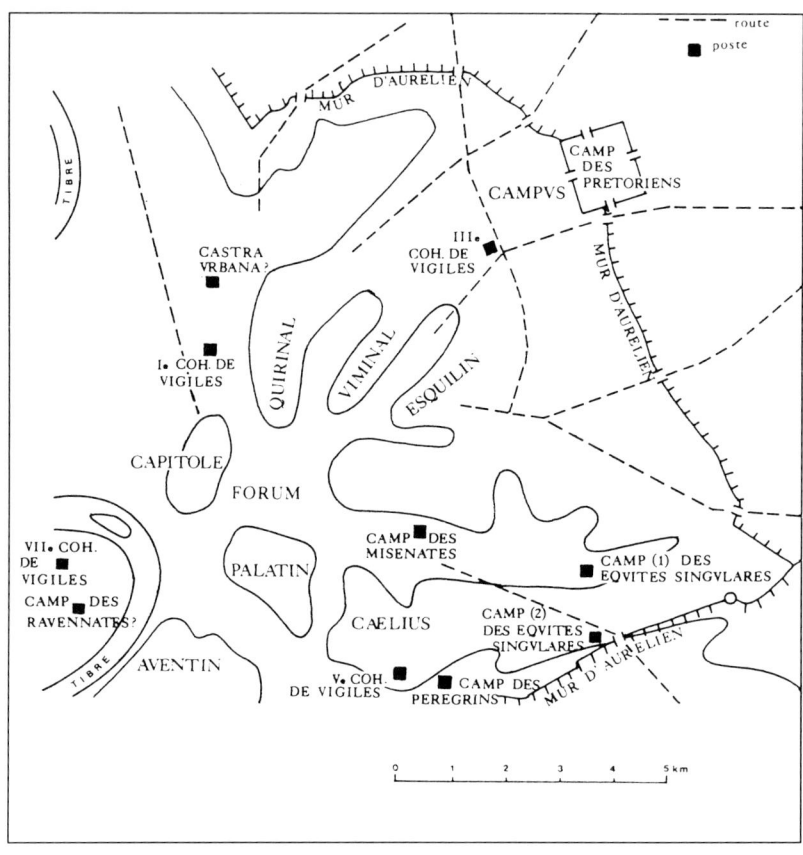

Abb. 11   Skizze aus LeBohec zur Lage von Militärlagern in Rom, ‚La garnison de Rome‘

ten Wein(-ausschank) und ihr Kontakt zu anderen Männern als den eigenen Familienmitgliedern eine üble Reputation verursachte.die Interpretation des archäologischen Materials aus Pompeji reflektiert gerade die Schwierigkeit, zwischen Gastwirt und Zuhälter/Bordellbesitzer bzw. ihren weiblichen Pendants zu differenzieren: Eine ganze Reihe von Personen wird gleichzeitig als Bordellinhaber *und* als Kneipenwirt gekennzeichnet.

2.3.2 Der Gatte als Zuhälter

Es gibt einige literarische Anspielungen darauf, daß Familienoberhäupter, Eltern, Gatten oder Vormünder ihre Frauen, Kinder oder Schutzbefohlenen prostituierten. Sie werden semiprofessionelle Zuhälter kleineren Stils gewesen sein, die sich bemühten, im Verborgenen ihren Profit zu machen, um die Gesetze der Zuhälterei sowie die Pflicht zur Steuerzahlung zu umgehen.

An erster Stelle seien Ehemänner genannt, die ihre Frauen im Bestreben, daraus Gewinn zu ziehen, anderen Männern zuführten. Die Verkuppelung des Ehepartners war eine Form verbotener Zuhälterei (*lenocinium*), die seit Augustus strafrechtlich verfolgt wurde.

Ulp. D. 48. 5. 30. 3-4:
„Aus dem Ehebruch seiner Frau scheint derjenige Gewinn zu schlagen, der etwas annimmt, damit die Frau Ehebruch treibt. Ob er einmal oder öfter etwas annimmt, spielt keine Rolle: Denn von demjenigen, der irgend etwas annimmt, damit er es duldet, daß sozusagen nach Hurenart Unzucht begangen wird, muß man annehmen, daß er Gewinn aus dem Ehebruch schlägt.“

Man muß allerdings berücksichtigen, daß diese Bestimmung als Bestandteil des augusteischen Ehebruchsgesetzes („*lex Iulia de adulteriis*") auf eine Disziplinierung der Ehemoral abzielte und kein Instrument zur Eindämmung professioneller Zuhälterei sein sollte. Diese Gesetze kriminalisierten jede Form von Beihilfe oder Vorschubleistung zu Ehebruch. Dazu gehörte der Ehemann, der seine beim Ehebruch ergriffene Gattin nicht verstieß, sondern sie behielt und den Ehebrecher entkommen ließ, derjenige, der Unwissenheit vortäuschte, der, welcher eine Ehebrecherin ehelichte, und schließlich auch, wer aus dem Ehebruch seiner Frau finanzielle Vorteile zog. Das Gesetz galt auch für Außenstehende, die einen ihnen bekannten Ehebruch verheimlichten oder daraus Vorteile zogen. In allen Fällen lautete die Klage auf *lenocinium*, also Zuhälterei. Ein Mann wurde wegen *lenocinium* ausdrücklich mit derselben Strafe wie ein Ehebrecher belegt. Die Quellen der nachaugusteischen Zeit nennen als Strafmaß für Mitglieder der sozialen Eliten („*honestiores*") die Ausstoßung aus einer politischen Körperschaft einschließlich Vermögenseinziehung, für Angehörige der unteren sozialen Schichten („*humiliores*") Bergwerksarbeit, körperliche Züchtigung und sogar die Todesstrafe.

Eine weitere Folge der Verurteilung wegen Verkuppelung des Ehegatten war das Verbot der Zeugenaussage vor Gericht, das für Männer und Frauen galt. Die Ehrlosigkeit der Kuppler, die lange vor der Gesetzgebung des Augustus bereits den Professionellen dieses Geschäftes anhaftete, traf nun auch diejenigen, die ihre Frauen verkuppelten oder schlicht deren Affären akzeptierten. Sie waren somit von der Übernahme städtischer Ämter, von Rollen in der Politik und der gerichtlichen Klagen für andere grundsätzlich ausgeschlossen. Und das waren für die aktiven Mitglieder der *res publica* harte Sanktionen.

Die Aufnahme des Verbots der Zuhälterei unter Ehegatten in die Ehebruchsgesetze wirft die Frage auf, ob diese denn in den Unter-und Mittelschichten damals ein soziales Problem größeren Ausmaßes darstellte oder ob damit nicht nur die Disziplinierung der Ehemoral durch die drastische Minderung der Ehre, nämlich für den Mann die Gleichsetzung mit einem Kuppler und für die Frau Gleichsetzung mit einer Hure, wirksam eingeschärft werden sollte. Um es gleich vorwegzunehmen: Letzterem kommt in den Quellen wesentlich mehr Bedeutung zu.

Eine große Anzahl literarischer Texte hauptsächlich aus der römischen Dichtung schildert Fälle von der Verkupplung der Ehefrau zum Vorteil des Mannes oder des Ehepaares. Alle Schilderungen sind zum Amüsement des Publikums gedacht und verzichten nach der Natur der Satire auf zusätzliche dokumentarische Information. Daher ist es nicht möglich, festzustellen, ob die Männer stillschweigend verschiedene Liebhaber ihrer Frauen duldeten oder ob sie aktiv und aus Profitstreben den Verkauf sexueller Dienstleistungen förderten. Die Mehrzahl der Quellen variiert einen in der antiken Literatur beliebten Topos, nämlich das komische Bild des Gatten, der vorgibt, über seinem Weinkelch zu schlafen oder der – unvergesslich in Juvenals Satiren geschildert – sinnierend an die Decke starrt, um das Treiben seiner Frau geflissentlich zu übersehen. Das Thema des Gatten, der den Ehebruch der Frau zu seinem Vorteil duldet oder gar fördert, ist bereits in der politischen Invektive griechischer Redner zu finden, und auch die Literatur der Kaiserzeit nimmt diesen Faden gerne wieder auf. Der erste Beleg der lateinischen Literatur für dieses Motiv stammt, so Festus, aus den Satiren des Lucilius:

Fest. 173M

„Ich schlafe nicht für alle: Diese Redensart scheint von einem gewissen Cipius zu stammen, der ‚Danebenschnarcher' genannt wurde, weil er vorgab zu schlafen, damit seine Frau straflos herumhuren konnte, dessen erinnert sich Lucilius."

Ovid nahm sich gleichfalls mehrfach des beliebten Motivs an und riet einem Ehemann bezüglich der Ausschweifungen der Gattin zu Gelassenheit, wo dies doch so unglaublich viele Vorteile wie Einladungen zum Diner, Stapel von Geschenken sowie zahlreiche neue Freunde bringe. Auch hier ist ein ironischer Ton nicht zu überhören. Juvenal nimmt bei seiner Schilderung die satirische Tradition des Lucilius wieder auf und formuliert sie mit unnachahmlicher Prägnanz:

Juv. 1, 55-57

„Wenn vom Galan *der* Zuhälter das Vermögen annimmt, der, wenn die Frau kein Recht hatte, zu erben, wohlwissend zur Decke emporblickte und beim Umtrunk zu schnarchen verstand mit wachender Nase ..."

Erhalten geblieben ist dieses Bild auch in den auf griechisch und lateinisch abgefaßten Blütenlesen wie in diesem Beispiel:

Anth. Pal. 11, 4

„Hält es ein Weib mit dem Nachbar, dann braucht sich ihr Mann nur zu mästen und zu schnarchen, dann wird leicht ihm sein Lebensunterhalt. Keine Seefahrt gibt es für ihn noch steinigen Boden; er füllt sich auf Kosten eines andern vergnügt immer seinen Wanst – und schnarcht".

Neben dem Motiv des Gatten, der den Ehebruch seiner Frau nicht sieht oder sehen will, klingt das Thema bei Horaz in Verbindung mit Erbschleicherei in der fünften Satire des zweiten Buches an, in der Odysseus von Teiresias angeraten wird, seine Penelope doch reichen alten Männern zuzuführen, um sein Vermögen wieder aufzufüllen. Horaz weicht auf die Ebene des Mythos aus, um den Zeitgenossen in allgemeingültigen Formeln den Spiegel vor Augen zu halten.

Bei den Dichtern der augusteischen Zeit ist bei der Wahl dieser Thematik ihr persönlicher Eindruck von der Notwendigkeit sittlicher und sozialer Restauration des von den Bürgerkriegen erschütterten Rom nicht von der Hand zu weisen. Deutlicher noch als in den eben zitierten Stellen wird dies in einer Römerode des Horaz. Hier ist sein Ton alles andere als scherzhaft:

Hor. Carm. 3, 6, 25-32

„Bald sucht sie jüngere Ehebrecher beim Weingelage des Gatten
und wählt nicht mehr den, der heimlich verbotene Wonnen genießt,
wenn die Lampen erloschen sind, nein, auf Geheiß, nein, offen und
wissentlich geht sie, wenn ein Hausierer ruft oder der Kapitän des
Schiffes aus Spanien, wohlhabender Käufer der Schande."

Der Mann fühlt sich nicht einmal mehr bemüßigt, Schlaf vorzutäuschen,
während seine Gattin sich wahllos Liebhabern hingibt. Mit dem altbe-
kannten Topos, den er auf die Spitze treibt, zeigt Horaz ein Bild des Verfalls der Familie und der ehelichen Bande auf, das die verheerenden Zustände des Bürgerkriegs hinterlassen hatten. Diese Ode stammt aus der
Zeit kurz vor dem Erlaß der *lex Iulia de adulteriis*, in der das zeitgenössische Bewußtsein über den sittlichen Zustand des Staates in weiten Kreisen
stark sensibilisiert war. Auch aus dieser Quelle kann deshalb keine Verbreitung kommerzieller Kuppelei von verheirateten Frauen abgeleitet
werden. Horaz schildert die ehelichen Zustände mit den drastischsten Bildern, die er zur Verfügung hat, und vermittelt dies durch die beklemmende Identifikation der in Rom so ehrwürdigen Institution Ehe mit der Prostitution.

Da die Verkupplung der eigenen Gattin immer als moralisch verkom-
men galt und den Betreffenden samt seiner Familie in der Öffentlichkeit
unmöglich machte, eignete es sich als Invektive gegen den Gegner vor
Gericht. Das nutzte Apuleius (75, 2; 78, 1f.) in seiner Verteidigungsrede,
indem er Herennius Rufinus, den Initiator des Prozesses gegen ihn, unglaubwürdig zu machen suchte, indem er ihm lasterhaftesten Lebenswandel und kommerzielle Prostitution der Frau in Verbindung mit Erpressung
der „Kunden" im eigenen Hause vorwarf. Diese Art der Polemik gegen
politische oder persönliche Gegner war ja in Rom alles andere als unbekannt. Wer aber ein Zuhälter war, war öffentlich gebrandmarkt und hatte
kein Recht mehr, am Gemeinwesen mitzuwirken, eine Klage anzustrengen
oder vor Gericht auszusagen. Genau darauf schien Apuleius bei der Wahl
seiner Verunglimpfungen abzuzielen, denn es ging bei der Anklage wegen
Zauberei schließlich um seinen Kopf und Kragen. Die Historizität dieser
wie anderer vergleichbarer Aussagen über Ehebruch, homosexuelle oder
inzestuöse Beziehungen des jeweiligen Gegners ist höchst zweifelhaft.

Die angeführten Texte dürften gezeigt haben, daß es bisweilen zwar
Ehemänner gegeben haben mag, die ihren Frauen sexuelle Freiheiten erlaubten und vielleicht sogar daraus Gewinn zogen, daß jedoch die Häufigkeit und besonders die Form, in der dieses Bild des schnarchenden Gatten

präsentiert wurde, vielmehr der dichterischen Tradition und Imagination entsprang. Das will nicht heißen, daß darin nicht ein aktuelles und zugleich brisantes Thema der fraglichen Zeit miteingeflossen wäre; denn immerhin hatte zum Beispiel Apuleius diesen Vorwurf vor Gericht benutzt und immerhin war diese Art der Zuhälterei seit augusteischer Zeit strafbar.

Es gibt aber auch noch weitere Texte, die eine Verfolgung von *lenocinium* aus Profitgründen in der täglichen Gerichtspraxis plausibel erscheinen lassen. Sie stammen aus Schulbeispielen für rhetorische Redeübungen, in welchen der Ehemann als *leno* der sexuellen Unzucht an seiner Frau bezichtigt wird. Der Autor der Beispiele, Quintilian, stand wegen seiner Glaubwürdigkeit in bezug auf die reale Basis seiner Fälle häufig im Kreuzfeuer der Kritik, doch trotz der teils künstlichen Form, in der er die Beispiele zu ansprechender Rhetorik komponierte, sollte man nicht vergessen, daß der Autor in jahrzehntelanger Rechtspraxis ein Auge für kritische juristische Probleme entwickelt hatte und seinen Schülern nicht „fantastic Arabian Nights sort of stuff"[23], sondern einigermaßen realitätsnahe Probleme vorführte, worauf er übrigens selbst großen Wert legte. Der erste Text lautet folgendermaßen:

Quint. Inst. 5, 10, 47
„... wenn etwa einem wegen Zuhälterei Angeklagten, dem Gatten einer schönen Frau, vorgeworfen wird, daß er sie einst, als sie wegen Ehebruchs verurteilt war, gekauft habe ... Er ist jedoch nicht weil er die Frau gekauft hat, ein Zuhälter, sondern weil er ein Zuhälter war, hat er die Frau gekauft."

Dieses Delikt bleibt bei der Kürze der Aussage allerdings ziemlich verschwommen, über Motive, sozialen Status etc. der Beteiligten erfahren wir nichts. Auch die juristische Konstruktion ist problematisch. Juristisch gesehen war der Mann aus zwei sich überschneidenden Gründen ein Kuppler. Einmal, weil er eine Ehebrecherin geheiratet hatte, zum anderen, weil er aus ihrer Unzucht Gewinn zog. Die Frau ist durch den Begriff *adultera* („Ehebrecherin") bereits abqualifiziert. Quintilian scheint auf ein beiderseitiges Geschäft angespielt zu haben. Das mehrfach benutzte Verb kaufen (*emere*) rückt die *adultera* genau wie der Kommentar zum augusteischen Ehebruchsgesetz an die Seite einer ganz gewöhnlichen Prostituierten.

Die zweite Quelle berichtet von einer Klage wegen Kuppelei gegen einen Armen, dessen schöne Gattin angeblich mit Wissen ihres Mannes mit dem reichen Nachbar Ehebruch verübt hatte.

---

23   J. A. CROOK, Law and Life of Rome (Itaca/New York 1967), 15.

Ps.-Quint. Decl. Min. 325
„Eine Erbschaft war als Vermächtnis vorgesehen. Ein Reicher und
ein Armer waren Nachbarn. Der Arme hatte eine schöne Frau. Es
ging das Gerücht, daß die Gattin des Armen mit dem Reichen Ehebruch begehe, und zwar mit Wissen ihres Mannes. Der Zuhälterei
verklagt, wurde der Arme freigesprochen. Der Reiche starb, nachdem er dem Armen seinen ganzen Besitz unter dieser Auflage vermacht hatte: ‚Ich wünsche, daß du der Person, die ich vorgesehen
habe, diese Erbschaft übergibst‘. Die Ehefrau fordert nun vom Armen diese Erbschaft gleichsam als Vermächtnis.“

Der eigentliche Streit dreht sich darum, daß die Frau des Armen ihren Anspruch auf ein ihr gebührendes Vermächtnis des reichen Nachbars anmel-
den muß, ohne eine Ehebruchsklage zu provozieren, was um so schwieriger ist, als ihr Gatte bereits einmal der Kuppelei bezichtigt worden war,
weil er angeblich ihre Beziehungen mit dem Nachbar geduldet hatte. Von
einer gewerblichen Prostitution mit mehreren Männern ist hier keine Rede, sondern vielmehr von Erbschleicherei. Aus der geschilderten Situation
wird jedoch deutlich, wie zwiespältig ein Fall bei einer stummen Kompli-
zenschaft der Ehepartner werden konnte. Höchst erstaunlich jedoch ist,
daß der Redner für die Sache der Frau eine delikate Nähe zum Ehebruch
heraufbeschwört, wobei die Frau freilich als ahnungsloses Opfer dargestellt wird. Nur in diesem einen Exempel ist ein schwacher Abglanz einer
Nötigung der Gattin zumindest theoretisch durchgespielt. Wie schwierig
eine Feststellung von tatsächlicher Kuppelei unter dem Deckmantel der
Ehe oder einer Lebensgemeinschaft war, noch dazu, wenn es im Rahmen
unmittelbarer Nachbarschaft stattfand, dürfte dieses Beispiel illustriert haben.
      Beide Schulbeispiele lassen selbstverständlich keine Schätzung über
die Häufigkeit authentischer Prozesse zu, aber verglichen mit der reichen
Zahl an Ehebruchsverfahren, die augenscheinlich für den Gerichtsredner
von großer Bedeutung waren und der deutlichen Ausweitung anderer
Schattierungen des Begriffes *lenocinium* (Duldung des Ehebruches) in den
Quellen der Rhetoren spielt die Profiterzielung aus sexuellen Dienstleistungen der Ehegattin eine stark untergeordnete Rolle.
      Die Ungewißheit über die gerichtliche Verfolgung professioneller
Kuppelei in der Ehe liegt auch darin begründet, daß die literarischen Gat-
tungen wie Kaiserbiographien, Briefe von Provinzgouverneuren oder römische Historie, welche Prozesse wegen Ehebruch oder Kuppelei überliefern, kein Interesse am sittlichen Verhalten der unteren Schichten

bekunden und diese von vornherein ausblenden. In den spektakulären Ehebruchsprozessen der gesellschaftlichen Eliten, von denen Tacitus, Sueton und Cassius Dio zu berichten wissen, spielt aber Zuhälterei aus finanziellen Gründen begreiflicherweise keine Rolle. Zum anderen war für ein Verfahren zunächst ein Kläger vonnöten, der eine Klage nur dann anstrengte, wenn er persönliche Gründe hatte oder für sich selbst finanzielle Vorteile erhoffte. Man darf wohl unterstellen, daß das Gros der Leute, welches mit der Prostitution des (Ehe)-Partners seinen Lebensunterhalt fristete, mehr oder weniger mittellos war. Daher wird sich selten jemand der Mühe und der Beweislast einer derartigen Klage unterzogen haben, für welche er selbst beim Scheitern seines Prozesses mit einer Klage wegen wissentlicher Falschanzeige („*calumnia*") hätte verfolgt werden können. Kurz –, wo kein Kläger war, war auch kein Richter.

Die augusteischen Ehebruchsgesetze reagierten also mit dem Verbot der Prostitution der Gattin höchstwahrscheinlich nicht auf ein akutes soziales Problem, sondern fügten zum breitgefächerten *lenocinium*-Begriff auch noch das schlechtest denkbare Paradigma bei, um gleichsam die Regelungen der Ehebruchsgesetze abzurunden.

Gegen erzwungene Prostitution bot der betroffenen Frau weder das augusteische Ehebruchsgesetz noch ein anderes Gesetz irgendeine rechtliche Handhabe. Eine Frau konnte beim Magistrat nur für sich selbst postulieren oder den Mord an einem Verwandten anklagen. Sie hätte allerdings den Vater oder andere Verwandte bitten können, ihren Mann wegen *lenocinium* anzuklagen, damit war sie jedoch in der prekären Situation, womöglich selbst ihr Gesicht zu verlieren und als schändliche Ehebrecherin („*adultera*") dazustehen, wenn ihr Vertreter vor Gericht nicht beweisen konnte, daß sie gegen ihren Willen prostituiert worden war. Daß keine derartige Klage bekannt ist, ist aufgrund der in Rom so überaus geschätzten weiblichen Keuschheit und der daraus resultierenden Furcht der Frau bzw. ihrer Familie vor dem Stigma der Ehebrecherin nicht weiter verwunderlich. Eine Frau hatte in einer gewaltfreien Ehe, wie sie im römischen Reich mehr und mehr üblich wurde, bestenfalls die Möglichkeit, sich scheiden zu lassen, ihre Mitgift zurückzuerhalten und bei ihrer Verwandtschaft Zuflucht zu suchen.

Lebte eine Frau dagegen in einer nur eheähnlichen Lebensgemeinschaft, der die Voraussetzungen für eine rechtsgültige Ehe („*conubium*") fehlten, waren ihre Chancen noch schlechter. Zwang der Mann sie zur Prostitution, mochte sie nun früher eine Prostituierte gewesen sein oder nicht, so konnte dieser überhaupt nicht wegen Zuhälterei belangt werden. Wurde also zum Beispiel die Konkubine als Freigelassene des Mannes von ihm zur Prostitution gezwungen, konnte gegen ihn die augusteischen Ehebruchsgesetze gar nicht zur Anwendung kommen, weil der Prätor von vornherein derartige Klagen gegen den ehemaligen Besitzer untersagte. Eine Freigelassene hatte ferner kein Recht, sich von ihrem Lebensgefährten zu trennen, da ihr eine Scheidung ohne seine Einwilligung verboten war und sie wohl selten über eine ausreichende Mitgift verfügt haben dürfte, die ihr erlaubt hätte, sich einfach abzusetzen. Alle diese Überlegungen spiegeln nur die Lage all derjenigen, die sozial, ökonomisch und rechtlich vollkommen von ihrem Patron bzw. Ehemann/Lebenspartner abhängig waren.

2.3.3 Zuhälterei durch Eltern oder andere Vertrauenspersonen

Mehrere Quellen sprechen davon, daß Eltern ihre Kinder – und das waren bei der verbreiteten homosexuellen Prostitution durchaus auch Knaben – der Prostitution preisgaben oder aber an einen Zuhälter verkauften. Wie häufig das geschah, bleibt freilich im Dunkeln. Sicher haben oftmals ökonomische Zwänge und die Angst vor einem Alter in Elend eine Rolle gespielt, wie schon bei Plautus beschrieben wird und woran sich Jahrhunderte später offenbar nichts Grundlegendes geändert hatte. Literarische Fiktion war es bestimmt nicht, wenn die Armut alleinstehender oder vom plötzlichen Tod des Ernährers betroffener Frauen thematisiert wurde. Bei Plautus ziehen zwei freigelassene Frauen, die einst selbst Prostituierte waren, die leibliche Tochter der einen sowie ein Findelkind zur Prostitution heran, um ihre Altersversorgung zu sichern:

Plaut. Cist. 38
„Weil wir Freigelassene sind, ich und deine Mutter, sind wir beide Huren gewesen: Sie hat dich und ich habe dieses Mädchen, von einem Zufallsvater gezeugt, für mich aufgezogen."

Sehr realistisch mutet die Begründung der Kuppelmutter für ihr Tun an:

ebda., 40
„Auch habe ich sie nicht aus Hochmut zum Hurengewerbe erzogen, sondern weil ich hungerte."

Auch in einem Brief Senecas ist das Motiv für die Verkupplung der eigenen Kinder die Armut:

Sen. Ep. 101, 15
„Viele sind bereit, sich auf noch Schlimmeres einzulassen: sogar den Freund zu verraten, damit sie länger leben, und die Kindern mit eigner Hand dem sexuellen Mißbrauch auszuliefern ...“

Mütter, die sich von der Prostitution ihrer Töchter ernähren, hat auch Lukian in seinen Hetärengesprächen beschrieben. Auf eine ökonomische Zwangslage spielt desgleichen die Schilderung des Zosimus über die Einführung einer Sondersteuer („*collatio lustralis*“) unter Kaiser Konstantin I. an. In der dramatischen Schilderung, die den harten Steuerdruck veranschaulichen soll, heißt es unter anderem, daß die Mütter ihre Söhne und die Väter ihre Töchter prostituiert hätten, nur um die alle 5 Jahre eingezogene Steuer entrichten zu können. Jedoch erweckt diese Behauptung des Zosimus zu Recht Skepsis, da die heidnische Geschichtsschreibung die Finanzpolitik Kaiser Konstantins einmütig als Verschwendungssucht brandmarkte und alle bekannten Register zog, um mit diesem Klischee den schlechten und tyrannischen Herrscher zu entlarven. Da scheute man sich nicht, nebst der verdammungswürdigen Verkupplung der Kinder sogar die sonst so verachteten Dirnen als bemitleidenswerte Steueropfer darzustellen.

Ehemalige Dirnen waren für die Verkupplung ihrer Töchter oder jüngerer Frauen sozusagen prädestiniert, weil sie sich als Ungelernte sonst wenig Chancen auf dem Arbeitsmarkt ausrechnen, wohl aber ihre Schützlinge in das Metier einweisen konnten. Oft waren es nahestehende Frauen wie die Mutter, die Schwester oder Amme, die vom Erwerb der Jüngeren profitierten. Nicht immer läßt sich mit Sicherheit sagen, ob es die echte oder die vorgebliche Mutter war. Denn eine clevere Zuhälterin gab sich, wenn sie sich davon finanzielle Vorteile sprach, bisweilen auch einfach als Mutter aus. Das dokumentiert anschaulich die freilich aus griechischer Zeit stammende Anklageschrift gegen Neaira. Die Kupplerin Nikarete hatte Neaira und sechs weitere Mädchen als ihre Kinder ausgegeben und damit zugleich ihren Status als Freigeborene vorgetäuscht.

Moralisch betrachteten die römischen Autoren die Verkupplung der eigenen Kinder als verwerfliche Tat, verwerflicher noch als die Verkupplung der Gattin. Man hatte dafür bereits drastische Vergleiche angeführt: Prostitution der Kinder stellte man mit Landesverrat und Kastration auf eine Stufe. Der oben zitierte Seneca-Brief stellt die Prostitution der Kinder an die Seite mit dem Verrat am Freund. Selbst der drohende Hungertod rechtfertigte für ihn nicht die Prostitution der eigenen Kinder. Die massive Ablehnung der Prostitution von Kindern bezieht sich allerdings nur auf Freie.

Der moralischen Verurteilung entsprachen jedoch nicht die rechtlichen Regelungen. Aufgrund der ursprünglich uneingeschränkten *patria potestas*, der Vollgewalt des Vaters über die Kinder in seinem Hause, die sich nur sehr allmählich lockert, ist der Vater für solchen Mißbrauch zunächst juristisch nicht angreifbar. Um in der väterlichen Vollgewalt zu stehen, mußte ein Kind adoptiert worden sein oder einer rechtsgültigen Ehe („*matrimonium iustum*") entstammen. Eine Klage von seiten des Kindes, welche Entehrung oder Ehrlosigkeit für den Vater oder die Mutter zur Folge haben konnte („*infamia*"), ließen die Juristen nach dem Grundsatz des Respektes und Gehorsams den Eltern gegenüber nicht zu, und außerdem waren Familientöchter (wie Frauen generell) außer bei Mordfällen im familiären Umfeld nicht zur Anklage zugelassen. Legitime ebenso wie illegitime Kinder waren zudem verpflichtet, den Eltern bzw. der Mutter Unterhalt zu leisten. Sie hatten folglich – immer freilich unter der Voraussetzung ihrer Mündigkeit – zunächst wenig Chancen, sich gegen die Prostitution ihrer Person zu wehren. Offenbar bot aber im Verlauf der Kaiserzeit gerade die unterlassene Unterhaltspflicht, zum Beispiel, wenn ein Kind zwangsprostituiert worden war, zumindest Anlaß zu juristischen Diskussionen. Quintilian bezieht sich nach eigenen Angaben auf ein häufig diskutiertes Thema:

Quint. Inst. 7, 1, 55:
„So machen wir es oft in den Kontroversen, in denen Gefängnis gefordert wird für Kinder, die ihren Eltern keinen Unterhalt bieten, z. B. bei einer Mutter, die gegen ihren Sohn in einer Anklage Zeugnis abgelegt hat, er besitze das Bürgerrecht nicht, oder einem Vater, der seinen Sohn an einen Zuhälter verkauft hat."

Soweit dies aus dem kurzen Text erkennbar ist, war hier eine Klage des Vaters wegen unterlassener Unterhaltspflicht eingegangen, die gegen ihn ausfiel, weil der Vater seinen Sohn an einen Bordellwirt verkauft hatte.

Erst in der Spätantike reagiert eine christlich motivierte Rechtssprechung auf die Prostitution der eigenen Kinder. Das zeigt das Kuppelei-Verbot der christlichen Kaiser Theodosius und Valentinian, die darin ausdrücklich solche Väter aufnahmen, die ihre Töchter prostituierten, und diese mit denselben strengen Strafen belegten wie Besitzer, die ihre Sklavinnen prostituierten: Sie verloren ihre Rechte als Vater und wurden mit

Verbannung oder Bergwerksarbeit bestraft[24]. Ob man sich in den ersten Jahrhunderten der Kaiserzeit nicht so sehr für derartige Mißstände interessierte oder ob es sie noch wenig gab, weil sie erst eine Folge der schwieriger werdenden wirtschaftlichen Situation waren, läßt sich den Texten nicht entnehmen.

Keine Seltenheit scheint auch die Prostitution des Mündels durch den Vormund (*tutor*) gewesen zu sein. In den Quellen ist meist nur von Knaben als Mündeln die Rede, obwohl man auch von der Prostitution weiblicher Mündel ausgehen muß. Als Motiv ist hier aber nicht Not oder Armut, sondern Profitgier und beabsichtigte Veruntreuung von Geldern durch den Vormund angegeben. Not und Armut entstanden freilich auf seiten des Mündels, wenn der Vormund zum Beispiel das Erbe unterschlug und so das Mündel geradewegs in die Prostitution trieb[25]. Seneca erklärt dann auch ohne Umschweife einen Erblasser für verrückt, der sich von vornherein darüber im klaren ist, daß der testamentarisch ernannte Tutor die Mündel in die Prostitution treiben wird[26]. Doch ist besonders im letzten Text der rhetorische Schliff der Formulierung unverkennbar; Prostitution durch den Tutor wird zum Symbol der Veruntreuung an sich. Die Vernachlässigung oder gar der Betrug des Pflegekindes um sein Vermögen war ein drastischer Verstoß gegen die *fides* als der Basis römischen Loyalitätsverhaltens überhaupt und wurde daher entsprechend hart verurteilt. Kein anderer Bereich des Privatrechts war unter so umfassender staatlicher Aufsicht wie die Vormundschaft für Unmündige. Dennoch konnte es vorkommen, daß, obwohl von jedermann gegen den Vormund eine Klage (*tutoris suspecti*) angestrengt werden konnte, derselbe wegen Treubruchs zwar verurteilt und abgesetzt wurde, aber ohne weitere Strafe davon kam; allerdings bewirkte das Urteil Ehrlosigkeit, und dies konnte eine empfindliche Beschneidung der Bürgerrechte bedeuten. Darauf scheint Juvenal an folgender Stelle anzuspielen:

Juv. 1, 45ff.
„Soll ich sagen, wie sehr mir die Leber im Zorn entbrennt, wenn das Volk der Begleiter in Scharen drängt und hier der Betrüger des Mündels, das sich schon prostituiert, durch läppisches Urteil verdammt wird. Was schadet Verruf, sind die Münzen gerettet?"

---

24 C. 11. 41. 6 u. 7 (Theod./Valent, a. 428); vgl. C. Th. 15. 8. 2.
25 Das kam nicht selten vor: Cic. Rosc. 6, 16; Hor. Epist. 2, 1, 120-3; Juv. 15, 134; Sen. Ben. 4, 27, 5 s. nachfolgende Ausführung.
26 Sen. Ben. 4, 27, 5.

Die Rechtsmittel waren demnach auch hier trotz der relativ umfangreichen Schutzbestimmungen wenig geeignet, in Fällen erzwungener Prostitution etwas auszurichten, zumal das Mündel selbst nicht klagen konnte. Vergleicht man jedoch die rechtlichen Mittel von Dritten gegenüber einem Tutor, der Gelder veruntreute und damit ein Mündel theoretisch in die Prostitution treiben konnte, mit denjenigen der eigenen Kinder gegen ihre Eltern, so waren letztere eindeutig in der schlechteren Position.

2.3.4 Die professionellen Zuhälter

Die professionellen Zuhälter und Zuhälterinnen waren meistens Besitzer oder Pächter eines Bordells, deren Betriebskapital aus Prostituierten, weiteren Bediensteten und den entsprechenden Räumlichkeiten bestand. Von Zuhältern, die auch die Straßenmädchen kontrollierten, etwa nach bestimmten „Reviereinteilungen", ist seltsamerweise nichts zu hören. Die Art, wie die Zuhälter Frauen und Mädchen (aber auch Knaben) für die Prostitution rekrutierten, unterschied sich nicht wesentlich von den sonstigen Methoden der Sklavenbeschaffung. Die Zuhälter hatten die Prostituierten meist von Sklavenhändlern erworben oder aber von Freien, die ihre Kinder in die Prostitution verkauften. Hinzu kam die Praxis, Findelkinder zu diesem Zweck aufzuziehen. Nur vermuten können wir mangels Quellen, daß die Kinder ihrer eigenen versklavten Prostituierten aufgezogen und wiederum zur Prostitution abgerichtet wurden. Ganz gerissen waren die Methoden der Zuhälter in der Spätphase des Reiches: Sie suchten auf dem flachen Land systematisch nach armen Mädchen, um sie mit zugkräftigen Versprechungen zur Unterzeichnung von Verträgen zu bewegen und ihre Opfer in Bordellen einzusperren. Dort mußten die Mädchen dann Schulddokumente unterschreiben und die fingierten Schulden abarbeiten. Diese Methode des Menschenhandels hat die Jahrhunderte überdauert und nimmt gerade heute durch Schleuserbanden aus Drittwelt- und ehemaligen Ostblockländern wieder mehr und mehr zu. Wegen des späten Datums der Quelle ist es nicht ausgeschlossen, daß diese Methoden erst überhand nahmen, als Sklavinnen aus Kriegsbeute nicht mehr so leicht zu bekommen waren.

　　Bisweilen scheinen die Bordellwirte auch nur einzelne Kammern an Prostituierte, die auf eigene Rechnung arbeiteten, vermietet zu haben. Solche Kammern in Bordellen wurden auch von anderen Personen zu gelegentlichen Treffs kurzzeitig gemietet. Die Leiter des Bordells legten die Preise – wenigstens für die ihnen gehörigen Sklavinnen – fest und sorgten für ihre Ausstaffierung und Unterkunft. Letztere muß wohl mit dem Bordell selbst identifiziert werden – bedrückend genug, wenn man sich die winzigen stickigen Kammern in Pompeji ansieht[27].

Auch einige andere Bordelle außer dem des Africanus und Victor wurden gemeinschaftlich von zwei Personen geleitet. Von zwei männlichen Pächtern hören wir aus einem Bordell im römischen Ägypten. Für Pompeji werden zuweilen auch ein Mann und eine Frau genannt; ob es sich um Gatten oder Lebensgefährten handelte, ist unbekannt, aber naheliegend.

Es gab auch solche, die als Zuhälter nicht öffentlich in Erscheinung traten. Das lag in erster Linie daran, daß der Ruf eines Kupplers denkbar schlecht war und ihn von wichtigen Privatrechtsakten ausschloß. Römische Bürger ließen daher ein Bordell höchstwahrscheinlich durch ihre Sklaven oder Freigelassenen betreiben und blieben selbst im Hintergrund bzw. fungierten als stille Teilhaber. Für das Betreiben eines Bordells oder der Zuhälterei in größerem Stil benötigte man Startkapital, welches von den sich vornehm im Hintergrund haltenden Herren als Vorleistung für ihre Anteile am Profit gestellt worden sein dürfte. Treffen diese Vermutungen zu, wären im Geschäft mit der Prostitution ganz ähnliche Strukturen vorzufinden, wie sie im römischen Handel und Gewerbe allgemein anzutreffen sind. Die römische Oberschicht ließ ihre kommerziellen Interessen durch Sklaven, Freigelassene und Klienten vertreten und reduzierte damit ihr finanzielles Risiko und ihre faktische Mitwirkung. Nur wenige Texte weisen unmittelbar auf derartige Geschäftsverhältnisse am Prostitutionsmarkt hin, so zum Beispiel ein Text aus dem Digestenabschnitt *infamia notatur* („Wer mit dem Stigma der Infamie gebrandmarkt ist"), die auf Ulpian zurückgeht und von der Beschneidung der Prozeßrechte eines ehemaligen Sklaven-Zuhälters handelt:

Ulp. D. 3. 2. 4. 3
„Pomponius sagt, daß auch derjenige, der in der Sklaverei eigene versklavte Prostituierte besaß, nach seiner Freilassung ‚infam‘ sei."

Die prostituierten Sklaven/-innen werden dem Sondervermögen („*peculium*") des versklavten Zuhälters zugerechnet. Mit dem vom Herrn als Sondervermögen zugeteilten *peculium* konnte ein Sklave – so wollte es die Sitte – frei wirtschaften, wohingegen rein rechtlich das *peculium* und die Erträge daraus, also hier die Sklavinnen und die Erträge aus der Prostitution, dem Herrn gehörten. Deshalb war er auch dazu verpflichtet, dem Herrn einen Anteil seines Verdienstes abzugeben. Auch wenn der Sklave

---

27 S. unten, S. 191ff.

die Tätigkeit eines Zuhälters gar nicht freiwillig übernommen hatte, haftete ihm das Stigma der Infamie („Ehrlosigkeit") nach seiner Freilassung weiterhin an, wie obige Quelle dokumentiert. Diese Bestimmung ist vergleichbar mit der fortdauernden Infamie von ehemaligen prostituierten Sklavinnen.

Auch Freigelassene betätigten sich auf Veranlassung oder mit Billigung ihrer Herren oder Herrinnen im Geschäft der Zuhälterei. Ein Grabstein aus Beneventum, der Seltenheitswert hat, ehrt eine Zuhälterin namens Calybene.

CIL IX 2029
„Vibia Chresta ließ diesen Gedenkstein errichten für sich und ihre Familie und für Gaius Rustius, den Freigelassenen des Gaius, und für ihren Sohn Thalassius und für die Freigelassene der Vibia, die Zuhälterin Calybene, die ihren Profit gemacht hat, ohne andere zu betrügen."

Die einstige Herrin der Calybene, selbst eine Freigelassene, hatte dieses Monument für sich, ihren Mann, ihren Sohn und für besagte Calybene setzen lassen. Calybene war freigelassen worden, und offenbar hatten ihre bemerkenswerten Einkünfte aus der Zuhälterei den Grabstein ermöglicht. Von ganz besonderem Interesse ist die Betonung am Ende der Gedenkschrift, daß diese Einkünfte ohne Betrug gewonnen seien. Das bestätigt noch einmal die starken Ressentiments, die die Öffentlichkeit Kupplern und Kupplerinnen gegenüber hegte. Ob Calybene eine Bordellwirtin war oder nur eine oder zwei Sklavinnen vermietete, geht aus dem Text nicht hervor. Leider gibt es unseres Wissens außer diesen beiden Quellen keine weiteren inschriftlichen Nachweise für Berufe im Geschäft mit der Prostitution oder für Prostituierte.

Manche „ehrbaren" Leute beteiligten sich vorsichtiger und auf indirekterem Weg als über die Einsetzung von Freigelassenen oder Sklaven an der Rendite, die das Geschäft mit der Prostitution abwarf, indem sie ihre Häuser oder Teile der Mietskasernen („*insulae*") an Bordellwirte vermieteten und nur die Einnahmen kassierten.

Das veranschaulicht ein Text von Ulpian:

D. 5. 3. 27. 1
„Aber auch die Erträge, welche aus den Vermietungen städtischer Liegenschaften eingehen, werden hinzukommen, auch wenn sie von einem Bordell eingehen: denn auch in den Liegenschaften vieler ehrbarer Männer werden Bordelle betrieben."

Der Text handelt davon, daß bei Erbansprüchen auch die Mieteinnahmen aus städtischem Besitz zu den Früchten der Erbschaft gehörten, die der unrechtmäßige Besitzer derselben herauszugeben hatte. Von weiteren indirekten Einnahmen vermögender Leute, hauptsächlich der Nobilität, aus Mieten für Bordelle oder ähnliche Etablissements zeugt aber auch die Gesamtstruktur des römischen Mietmarktes. Neuere Untersuchungen haben gezeigt, daß die Investoren der Oberschichten nicht nur in die Wohnhäuser oder Mietobjekte für Besserzahlende investierten, sondern ebenso in die zweit- und drittklassigen Mietkasernen, in denen die Quartiere der Unterschichten lagen. Diese Quartiere scheinen jedoch profitable Investitionsobjekte gewesen zu sein, nicht zuletzt weil in diesen Unterkünften neben anderen Gewerben sehr häufig auch Prostitution betrieben wurde. Cicero hatte zum Beispiel aus seinen *insulae* in den Armenquartieren des Aventin und Argiletum eine jährliche Rendite von 100 000 Sesterzen, weshalb Investitionen in diesem Bereich zwar als riskant, aber als exzellente Einnahmequelle galten.

Ein erheblicher Teil des Profits aus Geschäften mit der Prostitution muß also an die Grundbesitzer und Prokuratoren von Gebäuden geflossen sein, ohne daß diese unmittelbar der Zuhälterei hätten bezichtigt werden können. Auch in jüngster Zeit gibt es vergleichbare Situationen, wenn „rechtschaffene Bürger" in florierende Großprojekte wie Eroscenter Geld investieren und mit stabilen hohen Renditen rechnen können[28].

Den Eindruck eines außerordentlich komplexen Managements, verzweigter Beziehungen unter den Zuhältern und höherer Investitionssummen für derartige Etablissements erweckt ein Papyrustext aus Arsinoe aus dem Jahr 265 n. Chr[29]. Im römischen Ägypten gab es nach diesem Zeugnis im Gegensatz zu den sonst rein privaten Unternehmungen auch städtische Bordelle. Die Leiter des Bordells (pornoboskoí) werden als Pächter der städtischen Bordelle bezeichnet, die wegen verschiedener Unregelmäßigkeiten zur Rechenschaft gezogen werden. Einmal geht es um den unerlaubten Verkauf einer Sklavin, sodann um die Untervermietung einiger Bordelle an lokale Pächter, die sich beschweren, sie hätten viermal mehr als die übliche Mietsumme bezahlt und dabei kaum Gewinn erzielt. Die Interpretation des Textes ist – darauf haben die Herausgeber bereits hingewiesen – schwierig, aber trotz der Unklarheiten wird sichtbar, daß es

---

28 Aktuelle Beispiele s. OHSE, Forced Prostitution, 65-6; KREUZER, Prostitution 264-5.

29 PSI IX 1055 (a). In Lokalisierung und Datierung folgen wir den Herausgebern.

sich bei dem Prostitutionsgeschäft der Zuhälter um Renditen und Erträge in nicht geringem Umfang gehandelt haben muß.

Was die Unternehmensform des städtischen Bordells betrifft, so bliebe zu untersuchen, ob diese Struktur hellenistisch oder gar genuin ägyptisch war; denn für das römische Imperium ist sie sonst nicht nachgewiesen. Im Athen des 6. Jahrhunderts soll es allerdings ebenso städtische Bordelle gegeben haben, später existierten aber auch dort nur noch Privatunternehmen. Eine weitere Quelle aus Ägypten legt immerhin die Vermutung nahe, daß bereits in hellenistischer Zeit dort Bordelle existierten, die dem königlichen Monopol unterlagen. Ein Dekret des Herrschers Euergetes II. aus dem Jahr 140–139 v. Chr. nennt königliche Monopole bei einem leider nicht näher spezifizierten Tempel, zu denen vielleicht auch Bordelle gehörten[30]. Gab es derartige Eigentumsverhältnisse also schon im ptolemaischen Ägypten oder noch früher? Dann wäre der König selbst seit langem unmittelbar an diesen Einnahmen beteiligt gewesen.

2.3.5 Die Gelegenheitskuppler

Die Prostitution sicherte nicht nur einigen Professionellen des Sexhandels einträgliche Geschäfte, sondern warf auch für die kleinen Agenten und Händler noch etwas ab, die sich nebenbei ein Handgeld verdienten. Leider wird das Dunkel nur durch sehr dürftige Quellen erhellt. Im Satyrikon hat Petron die Begebenheiten einprägsam in Szene gesetzt. Enkolpios fragt, ermüdet von der Suche nach seinem Quartier, ein altes Weiblein, das Gemüse feilhält, nach dem Weg und wird von ihr geradewegs in ein Bordell geführt. Genau im selben Bordell in einem ganz abgelegenen Schlupfwinkel landet auch sein Freund Askyltos, dem ein seriöser Herr mit liebenswürdigen Worten angeboten hatte, ihn zu führen. Der liebenswürdige Herr wollte sich dann allerdings, wie sich herausstellte, selbst dem Askyltos anbieten und hatte schon hoffnungsfroh seine Börse gezückt. Auch Caligula soll seine Leute ausgeschickt haben, um für das angeblich von ihm eingerichtete Freudenhaus möglichst viel Kundschaft anzulocken.

---

30 Pap. Tebt. 1, 6.

2.4 Preise für sexuelle Dienstleistungen

Der folgende Überblick befaßt sich mit den Preisen, die Prostituierte für ihre Dienste verlangten oder, falls sie unfrei waren, verlangen durften. Darüber will ich versuchen, etwas über die realen Verdienstmöglichkeiten und das Niveau der Lebensführung von Prostituierten auszumachen.

In den Quellen sind Preise für Prostituierte nur für eine Handvoll Orte im römischen Reich dokumentiert. Die Quellen konzentrieren sich im wesentlichen auf Pompeji und Rom. Die Wandkritzeleien aus Pompeji, welche die meisten Prostituierten-Preise überliefern, sind durch die Unmittelbarkeit des Mediums in jedem Fall verläßlich, beschränken sich aber in der Mehrzahl der Fälle auf die Angabe eines Namens und eines Preises. Sie können als Werbung betrachtet werden, die entweder von den Prostituierten selbst, ihren Zuhältern oder manchmal auch von ihren Kunden an die Hauswände geschrieben wurde. Die folgende Aufstellung bietet eine Übersicht über die im Corpus Inscriptionum Latinarum Bd. IV veröffentlichten Preise weiblicher Prostituierter in Pompeji einschließlich der Fundorte. Alle stammen aus der frühen Kaiserzeit.

Nachweis	*Angebot*	*Name*	*Preis /AS*	*Fundort*
CIL IV 4023	Werbung	Felicula verna	2	v 1, 15[31]
CIL IV, 4150	Werbung	Athenais	2	v 2, 15[32]
CIL IV, 4150	Werbung	Sabina	2	Dto.
CIL IV, 4592	Werbung	Eutyche Graeca	2	vi 15, 1[33] (Domus Vettiorum)
CIL IV, 5105	Werbung	Optata verna	2	ix 5, zwischen 16 u. 17[34]

---

31 An der selben Stelle werben noch eine weibliche (4025: Successa verna bellis moribus, ohne Preisangabe) und ein männlicher Prostituierter für sich (4024: Menander bellis moribus 2 As). In v 1, 14-16 war eine Konditorei mit Gaststube und Laden untergebracht. Vgl. CIL IV, 4001: Glyco halicaria (die vor den Graupenmühlen sitzt).

32 Die *taberna* in v 2, 17 ist in direkter Nachbarschaft.

33 Ein Stück weiter die Straße hinunter lag das sog. Gran Lupanar („das Große Bordell"): vi 14, 43; hier wird auch noch eine andere Sklavin, deren Name und Preis nicht mehr leserlich sind, angepriesen: CIL IV, 4593.

Nachweis	Angebot	Name	Preis /AS	Fundort
CIL IV, 5338	Werbung	Pieris	2	ix 8, 5[35]
CIL IV, 5345	Werbung	Euche verna	2	ix 14, 2[36]
CIL IV, 5372	Werbung	Anonyma	2	ix, undefiniert
CIL IV, 8511	Werbung	Spes	2	ii 7 (bei der palae-stra am Amphithea-ter)
CIL IV, 8456	Werbung	Veneria	2	ii 3, 2[37]
CIL IV, 8394	Werbung	Nebris	2	i 10, 11
CIL IV, 8185	Fellatio	Fortunata	2	i 8, 1[38]
CIL IV 8185	Fellatio	Murtis	2	i 8, 1
CIL IV, 1969	Fellatio	Lais	2	vii 9, 67-68 (beim Forum, domus der Eumachia)
CIL IV, 2028	Fellatio	Libanis	3	
CIL IV, 8160	Fellatio	Anonyma	3	i 7, 7[39] (domus des Priesters Corn. Amandus)
CIL IV 4439	Werbung	Pitane	3	Vi 8, 16
CIL IV 2450	Concubi-tus	Tyche	5	viii 7, 20 (corridoio di teatri)

34   In ix 5, 14–16 ist ein kleines Bordell mit Kneipe; unmittelbar daneben das Bordell
     der Somene ix, 5, 19, es werden mehrere Namen von Prostituierten aufgezählt.
     Gleich um die Ecke an des nächsten Wohnblocks liegt das Bordell des Amandus:
     ix, 6, 8. Alle liegen ganz nahe bei den Zentralthermen.
35   Die Fundlage exakt zu erschließen, war mir nach den CIL-Angaben nicht mög-
     lich; daher kann es sich auch um eine andere Hausnummer handeln.
36   Der Versuch, den Ort aufgrund der Angaben des CIL exakt zu identifizieren, ist
     trotz sorgfältiger Untersuchung unmöglich. Im Nachbarhaus eine Kneipe mit
     Treppe zum Obergeschoß: ix 14, 6.
37   Um die Ecke liegt die Kneipe des Nicanor, reg. ii 3, 8-9.
38   Ein paar Schritte in nordöstlicher Richtung die Strasse hinauf lag ein Bordell im
     Obergeschoß: ix 12, 6.
39   Auch hier ist wieder die Nähe zum Bordell der regio ix 12, 6 ebenso wie zum
     Bordell samt Garküche der Asellina, ix 11, 2-4, die schräg gegenüber lagen, zu
     konstatieren.

Nachweis	Angebot	Name	Preis /AS	Fundort
CIL IV 4025	Werbung	Successa	5	v 1,15 (s. oben, Nr. 1 der Liste)
CIL IV 5204	Werbung	Al...re (?) verna	5	ix 6, zw. 1 und 2[40]
CIL IV 5206	Werbung	Anonyma verna	5[41]	Dto.
CIL IV 8224	Werbung	Maria	6	i 8, 17[42]
CIL IV 8187	Werbung	Anonyma	8	i 8, 2
CIL IV 5203	Werbung	Logas verna	8	ix 6, zwischen 1.u.2
CIL IV 5127	Werbung	Spes	9	ix 5; zw. 19 und der Ecke[43]
CIL IV 8357	Werbung	Anonyma	10	i 10, 4 (casa del Menandro)[44]
CIL IV 2193	Concubitus	Drauca	16	(reg. vii) Vicolo del lupanare
CIL IV 1751	Werbung	Attice	16	(reg. vii) vor Porta Marina an einer Bank[45].
CIL IV 8034	Werbung	Fortunata	23	

Derartige Reklame mit Preisangaben ist überall in der Stadt zu finden, weist jedoch in der in den Regionen i und ix (die Stadtbezirke in Pompeji waren mit Nummern gekennzeichnet) eine leicht erhöhte Konzentration auf, was freilich auf der zufälligen Fundsituation beruhen kann.

---

40 Unmittelbar um die Ecke Bordell und Garküche des Tertius: ix, 7, 21. 22.

41 Der nachlässige Schnörkel könnte vielleicht auch etwas anderes bedeuten. Das v-Zeichen kommt ihm noch am nächsten.

42 Schräg vis à vis im gegenüberliegenden Wohnblock liegt die Kneipe samt Bordell des Masculus: i 7, 13-14.

43 Unmittelbar beim Bordell des Somene IX 5, 18; Spes kostet wegen moribus bellis wesentlich mehr als die im selben Bordell arbeitende Optata.

44 Bordell direkt daneben im Obergeschoß: i 10, 5.

45 Vielleicht arbeitete Attice im Bordell des Faustius, das an der Nordseite vor der Porta Marina gelegen war.

Eine Überprüfung der Fundorte und ihrer Lage innerhalb der Stadt macht es wahrscheinlich, daß ein großer Teil der Frauen in Bordellen arbeitete. In immerhin 10 Fällen von 22, die eine Lokalisierung zulassen, sind die Graffiti mit Preisangaben an oder in unmittelbarer Nähe zu einem Bordell zu finden. Bei den Kneipen, in denen oftmals die Bedienungen gleichzeitig als Prostituierte arbeiteten, muß man mit einer ähnlichen Schlußfolgerung vorsichtig sein, da Kneipen so zahlreich sind, daß es fast von jedem Punkt der Stadt aus möglich ist, eine Kneipe in der Nachbarschaft zu konstatieren und zudem nicht in jeder Kneipen Prostitution stattgefunden haben muß. Damit wird eine Zuordnung allzu vage.

Der Status der Prostituierten ist aus den Graffiti nicht eindeutig zu bestimmen. Die Namen klingen meist wie Sklaven-Namen, bei manchen – meist an den Außen- oder Innenwänden von Kneipen angebracht – steht explizit *verna* (im Haus geborene Sklavin) dabei. In den verbleibenden Fällen – und das ist bei weitem die Mehrzahl – kann keine Statusbestimmung erfolgen. Folglich läßt sich nichts darüber aussagen, ob sexuelle Dienste von Sklavinnen, wie allgemein angenommen, tatsächlich billiger waren als die von Freigelassenen oder Freien.

Über die durchschnittliche Preissituation gibt die Tabelle Auskunft. Mehr als die Hälfte der Preise beläuft sich auf 2 As, was eine Art Grundtarif gewesen zu sein scheint, um dann kontinuierlich bis auf einen Denar anzusteigen. Bordelldirnen waren entgegen vielen Behauptungen nicht generell die billigste Kategorie von Prostituierten. Auch unter diesen gibt es starke Preisunterschiede. Die Spanne in Pompeji beträgt 2 bis 23 As. Ob verschiedene Dienstleistungen auch unterschiedliche Preise hatten, ist schwer zu sagen, da über den Service wenig Angaben gemacht werden. Fellatio ist oft von weiblichen Prostituierten bezeugt, war aber auch bereits für den Basispreis von 2 As zu haben (s. Tabelle).

In der Landstadt Pompeji waren 16 As an der oberen Grenze für eine sexuelle Dienstleistung von Prostituierten und für einfache Leute schon kostspielig. Soviel verlangte beispielsweise Attice (Tabelle oben, Nr. 28), die eine ziemlich auffallende Werbung betrieb: Am Eingang der Porta Marina befanden sich Arkaden, unter welchen eine gemauerte Bank stand. Über dieser war in großen Lettern folgendes eingeritzt: SI QVIS HIC SEDERIT, LEGAT HOC MATEMA, SI QVI FVTVERE VOLET, ATTICEN QVAERAT ASSIBVS SEDECIM („Wer sich hier hinsetzt, lese diesen Spruch: Wer vögeln will, frage nach Attice für 16 As").

Für Rom haben wir im Vergleich mit Pompeji Preisangaben, die extrem nach oben und unten schwanken. Sie reichen von einem Quadrans (ein 1/4 As) bis zu 100 Goldstücken. Ob solche Angaben realistisch sind,

Abb. 12 Graffito „sum tua aere"

muß im einzelnen geprüft werden. Besonders die für Rom ergiebigste Quelle, die Epigramme Martials, eines intimen Kenners des großstädtischen Lebens in Rom, muß anschließend noch genauer untersucht werden. Unglaubwürdig ist nach übereinstimmender Forschungsmeinung der überaus geringe Preis von 1/4 As. Er taucht zweimal im Zusammenhang mit Ciceros Rede ‚Pro Caelio‘ auf, in dem Cicero eine Invektive auf die wegen ihrer Affären stadtbekannte Clodia, die Schwester des nicht weniger berüchtigten P. Clodius Pulcher, abfeuert, und sie zu diesem Zweck auch als *quadrantaria*, also als Pfennighure, beschimpft. An der Grenze des noch Vorstellbaren liegen als unterer Wert die Angaben von 1 As, die auf die bitterarmen und elenden Grabmalsdirnen oder auf alte, im Marktwert gesunkene Prostituierte zu beziehen sind.

Alle weiteren Befunde für das stadtrömische Prostitutionsmilieu stammen von Martial. Einige seiner Preisangaben sind rein fiktiv; sie dienen der kunstvollen Untermalung der dargestellten Situationen und Charaktere und sind mit ihren astronomischen Summen stark übertrieben, hauptsächlich um die Unwürdigkeit mancher Personen herauszustellen.

In 2, 63 wird einem gewissen Milicho vorgeworfen, sein Vermögen an eine horrend teure Kurtisane zu verschleudern. Hier wird eines der Hauptargumente gegen Prostitution angesprochen: das Vergeuden von Hab und Gut durch exzessive Kontakte mit Prostituierten. Der imaginäre Preis für besagte Leda ist 100 000 As. In 7, 10 geht es um einen gewissen Olus, der sich um allerlei Skandalhistörchen kümmert, nur vor seiner eigenen Tür nicht kehrt. Eins dieser Skandälchen ist, daß ein gewisser Matho ebenso 100 000 AS verhurt haben soll.

Andere Preise haben noch einen Bezug zur Realität, sind aber dem Milieu der sogenannten Semiprofessionellen zuzuschreiben, das – jedenfalls ökonomisch gesehen – sternenweit von den niederen Prostituierten entfernt war. Für die jungen, hübschen „Gefährtinnen", die auf eigene Rechnung arbeiteten und finanziell gut dastanden, war es mit Geld allein oft nicht getan. Sie erwarteten Geschenke in Form von Kleidung, Parfum oder Schmuck bis hin zur Wohnungsausstattung und Bediensteten. Diese Gegenstände gingen in das Eigentum der Gespielinnen über.

Die Geschichten über die unglaubliche Extravaganz richten sich auch gegen die Geber und ihre Verschwendungssucht: Kaiser Carinus soll einer Dirne kostbare Elefantenzähne als Material für ein Bettgestell geschenkt haben, Verres soll – natürlich ist Cicero als Ankläger hier tendenziös – einen beträchtlichen Teil der aus Sizilien erpressten Summen den Dirnen Tertia und Pippa zum Geschenk gemacht haben (Cic. Verr. 2, 3, 34).

Somit bleiben für einen Preisspiegel in Rom nur vier einigermaßen zuverlässige Angaben übrig: 1 As, 2 As, 16 As und 1 Amphore Wein. Bei den Angaben von einem und zwei As hebt Martial die Billigkeit dieser Dirnen besonders hervor. Im dritten Fall von 16 As handelt es sich um eine zwar vulgäre, aber offenbar erfahrene Dirne. Ihr Status wird explizit von dem einer richtigen Vornehmen abgehoben. Die vierte Angabe ist die Bitte der Phyllis um eine Amphore Wein für eine ganze Nacht, was in etwa 200–240 As entsprechen dürfte. Das war eine bedeutende Summe, wurde aber auch für ein längeres Beisammensein gezahlt.

Details über die ökonomische Lage von Prostituierten erfahren wir von Martial so gut wie keine. In zwei der vier Fälle redet er ganz unpersönlich von *asse Venus constat* („Sex gibt's für ein As") oder von *plebeia Venus* („Sex für den Pöbel"). Unbekannt bleiben Arbeitsplatz, Status und Name der Prostituierten, kurz jegliche Konkretisierung. Nur in 12, 65 ist die schöne Phyllis namentlich genannt. Sie arbeitete offenbar auf eigene Rechnung und hob sich auch preislich von den gewöhnlichen Prostituierten ab, selbst wenn man berücksichtigt, daß es sich bei den rund 200 As um einen Pauschalpreis für eine ganze Nacht handelte.

Martial gibt noch einen weiteren Hinweis auf frei arbeitende Prostituierte, deren Verdienst jeweils mit ihnen ausgehandelt werden mußte. Da wurde dann erbarmungslos gefeilscht, ähnlich wie im folgenden Epigramm beschrieben. Zwar übertreibt der Dichter den Hergang und die Preise massivst, weil es ihm auf den Grad des körperlichen Verfalls und des sinkenden Marktwertes einer Prostituierten ankommt, aber auch dann bleibt ein nachhaltiger Eindruck vom ständigen Preiskampf der Frauen, gerade im Hinblick auf die große Konkurrenz Jüngerer:

Mart. 10, 75

„Zwanzigtausend hat Galla einmal von mir gefordert, und ich gestehe, daß sie dabei gar nicht so teuer war. Ein Jahr verging: Zweimal 5 mußt Du zahlen, so sagte sie und mir schien, sie verlange mehr als mit jenem zuvor. Als sechs Monate drauf sie nur zweitausend verlangte, bot ich ihr tausend nur, aber sie nahm es nicht an. Zwei oder drei Kalenden waren vielleicht vergangen, da erbat sie von selbst nur noch vier Münzen in Gold. Ich gab nichts. Da ließ sie einhundert Sesterzen mich schicken, aber auch dieser Betrag schien mir noch immer zu hoch. Denn meine dürftige Sportel brachte mir gerade mal einhundert Viertelas; diese nun wollte sie: Ich sagte, daß ich dem Sklaven sie gab. Konnte sie etwa noch tiefer herabgehen? Ja, sie tat es. Galla gibt sich umsonst, gratis hin: Ich sage nein."

Wie die Werbung in Pompeji hinlänglich belegt, hatten dagegen die abhängigen Bordelldirnen und vermutlich auch die Serviererinnen einen vom Zuhälter festgelegten Preis. Die Prostituierten, die im Bordell nur eine Zelle angemietet hatten, zogen ihren Lohn selbst ein, wahrscheinlich taten das auch die abhängigen Insassinnen.

Die horrenden Summen, welche die Dichter für Rom nennen, sind also entweder Ausnahmen oder literarische Übertreibungen gewesen, so daß man für Rom wie für Pompeji die gleichen durchschnittlichen Marktpreise zwischen 2 und 16 As annehmen darf. Abweichungen nach oben und unten scheinen jedoch in der Hauptstadt häufiger gewesen zu sein. Der Prostitutionsmarkt war in Rom wahrscheinlich größer und variationsreicher als in der Landstadt Pompeji. Allerdings ist es Martials karikaturistisch verzerrtes oder ironisches Bild, das diesen Eindruck vermittelt. Für Pompeji dagegen fehlt jede vergleichbare literarische Ausmalung, um derlei Feststellungen zu treffen; denn die knappen Preis- und Namensnennungen lassen weitergehende Interpretationen nicht zu, zumal dort nur die Festpreise der Bordelldirnen ausgeschrieben wurden. Teurere und freie Prostituierte inserierten nicht auf Hauswänden.

Der Steuertarif aus der Wüstenstadt Palmyra, auf die wir unten noch zu sprechen kommen, gibt Preise von Prostituierten pro Beischlaf (*concubitus*) an und deckt sich ebenfalls mit dem für Pompeji und Rom festgestellten Preisniveau[46]. Es werden 6 As, 8 As und ein Denar genannt. Vielleicht waren das nicht die einzigen oder gar amtlich vorgeschriebenen Preise, so daß Abweichungen wahrscheinlich sind. Schließlich handelte es sich lediglich um Richtlinien eines offiziellen Dokumentes.

Die Preise für Prostituierte in Wirtshäusern oder Gasthöfen außerhalb Pompejis sind ganz besonders dürftig. In dem bekannten Dokument aus Aesernia berechnet die Wirtin dem Gast neben anderen Posten die sexuellen Dienste eines Mädchens im Gasthof mit 8 As. Die restlichen Posten belaufen sich auf 1 As für den Wein, 1 As für Brot, 2 As für eine Mahlzeit und 2 As für das Heu des Esels. Spottbillig war die Mädchen im Vergleich dazu nicht gerade, sie kostete immerhin viermal soviel wie die Mahlzeit, aber vielleicht war auf dem Land die Konkurrenz geringer. Das Auftauchen ihres Preises auf der Rechnung der Wirtsleute macht deutlich, daß

---

46   Vgl. S. 267ff.

das Mädchen eine Sklavin oder sonst in irgendeiner Weise von den Wirtsleuten abhängig war und sie den Lohn ganz oder teilweise einstrichen.

Die bislang festgestellten Preise pendeln sich in einem gewissen Rahmen ein, ohne daß einzelne Abweichungen ausgeblendet werden sollen. Ihre Schwankungen scheinen, soweit dies festzustellen die wenigen Angaben überhaupt zulassen, weniger von lokalen Gegebenheiten abzuhängen als vielmehr vom Alter, Aussehen und Leistung der Prostituierten. Diese Feststellung mag nicht weiter überraschen, denn es läßt sich auch für andere elementare Güter oder Löhne etc. eine relative Konsistenz der Preise im ersten und zweiten Jahrhundert auch in verschiedenen Gegenden nachweisen.

Für alternde Prostituierte hatten die Satiren-Dichter, allen voran Martial, nur gehässigen Spott übrig. Alte Dirnen hatten nur noch mit geringen Einnahmen zu rechnen, wobei allerdings für viele der Ärmeren wegen schlechter Lebensbedingungen eine verhältnismäßig niedrige Lebenserwartung anzunehmen ist.

Junge Prostituierte und besonders Jungfrauen standen dagegen hoch im Kurs. Ein Beleg für erhöhte Preise bei der Entjungferung junger Mädchen ist in der romanhaften Erzählung ‚Historia Apollonii Tyri' zu finden.

Hist. Apoll. Tyr. 33
„Das Mädchen warf sich ihm zu Füßen und sprach: Erbarme Dich, Herr, meiner Jungfräulichkeit, daß Du diesen Körper nicht unter einer so schändlichen Bezeichnung verkaufst. Der Zuhälter rief den Aufseher der Mädchen und sagte, daß die hier Anwesende sorgfältig geschmückt werden solle und ihr ein Aushängeschild geschrieben werden solle: ‚Wer auch immer Tarsia entjungfert, solle ein halbes Pfund (Gold) geben.' Hernach werde sie dem Volk für ein paar Goldstücke zur Verfügung stehen."

Die märchenhaften Preise in dieser Episode dienen lediglich der Unterstreichung eines so ungewöhnlichen Erwerbs wie einer Prinzessin im Bordell und haben nichts mit den einigermaßen realistischen Preisen für Straßenprostituierte zu tun. Hervorzuheben ist in diesem Zusammenhang lediglich die drastische Preisminderung der Tarsia nach ihrer Entjungferung. Das dürfte den auch sonst üblichen Machenschaften der Bordellhalter entsprochen haben. Für ein außergewöhnliches Ereignis im Bordellmilieu konnte also auch ein außergewöhnlich hoher Preis verlangt werden.

Um die ökonomische Situation von Prostituierten beurteilen zu können, muß man die ungefähre Höhe des Existenzminimums im kaiserzeitlichen Rom ermitteln. Zudem müssen die steuerliche Belastung der Prostituierten sowie die Einnahmen der Zuhälter berücksichtigt werden. Beim Versuch, diese Aufgabe zu lösen, ergeben sich zwei Schwierigkeiten: Erstens kann man wegen des Mangels an Material keinen statistisch aussagekräftigen Überblick über die ökonomische Situation der Prostituierten gewinnen, weil keine Angaben darüber vorliegen, wieviel Prostituierte arbeiteten, ob sie überhaupt Vollzeit-Prostituierte waren und was die Zuhälter ihnen abverlangten. Diese Punkte bleiben Unsicherheitsfaktoren in den folgenden, von plausiblen Mittelwerten ausgehenden Kalkulationen. Zweitens ergeben sich große Schwierigkeiten, wenn man Preisangaben aus der Antike nach einer willkürlichen Umrechnungsformel in moderne Währungen überträgt. Trotz dieser Schwierigkeiten lassen sich immerhin Konturen herausarbeiten, die die finanziellen Möglichkeiten des Prostitutionsmarktes erkennen lassen.

Als brauchbarer Index für die Beziehungen innerhalb römischer Preisstrukturen hat sich der Preis für Getreide erwiesen, da Brot in der Antike und noch weit über diese hinaus das Hauptnahrungsmittel der Armen im mediterranen Raum gewesen ist. Daneben erhellen die freilich kargen Angaben über Löhne bzw. Lebensmittelverteilungen das Bild.

Wenn man für die Stadt Rom mit einem Getreidepreis von 6 Sesterzen (im Folgenden abgekürzt als HS) pro *modius* (römisches Getreidemaß – ca. 8 Liter) rechnet und die Belege über die Verteilung von monatlichen Getreiderationen an Soldaten, Sklaven oder die städtische Plebs heranzieht, die sich mit geringen Schwankungen nach unten auf 5 Scheffel einpendeln, so ergibt sich aus diesen Angaben ein Betrag des absoluten Existenzminimums von 120 As (30 HS) x 12 Monate = 1 440 As (360 HS) pro Jahr, was man in circa 3 000 Kalorien täglich umrechnen kann.

Da diese Belege alle auf männliche Erwachsene Bezug nehmen, deren täglicher Kalorienbedarf höher ist als der für Frauen, kann man für Frauen etwas niedrigere Kosten annehmen. Nimmt man als Bedarf an Nahrung 4 *modii* statt 5 pro Monat an, so entsprächen die jährlichen Kosten der ärmsten Frauen für den Kauf dieses Grundnahrungsmittels etwa 48 *modii* x 24 As (6 HS) = 1 152 As = 288 HS. Das Korn mußte aber auch noch gemahlen werden, damit es weiter verarbeitet werden konnte. Daher kommen noch die Kosten für das Mahlen des Korns hinzu, welche grob geschätzt wegen des hohen Preisniveaus in der Stadt Rom 20 % des Preises von einem Scheffel Weizen betrugen, also bei 48 *modii* x 4,8 As = 230,4 As (57,6 HS) lagen. Zählt man diese 230,4 As zu den 1 152 As für den Getreidepreis hinzu, ergeben sich knapp 1 400 As als das absolute Minimum zum Überleben für eine alleinstehende Frau. Berücksichtigt man Kosten

für Miete und zusätzlich Kleidung oder etwas abwechslungsreichere Nahrung muß man dieses Existenzminimum bei rund 3 000 As ansetzen[47].
Der Verdienst von Prostituierten hängt zum einen immer vom Preis für einen sexuellen Kontakt ab, zum anderen von der Zahl dieser Kontakte pro Tag. Leider schweigen die Quellen über diese letztere Angabe, so daß nur eine Arbeitshypothese aufgestellt werden kann, die von modernen Angaben über die durchschnittliche Anzahl der Kunden pro Tag ausgeht: ROSEN hat für die Vereinigten Staaten um die Jahrhundertwende Daten veröffentlicht, die im Schnitt 3–4 Kunden für Nobelprostituierte und von 15–30 Kunden für die billigsten Huren angeben. An anderer Stelle heißt es, eine Frau im Bordell habe bei einem Preis von 1 $ am Tag 18 $ verdient. Mit anderen Worten, die Zahl der Kunden ist umgekehrt proportional zur Attraktivität und dem Preis einer Prostituierten.
Mit diesen Angaben als grobe Richtschnur sollen im folgenden Anhaltspunkte für die Einkommen einfacher römischer Prostituierter berechnet werden,und zwar für die gängigen überlieferten Preise von 2 As, 8 As und 16 As. Dabei gehen wir davon aus, daß es sich um registrierte Vollzeit-Prostituierte handelte, die einer strikten Besteuerung unterlagen.
Hatte eine solche Prostituierte einen Basispreis von 2 As und eine durchschnittliche Besucherzahl von zehn, so verdiente sie im Jahr bei einer maximalen Anzahl der Tage 365 T. x 20 As = 7 300 As (1825 HS). Davon wurde ihr die Steuer in der Höhe eines *concubitus* pro Tag abgezogen, das bedeutete einen Abzug von 365 T. x 2 As = 730 As. Sie hatte demnach ein Nettoeinkommen von 6 570 As (1 642,5 HS). Nahm eine Prostituierte dagegen 8 As und hatte im Durchschnitt 5 Kunden am Tag, verdiente sie bereits annähernd doppelt so viel und hatte ein Bruttoeinkommen von 36 (Tagen) x 40 As = 14 600 As (3 650 HS). Abzüglich der Steuer von 365 x 8 = 2 920 As kam sie immerhin auf 11 680 As (2920 HS) netto. Auf ein Einkommen von stolzen 17 520 As kam eine Prostituierte, die einen Denar verlangte; allerdings mußte sie die hohe Summe von 5840 As Steuer im Jahr abgeben, und es verblieb ihr im Jahr letzlich genausoviel wie der Prostituierten, die nur die Hälfte verlangte, d. h. 11 680 As (2 920 HS), es sei denn sie arbeitete mehr oder verlangte Geschenke; denn die unterlagen offenbar keiner Steuer.
Wenn man diese Zahlen mit der oben genannten Angabe des ungefähren Existenzminimums in Rom vergleicht, gewinnt man zunächst den Ein-

---

47 Auch die Mietkosten sind nur grob einzuschätzen. Bessere Apartments kosteten mindestens 2000 HS im Jahr. Winzige und schlechtbelüftete Zimmer in überfüllten, einsturzgefährdeten *insulae* kosteten ca. 500 HS.

druck, daß eine Prostituierte, die für den Basistarif von 2 As arbeitete, einen Verdienst hatte, der etwa doppelt so hoch war wie das errechnete Existenzminimum. Sie lebte damit zwar noch immer sehr bescheiden, aber es reichte zum Leben. Der Eindruck verstärkt sich weiter, wenn man den jährlichen Durchschnittslohn eines ungelernten Arbeiters von etwa 1 000 HS in Betracht zieht, oder den Sold der Legionäre in der Zeit von Domitian bis Severus betrachtet, der sich auf 1200 Sesterzen (allerdings zuzüglich der üblichen 5 *modii* Weizen) belief, oder an die *sportula* denkt, die sich in Rom Ende des ersten Jahrhunderts auf 6 HS/Tag, in Italien sonst meist auf 4 HS/Tag für das einfache Volk belief, sich jährlich also rund zwischen 1 500 und gut 2 000 HS bewegte.

Um die ansehnlichen Einnahmen der Prostituierten richtig zu beurteilen, müssen jedoch weitere Faktoren in die Rechnung einfließen. Erstens sind wir von einer idealen Frequentierung der Prostituierten ausgegangen, ohne zu berücksichtigen, daß Kunden bisweilen ausblieben, die Konkurrenz groß war und Krankheit oder andere Zwischenfälle ihren Verdienst empfindlich schmälern konnten, zweitens war die Zeit der aktiven Tätigkeit in der Prostitution kurz und die Tarife fielen mit zunehmenden Jahren. Der dritte und wesentlichste Punkt aber ist, daß sich die Verhältnisse von freien und versklavten Prostituierten grundlegend unterschieden haben dürften. Über die zahlenmäßige Verteilung freier und versklavter oder sonstwie abhängiger Prostituierter fehlen zwar genaue Angaben, aber die ständige Erwähnung von zwangsprostituierten Sklavinnen vor allem in den Rechtsquellen legt eine ökonomische Ausbeutung Tausender Frauen und Mädchen durch Zuhälter oder sonstige Personen nahe.

Die Zahlen machen trotz der einkalkulierten Unwägbarkeiten deutlich, daß Prostitution für den Staat, die Zuhälter und Bordellbesitzer, aber auch für junge, unabhängige Prostituierte ein profitables Geschäft sein konnte. Letztere konnte je nach Marktlage einen beträchtlichen Gewinn erzielen und vielleicht sogar eine Altersvorsorge treffen, indem sie sich zum Beispiel selbst eine Sklavin oder mehrere Sklavinnen kaufte, die sie zur Prostituierten machte. Daß viele andere ein Hungerdasein führten und ins Elend sanken, weil sie von Dritten ausgebeutet wurden, keine regelmäßigen Einnahmen hatten oder eine Familie von ihrem Geld ernähren mußten, ist damit selbstverständlich nicht ausgeschlossen. Prostitution für die breite Masse war preiswert, auch relativ zu Nahrungsmitteln und Mieten betrachtet. Die Kosten sind nicht zu vergleichen mit den Preisen in heutigen westlichen Industrienationen, eher schon mit denen in armen Entwicklungsländern wie Thailand oder Indien.

Über die Preise, die man beim Einkauf einer Sklaven-Prostituierten zu zahlen hatte, ist zu wenig bekannt, als daß es uns ein zuverlässiges Bild von der „Marktlage" vermitteln konnte. Die Zahlenangaben stammen fast alle aus literarischen Quellen, deren Verlässlichkeit im einzelnen geprüft werden muß.

Die römische Komödie bietet zwar zahlreiche Angaben gerade für die Preise, die dort in Bezug auf Prostituierte genannt werden, doch sind diese verglichen mit den Angaben aus zeitlich ungefähr parallelen Quellen extrem hoch. Die Angaben erfolgen meist in griechischen Währung und sind daher wohl direkt der griechischen Neuen Komödie entnommen. Sie lassen sich allenfalls als Mittel zur Steigerung der Komik in der Komödie verstehen, weil damit die Verrücktheit der Liebhaber und die Gier der Zuhälter noch stärker herausgestrichen wurde. Kaum wahrscheinlicher ist die Summe von 100 000 Sesterzen, die rund vierhundert Jahre später, am Anfang des dritten Jahrhunderts, Elagabal für eine sehr schöne und stadtbekannte Prostituierte ausgegeben haben soll. Eine solche Summe als Kaufpreis für gutausgebildete Sklaven ist zwar auch epigraphisch belegt, jedoch ist dieser Preis, den der Princeps zu zahlen bereit war, im wahrsten Sinne des Wortes ein Liebhaberpreis, der nicht den Summen entspricht, für welche Mädchen als gewöhnliche Ware auf dem Sklavenmarkt in die Prostitution verkauft wurden. Für denselben Preis von 100 000 Sesterzen wird im spätantiken Roman zur Steigerung der Dramatik wohlgemerkt eine Prinzessin bei einer Auktion ins Bordell versteigert. Der Preis ist so märchenhaft wie die ganze Handlungstruktur und Motivik der Erzählung. Am ehesten glaubhaft ist eine Angabe aus dem bereits zitierten Epigramm des Martial (6,66), die sich auf einen Bruchteil dieser horrenden Summen, nämlich 600 HS beläuft. Das ist, gemessen an der Palette von Sklavenpreisen, ein zwar niedriger, aber noch realistischer Preis. Er ist zudem in Herculaneum für die Verpfändung eines Mädchens epigraphisch nachgewiesen. Interessant ist an diesem oben zitierten Dokument Martials ferner, daß der Ausrufer versucht, den Preis des offenbar bereits für die Prostitution vorgesehenen Mädchens zu heben, indem er sie als keusch anpreist[48]. Das könnte ein Hinweis darauf sein, daß versklavte Prostituierte einen ausgesprochen niedrigen Marktwert hatten und es – zumindest in der flavischen Epoche – keinen Mangel an Nachschub gab.

---

48 Ttext s. oben, S. 31.

2.5   Der Bordellbetrieb

2.5.1 Aussehen, Einrichtung und Betrieb in römischen Bordellen

Das gewöhnliche römische Bordell hieß *lupanar*, abgeleitet von *lupa* – Wölfin, Hure. Eine andere gebräuchliche Bezeichnung war *fornix*, was eigentlich Gewölbe oder Mauerbogen bedeutet. Öfter verwendet wurde auch der Begriff *lustrum*. Er bedeutete gleichzeitig auch „Morast", „Pfütze" oder „Wildhöhle", im Plural „Bordell" und bezeichnenderweise auch „ausschweifendes Leben". *lupanar* wie auch *lustra* hatten eine negative Konnotation und konnten darüber hinaus auch als derbe Schimpfwörter benutzt werden.

Römisch-italische Bordelle waren in der Regel Privatunternehmungen, die je nach dem Kapital der Besitzer hinsichtlich ihrer Größe ganz verschieden ausfallen konnten. Im Gegensatz zu den Privatunternehmungen hat es im römischen Ägypten – vielleicht eine Fortführung aus ptolemäischer Zeit – städtische Bordelle mit straffer Organisation gegeben. Besitzer, Pächter oder Leiter der Bordelle waren Zuhälter und Zuhälterinnen.

Literarische Quellen sowie die bedeutenden archäologischen Reste in Pompeji geben Auskunft über Aussehen, Einrichtung und Betrieb in den Bordellen.

Die Ausgrabungen in Pompeji haben eine ganze Reihe von Bordellen ans Licht gebracht, deren exakte Anzahl in der Forschung umstritten ist: Das Fehlen eindeutiger Kriterien, ob es sich bei einem Gebäude jeweils um ein Bordell gehandelt hat oder nicht, ist bedingt durch die unterschiedliche Art der Baulichkeiten. Man kann, ausgehend vom pompejianischen Befund, drei Typen von Bordellen oder bordellartigen Einrichtungen unterscheiden: a) ein ursprünglich zum Zweck der Prostitution errichtetes Bordell mit fest umrissener Raumaufteilung, wovon bislang nur eines gefunden wurde: das berühmte Bordell des Africanus und Victor, das uns unten noch beschäftigen wird, b) Räume in den Hinterzimmern oder aber im ersten Stock von Häusern, Geschäften und vor allem von Kneipen, und c) einzelne kleine Kammern direkt an der Straße, die lediglich mit einem gemauerten Bett versehen sind. Im Hinblick auf römische Wohnformen – nicht jeder besaß schließlich eine Villa – muß diese Variationsbreite nicht verwundern. Die Funktionen einzelner Gebäude oder Trakte in Mietskasernen oder Wohnblöcken waren vielfach nicht so klar abgegrenzt wie das der heutigen westlichen Gesellschaft geläufig ist. Ein sogenanntes *stabu-*

lum oder *deversorium* konnte eine Unterschichtsbehausung, eine Herberge, ein Hotel oder ein Bordell bzw. alles zugleich sein. Damit bleibt eine relativ große Interpretationsspanne, ob man jeweils von einem Bordell sprechen will oder nicht. Direkten Aufschluß über die Verwendung von Räumlichkeiten als Bordell geben noch am ehesten zahlreiche Graffiti mit Namen und Preisen von Prostituierten oder Kritzeleien obszönen Inhalts an Gebäudewänden. Vorsichtiger mit solchen Schlußfolgerungen muß man bei erotischem Bildmaterial sein, das man auch in vielen Privathäusern finden kann.

Die größte Aufmerksamkeit hat seit langem das guterhaltene Bordell des Africanus und Victor erregt, welches zentral zwischen dem Forum und den Stabianer Thermen liegt. Mit insgesamt 10 Zimmern ist es das größte antike Bordell, das bislang ausgegraben wurde, obwohl man annehmen darf, daß es in Großstädten wie Rom noch weit größere Etablissements gegeben hat. Es ist auch das einzige bislang bekannte, das von vornherein zum Zweck der Ausübung der Prostitution geplant und errichtet wurde. Der Innenraum stammt aus der frühen flavischen Epoche, ist also in der letzten Bauphase Pompejis frisch renoviert worden. Die Räumlichkeiten teilen sich auf zwei Geschosse auf, ein Erdgeschoß und ein oberes Stockwerk. Das Erdgeschoß konnte über zwei Eingänge betreten werden, die in einen in der Mitte gelegenen Korridor führten. Am Eingang von Hausnr. 20 war eine Glocke angebracht, und direkt neben diesem Eingang befand sich eine Latrine. Um den Korridor herum liegen 5 düstere Zellen, die mit einer Größe von nur ca. 2 m^2 den Prostituierten und ihren Kunden äußerst beengten Raum boten. Es wurde in einer Arbeit über Pompeji treffend bemerkt, daß die Bordellzellen alle so eng gewesen seien, daß man denken müsse, sie seien für lüsterne Zwerge gebaut worden[49]. Die Bettstellen sowie das etwas erhöhte Kopfteil sind gemauert. An den Bettstellen kann man noch die Spuren von jenen Kunden sehen, die es so eilig hatten, daß sie nicht einmal die Schuhe auszogen. Die Wandbilder bezeugen, daß als Auflage auf die Steinbetten eine gestreifte, ziemlich kurze und robust wirkende Matratze diente. Diese stellte häufig auch das einzige Inventar dar. Die engen Kammern konnten ursprünglich alle mit einer Holztür verschlossen werden, wie an den Resten der Türangeln noch zu erkennen ist. Fenster gab es keine, nur oberhalb der Türen war zum Korridor hin wohl eine Art Belüftungsgitter angebracht, wie die ehemaligen Haltevertiefungen vermuten lassen. Besondere Intimität gab es in dieser Atmosphäre gewiß nicht!

---

49   Zitiert bei GRANT, Cities of Vesuvius (1971), 211.

Abb. 13   Spintriae, münzähnliche Marken mit Beischlafszenen

Abb. 14　Bordell des Africanus und Victor in Pompeji

Auch im Obergeschoß liegen Kammern; sie konnten über eine Treppe am Eingang Nr. 20 erreicht werden. Sie sind größer als die des Erdgeschosses, und vor ihnen bot ein umlaufender Balkon mit Fenstern einst freien Durchgang. Es gab ferner einen geräumigen Saal, von dem aus man ebenfalls auf den Balkon gelangen konnte. Vermutlich stellte dieses Obergeschoß die feinere Abteilung des Bordells dar.

Großenteils bestätigen die römischen Autoren diese archäologischen Befunde über das Aussehen eines römischen Bordells: Zwar gab es in der Hauptstadt Rom immerhin einige Lupanare mit fließendem Wasser, doch dieser Luxus war offenbar nicht selbstverständlich, denn erwähnt werden vielfach nur die Hitze und der üble Geruch in schlecht belüfteten Bordellen, und wenn man die Zellen des Bordells von Africanus und Victor vor dem geistigen Auge Revue passieren läßt, kann man das verstehen. In Verbindung damit ist auch die Bordellbeleuchtung durch eine rußige Laterne beschrieben.

In den meisten Etablissements war der Eingang nur mit einem Vorhang verhängt, jeder konnte ungehindert hineingehen. Interessanterweise scheinen die Bordelle häufiger zwei Eingänge gehabt zu haben. Vielleicht war es trotz der laxen Moral doch dem einen oder anderen Bürger peinlich, bei seinem Besuch beobachtet zu werden. Die Zellen selber waren entweder mit einer (verschließbaren) Holztür oder ebenfalls mit einem Vorhang versehen. Über ihnen hing ein Schild mit dem Namen der Prostituierten. Manchmal war auch der Vermerk *occupata* („besetzt") darauf zu lesen.

2.5.2 Werbung

Um Kunden für die Freudenhäuser wurde mit den unterschiedlichsten Methoden geworben. Bordelle konnten beispielsweise durch Aushängeschilder gekennzeichnet sein. Manche der erhaltenen Aushängeschilder können als Werbung für Bordelle interpretiert werden, ohne daß man dies mit Gewißheit sagen könnte. Die viel ungehemmtere Darstellung sexueller Themen in der Antike macht solche nachträglichen Zuordnungen nicht einfach. Mit einiger Wahrscheinlichkeit um ein Bordellschild handelt es sich bei einem aus Rom stammenden Marmorrelief, welches eine sitzende ältere Frau und drei nackte junge Mädchen mit der Beischrift AD

SORORES IIII („zu den vier Schwestern") darstellt[50]. Unsichere Bürgen sind, sofern zusätzliche Hinweise auf Prostitution fehlen, Reliefs oder Lampen in Phallosform am Eingangsbereich von Läden oder Kneipen. Als Bordellaushängeschild angesehen wurde in der älteren Forschung beispielsweise ein eingemeißeltes Phallosrelief mit der Beischrift HIC HABITAT FELICITAS („Hier wohnt die Glückseligkeit"), welches in Pompeji am Eingang zu einem Bäckerladen gefunden wurde. Zwar scheinen Bäkkereien tatsächlich ein beliebter Aufenthaltsort von Prostituierten gewesen zu sein, das Schild allein ist dafür aber kein Beweis. Phallusreliefs oder auch Lampen in Phallosform als Leuchtreklame hatten keineswegs immer mit Prostitution zu tun, da der Phallos ein übelabwehrendes und zugleich segenspendendes Symbol war, welches ebenso in Form von Reliefs an Hauswänden wie auch in Form von Amuletten, Ton- oder Bronzelampen im Inventar von Werkstätten, Bädern und Privathaushalten des ganzen Imperiums zu finden war.

Prostituierte oder ihre Zuhälter bedienten sich werbender Inschriften. Über einer Bank in der Nähe der Porta Marina und der Terme Suburbane warb der Zuhälter oder die Betreffende selbst in großen Lettern dafür, daß sie sich für 16 As verkaufe. Im weitesten Sinne kann man auch die anderen Kritzeleien der Prostituierten, die lediglich ihren Namen und Preis verlauten lassen, zur Werbung rechnen, wobei es keine Rolle spielt, ob die Frauen selbst, die Kuppler oder die Kunden die Graffiti anbrachten.

Einige Hetären kamen auf ganz ausgefallene Ideen, um den Männern ihre Dienste anzubieten. Auf ihrer Schuhsohle war auf griechisch die Aufforderung *akoloúthei* („folge mir") angebracht, die sich im Straßenstaub abdrückte und den Kunden zum Nachkommen aufforderte. Wenn die Flaute im Geschäft groß war, konnte die Art und Weise, Kunden zu animieren, auch recht drastische Formen annehmen, wenn Prostituierte Kunden mit sich zerren wollten oder bei einer Zurückweisung ihrer Dienste manchmal aggressiv wurden.

Während frei arbeitende, besserverdienende Prostituierte auch Bedienstete hatten, die als Mittler oder Mittlerinnen in Aktion traten, hatten die Bordellwirte oder -besitzer manchmal auch Schlepper angeheuert, um Kunden ins Bordell zu ziehen. Die direkteste Art von Reklame und Animation war natürlich noch immer diejenige, bei welcher die Bordelldirnen leicht bekleidet vor der Tür saßen oder standen.

---

50 Abb. s. JORDAN, Über römische Aushängeschilder, Archäol. Zeitschrift 29 (1872), 65 = LICHT, Sittengeschichte Griechenlands (1925-8), II 119; Inschrift: CIL VI 10036.

2.5.3 „Gutscheine"

Noch immer nicht restlos geklärt ist die Frage, ob denn die sogenannten *spintriae*, münzähnliche Marken mit erotischen Abbildungen, tatsächlich Berechtigungsmarken für den freien Eintritt ins Bordell waren. Die Marken konnten aus Terrakotta, Bein oder Blei sein. Sie lassen sich nicht exakt datieren. Auf den *spintriae* sind auf der einen Seite die üblichen Beischlafszenen abgebildet, wie sie auch kleine Bildchen und Tonlämpchen zeigen (die Ähnlichkeit bis in die Details ist frappierend). Allerdings ist ihre Qualität beeindruckend. Auf der anderen Seite dieser Marken sind Zahlen von I-XVI angegeben, vor welchen der Buchstabe A stehen kann. Die Zahlen sind mit einem Perlen- oder Blattkranz eingerahmt. Allgemein gehören sie zur Gruppe der *tesserae*, welche ganz unterschiedlichen Zwecken dienten, z. B. als Eintritts- oder Empfangsmarken von Gütern, aber auch als Kleingeldersatz, als Erkennungsmarken oder Spielsteine. Ein Teil von ihnen berechtigte zum Empfang von Getreideverteilungen oder Weinspenden, ein anderer zum Eintritt für Vergnügungsbetriebe, beispielsweise ins Theater, in den Circus oder in die Thermen, je nachdem, was auf der Marke abgebildet war. Zu bestimmten festlichen Anlässen ließen die Kaiser diese als Streumarken unters Volk werfen. Einiges spricht dafür, daß es sich bei den *spintriae* um Bordellmarken handelte. Das entscheidende Zeugnis nennt Martial (8,78,9), der von *lasciva nomismata* („lüsternen Münzen") spricht, die ebenso unters Volk geworfen wurden wie die „Gutscheine" für andere Annehmlichkeiten.

Neuere numismatische Untersuchungen haben darüber hinaus auf der Seite der Zahlangaben die Stempelidentität zahlreicher Bronze- oder Messingmarken mit der Sondergruppe der *spintriae* ergeben. Beide Gruppen sind demnach in der staatlichen Münzstätte produziert worden, wurden also offenbar von Staats wegen verteilt und können daher am ehesten unter der Devise Brot und Spiele („*panem et circenses*") verstanden werden. Eine Numerierung der Liebesstellungen, wie auch schon vorgeschlagen worden war, ist auszuschließen, da verschiedene der abgebildeten Positionen dieselbe Ziffer tragen, und ebensowenig überzeugend scheint die Theorie, es handele sich um Spielsteine, da Vorder- und Rückseite keinen erkennbaren Bezug zueinander aufweisen. Am plausibelsten scheint es, den Buchstaben A als Abkürzung für As zu deuten und die Zahlenangaben als Preise aufzufassen. Die Aufteilung, die bei den *spintriae* über 16 nicht hinausgeht, entspricht eindeutig dem römischen Währungssystem der Kaiserzeit, gemäß welchem 16 As ein Denar sind. Die Spanne von 1 bis 16,

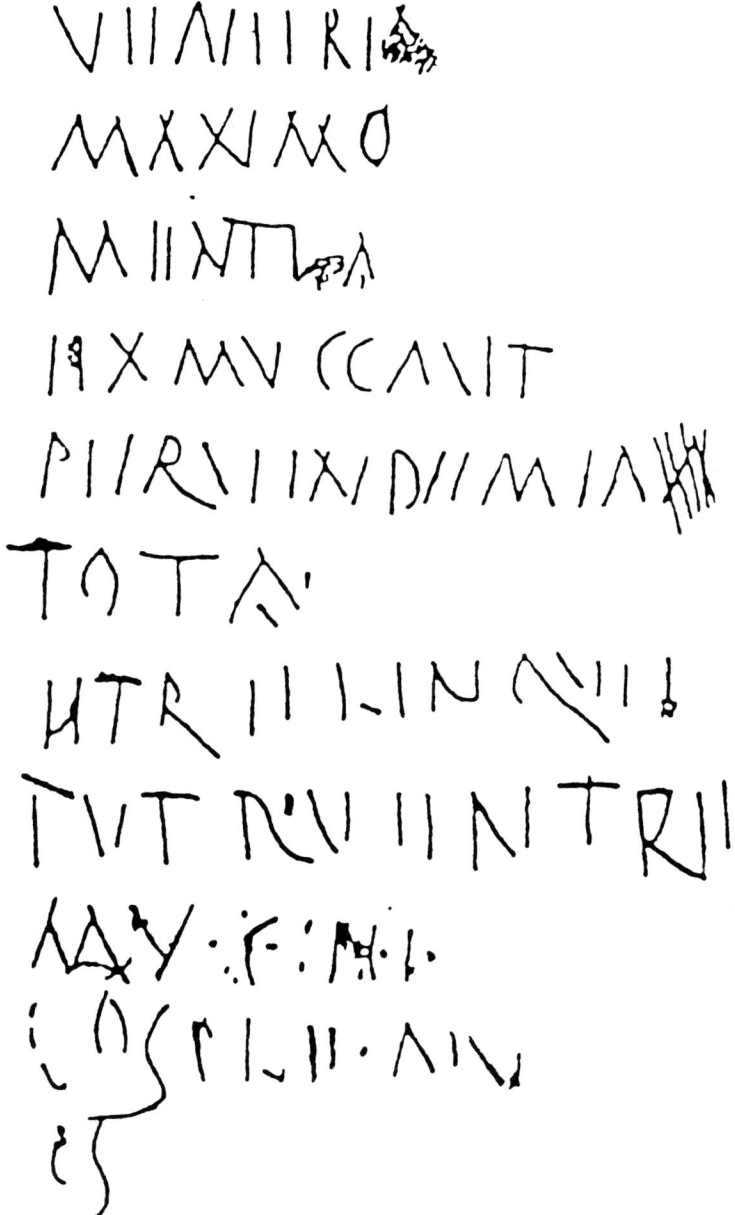

Abb. 15 Graffito

wie sie auf den *spintriae* zu finden ist, entspräche zudem den durchschnittlichen Prostituiertenpreisen.

Trifft es zu, daß die *spintriae* Eintrittsmarken für die Bordelle waren,
dann zeigt sich an ihrer Verwendung als Streumarken einmal mehr, daß
der Besuch von Bordellen nicht nur in den ganz normalen Freizeit und
Unterhaltungsbetrieb der unteren Schichten eingebettet war, sondern sogar
von den Herrschern gefördert wurde. Auf Ersteres ließ schon die oftmals
unmittelbare Nähe der Freudenhäuser zu Thermen, Circus etc. schließen.
Als Zubrot zu Getreide, Wein und Schauspiel gab es käuflichen Sex, und
wer daran kein Interesse hatte, konnte seine Eintrittsmarke immer noch
weiterverkaufen.

2.5.4 Die Erotica der Bordelle

Erwartungsgemäß war ein Bordell ein beliebter Ort für die Anbringung
obszöner Kritzeleien und erotischer Fresken. Die mehr als einhundert-
zwanzig Inschriften auf den Wänden des Bordells des Africanus und Victor, teils kreuz und quer übereinandergekritzelt, durchgestrichen und
schwer leserlich, zeigen die dichte Abfolge der Kunden, die kein Blatt vor
den Mund nahmen, wenn es darum ging, ihre sexuellen Erlebnisse oder
Prahlereien kundzutun. So verkündet ein eifriger Stammkunde: „Hier habe
ich viele Mädchen gevögelt" (CIL IV 2175). Ein anderer ist zufrieden mit
der erhaltenen Dienstleistung: „Murtis, Du leckst gut" (CIL IV 2273).
Graffiti obszöner Natur finden sich freilich ebenso in anderen Bordellen
und Tabernen Pompejis, sind aber keineswegs auf diese beschränkt; denn
es ist charakteristisch für Graffiti überall auf der Welt, daß sie sich mit
Vorliebe mit sexuellen Themen befassen[51]. Es ist anzunehmen, daß die
Hauswände in Rom und anderen Städten des Reiches ebenso ausgesehen
haben wie diejenigen Pompejis.

Eine umfassende Untersuchung über die Darstellung, Form und Funktion der zahlreich vorhandenen erotischen Fresken aus den Bordellen und
Gebäuden Pompejis und anderer Orte steht bislang noch aus. Bildbände
und Kommentare kompilieren lange schon das vorhandene archäologische

---

51 Näheres dazu s. MONTERO, Priafeos, Grafitos amatorios pompejanos (1981),
     VORBERG, Glossarium Eroticum, *Inscriptiones Parietariae*, 249-256, gibt eine
     Auswahl mit ungekünstelter deutscher Übersetzung. Am besten jetzt VARONE,
     Erotica Pompeiana (1994).

Abb. 16   Ithyphallische Gestalt, vermutlich Priapos

Material, doch fehlen meist nähere Angaben über die Herkunft der Wandgemälde sowie über ihren genauen Aufbewahrungsort, was die Interpretation ihrer jeweiligen Funktion sehr erschwert. Ersteres liegt – jedenfalls in neueren Arbeiten – weniger an den Herausgebern als vielmehr daran, daß Bilder erotischen Gehalts oft ohne Herkunftsangabe von ihren ursprünglichen Plätzen entfernt wurden und in der Regel in der Geheimsammlung des Nationalmuseums in Neapel verschwanden. Manche sind auch auf ungeklärte Weise verloren gegangen. In anderen Fällen fanden es Kunsthistoriker wie Altertumswissenschaftler trotz vorangegangener Ansätze zur Sichtung des Materials über antike Sexualität und Erotik bis weit in die Mitte unseres Jahrhunderts hinein offensichtlich unangebracht und anstößig, diese Fresken mit ihrer sexuellen Motivik ernsthaft zu besprechen. Darstellungen erigierter Phallen und Szenen sexueller Vereinigung waren lange Zeit nur dem Zirkel der Wissenden bekannt[52], oder ein Standardwerk wurde mit folgender Bemerkung verstümmelt: „The indecencies should be obliterated"[53].

In vielbenutzten älteren Arbeiten zur Wandmalerei trieb diese Prüderie seltsame Blüten. Ein Autor kritisiert zwar schon die fehlenden Erotica, zeichnet aber die Bilder mit Liebesakten im Gegensatz zu anderen Motiven so winzig, daß man sie mit der Lupe betrachten muß[54]. Auch sonst zuverlässige Beschreibungen zu den Wandgemälden Kampaniens schicken sich an, die Behandlung der erotischen Fresken geradezu zu „umsegeln". Nur ein Beispiel zum Schmunzeln sei genannt: Zu den Vereinigungsszenen im Bordell des Africanus und Victor beispielsweise verweist SCHEFOLD, der sie nicht beschreibt, auf HELBIG, welcher ihre Auslassung seinerseits wie folgt begründet: „Die Ausführung dieser Bilder, soweit sie erhalten sind, ist durchweg mittelmäßig, die Ausführung realistisch und roh. Eine Analyse der einzelnen Bilder ist unstatthaft und überflüssig"[55].

Erst neuere Arbeiten weisen in zunehmendem Maß überhaupt auf die Existenz solcher erotischen Fresken hin. Ein gutes Beispiel für eine Um-

---

52   P. BRANDT, Beiträge zur antiken Erotik (Dresden 1924), auf deren erster Seite vermerkt ist: „Dieses Werk darf nur an Bibliotheken, Gelehrte und Sammler abgegeben werden."

53   A. PICKARD-CAMBRIDGE, The Dramatic Festivals of Rome (Cambridge 1953), Vorwort; WEBSTER, Herausgeber der 2. Auflage von 1968, ließ dies dann weg.

54   S. REINACH, Répertoire de Peintures Grecques et Romaines (Paris 1922), 267, Nr. 4–12.

55   K. SCHEFOLD, Die Wände Pompejis, Topographisches Verzeichnis der Bildmotive (Berlin/New York 1957), ad loc., W. HELBIG, Wandgemälde der vom Vesuv verschütteten Städte Kampaniens (Leipzig 1868), Nr. 1506, 370-1.

orientierung ist die gründliche Untersuchung der erotischen Fresken in den unlängst ausgegrabenen Terme Suburbane in Pompeji in der Publikation von JACOBELLI[56].

Anhand der an Ort und Stelle verbliebenen Wandgemälde des Lupanars des Africanus und Victor sollen an dieser Stelle exemplarisch einige Charakteristika dieser Bilder diskutiert werden. Schon am Eingang des besagten Lupanars erwartet ein auf die Wand gemalter Priapos mit doppeltem Ithyphallos die Besucher. Offenbar verehrten auch die Dirnen den ithyphallischen Gott, weil er neben anderen segenspendenden Funktionen auch ein Symbol der männlichen Potenz war. Als phallische Gottheit ist Priapus mit dem übelabwehrenden Abbild des Phallos aufs engste verbunden. Er sollte den Besitz wahren und Fruchtbarkeit bringen. Somit war er auch keineswegs exklusiv an Bordellwänden zu finden.

Über den Zelleneingängen sind Abbildungen mit verschiedenen Stellungen des Sexualaktes angebracht, oft als *figurae Veneris* oder *symplegmata* bezeichnet. Bemerkenswert ist, daß die Fresken in diesem Bordell in relativ großer Höhe angebracht waren. Das läßt verschiedene Erklärungen zu, die sich jedoch nicht ausschließen. Entweder war das Bordell so stark frequentiert, daß die wartenden Kunden sich im Korridor drängten, und man die Bilder, wären sie tiefer angebracht gewesen, nicht mehr hätte sehen können, oder man fürchtete darum, daß die Kunden die Fresken aus Übermut verschandeln würden, wenn sie in Reichweite wären.

Leider sind die Fresken mittlerweile stark verwittert und teils sehr schlecht zu erkennen. Es handelt sich aber eindeutig erkennbar um jeweils einen Mann und eine Frau beim Sexualakt. Noch am besten erhalten ist das Bild einer Frau, die ihr grünes Busenband während des Aktes anbehalten hat. Sie sitzt rittlings auf dem Mann, der auf dem Bett lagert, beugt sich zu ihm vor und wendet ihm ihr Gesicht zu. Beide liegen auf einer Decke. Für diese und weitere Variationen an Liebesstellungen gibt es auf den im ganzen Reich verbreiteten Tonlampen sowie auf Gefäßen zahlreiche Parallelen. Die Bilder mit den anonymen Paaren sind in den üblichen farblich kontrastierenden Rahmen eingefügt und wie andere ikonographisch identische Fresken von mäßiger Qualität. Ihre Farbgebung ist teils lebhaft, Rot und Gelb dominieren, aber die Konturen sind grob und nachlässig gemalt. Dadurch wirken sie wie das stereotype Repertoire handwerklicher Serienproduktion. Einem bestimmten Stil der pompejanischen Malerei lassen sie sich nicht zuweisen. Sie gehören zur einheimischen

---

56 JACOBELLI, Le pitture erotiche delle Terme Suburbane di Pompei (1995).

Abb. 17 Beischlafszene Mann und Frau, Wandfresko

Abb. 18 Liebe zu Dritt, Wandfresko

Produktion volkstümlicher Malerei, die Läden, Ladenschilder, Werkstätten, Bäder, Bordelle und Kneipen schmückte.

Längst wurde festgestellt, daß sinnliche Fresken keineswegs nur die Bordelle und Kneipen schmückten, sondern auch die Häuser der Vornehmen und Reichen, und dort keineswegs nur die Schlafräume, sondern auch z. B. das Triclinium (Speisezimmer mit Speisesofas), Peristyl (Innenhof mit Säulenumgang) oder das Tablinum (Raum zwischen Atrium und Peristyl). Neuerdings sind noch die sexuellen Darstellungen in den Terme Suburbane von Pompeji hinzuzufügen, die den gelassenen und oft humoristischen Umgang der Römer mit sexuellen Darstellungen besonders eindringlich zeigen; denn sie sind der erste Beleg für die Anbringung erotischer Abbildungen in öffentlichen Räumen, die von verschiedenen Bevölkerungsgruppen und von beiden Geschlechtern genutzt wurden.

Pompeji bietet generell die reichste Quelle für das Bildmaterial[57], welches vorwiegend in frühflavische Zeit datiert wird. Doch erotische Wandgemälde in den Häusern reicher Leute waren offenbar nicht nur in Pompeji verbreitet, auch das züchtige Rom des Augustus schien solchem Augenschmaus nicht abgeneigt. Archäologisch nachgewiesen ist ihr Vorkommen in Rom durch die eleganten erotischen Fresken der Villa Farnesina, in welcher die Kaisertochter Julia mit Agrippa wohnte. Darüber hinaus bestätigen zahlreiche Autoren des ersten und zweiten nachchristlichen Jahrhunderts die Existenz derartigen Wandschmucks in vornehmen Häusern.

Zwar zeugt das ein oder andere Bild aus den Villen von einem erleseneren Geschmack, die meisten aber lassen nicht erkennen, ob sie aus einem Bordell, einer Kneipe oder einem vornehmen Haus stammen. Ferner ist nicht mehr nachzuweisen, ob die schlichteren Malereien nur in den Dienstbotenräumen der Villen zu finden waren und sich damit der Publikumsgeschmack schichtspezifisch unterschied, wie dies für die Erotica im Haus der Vettier anzunehmen ist. Besonders die ältere Forschung wollte in den so geschmückten Schlafzimmern der großen Häuser sogar Privatbordelle sehen, doch wurden hier offensichtlich die sexuellen Normen der eigenen Zeit auf antike Verhältnisse übertragen oder aber den Klatschgeschichten über die Ausschweifungen der Kaiser zuviel Glauben geschenkt. Die Römer empfanden die Darstellung sexueller Themen in realistischer oder karikiierender Form weder anstößig noch ungewöhnlich. Alle möglichen Varianten der Geschlechtslust waren auf Gebrauchs- und Schmuckgegenständen wie Töpferwaren, Färberbottichen, Lampen, Messern, Spiegeln und Gemmen stets gegenwärtig; selbst das Geschirr der Aristokratie

---

57   Liste der Abbildungen s. Erstausgabe des vorliegenden Buches.

Abb. 19   Herkules und Omphale, Gemme aus Kameol, 2. H. 1. Jh. v. Chr.

Abb. 20 Vasenhenkel Bronze, Satyr und Nymphe, Anfang 1. Jh. n. Chr.

Abb. 21
Tonlampe, Karrikatur ‚Pygmaenliebe‘

Abb. 22   Rückseite eines Bronzespiegels, Liebende auf einem Bett, 1. Jh. n. Chr.

war mit „Liebesstellungen" verziert, die den Wandbildern motivisch äh-
nelten.

In den Bordellen könnten diese Wandmalereien als Schilderung des
Angebots an Liebesstellungen fungiert haben. Allerdings hätte man dann
beim Anbringen der Malereien auf Vollständigkeit keinen Wert gelegt,
oder das Angebot beschränkte sich – jedenfalls in diesem Bordell (was
unwahrscheinlich ist) – tatsächlich auf heterosexuellen Genitalverkehr.
Freilich wurde in den bislang ergrabenen bordellartigen Einrichtungen
kein einziges Wandbild mit einer Darstellung von oralem Sex, homosexuellen Paaren oder der Liebe zu mehreren entdeckt, obgleich alles dies mit
Sicherheit zum Angebot der Prostituierten gehörte. Solche Szenarien sind
auch sonst auf Fresken oder Kunst- und Gebrauchsgegenständen seltener
zu finden, auch dort herrschen heterosexuelle Sexualpraktiken zu zweien
vor. Vielleicht ist dies tatsächlich durch die Übernahme vieler Szenarien
aus hellenistischen Handbüchern zu erklären[58].

Eine andere und wohl eher zutreffende Erklärung für die Abbildung der
Sexualakte ist die Stimulation der jeweiligen Betrachter. Im Bordell des
Africanus und Victor waren die Fresken bezeichnenderweise im Flur angebracht, in dem sich wohl oft die Wartenden drängten und währenddessen ihre Erregung durch die Betrachtung der Bilder steigern konnten. Mit
der Funktion dieser Fresken als sexuelles Stimulans ist ein weiteres Element eng verbunden: Die Forschung tendiert schon länger dazu, die hier
und andernorts gefundenen erotischen Fresken als eine Art bebilderte
Schule der Liebe aufzufassen, sozusagen als bildliches Pendant zu Ovids
Dichtungen über die Liebeskunst. Die Herkunft dieser Bilder aus der hellenistischen Tradition – auf die Handbücher der Philainis wurde bereits
mehrfach hingewiesen – weist ebenso in diese Richtung. Das hellenistische Faible für das Didaktische, welches der römischen Mentalität durchaus nicht fremd war, hat hier den Boden bereitet. Ein wiederum aus dem
Lupanar des Africanus und Victor stammendes Bild bestärkt diese These.
Dort gibt es ein nur noch sehr schlecht erhaltenes Bild, wo ein nackter
Mann mit erigiertem Glied auf dem Bett liegt. Er zeigt einem Mädchen in
grüner Tunika eine an der Wand hängende Gemäldetafel, auf welcher eine
Kopulationsszene dargestellt ist. Die Gemäldetafel ist auf beiden Seiten
mit Klappen versehen. Hier handelt es sich also um ein Bild im Bild, was
kein Einzelfall ist.

Man scheint aber nicht nur in Bordellen von solchen Täfelchen Gebrauch gemacht zu haben. Das bekannteste Beispiel dürfte ein fein gear-

---

58 Vgl. auch oben, S. 85.

beiteter Bronzespiegel sein, der ein Paar im Bett zeigt, über welchem eine ebensolche Tafel mit einem Liebesakt hängt. Die Frau ist aufwendig frisiert und trägt üppigen Schmuck, das Bett ist fein ziseliert und ebenfalls mit Reliefs versehen. Vor dem Bett sitzt sogar ein kleiner Hund, kurz, die ganze Szene ist keinesfalls dem Bordellmilieu zuzurechnen.

Das erotische Reizmittel und gleichzeitige Lehrstück scheint folglich seinen Platz in allen gesellschaftlichen Kreisen gehabt zu haben.

Einen interessanten Aspekt zur Aussage dieser Wandbilder sollte man bei ihrer Betrachtung berücksichtigen. Diese Bilder sind neutrale Darstellungen verschiedener Liebesstellungen mit wechselseitig aktiven Partnern ohne zusätzliche Informationen durch den Text oder Kontext des Bildes. Sie können daher nicht als sexistisch gelten, wie dies der angesehene Historiker VEYNE sehen wollte. Die menschliche Anatomie läßt eben nur begrenzte Variationen der Liebesstellungen zu und eine Interpretation dieser Bilder, welche die Frau in jeder dieser Stellungen als Sexualobjekt des Mannes sieht und sich damit bewußt oder unbewußt einer radikalfeministischen Aussage nähert, die jeden heterosexuellen Verkehr mit Penetration als Unterwerfung der Frau interpretiert, geht hier doch entschieden zu weit[59]. Die Unterwerfung und das Machtgefälle zwischen Mann und Frau waren fraglos im Bordellalltag der Fall, und der Betrachter konnte sich anhand der *tabellae* seine persönlichen, vielleicht gewaltsamen erotischen Phantasien ausmalen, doch bieten die Fresken per se keine Anhaltspunkte dafür. Nach meiner Auffassung sind die Bilder nicht pornographisch einzustufen.

Darüber hinaus zeigen die erotischen Fresken Kampaniens – auch die der Bordelle – weder Gewaltanwendung oder Unterwerfung durch einen der beiden Partner, noch ist die Frau als Objekt für den Blick des Voyeurs, Zuschauers oder Besitzers frontal oder aufreizend mit bestimmten Signalen postiert, wie das beispielsweise die spätere europäische Tradition

---

59 VEYNE/DUBY, History of Private Life I (frz. 1985 engl. 1987), 204: „The women was a servant, and the lover sprawled on top of her as though she were a sofa ... the women served her lords pleasure and, if necessary, did alle the work herself. If she straddled her passive lover, it was to serve him". Die antiken Autoren sehen aus ihrer patriarchalischen Perspektive auch in der Frau-oben-Position eine Dienstleistung. Bei Petron. sat. 140 wird ein kranker alter Mann so ‚bedient'. Artemidor (1, 79) sah in der oben sitzenden Frau auch die Dienerin des Mannes, die ihm Lust bereitete, ohne daß er sich anstrengen mußte. SULLIVAN, Martial (1991), 199, lehnt jedoch diese Interpretation ab, da er in der ‚Frau-oben'-Position einen Ausdruck ihrer Kontrolle und der sexuellen Befriedigung ihrer Wünsche zuschreibt. Man erkennt, wie stark solche Interpretationen von der persönlichen und kulturellen Situation geprägt sind.

bis heute favorisiert. Dadurch, daß die sexuelle Attraktion zweier Menschen dargestellt wird, die aktiv miteinander zu tun haben und deren Bewegungen ineinander aufgehen, sind diese Bilder eher anderen nichteuropäischen Kulturen wie der persischen, indischen oder afrikanischen Kunst vergleichbar. Sie unterscheiden sich in ihrer „Harmlosigkeit" deutlich von dem berüchtigten Hang der römischen Gesellschaft zur Grausamkeit und Gewalt ebenso wie von dem Sexismus, dem Frauen in manchen literarischen Werken ausgesetzt waren. Einen deutlichen Kontrast hierzu stellen einige griechische Vasenbilder dar, vor allem die orgiastischen Gruppensexszenen des Brygos- oder des Pedieusmalers, die die Musikantinnen und Hetären als „Penetrationsobjekt" für mehrere Männer gleichzeitig und Gewalt als sadistische Lustquelle abbilden. Wahrscheinlich hat der Geschmack der Griechen um die Wende vom 6. zum 5. Jh. mehr Gefallen an der bildlichen Darstellung von unpersönlichem Sex (Gruppensexorgien) und sexueller Gewalt (gegenüber den sozial verachteten Hetären) gefunden als der römische. Ausnahmen bestätigen allerdings die eben aufgestellte Regel: eine ziemlich brutale pornographische Szene ist auf einer Tonlampe aus dem Trierer Gebiet gefunden worden: Eine Frau kniet auf einem Polster. Ihr eines Bein ist weit oben an einen Ast gebunden. Hinter ihr bäumt sich ein Pferd oder Maultier auf und stößt einen mächtigen Phallos in die deutlich gezeichnete Vulva[60].

Dabei ist jedoch auch die Kundschaft zu berücksichtigen, für welche die jeweiligen Erotika gefertigt wurden. Während sie in Form einer Dekoration auf Trinkgefäßen in spätarchaischer und frühklassischer Zeit ausschließlich von Männern für Symposia benutzt wurden, sind erotische Bildinhalte – im römischen Kulturkreis auf allen möglichen Abbildungsträgern – in privaten wie öffentlichen Räumen allen Schichten der Bevölkerung und beiden Geschlechtern zugänglich gewesen.

Wie riskant es gleichwohl sein kann, von den Erzeugnissen der Bildenden Kunst, die immer dem Publikumsgeschmack in wechselnden Kontexten unterworfen sind und künstlerischen Gesichtspunkten folgen, auf die Realität zu schließen, zeigt die Heranziehung schriftlicher Quellen, die das römische Bordellmilieu unmißverständlich als einen Lebensbereich ausweisen, in welchem Gewalt an der Tagesordnung war.

---

60 K. GOETHERT-POLASCHEK, Katalog der römischen Lampen des Rhein. Landesmuseums (Mainz 1985²), 239, M. 138.

2.6   Sexuelle Normen in der Gesellschaft

2.6.1   Sozialer Status und sexuelle Verhaltensnormen

Die verglichen mit christlich-abendländischen Moralvorstellungen außerordentliche Liberalität der Griechen und Römer im Hinblick auf Sexualität und Erotik[61] hat – weit über die Grenzen der Altertumsforschung hinaus – große Beachtung in der Forschung gefunden, wenngleich sie die Verhältnisse nicht selten simplifiziert und idealisiert hat. Eine Fülle literarischer und archäologischer Quellen legt beredtes Zeugnis von den verschiedenartigen Ausdrucksformen des Sexuellen in der griechisch-römischen Antike ab. Seit langem wurden die Zeugnisse immer wieder kompiliert und katalogisiert, ohne ihrem sozialen und zeitgeschichtlichen Hintergrund wirklich gerecht zu werden. Erst in den 70er Jahren erfolgte der große Schritt hin zu anspruchsvollen Untersuchungen und Interpretationen in gesamtgesellschaftlichen Konzeptionen. Arbeiten überwiegend aus dem Zweig der Sciences humaines der französischen Tradition sowie kulturanthropologisch ausgerichtete Studien aus dem anglo-amerikanischen Raum hatten begonnen, die komplexen Zeugen sexueller Ausdrucksformen in einen gesellschaftspolitischen und kulturanthropologischen Kontext einzubetten. Als Ergebnis dieser Arbeiten wird allgemein akzeptiert, daß ein Verständnis der antiken Sexualnormen nur über die Diskussion tiefverwurzelter patriarchaler Strukturen sowie der damit verknüpften krassen Wert- und Machtungleichheit der damaligen Menschen zu erreichen ist. Die jeweils geforderte sexuelle Verhaltensnorm hing *grundlegend* vom sozialen Status und Geschlecht des Individuums ab, d. h. die Regeln waren andere, je nachdem, ob man Bürger, Freigelassener oder Sklave, reich oder arm,

---

61   Es ist vornehmlich das Verdienst von FOUCAULT (a. a. O.), dargelegt zu haben, daß Sexualität eine moderne Kategorie ist, die mit ihren Implikationen die Bedeutung sexueller Erfahrung in der antiken Welt entstellt; vgl. auch HALPERIN/ WINKLER/ZEITLIN (Hrsg.), Before Sexuality (1990), 5ff., und SUTTON, Pornography and Persuasion on Attic Pottery (1992), 5f. Etwas zu drastisch urteilt VEYNE, La famille et l'amour sous le Haut-Empire romain, Annales (ESC) 33, (1978), 52: „La sexualité antique et la nôtre sont deux structures qui n'ont aucun rapport, qui ne sont même pas superposables". Ein Beispiel zur Problematik unserer Terminologie gibt HALPERIN, One Hundred Years of Homosexuality (1989), 18. Was sexuell abweichendes Verhalten ist, bestimmt jede Gesellschaft für sich. Sexuelle Deviationen sind jedoch immer ein Hinweis auf die Grenzen erlaubter Sexualität innerhalb einer Gesellschaft, vgl. SCHORSCH, Sexuelle Deviationen, in: Ergebnisse der Sexualforschung (1976), 88, 94ff.

Mann oder Frau, jung oder alt war. Dem Mann erkannte das hierarchische und phallozentrische Konzept der Gesellschaft die führende Rolle auch in den Geschlechts- und Sexualbeziehungen zu, vor allem dann, wenn er ein freier Bürger war. Seinem Sexualpartner blieb nur die Rolle eines Objektes. Sie wurde mit dem weiblichen und damit dem passiven Part identifiziert. Dieser „weibliche" Part war – gerade bei der verbreiteten männlichen Homosexualität – durchaus nicht immer mit einer Frau gleichzusetzen.

Von diesen hier nur knapp umrissenen Prämissen ausgehend erklären sich wesentliche Elemente des geltenden Moralkodexes einer rein männerorientierten Gesellschaft einschließlich der von den Zeitgenossen nicht problematisierten „Benutzung" Prostituierter. Mehr als irgendein anderer Autor reflektiert Martial, oft als unanständig oder pornographisch mißverstanden, die moralischen Sexualstandards seiner Zeit, indem er mit Hingabe grenzüberschreitendes Verhalten durch die Schilderung des Sexuell-Häßlichen – in einer uns tatsächlich krass anmutenden Form – verspottet oder verhöhnt. Wo die Konzentration auf den Phallus, der Lustgewinn des aktiven Mannes und gleichzeitig die Wahrung seines Status in der gesellschaftlichen Hierarchie im Mittelpunkt standen, erklärt es sich von selbst, daß es verpönt war, als freigeborener Erwachsener der passive Partner im homosexuellen Verhältnis zu sein. Ebenso verständlich ist aus dieser Perspektive, daß Masturbation bzw. der Verkehr zwischen Frauen, der den Mann gänzlich überging, oder bei welchem gar eine Frau den männlichen Part usurpierte, entweder verhöhnt oder aber ignoriert wurden.

Als unakzeptabel und verabscheuungswürdig galt ferner in der gesamten Antike der Oralverkehr. Hier zeichnet sich indessen – wiederum patriarchalischem Blickwinkel getreu – ein gravierender Unterschied in der Wertung ab, je nachdem, wer agierte. Während von „schlechten" Frauen, d. h. von Prostituierten, ausgeübte Fellatio in manchen Männerkreisen unverhohlene Begeisterung hervorrief, war das Tun des *cunnilinctor* unverzeihlich. Der Grund dafür ist, daß bei der Fellatio der Mann bedient wurde und im Zentrum des Geschehens stand, während der *cunnilinctor*, der die Frauen leckte, sich selbst zur dienenden Rolle degradierte und dadurch zum Urheber weiblicher Lust wurde.

2.6.2 Die Konzeption der Ehe

Im Verlauf der ersten beiden Jahrhunderte der Kaiserzeit kamen zwar, insbesondere in den Oberschichten, an philosophische Strömungen anknüpfende Transformationen der römischen Ehe- und Sexualmoral auf, deren wesentliche Veränderungen VEYNE treffend mit einem Übergang von einer „draufgängerischen Bisexualität zu einer Reproduktions-Heterosexualität" bezeichnet[62], doch blieben die tradierten Vorstellungen vom Eheleben, wie sie seit der Republik Geltung hatten, ebenso bestehen wie ihr rechtlicher und institutioneller Rahmen, innerhalb dessen die männliche Führungsrolle niemals in Frage gestellt wurde. Dem widerspricht auch eine offenbar stärker nach außen getragene oder tatsächlich erfolgte höhere Emotionalität der Ehepartner in den mittleren Schichten nicht. Für das Eheverhalten der Unterschichten können trotz der suggestiven Kraft der Rede bei VEYNE keine konkreten Aussagen gemacht werden, also auch nicht diejenige, daß die Ehe dort keine Rolle gespielt habe[63].

Damit blieben zwei sehr wichtige Voraussetzungen für ein ausgedehntes Prostitutionswesen die gesamte Kaiserzeit hindurch bestehen (wenngleich wir darauf hinweisen müssen, daß auch Gesellschaften mit der Möglichkeit zu kurzzeitigen und freieren Bindungen wie die gegenwärtigen west- und mitteleuropäischen den Verkauf sexueller Dienstleistungen nicht haben verschwinden lassen, so daß die Existenz der Prostitution jedenfalls nicht auf die simple Gleichung Monogamie-Prostitution reduziert werden kann): Nachsicht mit den sexuellen Experimenten junger Männer und die monogame Ehe patriarchalischer Prägung, die die strikte und hochbewertete Forderung nach der Jungfräulichkeit des Mädchens vor sowie der Keuschheit der Gattin während der Ehe mit sich brachte. Die wichtigste Rolle der Frau im sozialen Gefüge bestand bekanntlich darin, Kinder hervorzubringen, deren Legitimität über jeden Zweifel erhaben war, um den Fortbestand der Familie sowie die Erhaltung des Familienvermögens zu gewährleisten. Das hohe Prestige der weiblichen Schamhaftigkeit war überdies nicht standesspezifisch, es findet sich auf Grabinschriften Freigeborener ebenso wie auf denen Freigelassener. Während ehrbare Mädchen ebenso wie verheiratete Frauen keinerlei vor- bzw. außerehelichen Kontakt haben durften, war den Männern gemäß der herrschenden Doppelmoral grundsätzlich erlaubt, andere sexuelle Beziehungen zu unterhalten, sofern sie sich nicht auf die genannte Gruppe von ehrbaren Frauen bezogen. Um diese einseitige Freiheit des Mannes durchsetzen zu können, ohne andere Familien und Ehen zu gefährden, bedurfte es einer ausgedehnten Prostitution als gesellschaftlichem Stabilisierungsfaktor. Der Gang zur

---

62   VEYNE, Familie und Liebe (it. 1991, dt. 1995), 87.
63   VEYNE, P., La famille et l' amour sous le Haut-Empire romain, Annales E. S. C. 33 (1978), 40; ders., Familie und Liebe (it. 1991, dt. 1995), 87.

Prostituierten wird deshalb in einer Vielzahl von Quellen in der gesamten Antike als probates Mittel gegen Ehebruch und Verführung von Jungfrauen dargestellt. Daß Monogamie mit rigoroser Ahndung von Ehebruch und gleichzeitig erlaubter sexueller Freiheit des Mannes Prostitution zum Pendant hat, ist eine in vielen hierarchisch und patrilinear strukturierten Gesellschaften nachweisbare soziologische Konstante. Das hatte bereits Solon erkannt und als Begründung für die angeblich auf seine Anordnung in Athen errichteten öffentlichen Bordelle angegeben.

Die Ehegesetze des Augustus verankerten genau dieses Prinzip in ihren Richtlinien. Sie trennten Klassen von Frauen, die unter diese Gesetze fielen, von solchen Frauen, die dieser Gesetze nicht würdig waren. Sie verpflichteten überdies die Bürger zur standesgemäßen Heirat und verfolgten Ehebruch erstmals strafrechtlich. Aus Furcht vor den harten Strafen und dem Gebot zur Denunziation von Verwandten und Fremden bei Ehebruch[64] dürften sie der Prostitution somit erheblichen Auftrieb gegeben haben. Jeder Mann konnte ungeachtet seines Personenstands mit Prostituierten, Bedienungen, Schauspielerinnen und Unfreien Umgang haben; eine Frau war im entsprechenden Fall des Ehebruches schuldig. Diese Möglichkeit zum sexuellen Verkehr mit mehreren Partnern boten freilich viele patrilineare Kulturen des Alten Orient, des Alten Amerika und Fernen Ostens nur den Männern, wobei im Gegensatz zur griechisch-römischen Praxis anstelle von bzw. zusätzlich zu Prostituierten und Konkubinen auch Ehekonzepte mit mehreren Frauen eine Rolle spielen konnten. Selbst die relativ „frauenfreundlichen" unter diesen Gesellschaften, wie z. B. die frühe japanische oder die altägyptische, hielten an der strikten Monogamie der Frau als Gebärerin für *einen* Herrn und Gebieter fest. In Rom wurde die Struktur der etablierten Moral durch die augusteischen Ehegesetze noch weiter gefestigt.

2.6.2.1 Sexuelle Kontakte in der Ehe

Die Binnenstruktur der römischen Ehe trug desgleichen dazu bei, daß man auf andere Sexual- oder Liebespartner auswich oder jedenfalls ausweichen konnte. Die Ehe war primär als ökonomische und soziale Institution zur Erzeugung von Nachkommen und nicht als Einrichtung zur Befriedigung emotionaler und sexueller Bedürfnisse konzipiert. Darüber geben zum einen verschiedene institutionelle Faktoren, zum anderen aber auch einige

---

64 Ausführlich dazu A. METTE DITTMANN, Die Ehegesetze des Augustus. Eine Untersuchung im Rahmen der Gesellschaftspolitik des Princeps, Historia Einzelschriften 67 (Stuttgart 1991), 61–72.

moralphilosophische Texte über das Wesen sexueller Beziehungen in der Ehe Aufschluß.

Eheliche Verbindungen wurden über Verwandte und Eltern arrangiert, und die Eheschließungsformel *liberorum quaerendorum causa* („zum Zweck des Hervorbringens von Kindern") unterstrich, welchem Zweck sexuelle Akte innerhalb der Ehe dienen sollten. Der Leidenschaft wenig förderlich war auch die strenge Erziehung der Mädchen zur Zurückhaltung, wenn nicht zur Prüderie. Zu ihrer Unerfahrenheit kam oft eine extrem frühe Verheiratung mit erheblich älteren Männern hinzu. Den Grad der Emotionalität zwischen römischen Eheleuten messen zu wollen ist ein diffiziles Unterfangen, doch gibt es weitere Anhaltspunkte dafür, daß in einer Ehe sexuelle Aktivität zur Fortpflanzung zwar Pflicht war, sexuelle Erfüllung jedoch nicht erwartet und zumindest emotionale Hemmungslosigkeit verurteilt wurde. Besonders Plutarch, Vertreter einer durchaus ehefreundlichen Richtung, gibt hierzu in seinen „Anweisungen für Eheleute" interessante Hinweise. Gattinnen sollten demnach kein sexuelles Verlangen zeigen, noch sollten die Ehemänner ihnen ein solches vermitteln, da dies der erste Schritt zum Ehebruch sei (Coniug. praec. 47, 144f–145a). Immerhin wurde der Frau überhaupt sexuelles Verlangen attestiert, was Lukrez bereits rund einhundertfünfzig Jahre zuvor in Konflikt mit dem Ideal der keuschen Matrone gebracht hatte. Vom Ehemann als überlegenem Part wurde außerdem verlangt, seine Frau nicht leidenschaftlich wie eine Mätresse zu lieben, sie keine außergewöhnlichen Genüsse zu lehren und im Dunkeln Liebe zu machen, da eheliche Liebe keusch sei. Stöhnen und heftige Bewegungen beim Zeugungsakt waren schon früher als unangemessenes Verhalten für eine Ehefrau betrachtet worden; derartiges sollte sie den Huren überlassen (Lukr. 4, 1269ff). Die meisten dieser Texte erweisen implizit die Furcht vor dem Erwachen unmäßiger sexueller Wünsche und daraus resultierender Untreue der Frau, die ja ohnehin von den Philosophen als ausschweifender und triebhafter angesehen wurde; denn wie in patrilinearen Gesellschaften generell üblich war nur die über jeden Zweifel erhabene Keuschheit und Schamhaftigkeit der Frau und die Objektivierung ihrer sexuellen Potenz die Garantie für legitimen Nachwuchs.

Daß diese Ansichten über die ehelichen Lüste der gängigen Meinung entsprachen und nicht nur für die Anhänger philosophisch interessierter Kreise relevant waren, bestätigen die Aussagen Artemidors, dessen Werk über die Traumdeutung populärere Bewertungsweisen reflektiert. Er war der Meinung, die Natur habe jeder Spezies die ihr zugemessene Art für sexuellen Verkehr zugeteilt; angemessen sei, daß der Mann Herr über den

Körper der Frau sei, und sie ihm willig gehorche. Die Stellung „Leib an Leib" solle den Menschen genügen, wie auch den Tieren die ihnen zugemessene Position genüge (I 79). Alles andere seien Erfindungen aus Übermut, Zügellosigkeit und Unbeherrschtheit, die der Rausch geboren habe.

Überblickt man diese Zeugnisse noch einmal, so war die Ehe ihrer eigentlichen Aufgabe gemäß nicht der Ort für exzessive oder außergewöhnliche Sexualpraktiken in der kaiserzeitlichen Gesellschaft. Gängig war wohl hauptsächlich Vaginalverkehr in verschiedenen Positionen, Oralverkehr und wahrscheinlich auch Analverkehr waren als erniedrigende Praktiken, die man einer ehrbaren Gattin nicht zumuten konnte, verpönt.

Das sexualfeindliche Idealbild der Matrone prägte nach Ansicht einiger moderner Autorinnen sehr wohl das Verhalten der Frauen, die den Mangel durch andere Aktivitäten kompensierten. Ebenso verstärkte diese Wechselwirkung noch den gesellschaftlich sanktionierten Wunsch der Männer nach der Befriedigung ihrer Bedürfnisse außerhalb der Ehe bei Prostituierten, Schauspielerinnen, Libertinen und Sklaven beiderlei Geschlechts. Als Reaktion auf die außerehelichen Eskapaden des Gatten gab es freilich auch Eifersuchtsszenen, doch sind diese vorwiegend dem Spott in Komödie und Satire ausgesetzt, sonst riet man den Gattinnen zu allen Zeiten, derartige Amouren zu ignorieren. Manche Ehefrauen waren vielleicht sogar erleichtert, wenn ihr Mann sich von ihnen fernhielt, um sich vor dem hohen Gesundheitsrisiko von Schwangerschaften oder Abtreibungen zu schützen.

2.6.3 Jugend und Prostitution

Die oben bereits ausgeführte hohe Bewertung weiblicher Unschuld und sexueller Enthaltsamkeit sowie die Formen der Eheanbahnung machten es jungen Männern unmöglich, mit standesgleichen heiratsfähigen Mädchen zwanglosen Umgang zu haben, selbst wenn sie sich aus Kinderzeiten kannten oder sogar verwandt miteinander waren. Von vorehelichem sexuellen Umgang konnte gar keine Rede sein. Damit sich junge Heißsporne in dieser Hinsicht ausleben konnten, war es nicht ungern gesehen, wenn sie sich an Dirnen und andere sozial tieferstehende Frauen hielten. Prostitution galt ganz besonders für die männliche Jugend als probates Mittel gegen die Verführung von Jungfrauen und Frauen anderer Männer. Einige ausgewählte Stellen verdeutlichen dieses traditionelle gesellschaftliche Arrangement.

Schon Plautus bietet im ‚Curculio' eine Liste verbotener Beziehungen und stellt diesen die käufliche Liebe als völlig unbedenklich gegenüber:

Curc. 33–38
„Niemand wird dir's wehren noch verbieten, wenn, was öffentlich zum Kauf geboten wird, du für dein Geld dir kaufst. Niemand verwehrt dir, auf öffentlicher Strasse zu gehen. Wenn du nur durch ein umzäuntes Grundstück den Weg nicht suchst, von Ehefrauen, Witwen, unbescholtenen Jungfrauen und freigeborenen Knaben dich fernhältst, so magst du lieben, was du willst."

Ehefrauen, Witwen, unbescholtene Jungfrauen und freigeborene Knaben waren als Sexualpartner tabu, käufliche Liebe, euphemistisch umschrieben mit dem „auf öffentlicher Straße gehen", wurde grundsätzlich nicht mißbilligt. So lautete in Athen wie in Rom über Jahrhunderte die Grundregel, gemäß welcher ein (junger) Mann seinen sexuellen Wünschen freien Lauf lassen konnte. Für eine akzeptable Möglichkeit, vereinbar selbst mit den immer hochgehaltenen Sitten der Vorfahren, hielt auch Cicero in seiner Rede für Caelius den Umgang mit Prostituierten:

Cic. Cael. 48
„Wenn es aber tatsächlich jemanden gibt, der sogar der Jugend Verkehr mit Dirnen verbieten zu müssen glaubt, der ist allerdings extrem streng, ich kann es nicht leugnen, doch er weicht nicht nur von der Liberalität unserer Zeit ab, sondern auch von der Gewohnheit und den Zugeständnissen unserer Vorfahren."

Freilich will Cicero als Verteidiger des Caelius dessen Jugendsünden verharmlosen, und man stelle sich vor, was er aus diesen Geschichten gemacht hätte, wenn er statt dessen der Ankläger des Caelius gewesen wäre. Andererseits hätte er jedoch einen vollkommen gegen die ethischen Prinzipien der Richter verstoßenden Standpunkt nicht mit dem Hinweis auf die „Sitten der Vorfahren" und etwas weiter vorne mit dem Satz „ihr selbst erinnert Euch doch daran" vertreten können. Cicero geht auch in weiteren Passagen seiner Caelius-Rede darauf ein, daß sich junge Männer „die Hörner abstoßen" könnten und dürften, bevor sie in den Hafen der Ehe einliefen und ehrenwerte, um das Gemeinwesen verdiente Bürger wurden. Ein in seiner Plattheit mustergültiges Beispiel formuliert Valerius Maximus: Ein junger Mann hatte sich in eine Matrone verliebt. Da der Vater die Gefahr bemerkte, in der sein Sohn schwebte, riet er ihm, am besten vor jedem Besuch bei seiner Geliebten ins Bordell zu gehen. Zunächst fühlte sich der Sohn dadurch eher noch in seiner Liebe bestärkt. Nach ei-

nigen Tagen ließ er jedoch, von seinen Besuchen im Bordell zufriedenge-
stellt, von der Geliebten ab. Bekannt ist auch eine mehrmals überlieferte
Anekdote, in welcher ausgerechnet der sittenstrenge alte Cato einen jungen Mann, der seine sexuellen Bedürfnisse im Bordell stillt, zunächst lobt,
seine Meinung aber anschließend revidiert, als er ihn ständig aus dem
Bordell kommen sieht:

Hor. Sat. 1, 2, 31–34
„Als einst ein junger Herr aus gutem Haus aus dem Bordell kam,
rief ihm die Klugheit des Cato zu: ‚Ein Bravo auf Deine Tugend,
denn wenn schamlose Geilheit euch die Adern bläht, ist's recht,
daß ihr junge Männer hier absteigt und nicht andrer Leute Frauen
durchknetet'."

Ps.-Acr. ad loc.
„Ein gewisser Junge kam aus dem Bordell, als gerade Cato vorbei-
ging. Als dieser enteilen wollte, rief er ihn zurück und lobte ihn.
Als er ihn aber später häufiger aus demselben Bordell kommen sah,
soll er gesagt haben: ‚Ich habe dich gelobt als einen, der hier bisweilen Abhilfe schafft', nicht als einen, der hier wohnt'."

Diese auf die voreheliche Lebensphase eines jungen Mannes begrenzte
Nachsicht ist dem der Komödie vergleichbar: Liebeleien und auch heftige
Emotionen galten als Vorrecht der Jugend, das von zahlreichen Vätern
oftmals in der Erinnerung an ihre eigene Jugend akzeptiert wurde. Solche
Worte der Nachsicht wurden auch in die rhetorischen Redeübungen übernommen und prägten auf diesem Weg die Leitbilder junger Männer. Ältere Männer waren wegen derartiger Eskapaden dagegen dem Spott und der
Mißbilligung ausgesetzt. In Verruf brachte jeden Römer gesetzteren Alters, der etwas auf sich hielt, zum Beispiel der Besuch von Kneipen, Bordellen und Spelunken. Kein Wunder, daß es in der Skandalchronik mancher Kaiser heißt, sie seien, meist mit Kapuzen verhüllt, ins Bordell
geschlichen, was ein Allgemeinplatz unwürdiger Lebensführung war; denn
sexuelle Ausschweifung verstieß in der griechischen und römischen Antike gegen eine grundlegende Verhaltensnorm für den erwachsenen Mann,
der als aktiver Partner seine Lüste zügeln oder ihnen wenigstens der Konvention folgend diskret nachgehen sollte[65]. Dazu kam eine grundsätzliche
Aversion der kaiserzeitlichen römischen Gesellschaft gegenüber den sexuellen Bedürfnissen und Aktivitäten älterer Menschen, die sich bis heute

---

65 FOUCAULT (1984 dt. 1993³), 2, 63ff., 3, 92ff.; 178 u. ö. Es ist das alte Thema, daß
    übermäßige Lust der Selbstdisziplin zuwiderläuft.

fortsetzt. Daß es diese dennoch gab, demonstriert gerade der Sarkasmus von Satire und Epigramm.

Kritikwürdig war ansonsten lediglich die Übertreibung des Verkehrs mit Prostituierten, d. h. allzu häufiger Besuch des Freudenhauses oder – schlimmer noch – zu heftige und langdauernde Leidenschaft für eine bestimmte Dirne. So heißt es vom Sohn des P. Clodius Pulcher, er sei wegen leidenschaftlicher Liebe zu einer billigen Hure ins Gerede gekommen.

Es gab aber auch strengere Väter, die wenig vom Treiben ihrer Sprößlinge erbaut waren. Allerdings sind selbst ihre Ermahnungen kaum als moralischer Appell gegen sexuelle Beziehungen als solche aufzufassen, sondern richteten sich in erster Linie gegen die Beeinträchtigung von *fama* („Reputation") und *res* („Vermögen"), die miteinander gekoppelt waren. Das Hauptargument gegen den Umgang ihrer Söhne mit Dirnen und Schauspielerinnen bildete der finanzielle Gesichtspunkt, kurz die Verschwendung von Hab und Gut, das sich auch im Topos der raffgierigen Dirne ausdrückt. Der Vater des Horaz warnt seinen Sohn mit besonderer Eindringlichkeit vor finanziellen Exzessen. Bei ihm mag der mühsam erkämpfte wirtschaftliche Aufstieg des Freigelassenen eine Rolle gespielt haben, wie im folgenden Text anklingt:

Hor. Sat. 1, 4, 105–114
„Mein Vater, der ein guter Mann war, pflegte mich durch andrer Leute Beispiel vor Lastern zu warnen. Wollte er mich ermahnen, nüchtern, sparsam und mit dem zufrieden zu sein, was er selber mir erworben, zu leben, so sprach er: ‚Siehst Du, wie es dem Sohne des Albius erging? Wie elend Baius vegetiert? Ein gewichtiges Mahnmal für junge Leute, ihrer Eltern Gut nicht zu verprassen!' Damit ich mein Herz nicht an eine Dirne hänge, sagte er: ‚Werde mir ja kein Scetan', und damit ich nicht Ehebrecherinnen nachliefe, könne ich mich, so hieß es, ja mit erlaubten Liebesabenteuern begnügen."

Was unter ‚schimpflicher Dirnenliebe' zu verstehen war, ist mit dem Wort *amor* angedeutet. Es implizierte eine länger dauernde Leidenschaft für eine Dirne, welche teuer werden konnte, wie zum Beispiel der Text aus der zweiten Satire zeigt. Sein Hab und Gut konnte man freilich auch verlieren, wenn man sich auf einen Ehebruch einließ, was eben der Vater des Horaz seinem Sohn öfter eingeschärft zu haben scheint. Ersterer erlaubte dagegen den maßvollen Verkehr mit Sklavinnen und billigeren Prostituierten. Da Prostituierte der unteren Klassen extrem billig waren und finanzielle Befürchtungen somit überflüssig, kann man davon ausgehen, daß die Väter den Söhnen zu Bordellbesuchen rieten, um von kostspieligen Libertinen und Luxusdirnen abzulenken.

Einige andere waren überdies der Meinung, der Verkehr mit Prostituierten schade nicht nur dem Geldbeutel, sondern auch dem Charakter und der Lebensführung, wobei diese Tugenden mit dem Prinzip der *frugalitas* („solider Lebenswandel") als Maxime verknüpft waren. Der Grund für diese Besorgnis findet sich in der verachteten Position der Ausübenden des Gewerbes und in der langen Liste der schlechten Eigenschaften, welche Prostituierten und Zuhältern zugeschrieben wurden. Hier dokumentiert sich nachdrücklich die Diskrepanz zwischen einer toleranten Haltung gegenüber dem Sexgewerbe, insofern es der Gesellschaft nützte, und der Geringschätzung der beteiligten Personen.

2.6.4 Sexuelle Dienstleistungen im Prostitutionsmilieu

Die Dienstleistungen, die weibliche Prostituierte erbringen mußten, können regional verschieden gewesen sein, ohne daß dies in Anbetracht des auf Rom und Pompeji beschränkten Materials noch zu rekonstruieren wäre. Wenn man die pompejanischen Graffiti von Hurenkunden zugrundelegt, waren Dirnen hauptsächlich für den normalen, heterosexuellen Verkehr gefragt, mußten aber auch für anderweitige sexuelle Vorlieben oder Defizite ihrer Kunden herhalten. Den üblichen sexuellen Verkehr bezeichnet das ständig benutzte, vulgäre Wort *futuere*, welches von Huren wie Hurenkunden gleichermaßen oft verwendet wurde. Die zwei üblichen Positionen beim Sexualverkehr mit Prostituierten – wie auch mit anderen Frauen – waren die Mann-oben-Stellung, oder das Reiten der Frau auf dem Mann. Welch unpersönliches und reichlich brutales Abreagieren der Triebe dabei ablaufen konnte, wird aus Szenen bei Horaz und Juvenal mit käuflichen Frauen deutlich. Die Huren empfangen *verbera* („Schläge") oder *ictus* („Stöße"), oder sie bedienen „reitend" den Mann.

Hor. Sat. 2, 7, 47-52
„Wenn der hitzig gewordene Trieb Dich in Spannung bringt und irgendeine Dirne nackt im hellen Licht der Lampe die Stöße der geschwellten Rute aufnimmt oder mit ihren Hinterbacken, während ich auf dem Rücken liege, mich wie ein Pferd mutwillig geritten hat, dann läßt sie mich ziehen, ohne Schaden an meinem Ruf und ohne die Befürchtung, es könnte ein reicherer oder schönerer Mann in dasselbe Loch pissen."

Das Sitzen der Frau auf dem Mann in verschiedenen Varianten ist auf zahlreichen pompejanischen Abbildungen dargestellt.

In der Literatur und den Graffiti wird diese Position mit verschiedenen Metaphern des Reitens oder einfach mit *sedere* („sitzen") in doppeltem Sinn genannt. Sie war offenbar nicht allein bei den Hurenkunden beliebt.

Zu den sexuellen Vorlieben der Kunden gehörte an erster Stelle die häufig in den Graffiti, aber auch in Satire und Epigramm belegte Praxis der Fellatio. Sie ist ein beliebter und gängiger Topos in der griechischen wie lateinischen Literatur. Fellatio wurde, wie überhaupt jede sexuelle Betätigung mit dem Mund, als ekelhaft empfunden; über sie zu sprechen verstieß gegen den Anstand. Sie war deshalb ins Bordellmilieu verlagert und eine übliche Dienstleistung der billigen Prostituierten in Pompeji und Rom. Fellatio boten wahrscheinlich vor allem diejenigen an, die als Sklavinnen keine Wahl hatten, wie sie ihr Geld verdienen sollten. In Pompeji kostete Fellatio im Durchschnitt kaum mehr als der übliche Verkehr, also ungefähr 2–3 As. In Rom waren die Prostituierten aus dem Armenviertel der Subura dafür bekannt. Weitere Texte von Juvenal und Martial bestätigen, daß Fellatio üblicherweise an Prostituierte delegiert wurde. So nennt Juvenal zum Beispiel die langbeinige Maura, die pro Tag zahlreiche Männer „aussauge", und eine gewisse Phiale, deren geübtes „Hauchen des Mundes" von ihrer langjährigen Praxis als Prostituierte. Martial spottet in einem Epigramm über die geizige Aegle, die sich das Küssen bezahlen lasse, jedoch umsonst Fellatio mache.

Leute, die Fellatio ausübten, galten als unrein, und verbreitet war die Ansicht, sie hätten Mundgeruch und eine unnatürliche Blässe im Gesicht, man vermied es, mit ihnen einen Becher zu teilen oder sie zu küssen. Worte wie *impurus* („unrein"), *inquinatus* („besudelt"), *spurcus* („schmutzig") etc. als Anspielungen auf die Techniken oralen Verkehrs wurden häufig im Kontext mit Prostituierten erwähnt. Catull spricht in einem Gedicht vom unflätigen Speichel einer verkommenen Hure. Andererseits galt *fellatio* den Kunden als Nonplusultra sexueller Befriedigung: Graffiti loben die Fähigkeiten einiger Freudenmädchen als *fellatrices*, und Martial konkurriert mit einem Freund um die Gunst einer besonders geübten *fellatrix*. Derselbe Dichter preist an anderer Stelle Fellatio zynisch als Reizmittel für ein schlaffes Glied.

Auch der Cunnilingus, der als erniedrigend galt, ist für das Milieu der Dirnen belegt. Manche Männer schienen trotz der durchweg negativen Stigmatisierung, welcher der Cunnilingus ausgesetzt war, eine Vorliebe für diese Praxis zu haben. Kein Wunder, daß in der phallozentrischen Gesellschaft Athens und Roms dem, der Cunnilingus ausübte, schlicht Impotenz unterstellt wurde, weil er nicht die übliche Penetration vollzog. Wer nach der landläufigen Meinung so „pervers" war, der mußte nicht nur in Rom, sondern auch in Athen ins Bordell gehen. Daß sich jemand als verabscheuungswürdiger Cunnilinctor (im Bordell) auslebe, war eine derbe Denunziation, die quer durch alle Schichten ging. Sie findet sich in den Wandkritzeleien Pompejis ebenso wie sie in der Literatur bekannten historischen Persönlichkeiten vorgeworfen wurde: Seneca behauptet vom ehemaligen Konsul Mamercus Scaurus, er habe seine Mägde geleckt[66]. Auch Hortensius Corbio, ein Enkel des berühmten Redners Hortensius, soll schändlicher gelebt haben als eine Prostituierte und in den Bordellen allen mit seiner Zunge zur Verfügung gestanden haben. Unter der Regierung des Claudius wurde einem Ritter seine *obscaenitas in feminas* („Schamlosigkeit gegenüber Frauen") vorgeworfen. Das Delikt ist mit *obscaenitas* nur ungenau bezeichnet. Sicher war es nicht bloße „Unzucht", denn dann hätte man es auch so bezeichnet. Eine andere, ebenfalls von Sueton stammende Textstelle (Tib. 45) macht es wahrscheinlich, daß damit Cunnilingus gemeint war. Darin steht, daß eine ehrbare Frau sich getötet hatte, nachdem Kaiser Tiberius sie öffentlich der *obscaenitas oris* („Schamlosigkeit des Mundes") bezichtigt hatte. Als Zeugen gegen den besagten Ritter lud man Prostituierte vor Gericht, woraufhin der Beklagte voller Zorn über die unwürdige Behandlung dem Kaiser die Wachstäfelchen ins Gesicht geschleudert haben soll (Claud. 15, 4).

Die genannten Quellen sind Beispiele für Invektiven auf persönliche oder politische Gegner, deren Ansehen durch den Nachweis sexueller Promiskuität und Ausschweifungen ruiniert werden sollte, oder es sind vom Publikum gierig aufgenommene Skandalhistörchen über hochgestellte Personen, die Kaiser und den Hof. Der Wahrheitsgehalt solcher Quellen ist nicht mehr nachprüfbar, doch ist auf jeden Fall glaubwürdig, daß es meist Prostituierte oder Sklavinnen waren, bei welchen Männer ihren als pervers betrachteten Neigungen nachgehen konnten. Man war sogar der fragwürdigen Meinung, daß bestimmte Gestirnkonstellationen solche „abartigen Anlagen" wie Neigung zum Oralsex verschuldeten und daß diese Personen sowieso zu Prostituierten werden würden.

Von den Quellen, die von anderen außergewöhnlichen Sexualpraktiken handeln, z. B. von Voyeurismus, sind nur einige wenige nachweislich mit Prostituierten in Verbindung zu bringen. In der Mehrzahl der Fälle sind die „Objekte der Schaulust" nicht genau benannt, da die Person des Voy-

---

66 Sen. ben. 4, 31, 3; Mamercus Scaurus war 21 n. Chr. Konsul und außerdem ein bedeutender Anwalt. Sein lasterhaftes Leben war bekannt, s. Tac. Ann. 6, 29, 4.

eurs im Zentrum des Interesses stand. Voyeurismus ist außerdem ein moderner Begriff, der kein Äquivalent im Griechischen oder Lateinischen aufweist. Die Alten behandelten Voyeurismus und andere sexuell außergewöhnliche oder abweichende Verhaltensformen nirgendwo systematisch. Voyeurismus gilt in der heutigen Sexualforschung als sexuelle Deviation, wenn neben ihm der heterosexuelle Verkehr des Betreffenden vollständig oder weitgehend in den Hintergrund tritt und damit eine Abwehrreaktion oder ein Ausweichen vor dem „normalen" Sexualverkehr mit einem Partner konstituiert wird.

Immerhin galt auch in Rom die Beobachtung anderer bei sexuellen Handlungen als befremdlich, und einige der nachfolgenden Beschreibungen stimmen vage mit dem modernen Terminus überein. Gewöhnlich sollten nach der landläufigen Meinung erotische Kontakte den Blicken anderer entzogen sein, und im privaten Bereich gab es enge Schranken der Scham. Selbst die Dirnen, bemerkte Martial als Vorwurf an eine exhibitionistisch veranlagte Frau, würden sich im Gegensatz zur Angesprochenen daran halten (1, 34). Als Motiv voyeuristischer Begierden geben die zeitgenössischen Autoren wie schon beim Cunnilingus mit sarkastischem Unterton schwindende Potenz oder völlige Impotenz aufgrund zu heftiger Ausschweifungen an. Voyeure fanden immer einen Ort, ihren Neigungen nachzugehen. Der Dichter Properz, sicherlich kein Voyeur gemäß der Standarddefinition, wird z. B. von seinem Freund eingeladen, dessen Liebesspiel mit einer vermutlich käuflichen Freundin zu verfolgen (1,10ff.). Besonders einfach aber war, wahrscheinlich gegen ein entsprechendes Entgelt, der Zugang zum Bordell. So wurden zum Beispiel Löcher in die Türen oder Wände des Bordells gebohrt, wenngleich sich mancher Hurenkunde über unliebsame Gaffer höchst unerfreut zeigte. Martial setzt einen Fall in Szene, in welchem der Kunde alle Löcher in den Wänden verstopft, damit es keine unliebsamen Zuschauer gibt (11, 45).

Wer wohlhabend war, engagierte Mädchen und Knaben oder professionelle Prostituierte zur Befriedigung seiner Neigungen. Eine Sammlung lateinischer Gedichte greift das Thema des Voyeurs zweimal auf. Ob und mit welchen Partnern die Mädchen agierten, geht aus beiden Epigrammen nicht hervor. Als Beispiel sei eines der Gedichte angeführt:

Anth. Lat. 297
„Weil wir dich etwas bleich, Marinus, nach einer Reihe von Tagen
jetzt begrüßen, glaubt' ich, daß du als guter Arzt Fieber kuriertest
und deine züchtige Hand betätigst nach der logischen Schule Vorschrift oder nach methodischer Bücherweisheit, doch du triebst es

noch schlimmer als im Puff: du botest anderen das, was du selbst genießen könntest: hast Mädchen eingestellt, gewohnte Arbeit zu treiben, nämlich zu huren, und ich weiß auch, was dich, Chirurgus, antreibt, all' die Mädchen zu sehn, die du versammelt hast: Du willst nur zeigen, daß du kein rechter Mann bist, daß dir Erektionen anderer reichen."

Wie oben schon erwähnt, klingt hier unmißverständlich der Vorwurf der Impotenz des Zuschauers an. Auch in einem anderen thematisch ähnlichen Gedicht der Anthologie geht es um einen impotenten Mann, der sich attraktive Mädchen hielt, um „im Geist Unzucht zu treiben" (303).

Die Verbindung Selbstbefriedigung – Stimulation durch Bilder oder Darstellungen war damals freilich auch bekannt. Masturbation wurde als pragmatische und unkomplizierte Art der Befriedigung als Konkurrenz zur Benutzung einer Prostituierten angesehen. Eine Anekdote über den anspruchslosen Kyniker Diogenes von Sinope verdeutlicht dies einprägsam: Er hatte eine Prostituierte bestellt, die ihn jedoch allzulange warten ließ. Als sie endlich kam, sagte er zu ihr: „Meine Hand ist dir mit dem Brautliedsingen schon zuvorgekommen". Auch von Sklaven wird berichtet, daß sie beim Liebesspiel ihrer Herrschaften zuschauten und heimlich masturbierten. Die Römer sahen Masturbation als eine besonders für Sklaven passende Form der Befriedigung an. Ihr Zuschauen ist nicht als Voyeurismus im heutigen Sinn zu bezeichnen, sondern als Ersatzhandlung für mangelnde anderweitige sexuelle Betätigung. Vermutlich hatten Sklaven nicht immer Gelegenheit, ihre sexuellen Bedürfnisse anderweitig auszuleben.

Von der historiographischen und biographischen Überlieferung wurde Kaiser Tiberius als bekanntester Voyeur seiner Zeit stilisiert. Eine wenig freundlich gesonnene Tradition unterstellte ihm alle möglichen Arten sexueller Exzesse. Er galt als Erfinder des Gruppensexes zu mehreren. In seine Fußstapfen sollen diesbezüglich auch Caligula, Nero und Heliogabal getreten sein. In seiner Villa auf Capri soll er Dirnen, Lustknaben und die Erfinder von Liebesstellungen versammelt haben, die jeweils zu dreien sexuelle Spiele inszenierten[67]. Junge Mädchen und Männer mußten sich angeblich als Nymphen und Pane verkleidet in den Grotten und Hainen seines Anwesens zur Schau stellen.

Um diese Angaben historisch bewerten zu können, soll ein kleiner Exkurs die Entstehung und Motivik der literarischen Kaiserportraits veran-

---

67 Suet. Tib. 43. Vgl. auch Tac. ann. 6, 1.

schaulichen; denn Geschichten über sexuelle Ausschweifungen eines Herrschers haben in der antiken Literatur ein lange Tradition. Sie sind ein Bestandteil der sogenannten Tyrannentopik griechischen Ursprungs, welche sich bereits bei Plato und Aristoteles findet. Konstruiert wird die Schilderung des „schlechten" Herrschers aus immer wiederkehrenden stereotypen Elementen (s. unten), die ihn unmäßig und unwürdig erscheinen lassen und die somit individuelle Züge der historischen Persönlichkeit auf einen Kanon von negativen Charaktereigenschaften reduzieren. Entstanden ist das literarische Tyrannenporträt in den privilegierten Schichten. Es reflektiert die Feindseligkeit der Aristokratie gegenüber einzelnen mächtigen Personen, die das aristokratische Ethos der Gleichheit durch ihre Herrschaftsansprüche untergruben, die Vornehmen ihrer Willkür unterwarfen und die soziale Hierarchie ignorierten. Römische Autoren haben die griechische Tyrannentopik für die Schilderung despotischer Amtsträger und eine Reihe von Kaisern übernommen. Sie findet sich bereits in einigen rhetorischen Werken der späten Republik wie zum Beispiel in den Reden des Cicero gegen Verres, durchdringt aber vor allem die kaiserzeitliche oppositionelle Geschichtsschreibung senatorischer Prägung (Livius, Tacitus, Dio) sowie die biographische Überlieferung (Sueton, Historia Augusta). Freilich orientiert sich gerade auch die Geschichtsschriebung nach der politischen Entmachtung des Senates immer stärker an der Person des Herrschers.

Die Darstellungen des *malus princeps* („schlechter Kaiser") – den wesentlich seltener zu findenden *bonus princeps* („guter Kaiser") lassen wir hier beiseite – konzentrierten sich auf folgenden Laster: Grausamkeit (*crudelitas, vis*), Hochmut (*superbia*), Ausschweifungen verschiedenster Art (*libido, turpitudo, luxuria*), wobei sexuelle Entgleisungen eine wichtige Rolle spielten. In diesem Zusammenhang wird es niemanden wundern, daß in den Portraits der „schlechten" Kaiser[68] – z. B. Tiberius, Caligula, Nero, Elagabal und Commodus – ihr zügelloses Sexualleben so genüßlich breitgetreten wird. Das Register der moralischen Abscheulichkeiten umfaßte den häufigen Kontakt mit wechselnden Sexualpartnern niederer Herkunft bzw. mit Prostituierten, darin eingeschlossen homosexuelle Beziehungen, bei welchen der „Tyrann" den passiven Part übernahm, die Schändung von freien Knaben und vornehmen Frauen sowie Inzest. Während exzessiver Sex mit sozial Tieferstehenden und Homosexualität die Maßlosigkeit und man-

---

68 Für die Historia Augusta hat A. RÖSGER, Untersuchungen zum Herrscherbild der Historia Augusta, Diss. Bonn 1976, 340ff., drei verschiedene Typen von *principes* unterschieden: *mali, boni* und *medii* (z. B. Car. 3,8).

gelnde Selbstdisziplin des Herrschers anprangerte, war die Vergewaltigung vornehmer Personen nicht nur ein schwerer moralischer Frevel, sondern zugleich ein heftiger politischer Affront; denn sie demütigte den gesamten Senatorenstand und offenbarte den willkürlichen Gewaltherrscher. Nero wird beinahe von einem Senator erschlagen, als er eine Senatorenfrau betastet (Suet. Ner. 26), das bekannteste Beispiel tyrannischer Hybris aber ist die „Schändung der Lucretia", welche schließlich sogar Motiv für die Vertreibung der etruskischen „Tyrannen" wird[69].

Die Klischees wurden immer wieder neu kombiniert, wie einige Beispiele ergänzend zu den oben angeführten verdeutlichen sollen. Caligula, der sich rasch so ziemlich alle Sympathien verscherzt hatte, vereint bei Sueton sämtliche nur vorstellbaren Laster in seiner Person: homosexuelle Beziehungen mit dem Schauspieler Mnester und einem vornehmen jungen Mann, erzwungenen Geschlechtsverkehr mit vornehmen Matronen im Palast, Inzest mit seinen Schwestern, Verkehr mit der Prostituierten Pyrallis, nächtliche Bordell- und Kneipenbesuche in Verkleidung und die Einrichtung eines Palastbordells mit freien Knaben und ehrbaren Frauen. Nero steht ihm kaum nach; alle eben erwähnten Elemente kehren wieder, nur der Inzest mit der Mutter bleibt ein unerfüllter Wunsch, der durch die Aufnahme einer Prostituierten, welche Agrippina ähnelt, kompensiert wird. Die Metapher des Palastbordells wird weiterhin heraufbeschworen, so – wenngleich eher indirekt – bei Messalina und in der 'Historia Augusta' bei Commodus und Heliogabal. Ebenso bleibt der nächtliche Bordellbesuch des schlechten Kaisers ein Stereotyp des unwürdigen Herrschers, wo doch kein Senator je eine solche Stätte betreten würde!

Doch zurück zu den sexuellen Neigungen der restlichen Gesellschaft: Während die einen jedoch bloße Beobachter waren, nahmen andere am inszenierten Gruppensex selbst teil. Seneca (Nat quaest. 1, 16) schildert redundant und beinahe schon fasziniert die ungeheuerlichen „Gruppensex-Inszenierungen" des Wüstlings Hostius Quadra, der sich selbst zusammen mit Männern und Frauen beim Liebesspiel in extrem vergrößernden Spiegeln betrachtete.

Was auch immer an den Geschichten über historische Personen und ihre fragwürdigen sexuellen Vorlieben wahr sein mag, sie belegen jedenfalls, daß das Zuschauen bei sexuellen Handlungen in der Kaiserzeit wei-

---

69 Quellen und Bewertung s. DOBLHOFER, Vergewaltigung (1994), 9ff. Die Kombination von Verfassungsumsturz und Vergewaltigung von Frauen der Aristokratie wird auch in anderen Quellen angeführt, doch sind es hier die Tyrannen, die die alten Machthaber verbannen oder töten und deren Frauen vergewaltigen und neu verteilen.

teren Kreisen gut bekannt war. Es kam wohl auch im Bordell vor, der überwiegende Teil der Quellen aber verlegt die Handlung der Episoden in den privaten Bereich; denn Gruppensex als „Live-Show" setzte ein großzügigeres Ambiente voraus als die Enge und Ärmlichkeit der Bordelle, und das konnte sich nur eine Minderheit leisten. Im Privatbereich wurden die Akteure angemietet oder waren sonst in einer nicht bekannten Form vom Voyeur abhängig, d. h. es dürfte sich bei den Teilnehmern tatsächlich entweder um Prostituierte oder um Sklavinnen gehandelt haben. In der Anthologia Latina und in Tiberius' Biographie werden ausdrücklich Prostituierte genannt. Gruppensex galt, mehr als bloßer Voyeurismus, als pervertierte Form sexueller Betätigung; denn die oben zitierten Quellen verunglimpfen die Urheber dieser Aktionen heftig. Für die Mißbilligung von Gruppensex spricht auch der Bericht, Caligula habe in seiner frühen Regierungsphase, als er noch ein guter Herrscher zu werden schien, die ‚Spintrier', die typischen Akteure des Gruppensex also, aus Rom verbannt.

Nur von Gruppensex – jetzt jedoch nicht mehr vor Zuschauern oder genauer gesagt, nur noch mit „literarischen Voyeuren" – handeln einige Gedichte, die ebenfalls im Prostituiertenmilieu spielen. Sie schildern die gleichzeitige Benutzung von Prostituierten durch drei Männer. RICHLIN hielt die Szenen für ein Produkt männlicher Sexualphantasie, also eine bewußt hergestellte pornographische Darstellung, welche die Frau auf ein Objekt mit Löchern reduzierte[70]. Wir halten es aber für wahrscheinlich, daß Prostituierte tatsächlich für derartige Aktionen herhalten mußten. Einige Graffiti aus Pompeji und Herculaneum deuten darauf hin, daß das Ganze nicht nur eine Fiktion war[71]. Aus Pompeji heißt es beispielsweise, drei Männer hätten eine gewisse Tyche für 15 As an den Ort gebracht, an welchem nun das Graffito angebracht sei. Was sie dort mit ihr taten, bleibt allerdings der Phantasie des Lesers überlassen. Man muß jedoch generell davon ausgehen, daß dort, wo nicht nur sexuelle Dienstleistungen käuflich waren, sondern auch die Sklaverei Menschen ganz legitim zu Sexualobjekten ohne eigenen Willen degradierte, alle vorstellbaren sexuellen Perversionen in Betracht kommen. Gruppensex ist überwiegend aus der schriftlichen Überlieferung römischer Zeit bekannt, bildliche Darstellungen fehlen weitgehend, jedenfalls, was das publizierte Material anlangt.

---

70   Ant. Pal. 5, 49; 11, 225; 11, 328; 12, 210; Cat. 56; Mart. 10, 81; Gall. 5, 49; Auson.ep. 59. Besprechung dieser Texte zur b. RICHLIN, Gardens of Priapos (1983), 130-2, die an männliche Sexualphantasien denkt.

71   CIL IV 2450; 9848; Suppl. IV 3935; 3941; 3942.

Im Gegensatz dazu bilden griechische Vasen häufig ausschweifende Gruppensexorgien ab.

Andere sexuelle Deviationen, die theoretisch die Benutzung Prostituierter hätten involvieren können, sind für den Bereich käuflicher Sexualität nicht nachgewiesen; dazu gehören beispielsweise sadomasochistische Praktiken und Koprophilie. Transvestitismus, Hermaphroditentum und Transsexualismus wurden in der Antike sowieso nicht als pervers betrachtet, sondern standen in mannifaltigen Beziehungen zu Mythos und Kult.

2.7 Philosophische Positionen zur Prostitution

2.7.1 Die „heidnischen" Denker

In der griechischen Philosophie und den durch sie geprägten philosophischen Kreisen Roms wurden Leidenschaft, Sexualität und Prostitution immer wieder an verschiedenen Stellen diskutiert. Es sind jedoch fast ausschließlich die Reflexionen der nachsokratischen Philosophen über Liebe und Sexualität, die den Ausgangspunkt für die hauptsächlich auf praktische Ethik ausgerichteten Überlegungen ihrer Epigonen im römischen Imperium bilden. Ihre Gedanken fielen in Rom, nicht zuletzt wegen der vergleichbaren Machtverhältnisse und Geschlechterrollendifferenzierung, auf fruchtbaren Boden. Trotz mancher Veränderungen hinsichtlich der Sexualnormen und der physiologischen Theorien über den Sexualtrieb vom klassischen Griechenland bis in die hohe römische Kaiserzeit läßt sich eine gewisse Kontinuität der Beurteilungskriterien nachweisen, die grundlegend für die Urteile über körperliche Liebe und über Prostitution waren.

Sexualität war in der Antike kein Gegenstand, der als solcher reflektiert wurde. Sie wurde eigentlich immer in Verbindung mit Fragen der Diätetik des Leibes, der Ökonomie des Haushaltes, der Zeugung leistungsfähiger Nachkommen oder der homosexuellen Kontakte thematisiert. Die körperliche Liebe war untrennbar mit der Beurteilung des sexuellen Aktes aus der Sicht des aktiven, beherrschenden Mannes verknüpft und mit der Überlegung, wie dieser Akt, vollzogen an diversen Liebesobjekten, sich auf seine körperliche und seelische Verfassung auswirke. Ohne Zweifel waren deshalb auch Prostituierte für die Philosophen niemals Subjekt, sondern stets Objekt der Reflexion. Die Frage, ob die Benutzung von Prostituierten eine Verletzung ihrer Person oder ihrer Rechte darstelle, ließ daher auch lange auf sich warten, aber auch sie sollte letztlich gestellt werden[72].

Der Sexualtrieb an sich galt, abgesehen von einigen hauptsächlich physiologisch begründeten Einwänden, als natürlicher Trieb wie die anderen körperlichen Bedürfnisse auch. Er wurde daher als notwendig und unverzichtbar angesehen. Bei der Frage nach der Befriedigung sexueller Lüste wurde in der Regel nicht völliger Enthaltsamkeit das Wort geredet, sondern dem rechten Maß für den Gebrauch der leiblichen Genüsse, damit ein Mann ihr Herr und nicht ihr Sklave sei. Das „rechte Maß" konnte allerdings stark variieren. Eine Konstante bleibt aber die Mahnung vor der Vitalität und Wucht des sexuellen Triebes, der zu Exzeß und Übermaß treibe und den man beherrschen müsse. In Platons ‚Symposion' beispielsweise will der Arzt Eryximachos Empfehlungen dazu geben, wie man Speise und körperliche Liebe genießen könne, ohne Beeinträchtigungen zu erleiden, das Verlangen nach sexuellem Verkehr wurde traditionell zusammen mit dem Verlangen nach Speise und Trank betrachtet.

Während die natürliche Triebbefriedigung durchaus akzeptiert war, lief eine intensive erotische Leidenschaft für einen bestimmten Menschen der ausgeprägt rationalistischen Tendenz im griechisch-römischen Denken zuwider, das in solchen Affekten der Seele, ebenso wie auch die populäre Moral, eine zerstörerische Kraft sah. Liebe im Sinne von *éros als* einer emotionalen Obsession wurde von den leiblichen Genüssen (*aphrodísia –* „der Aphrodite oder Venus zugehörig") getrennt. Die Liebe im ersten Sinne, die schon in der Geschichte über die schöne Helena und in der klassischen Tragödie thematisiert wird, wurde von vielen Denkern, insbesondere den Lehren der Kyniker und Epikureer, wegen ihrer destruktiven Kraft energisch abgelehnt.

Bereits für Aristoteles war der *éros* („Liebestrieb") eine tieferstehende Empfindung als die *philía* („Freundschaft"). Sein Schüler Theophrast bezeichnete die erotische Liebe als eine „Leidenschaft der eitlen Seele". Epikur hielt die Liebe für eine „eitle Vorstellung". Antisthenes bezeichnete die Liebe kurz und bündig als „Übel". Diogenes von Sinope nannte sie das „Geschäft der Müßigen". Plato bezeichnete sie als „verliebte Torheit und Raserei" (Leg. 8, 838e), und die Liste ließe sich problemlos fortsetzen.

Leidenschaftliche Liebe wurde auch in der lateinischen Literatur, welche von den Vorstellungen und der Ausdrucksweise der Kyniker und Epikureer geprägt war, abgelehnt. Die Aufteilung in erlaubte körperliche Ge-

---

72   Dio Chrysostomos in seiner „Euböischen Rede", s. unten, 326ff.

nüsse und gefahrvolle romantische Leidenschaft bildete ein wichtiges Kriterium für die positive Aufnahme der „Dirnenliebe" gerade in den Schulen der Kyniker und Epikureer.

Weder Sokrates noch seine Schüler, Platon und Aristoteles, äußerten sich jemals unmißverständlich zum Umgang mit Prostituierten. Sokrates nannte sich bisweilen provokativ einen *mastropós* („Kuppler"), denn er kenne nur eine Kunst, nämlich die Liebe. Aber Sokrates hatte bekanntlich eine Vorliebe für zugespitzte Formulierungen. Er teilte die Liebe auf in die „himmlische" und die „irdische" Aphrodite; letztere verkenne das wahre Ziel der Liebe und bleibe im rein Fleischlichen hängen. Vielleicht war es nicht ganz zufällig, daß er sich darüber mit der Hetäre Theodote unterhielt. Besonders positiv scheint er sexuellen Verkehr mit Prostituierten nicht beurteilt zu haben, denn die Verbindung von Sexualität und „echter", geistig-seelischer Liebe war bei der rein physischen Begierde ja aufgehoben[73].

Plato hat im ‚Symposium' und im ‚Phaedrus' viel über die Liebe reflektiert; Prostitution hingegen lag seinen Überlegungen fern. Im 'Symposium' ist die Liebe Mittlerin zwischen Göttern und Menschen, wodurch die Seele von der niederen fleischlichen Liebe zur höheren aufsteigt, die in der reinen Betrachtung der Schönheit liegt. Die fleischliche Liebe kann als göttlicher Funke wirken, wobei Plato – und das ist keine Nebensächlichkeit! – an die homoerotische Liebe und nicht an die heterosexuelle Liebe denkt. Letztere schien ihm kein Ausgangspunkt für den Aufstieg von den schönen Körpern zu den schönen Seelen zu sein, und, so kann man weiter folgern, verblieb somit in den physischen Niederungen, in welchen auch die Prostitution angesiedelt war. Doch das sagt Plato nicht ausdrücklich. Hetären beim Gastmahl lehnte er jedenfalls ab, was man daran ablesen kann, daß in der Rahmenhandlung verschiedener Dialoge die Flöten- und Lyraspielerinnen nebst Tänzerinnen als unerwünscht betrachtet und weggeschickt werden.

In Platos Schriften über ideale Staatsgebilde bildete dagegen die Eugenik, d. h. die Erzielung möglichst tüchtiger Nachkommen für die Polis durch die Fortpflanzung der Besten, den Kern der sexuellen Frage. Verkehr mit Dirnen, der Prototyp der Sterilität, konnte bei diesen Überlegungen zu sexuellen Reformen keine positive Wertung erhalten. Im ‚Staat' kennzeichnet Plato das Vorhandensein von Prostituierten deswegen als ein Indiz der üppig aufgeblasenen Stadt, welche die Schicht der Wächter nicht mehr brauche. In seinem Alterswerk, den ‚Gesetzen', wurden die Regulie-

---

73 Xen. Symp. 4, 62.

rungen des Sexualverkehrs in der Polis noch rigoroser. Dieser sollte nur noch der Fortpflanzung in der monogamen Bindung dienen. Sexualkontakte der Männer mit anderen Frauen ohne eine Zeugungsabsicht ebenso wie sexuelle Beziehungen mit Knaben liefen der Natur zuwider, weil sie keine Nachkommen hervorbrächten. Wer solche Leidenschaften nicht zügeln könne, solle derartige Kontakte im Verborgenen und möglichst selten haben (Leg. 838e). Wie sehr dieser theoretische Ansatz zu einem Gesetz der damals herrschenden Meinung zuwiderlief, zumal er sogar die unverheirateten Männer einbezog, läßt sich an dem fingierten Einwand eines jungen, ehelosen Mannes ablesen, der dieses Gesetz vorwurfsvoll als überaus unvernünftig schilt (839b).

Zusammenfassend betrachtet zeigte sich Plato der Prostitution gegenüber teils indifferent teils negativ eingestellt. Dem ‚Staat‘ kann man entnehmen, daß eine vollkommene Polis in ihrer entwickelten Form auf Prostituierte verzichten könne, auf dem Weg dahin aber ist sie ein notwendiges Übel, das im Verborgenen stattfinden soll: eine Haltung, die konsequenterweise voraussetzt, daß Prostitution als Mißstand in einer idealen Gemeinschaft angesehen wird.

Aristoteles als Befürworter der gemäßigten Mitte sah im Übermaß der Lustbefriedigung, nicht aber im sexuellen Trieb als solchem eine Gefahr. Er selbst lebte nach dem Tod seiner geliebten Frau mit einer gewissen Herpyllis zusammen, die eine Prostituierte gewesen sein soll. Diese schenkte ihm seinen Sohn Nikomachos, nach welchem er bekanntlich seine ethische Abhandlung benannte. In seinem Testament bedachte er Herpyllis in rührender Weise. Im ‚Staat‘ verurteilte er jedoch wie Plato eheliche Abirrungen während der vorgeschriebenen Phasen der Kinderzeugung streng und setzte als Strafe den Verlust bürgerlicher Privilegien je nach Ausmaß des Vergehens an (Pol. 1335b38-1336a2). Prostituierte waren hier vermutlich ebenso gemeint wie Knaben oder ehebrecherische Verhältnisse, doch nennt er keine dieser drei Gruppen beim Namen.

Wahrscheinlich aus dem Umfeld des Aristoteles stammen weitere, fälschlich dem Aristoteles zugeschriebene Texte mit dem Titel ‚Oeconomica‘, welche ebenso für die Treue des Gatten plädieren wie für die – freilich nie in Frage gestellte – Treue der Gattin. Verkehr mit Prostituierten war demzufolge zumindest für einen Ehemann ungebührlich, von Unverheirateten ist jedoch nirgends die Rede. Diese Schriften formulierten aber Empfehlungen an den Hausherrn für die rechte Art der Lebensführung, sie sollten im Gegensatz zu Platos Gesetzen keine repressive Regulierung von Staats wegen darstellen.

Eine strenge und deutlich ablehnende Haltung gegen alle außerehelichen sexuellen Beziehungen des Mannes und eine Ablehnung der Benutzung Prostituierter durch verheiratete Männer wird besonders den Pythagoreern zugeschrieben. Allerdings sind diese pythagoreischen Texte wesentlich später abgefaßt. Das genaue Alter dieser Reflexionen läßt sich nicht festlegen, da sie einer esoterischen mündlichen Tradition entstammen. Pythagoras soll den Ehemännern der unteritalischen Stadt Kroton, in welcher er mit seiner Schülergemeinde selbst lebte, in einer auf Bitten der Frauen gehaltenen Rede die Hurerei untersagt haben. Die Argumentation lautete, daß die Männer, die sich doch als das herrschende Geschlecht betrachteten, mit dem guten Beispiel der Selbstbeherrschung den Frauen vorangehen sollten, Gedanken, die in ähnlicher Form in der kaiserzeitlichen Ethik wiederkehren. Es gab noch zahlreiche andere, wahrscheinlich als Reaktion auf Platons Symposion entstandene ethische Abhandlungen über die Liebe, von denen aber nur noch die Titel überliefert sind.

Prononcierter als Akademie und Peripatos, wenngleich die Quellen sämtlich anekdotischen Charakters sind, hatten die Kyniker zum Verkehr mit Prostituierten Stellung genommen. Sie standen mit ihrem Ideal der völligen Bedürfnislosigkeit des Individuums, das keinerlei Bindungen eingehen sollte, auch der Liebe und Erotik ablehnend gegenüber. Nach ihrer Meinung knechteten diese Empfindungen den Menschen: Antisthenes konstatierte, er wolle lieber wahnsinnig werden, als der Lust erliegen. Da aber der Sexualtrieb – nicht nur den Kynikern – als völlig natürliches Bedürfnis galt, sollte er als rein physischer Akt so schnell und unkompliziert wie möglich befriedigt werden, weshalb sie den Verkehr mit Prostituierten befürworteten. Er galt als einfachste Modalität zur Stillung des Triebes. Antisthenes soll sich gerühmt haben, er habe es so bequem, weil er sich mit so heruntergekommenen Dirnen einlasse, die sonst keiner mehr anrühre (Xen. Symp. 4, 38). Ehebruch aus Leidenschaft hielt er für eine ausgesprochene Dummheit. Als er einen Ehebrecher sah, der auf der Flucht war, soll er gesagt haben: „Welcher Gefahr hättest Du für einen einzigen Obolos entgehen können" (Diog. Laert. 6.4). Der gemäßigte Kyniker Kerkidas bringt den Rat zur simplen Triebbefriedigung auf den Punkt:

> „Was die Aphrodite von der Agora angeht, da gibts keine Furcht und keine Verwirrung, leg sie nieder für einen Obolos und stell dir vor, du wärst der Schwiegersohn des Tyndareus"[74].

---

74 POxy. 8.1082, frg. II. Angespielt ist auf die Schöne Helena der griechischen Sage, welche eine Tochter des Tyndareus war.

Man überbot sich mit den einfachsten Lösungen: Diogenes masturbierte lieber, als daß er auf die bestellte Prostituierte wartet. Die sonstigen Provokationen der Kyniker nach ihrem Motto „*naturalia non turpia*" („Natürliches ist nicht schändlich") dürften bekannt sein.

Die kynische Auffassung vom Geschlechtsleben und Prostituierten fand weite Verbreitung, da die Kyniker auf den Straßen und Plätzen vor dem Volk sprachen und durch sie eine Art Popularphilosophie entstanden war, die freilich bald nicht mehr nach den orthodoxen Schulmeinungen fragte, sondern alle möglichen Gedanken aufnehmend allgemein über die Praxis der rechten Lebensführung referierte. Auch in der römischen Literatur fanden die leider fast vollständig verlorenen Moraltraktate oder popularphilosophischen Satiren („Diatriben") stilistisch wie inhaltlich vielfältigen Niederschlag. In der Behandlung der Ehebruchs- und Begierden-Thematik hat die Diatribe besonders Lucilius und Horaz nachhaltig beeinflußt, wofür die Satire 1, 2 des Horaz das bekannteste Beispiel ist. Sie rät den Männern, sich in der Liebe nicht in leidenschaftliche Obsessionen zu verwickeln. Als negative Beispiele gibt Horaz hauptsächlich den Ehebruch (Z. 120-134), aber auch die körperliche und finanzielle Verausgabung bei Kurtisanen (Z. 49-63) der Lächerlichkeit preis. Empfohlen wird zur Befriedigung sexueller Bedürfnisse die jeweils unkomplizierteste Lösung, die offensichtlich Sklaven und Dirnen darstellen:

Hor. Sat. 1, 2, 116ff.
„Wenn Dir das Glied schwillt und eine Magd oder ein Sklave ist sogleich zur Triebbefriedigung zur Hand, willst Du lieber vor Verlangen bersten? Ich nicht, denn ich liebe Sex, der leicht zu haben und leicht beschaffbar ist."

Die physische Erleichterung ohne leidenschaftliche Verwicklung bezeichnete Horaz als *Venus parabilis* („leicht beschaffbare Liebe") und ähnlich vorher schon Lukrez als *Venus vulgivaga* („umherschweifende Liebe"). Sie deckte sich weitgehend mit der gängigen Alltagsmoral in der Republik und im augusteischen Rom, denn gerade zur Zeit der strengen Ehegesetze konnte die unangetastete Einrichtung der Prostitution als Ventil für Triebbefriedigung angesehen werden.

Die Kyrenaiker hatten von vornherein keine Einwände gegen den Umgang mit Hetären. Für sie war das natürliche Ziel des Menschen ohnehin die Lust, und zwar vor allem und gerade die sinnliche Augenblickslust im Gegensatz zur epikureischen Haltung. Ihr Hauptvertreter Aristipp bestätigte dies auch durch seinen Lebenswandel, er soll häufiger Umgang mit der Hetäre Lais gehabt haben. Genau wie die Kyniker, die die Lust am liebsten ausrotten wollten, verdammten die Kyrenaiker die Liebesleidenschaft als eine verkehrte Vorstellung, die mehr Unlust als Lust einbringe. Daß man beim Genuß der Lust Herr über diese sein müsse, drückt sich nirgends deutlicher aus als in dem berühmten Ausspruch Aristipps über sein Verhältnis zur eben bereits erwähnten Lais: „Ich habe sie, aber ich werde nicht gehabt" (Diog. Laert. 2,65).

Der epikureische Standpunkt über Liebe und Sexualität unterschied sich in der Praxis wenig von dem der Kyniker. Auch Epikur hatte prinzipiell nichts gegen die (unkomplizierte) Befriedigung sexueller Bedürfnisse einzuwenden, hielt aber leidenschaftliche Liebe für einen übersteigerten Sexualtrieb, der meist als scharf ablehnende Reaktion auf Platos Verklärung der Liebe als göttliches Geschenk interpretiert wird. In seiner Kategorisierung der Begierden in drei Gruppen gehörte Sexualität zur mittleren Kategorie, den natürlichen, jedoch nicht zwingend notwendigen Bedürfnissen. Bekanntlich war das höchste Ziel der Ethik Epikurs und seiner Anhänger die Lust. Doch war diese Lust nicht wie bei den Kyrenaikern als krass individualistischer Hedonismus zu verstehen, sondern als ein Aufruf zu bescheidener Genügsamkeit, die das Ergebnis einer ausgeklügelten Lust-Unlust-Bilanz aufgrund vernünftiger Einsicht sein sollte. Doch war auch in der epikureischen Lehre die Sinnenlust keineswegs ausgeklammert, wie es in einem berühmten Fragment zum Ausdruck kommt:

„Ich für mein Teil weiß nicht, was ich unter dem Guten verstehen soll, wenn ich absehe von der Sinnenlust durch den Gaumen, durch die Werke der Aphrodite, durch das Ohr und von den süßen Empfindungen beim Anblick einer schönen Gestalt"[75].

Cicero zufolge hielt Epikur die „Werke der Aphrodite" für leicht beschaffbar. Das war ein eindeutig positives Kriterium, da „leichte Beschaffbarkeit" die Seelenruhe nicht störte. Der Meister riet zum Verkehr mit jungen, schönen Partnern ohne Ansehung der Geburt oder des gesellschaftlichen Ranges:

Cic. Tusc. 5, 94
„Denn die unanständigen Lustarten, über die sie (sc. die Epikureer) viel reden, seien leicht erfüllbar, allgemein und zur Hand; und wenn die Natur nach ihnen verlange, so solle man nicht auf Herkunft, Rang und Stand achten, sondern auf Schönheit, Alter und Aussehen."

---

75   Text s. Arrighetti, 22, 1 (=US. frg. 67); latein. Version s. Cic. Tusc. 3, 20, 46.

Mit der leichten Beschaffbarkeit der Sexualpartner ist auch mehr oder minder deutlich auf Prostituierte (aber auch auf Sklaven und Freigelassene) angespielt. Böse Zungen behaupteten, Epikur und seine Schüler hätten im Garten des Meisters mit den dort ein- und ausgehenden Hetären sexuell verkehrt, und in einer Philosophenparodie macht sich ein Epikureer an ein Harfenmädchen heran, um, ironisch gesprochen, die „höchste Lust" zu erzielen.

Mögen diese Geschichten auch ein Versuch sein, den Meister zu diskreditieren, sie zeugen in ihrer Zielrichtung doch davon, daß die Epikureer keine Askese predigten. Epikur sah im Verkehr mit Prostituierten wie viele andere auch ein Gegenmittel gegen unerlaubte Beziehungen mit ehrbaren Frauen. Man sollte lediglich wegen der nachteiligen Konsequenzen keine Verhältnisse mit solchen Frauen unterhalten, mit denen es das Gesetz verbiete. Skeptisch war er lediglich im Hinblick auf die physiologischen Gefahren beim Geschlechtsverkehr, die eng mit der atomistischen Basis seiner Lehre verknüpft waren. Er vertrat die Ansicht, daß sexueller Verkehr nach dem Essen die Verdauung behindere und ganz besonders nach zusätzlichem Weingenuß die Atome des Leibes in eine ungünstige Lage bringe. Als Zeitpunkt für die Liebe empfahl er deshalb folgerichtig die Zeit vor dem Essen[76].

Den kärglichen Fragmenten der Alten Stoa läßt sich zur Frage des Verkehrs mit Prostituierten keine eindeutige Stellungnahme entnehmen. Es scheint aber, als ob sie diesbezüglich nicht allzu dogmatisch gewesen wäre. So könnte man jedenfalls die unbestätigte Bemerkung über den stoischen Schulgründer Zenon interpretieren, der laut Diogenes Laertios selten mit Dirnen und Lustknaben zusammen gewesen sei, durchaus aber auch einmal eine „niedliche Flötenspielerin" abgewiesen habe (7, 13). In dieselbe Richtung weist, ebenfalls indirekt, eine Bemerkung des Diogenes von Babylon, der musikalische Untermalung zur Erotik beim Symposium als etwas durchaus Angenehmes beurteilte. Chrysipp soll aber den Verkehr mit Prostituierten als Zeichen einer zunehmenden Sittenverderbnis betrachtet haben (SVF III 196). Sehr viel spätere Quellen, die jedoch nicht gerade positiv zur stoischen Schule standen, hauptsächlich der Skeptiker Sextus Empiricus, behaupteten, daß die Stoiker das Zusammenleben bzw. den Verkehr mit Prostituierten durchaus mit dem „naturgemäßen Leben" vereinbar betrachtet hätten, ja selbst das Verdienen des Lebensunterhaltes aus dem Erwerb einer Dirne, mit anderen Worten also Zuhälterei, sei akzeptabel gewesen (Sext. Emp. Hyp. 3, 201).

---

76   Plut. Quaest. Conv. 653b-655d (=US. frg. 61).

Die Kyniker und die Alte Stoa hatten die Knabenliebe für eine im Hinblick auf ein glückliches Leben gleichgültige Sache (*adiaphoron*) gehalten, wohingegen die spätere kynisch-stoische Richtung die Päderastie als widernatürlich (*para physin*), bezeichnete, wie Platon das in den 'Gesetzen' getan hatte. Es ist denkbar, daß sich auch im Hinblick auf die „Dirnenliebe" eine ähnliche Entwicklung von einer gewissen Indifferenz hin zu einer strengeren Askese abzeichnete. Krass entgegen der gängigen Moral und den damit übereinstimmenden Ansichten der Kyniker und Epikureer war den Stoikern zufolge das Vergehen (gr. hamártema – lat. *peccatum*) dasselbe: ob man mit einer fremden Frau, z. B. einer Prostituierten, oder mit einer vornehmen Jungfrau schlief. Dieser Satz stammt aus den provokativen Schlagzeilen der stoischen Schule, die Cicero unter dem Titel ‚Paradoxa' zusammengestellt hatte (Par. 20). Das Alter der Quelle ist unbekannt. Die stoischen Philosophen wichen in Detailfragen wie auch über Liebe und Ehe erheblich voneinander ab, was nicht verwunderlich ist, wenn man bedenkt, daß wir rund fünfhundert Jahre philosophische Schulgeschichte unter dem Namen der Stoa zusammenfassen.

Im Diskurs über die Ehe- und Sexualmoral herrscht allmählich eine strengere Haltung vor, die in den ersten beiden Jahrhunderten der Kaiserzeit einen Durchbruch erzielte. Diese neue Sozialmoral wurde getragen von der stoisch-kynischen Popularphilosophie, deren Vertreter der sexuellen Lust ohne Fortpflanzungsabsicht und damit auch dem Verkehr mit Prostituierten mehr und mehr reserviert gegenüberstanden. Diese sich wandelnde Norm steht in engstem Zusammenhang mit einer Veränderung der Ethik ehelichen Verhaltens, wie sie von den zeitgenössischen stoischen Gebildeten propagiert wurde.

Ausschnitte aus Senecas Werk, besonders die Fragmente seiner Schrift über die Ehe, die der Ehe gewidmeten Passagen des stoischen Ritters Musonius, die ‚Coniugalia praecepta' (‚Anleitung für Ehegatten') und der ‚Amatorius' des Plutarch sowie das in vielem Musonius verpflichtete Oeuvre des Stoikers Hierokles über die Ehe (*peri gámou*) bezeugen die angeregte Debatte über das neue Ehemodell im ersten und zweiten Jahrhundert, als dessen Vorläufer bereits Antipater v. Tarsos (Schulhaupt der Stoa um 150 v. Chr.) gelten kann. Neu war in diesem Modell die Forderung nach gegenseitigem Respekt und einem engen persönlichen Band bis hin zur völligen Verschmelzung der Gatten. Neu oder wenigstens aktueller denn je war auch die nachdrückliche, an den Ehemann gerichtete Empfehlung sexueller Treue gegenüber der Gattin, wohingegen in der gängigen gesellschaftlichen Auffassung Ehestand, Liebe und sexuelle Aktivitäten des Mannes sonst keineswegs deckungsgleich waren. Diesen Betrachtungen zufolge entsprach es einer vernünftigen und gebildeten Person mit Sinn für Ästhetik, daß fortan der Ehe allein das Monopol auf sexuelle Aktivitäten zukommen sollte.

Einen ungewöhnlich strengen Ansatz hatte Musonius Rufus, ein angesehener Ritter und stoischer Philosoph aus Volsinii zur Zeit der flavischen Kaiserdynastie. So mancher hält seine Stellungnahme zu Recht für die strengste Sexualethik der Antike. Den Geschlechtsverkehr wollte Musonius ausschließlich mit der Ehe und der Fortpflanzung gekoppelt sehen. Vielleicht war er in dieser strengen Haltung von Plato beeinflußt, der in den 'Gesetzen' dieselbe Ansicht geäußert hatte. Musonius ist der einzige, der die außerehelichen Kontakte zu Männern, Freien, Sklavinnen und Prostituierten benennt und alle als gleich verwerflich betrachtet, basierend auf dem stoischen Grundsatz, den Cicero im oben zitierten Paradoxon dargelegt hatte, daß ein Vergehen nur qualitativ und nicht quantitativ zu bemessen sei:

Mus. Ruf. 12
„Dagegen ist ein Verkehr, der nur Wollust bezweckt, liederlich und unrecht, auch wenn er in der Ehe erfolgt. Was aber andere Arten der Umarmung betrifft, so sind die durch Ehebruch die unzüchtigsten und nicht weniger verabscheuungswürdig ist sexueller Verkehr unter Männern, weil dies ein Vergehen wider die Natur ist. Aber auch der Verkehr mit Frauen – ohne daß dabei Ehebruch in Frage kommt – der aber nicht legal ist – auch alle solchen Verhältnisse sind unsittlich, da sie ja nur infolge von Lasterhaftigkeit gepflegt werden. Wie sich ja auch niemand, der von sittenfestem Charakter ist, jemals mit einer Dirne einlassen würde oder mit einer freigeborenen Frau (außerhalb der Ehe) oder, bei Gott, mit seiner eigenen Dienstmagd. Denn das Unsittliche und Unschickliche solchen Verkehrs ist schlimmer Schimpf und Schande für die, die solchen Verhältnissen nachgehen ...

‚Gewiß!‘, sagt wohl einer, ‚aber so schwer wie der Ehebrecher sich gegen den Ehemann der verführten Gattin vergeht, so schweres Unrecht tut doch niemand, der mit einer Hure Verkehr hat, oder, beim Zeus, mit einer Frau, die keinen Mann hat. Denn ein solcher verdirbt doch niemandes Aussicht auf Kinder." Ich für meine Person behaupte, daß jemand, der fehlgeht, zugleich Unrecht tut, wenn auch nicht gegen einen seiner Mitmenschen, so doch auf jeden Fall gegen sich selber, indem er sich minderwertiger und unsittlicher macht‘."

Noch drastischer werden die Begriffe weiter unten im selben Abschnitt:

> „Um aber von dem Unrecht abzusehen, es steht doch einwandfrei
> fest, daß dem Mann, der sich von einer schimpflichen Lust hinrei-
> ßen läßt, der Vorwurf der Zuchtlosigkeit anhaftet, einem Men-
> schen, der noch seine Wollust darin findet, sich zu besudeln wie
> die Schweine."

Musonius' Argumentation war nicht vollkommen neu, sie gründete auf
dem Postulat moralischer Überlegenheit des Mannes bzw. der Schwäche
der Frau, wie sie bereits in pythagoreischen Kreisen referiert worden war.

Mus. Ruf. 12
> „Und doch wird keiner einräumen, daß die Männer schwächer als
> die Frauen und weniger imstande wären, ihre eigene Begierde im
> Zaum zu halten. Sie, die an Verstand dem schwächeren Geschlecht
> überlegen sind, sie, die Herrschenden, weniger als die Beherrsch-
> ten. Denn es sollen doch die Männer den Frauen weit überlegen
> sein, wenn sie schon den Anspruch erheben, ihr Herr zu sein".

Das war ein markanter Vorstoß gegen die bislang herrschende Moral.
Selbst die seither selbstverständliche Benutzung der eigenen Sklavinnen
wurde von Musonius scharf kritisiert. Ähnlich äußerte sich Seneca (Ep.
Ad. Lucil. 94, 26), und dieselbe Argumentation liegt einem juristischen
Passus des Ulpian zum Ehebruch zugrunde:

Ulp. D. 48. 5. 14. 5:
> „Der Richter in einem Ehebruchsverfahren muß vor Augen haben
> und untersuchen, ob der Gatte anständig lebt und der Frau ein Vor-
> bild für die Pflege guter Sitte war: Denn es scheint sehr diskrimi-
> nierend, wenn der Mann von seiner Frau Wohlanständigkeit for-
> dert, die er selbst nicht an den Tag legt. Ein solcher Fall kann auch
> den Mann verurteilen, daß der Fall nicht zwischen den beiden in
> stillschweigender Übereinkunft ausgehandelt wird."

Andere stoische Denker und Autoren waren, was den Umgang mit Prostituierten oder Sklavinnen betraf, weniger rigoros als Musonius. Sie tendier-
ten zwar grundsätzlich in dieselbe Richtung, paßten sich aber den gesellschaftlichen Konventionen doch soweit an, daß sie zumindest den jungen
Männern einen gewissen Spielraum ließen. So empfahl der Schüler des
Musonius, Epiktet, den jungen Männern, auch voreheliche Kontakte zu
vermeiden, auf jeden Fall aber gesetzeswidrige:

Epikt. Ench. 33,8
„Von Werken der Liebe aber halte dich vor der Ehe möglichst rein.
Naschst Du aber daran, so beschränke Dich auf den erlaubten Genuß. Falle jedoch denen nicht lästig, die Gebrauch davon machen,
und kritisiere sie nicht. Und sprich nicht viel darüber, daß du selbst
abstinent bist".

Plutarch, der die eheliche Bindung in Anlehnung an platonische Gedanken
stark spiritualisierte, war zwar der Ansicht, daß außereheliche Verhältnisse eine Verletzung der rechtmäßigen Gattin seien, die man ihr wegen einer
so geringen Regung wie der Lust nicht zufügen solle (Coniug. Praec. 44,
144 c–d), doch riet derselbe Plutarch den Frauen, die Eskapaden ihrer
Männer zu tolerieren. Sie sollten sich sagen, es geschehe aus Respekt vor
ihnen, wenn ihre Männer sich bei Prostituierten auslebten (ebda. 50,
140b). Zwar wurden deren Eskapaden nun als Schwäche und nicht mehr
als ungeschriebenes Recht ausgelegt, faktisch änderte das aber nichts an
ihrem Verhalten. Daß die besagten männlichen Schwächen Nachsicht erforderten, weibliche „Ausrutscher" aber unverzeihlich seien und die gesamte Ehe untergruben, das propagieren auch neupythagoreische Dokumente über die Haushaltsführung bzw. die Tugenden der Gattin, deren
Abfassungszeit noch immer heftig umstritten ist, vielleicht aber ins zweite
nachchristliche Jahrhundert fällt. Ob diese teilweise weiblichen Autoren
zugeschriebenen Traktate nun bereits in hellenistischer Zeit oder erst später entstanden sind, sie waren im Vergleich zu Musonius jedenfalls weniger radikal und der gesellschaftlichen Konvention besser angepaßt, zumal
sie für die freiwillige Unterordnung der Frau plädierten.

Ein revolutionärer Impuls zu einer gesellschaftlichen Veränderung oder
gar einer Abschaffung der Prostitution ging von keiner dieser Abhandlungen aus, zumal die Stoa in ihrer längst entschärften, römisch-bürgerlichen
Version eine eher konservative Haltung zur Bewahrung der überkomme-
nen Ordnung einnahm.

So heterogen sämtliche bislang angeführten Texte ihrer Natur und Intention nach auch sein mögen: ihr gemeinsamer Dreh- und Angelpunkt für
eine Beurteilung der „Dirnenliebe" blieb der Mann als denkender, fühlen-
der und handelnder Part. An den Mann war der Appell der Selbstbeherrschung und Zurückhaltung gerichtet, verbunden nicht selten mit dem
Hinweis auf die Schwäche der Frau; die ideale Frau dagegen sollte keusch
und fruchtbar sein. War Platos streng asketische Norm in den ,Gesetzen'
staatspolitischer Raison erwachsen, die Beurteilung der „Dirnenliebe" in
den philosophischen Kreisen des Hellenismus von der Frage nach der See-

lenruhe des Menschen bestimmt und in der Kaiserzeit untrennbar mit der
Debatte über die Monopolisierung sexueller Beziehungen in der Ehe verbunden, so fällt der zuletzt hier betrachtete stoisch-kynische Popularphilo-
soph in jeder Hinsicht aus dem Rahmen: Dio Chrysostomos, Schüler des
Musonius und gleich diesem unter Domitian verbannt, fügte den Argumenten seines Lehrers geradezu radikale Perspektiven hinzu. Der Ansatz
seiner siebten Rede, der sogenannten Euböischen, verfaßt vermutlich nach
seinem Exil, war einzigartig in der heidnischen Welt: Er rückte als erster
die Situation der Prostituierten als menschliche Wesen und nicht als Objekt für Lust oder Profit ins Bewußtsein. Eingehend betrachtet er allerdings nur die von Zuhältern abhängigen, versklavten Prostituierten, die er
in der Rolle der „Opfer" sieht. Indirekt weitet er seine Attacke auch gegenüber denjenigen aus, die mehr oder minder freiwillig, d. h. aus ökonomischen Gründen, in der Prostitution eine mögliche Überlebensstrategie
sahen; denn er verurteilte alle Berufe, die zur Wollust und zum Luxus verführten.

Ausgangspunkt für seine Kritik sind die allgemeinen sozialen Mißstände der Städte wie Überbevölkerung und Arbeitslosigkeit, während auf
dem Lande Arbeitskräfte fehlten. Es spricht einiges dafür, daß Dio bei
seiner Betrachtung besonders die Stadt im Auge hatte. Daher sieht er eine
Lösung in der Rückkehr der Armen zum bäuerlichen Leben. Im Anschluß
daran bespricht er die angemessenen Arbeitsmöglichkeiten für Arme in
den Städten, wobei er unmoralische, gesundheitsschädliche und nutzlose,
weil mit Luxus verbundene Tätigkeiten – und damit, wie bereits erwähnt,
auch Zuhälterei und Prostitution – ausschließt.

Dabei kommt er eingehender auf das Gewerbe der Kuppler zu sprechen
und legt seine Argumente gegen die indifferente Alltagsmoral dar:

Dio Chrys. 7, 133
„Zu den Bordellwirten und ihrem Gewerbe einen Standpunkt zu
beziehen, dürfen wir uns nicht drücken, so als handle es sich um
eine Frage, die man so oder so beantworten könne, sondern mit aller Deutlichkeit müssen wir untersagen, daß jemand einem solchen
Gewerbe nachgeht, egal, ob er nun arm oder reich sei: Nämlich,
daß jemand aus der hemmungslosen Begierde der Menschen Geld
macht, welches bei allen gleichermaßen verachtet ist, daß jemand
nur um des Gewinns willen Menschen zur Vereinigung ohne echte
Liebe und Zuneigung zusammenbringt und im Krieg erbeutete
Frauen, Kinder oder mit Geld Erkaufte zur Entehrung in schmutzi-
gen Häusern ausstellt, die allenthalben in der Stadt zu sehen sind,

wo Beamte vorbeikommen, auf den Marktplätzen, in der Nähe der Tempel, mitten im Heiligsten".

Übereinstimmend mit der stoischen Doktrin seiner Zeit und der allgemeinen Forderung nach Kinderzeugung in der Ehe als staatsbürgerliche Pflicht, verurteilte er den Verkehr mit Prostituierten auch deshalb, weil dieser unfruchtbar bleibe. Indirekt spielte er so auch auf die verbreitete Praxis der Empfängnisverhütung und Abtreibung an:

Dio Chrys. 7, 134
„… ein Gewerbe, noch viel niedriger als das der Pferde- und Eselhalter, denn sie lassen nicht ohne Zwang Vieh mit Vieh, ganz aus eigenem Antrieb und schamlos sich paaren, sondern geile ausschweifende Menschen mit Scham empfindenden und widerstrebenden Menschen in einer nutzlosen und unfruchtbaren Vereinigung der Leiber, die eher der Zerstörung als der Schaffung neuen Lebens dient."

Konsequenter als alle seine Vorgänger oder Nachfolger wandte Dio die stoischen Argumente von der naturgemäßen, inneren Freiheit des Menschen auch auf die versklavten Prostituierten an:

Dio Chrys. 7, 138
„Wir müssen hier also genau aufpassen und dürfen den körperlichen Mißbrauch entehrter und unterjochter Menschen auf keinen Fall nachsichtig und leichtfertig hinnehmen, schon deswegen, weil der Gott, als er es schuf, das ganze Menschengeschlecht ohne Unterschied mit dem *Recht auf Wertschätzung und Gleichberechtigung* [Hervorh. der Verf.] geschaffen hat und es die gleichen Eigenschaften und Merkmale des berechtigten Anspruchs auf Achtung an sich trägt, nämlich die Vernunft und das Wissen um das Gut und Böse …"

Er kehrt das wichtigste Argument für die Prostitution als Gegenmittel gegen Ehebruch und die Verführung von Knaben und Mädchen um und sieht gerade in der Prostitution die Vorstufe zu noch größeren Ausschweifungen, die sich durch nichts mehr Einhalt gebieten lassen:

Dio Chrys. 7, 138 (Anschluß an den eben zitierten Teil)
„Zum anderen müssen wir aber auch bedenken, daß Lasterhaftigkeit, die in Freiheit üppig gediehen ist, nur schwer an eine Grenze stößt, welche sie aus Furcht nicht mehr zu überschreiten wagt: Durch Übung und Gewöhnung bei scheinbar kleinen und zulässi-

gen Gelegenheiten wird sie kontinuierlich stark und kräftig und schreckt schließlich vor nichts mehr zurück."

Da Dio nur versklavte Prostituierte im Auge hatte, forderte er umgehend gesetzliche Maßnahmen zur Abschaffung der Zuhälterei von Gesetzgebern und Herrschern. Man könnte ihn den ersten überzeugten Abolitionisten nennen, wenngleich seine Ziele der Humanität noch viel weiter gesteckt waren. Festzuhalten bleibt, daß diese für ihre Zeit wirklich radikalen Ansätze ohne jeden Widerhall in der Praxis blieben, wenngleich die christlichen Autoren manches davon wieder aufnehmen sollten.

2.7.2 Die christliche Morallehre

In den ersten beiden Jahrhunderten der römischen Kaiserzeit, die im Mittelpunkt dieser Darstellung stehen, wächst teils neben teils eng verflochten mit den zeitgenössischen „heidnischen" Morallehren die christliche Sozialethik heran, die Ethik einer jüdischen Sekte, einer hellenistischen Erlösungsreligion, die einen beispiellosen Siegeszug antreten sollte. Hier kann nicht der Ort sein, die ebenso komplizierte wie spannungsreiche Geschichte dieser neuen Ethik im Verhältnis zu ihrer Umwelt, den sozialen und politischen Einrichtungen sowie der bestehenden Sexualmoral nachzuzeichnen, zumal hierzu reichlich auf Literatur zurückgegriffen werden kann, ja selbst die bescheidenere Aufgabe, die relevanten Quellen auf ihre expliziten oder impliziten Aussagen zur Prostitution zu überprüfen, kann nur begrenzt erfüllt werden, indem einige besonders einprägsame Textstellen exemplarisch betrachtet werden.

Die christliche Morallehre forderte seit ihren Anfängen nachhaltig und prinzipiell für alle gesellschaftlichen Schichten eine strengere Regulierung sexueller Betätigung, als dies in den Lehren der heidnischen Denker jemals der Fall gewesen war. Letztere hatten zwar gerade in der hier diskutierten Epoche sinnliche Lust als potentielle Gefahr angesehen, die zu kanalisieren und zu beherrschen Aufgabe des Mannes sei, weil er für die Gesamtordnung im Haushalt und Staat an erster Stelle sich selbst beherrschen und seine Kräfte nicht verausgaben solle, doch war diese Konzeption als philosophische Empfehlung (z. B. Plutarch, Epiktet, Marc Aurel) formuliert und an eine zahlenmäßig geringe Gruppe in Führungspositionen gerichtet, was sie zu einer elitären Moral machte.

Abb. 23   Astarte und Adonis mit weltlichem Paar im Hintergrund, Syrisches Relief, Stein, ca. 2. Jh. n. Chr.

Abb. 24   Adam und Eva, Detail eines Sarkophags, 4. Jh. n. Chr.

Die christlichen Gruppen dagegen, wie sie uns in den kanonischen Schriften des NT entgegentreten, konstituierten sich als Sekten in den Städten des östlichen Imperium Romanum und waren als solche bestrebt, sich durch radikal anderes Benehmen von der aus ihrer Sicht „verdorbenen" heidnischen Umwelt abzusetzen. Gerade das sexuelle Verhalten wurde zum Paradigma für ihr Anderssein und Erwähltsein von Gott, so daß Paulus bereits im ersten Thessalonicherbrief schreiben konnte: „Denn das ist der Wille Gottes, eure Heiligung, daß ihr meidet die Unzucht, und ein jeglicher unter euch sein eigen Weib zu gewinnen suche in Heiligung und Ehrbarkeit, nicht in gieriger Lust wie die Heiden, die von Gott nichts wissen" (4, 3–5). Die Regeln dieser christlichen Gruppen, die z. B. besagten, kein Opferfleisch zu essen, brüderliche Liebe und Gemeinschaft sowie sexuelle Keuschheit zu pflegen, waren partikularistisch und egalitär zugleich; denn die christliche Gemeinschaft nahm, ähnlich wie andere hellenistische Erlösungsreligionen, Personen jeglichen Standes auf, verlangte aber zugleich eine dezidierte Entscheidung für diese Gemeinschaft und ihre Moral.

Die christliche Auffassung von der strikten Begrenzung sexueller Aktivität auf die monogame Ehe oder sogar des dauerhaften sexuellen Verzichtes hatte starke Wurzeln im Judentum, letztere hauptsächlich in den jüdischen Erneuerungsbewegungen in Palästina, welches zur Zeit Jesu einen gewaltigen politischen und sozialen Krisenherd bildete. Im Gefolge der Reformbewegungen fanden sich Männergemeinschaften wie die Essener in der Judäischen Wüste zusammen, deren strikte Askese nicht nur die Bewunderung eines Philo oder Josephus hervorrief, sondern selbst einen römischen Flottenpräfekten wie Plinius den Älteren in Erstaunen versetzte:

Plin. Nat. Hist. 5, 15, 73:
„Ein einsamer und auf der ganzen Welt vor allen anderen merkwürdiger Stamm, ohne jede Frau, jeglicher Erotik abhold, ohne Geld und nur in Gesellschaft von Palmen."

Aber auch in der jüdischen Gemeinschaft, deren Kodex stets rigoroser gewesen war als der anderer Gruppen, wurde das strenge Regelwerk für sexuelles Verhalten wieder stärker forciert, das seinen Ausdruck in Reinheitsgeboten, Abscheu vor Promiskuität, Nacktheit und homosexuellen Kontakten fand. Die Disziplinierung der Sexualität, die Regulierung von Nahrung, Familienleben und Zeiteinteilung trug dazu bei, die „Kinder Israel" vom legeren Lebenswandel der heidnischen Städte abzusondern[77].

---

77   BROWN, Keuschheit (1988 dt. 1994), 53.

Prostitution wird in den spätjüdischen Schriften deutlich schärfer verdammt als im Alten Testament.

Nicht leicht ist es hingegen, die Haltung von Jesus – selbst Kopf einer solchen „Erneuerungsgruppe" – in Bezug auf Sexualität, Ehe und Askese aus den synoptischen Texten des Neuen Testamentes herauszulesen. Es spricht manches dafür, daß seine umherziehende Gruppe asketisch lebte, doch mit der Entstehung seßhafter Gemeinden finden sich mehr und mehr Ehepaare als Gläubige. Jedenfalls predigte Jesus weder über das „Sündenfleisch" noch äußerte er sich zu Themen, welche zeitgenössische Philosophen durchaus behandelten, wie zum Beispiel zu Homosexualität, Erotik, Zeugung oder Nachkommenschaft. Immerhin lassen seine Mahnreden an jüdische Männer – die Überlieferung ist freilich unsicher –, ähnlich wie die der Rabbiner erkennen, daß er unerlaubte, d. h. außereheliche sexuelle Beziehungen mißbilligte:

Matt. 5, 28:
„Ich aber sage Euch: Wer eine Frau ansieht, ihrer zu begehren, der hat schon mit ihr die Ehe gebrochen in seinem Herzen."

Mark. 7, 21:
„Denn von innen, aus dem Herzen der Menschen, kommen die bösen Gedanken, Unzucht (*porneiai*), Dieberei, Mord, Ehebruch (*moicheiai*), Habsucht, Bosheit, List, Schwelgerei, Mißgunst, Lästerei, Hoffart, Unvernunft."

Die beiden Stellen, die Jesus im Kontext mit Prostituierten nennen, sind ungeeignet, um weitreichende Schlüsse daraus zu ziehen: In Matt. 21, 31-2 hält Jesus im Rahmen des Gleichnisses von den ungleichen Söhnen den Pharisäern vor, daß eher Zöllner und Huren, mit anderen Worten die reuigen „Spitzensünder", ins Reich des Vaters kämen denn sie. Eine der Substanz nach ähnliche Aussage enthält ebenso die Episode in Luk. 7, 36-50, welche im Haus eines Schriftgelehrten spielt: Die Frau, die dort eintritt, um Jesus die Füsse zu salben, wird als „Sünderin" beschrieben, kann aber aufgrund bestimmter Charakteristika als Prostituierte bezeichnet werden. Auch dieser durchaus erotisch wirkenden Szene, in der die „Sünderin" Jesu Füsse salbt und sie mit ihrem langen Haar trocknet, liegt die gesellschaftliche Beurteilung der Hure als Ausgestoßene zugrunde, deren Berührung Befleckung mit sich bringt. In beiden Episoden geht es Jesus jedoch nicht um die moralische Bewertung von Prostituierten, sondern lediglich darum, zu zeigen, wie wenig er von der (Selbst–) gerechtigkeit der Pharisäer hält und wie gering er gängige Reinheitsvorschriften und Tabus achtet. Er läßt die Hure nicht nur gewähren, sondern lobt sie für die Liebe, die sie ihm erwiesen hat. Auch mahnt er sie nicht, wie in der berühmten Erzählung von der Ehebrecherin (Joh. 8, 3–11), sie solle nicht mehr sündigen. Er sagt ihr nur – und das ist der entscheidende Punkt –, daß ihr ihre vielen Sünden vergeben seien. Diese Stelle ist insofern zentral, als sie, mit anderen kontaminiert, auf Maria Magdalena bezogen und damit die bußfertige Hure zum christlichen Archetypus der Reue schlechthin wird. Freilich sollte hierbei nicht vergessen werden, daß es in den neutestamentlichen Texten keinerlei Anhaltspunkte dafür gibt, daß Maria Magdalena eine Prostituierte war und somit der Mythos von der oftmals liebevoll textlich und bildlich dargestellten bußfertigen Sünderin und Heiligen, zu der die kirchliche Tradition sie gemacht hatte, aufgegeben werden muß[78].

Nicht nur wesentlich ergiebiger für unser Thema als die Verkündigung Jesu, sondern auch von kaum zu überschätzender Bedeutung für das Verhältnis der Christenheit zu Geschlechtlichkeit, Liebe und Ehe ist das Bild, das sich aus den Briefen des Paulus ergibt. Paulus, ein hellenisierter Jude, der etwa zwanzig Jahre nach dem Tode Jesu in den Städten des Imperium missionierte, entwarf mit großer Sprachgewalt die krasse Antithese zwischen dem Geist und dem Fleisch. Er bezeichnete im Römerbrief erstmals das Sexuelle als „Sünde im Fleische", so besonders deutlich 7, 5: „Denn solange wir im Fleisch waren, da waren die sündlichen Lüste, welche durchs Gesetz sich erregten, kräftig in unseren Gliedern, ähnlich in 7, 5: „Denn solange wir im Fleisch waren, da waren die sündlichen Lüste, welche durchs Gesetz sich erregten, kräftig in unseren Gliedern ...", und 18: „Denn ich weiß wohl, daß in mir, das ist in meinem Fleisch, wohnt nicht Gutes".

Es dürfte nicht überinterpretiert sein, wenn man an der Reihung seiner Argumente im Galaterbrief abliest, daß er *porneía* (zum Begriff s. unten) besonders verabscheute. Welch durchschlagende Konsequenzen seine Darlegungen für die Zukunft hatten, beschreibt treffend PETER BROWN: „An der wiederholten Exegese von nicht mehr als hundert Wörtern der paulinischen Briefe läßt sich der zukünftige Verlauf des christlichen Denkens über die menschliche Person ermessen. Zu seiner Zeit hatte Paulus Assoziationen ineinandergleiten lassen, die ein weniger eiliger Denker vielleicht getrennt gehalten hätte. Der Krieg des Geistes gegen das Fleisch

---

78 Diese Gestalt ist aus der Kontamination zweier Stellen bei Lukas entstanden: Lk. 8,2; Lk. 7, 36–50; vgl. S. HASKINS, Die Jüngerin. Maria Magdalena und die Unterdrückung der Frau in der Kirche (engl. 1993, dt. 1994) mit Abbildungen der Maria M. aus verschiedenen Epochen.

und des Fleisches gegen den Geist war ein verzweifeltes Bild für den menschlichen Widerstand gegen den Willen Gottes"[79].

Im vieldiskutierten ersten Korintherbrief, der sich eindringlich an die Juden- und Heidenchristen der unteren und mittleren Schichten in der Stadt Korinth richtet, gibt Paulus sexuelle Verhaltensregeln, die zumindest für die Heidenchristen völlig unkonventionell gewesen sein dürften, weil sie in ihrem sozialen Umfeld bislang so weder vorgekommen waren noch erwartet wurden: Er empfiehlt zeitlich unbegrenzte Virginität und Keuschheit für diejenigen, die sich das zutrauen, doch ist er pragmatisch genug, denjenigen, die sich vor sexueller Lust verzehren, eine Eheschließung anzuraten und vor übertriebener Enthaltsamkeit in der Ehe zu warnen, weil sie ein potentielles Einfallstor für *porneía* sei: 1 Kor. 7, 8: „Wenn sie aber sich nicht können enthalten, so laß' sie freien; es ist besser freien, als von Begierde verzehrt zu werden."

Als unerläßliche Pflicht der Gemeindeangehörigen bezeichnet Paulus allerdings die Aufgabe sämtlicher sexueller Kontakte zu anderen Personen als zur den eigenen Ehegatten. Überspitzt formuliert könnte man sagen, daß die christlich-orthodoxe Morallehre seit dem NT die übliche von den „Heiden" vertretene Wendung vom „Therapeutikum" Prostitution umkehrte, indem nun die Ehe „Therapeutikum" gegen den Ehebruch (*moicheía*) wird, also letztlich provisorisches Instrument, um die „fleischliche Begierde" zu kanalisieren.

Bei verbotenem Geschlechtsverkehr (*porneía*) dachte Paulus an Prostituierte, aber auch an den Verkehr mit den eigenen Sklaven/-innen oder mit Freigelassenen; denn das Bedeutungsspektrum von *porneía*, *pórne* („Hure") und *pórnos* („Hurer") in spätjüdischen sowie jüdisch-christlichen Texten umfaßt gegenüber dem Wortgebrauch in heidnischen Texten ein viel breiteres Spektrum und kann neben dem Verkehr mit Prostituierten jede Art verbotener sexueller Handlung bzw. die dabei handelnde Person bezeichnen.

Warum man mit einer *pórne* nicht verkehren solle, begründete Paulus auf ziemlich eigenwillige Art: Jedes Gemeindemitglied sei ein Glied des Leibes Christi, und wer sich mit dem Leib einer Hure verbinde, mache die Glieder des Herrn zu einem Teil des Hurenleibes. Zugleich aber versündigten sich seine Adressaten gegen den eigenen Leib, der doch der Tempel des Gottesgeistes sein solle (1 Kor. 7). Was bei Paulus allerdings fehlt und erst später – einer freilich latent bereits vorhandenen misogynen Strömung folgend – bei den Kirchenvätern auftauchen wird, ist die *pórne*

---

79 BROWN, Keuschheit (1988 dt. 1994), 61-2.

in der Rolle der Verführerin, die als Bedrohung erlebt wird, wie überhaupt die Reize der Frauen als gefährlich angesehen wurden.

Mit den Ausführungen des Paulus war der Standpunkt der sich formierenden katholischen Kirche zu Fragen der Ehe und Sexualität und freilich auch zur Prostitution auf Jahrhunderte vorgezeichnet. Wie Paulus lehnen die Texte des Neuen Testamentes generell außerehelichen und homosexuellen Verkehr ab und folgen darin dem Erbe der Mutterreligion, der alttestamentlich-israelitischen Verkündigung. Das Reich Gottes und die *porneía* waren unvereinbar. *Porneía* stand als Inbegriff der Unmoral und sexuellen Ausschweifung jeglicher Art an der Spitze der für die Heidenmission so beliebten Lasterkataloge, wurde von der Patristik übernommen und emsig kommentiert.

Welcher Abgrund freilich gerade in puncto der weiterhin florierenden Prostitution zwischen Theorie und Praxis klaffte, mit welchen Symbolgehalten der Begriff Dirne aufgeladen wurde und welche Funktion Prostituierten nunmehr als der Rettung Bedürftigen in der spätantiken Gesellschaft und Hagiographie zukam, muß künftigen Studien vorbehalten bleiben.

2.8   Juristische Aspekte

Nach den Bestimmungen des römischen Rechts waren weder Prostitution noch Zuhälterei ein Delikt und wurden in der Antike auch nie als solches aufgefaßt. Wenn dieses Gewerbe dennoch rechtliche und zwar fast ausschließlich nachteilige Konsequenzen hatte, ist das Ausdruck eines ambivalenten Standpunktes zur Prostitution: Man benötigte sie zur Wahrung der sozialen Ordnung, während gleichzeitig die Prostituierte als Person niedrigsten Ranges stigmatisiert war. Diese Einstellung wurde dann in kaum veränderter Form vom Christentum und weiten Teilen der westlichen Welt übernommen.

Es gab keine Gesetzgebung zur Prostitution im eigentlichen Sinne, was beim kasuistischen Charakter des römischen Rechts nicht weiter überraschen wird. Die Verfügungen, die sich in den Digesten mit Prostitution befassen, sind in ganz unterschiedlichen Rubriken zu finden. Häufig sind sie von ökonomischer Bedeutung für diejenigen Personen, die Geschäfte mit sexuellen Dienstleistungen betrieben. Allgemeines Kriterium für diskriminierende Regelungen im Bürgerlichen Recht (*ius civile*) bildete der von römischen Juristen durchweg als ehrlos betrachtete Beruf der Prostituierten bzw. der Zuhälter. Ehrlos waren aber desgleichen auch Schauspieler und Schauspielerinnen, Gladiatoren, in Konkurs gefallene Personen und schimpflich entlassene Soldaten.

Das Kriterium der Ehrlosigkeit der Prostituierten zieht sich auch dann wie ein roter Faden durch sämtliche rechtlichen Verfügungen hindurch, wenn es nicht unmittelbar als Begründung für eine ungleiche Behandlung fungiert. Dafür bedurfte es keiner ideologischen Erklärung, da soziale Ungleichheit in Rom eine selbstverständliche Realität darstellte.

Diese Ehrlosigkeit oder *infamia* wirkte sich dahingehend aus, daß Prostituierte seit den Ehegesetzen des Augustus keine rechtsgültige Ehe mit einem freien Bürger eingehen durften, und zwar auch dann nicht, wenn sie ihr Gewerbe aufgegeben hatten. Außerdem schränkte die kaiserliche Gesetzgebung im Laufe der Zeit ihre Möglichkeiten, Erbschaften oder Vermächtnisse zu erhalten, mehr und mehr ein. Dies waren Maßnahmen, um einen sozialen Aufstieg von Prostituierten wie Zuhälterinnen zu verhindern und die oberen Schichten sozial nach unten abzugrenzen.

Prostituierte wurden, ebenso wie andere Personen, nach ihrem personenrechtlichen Status in unterschiedliche Kategorien eingeteilt. Auch bei ihnen muß zwischen einer Sklavin, einer Freigelassenen oder Freigeborenen unterschieden werden, obgleich eine gewisse Nivellierung durch die ihnen von Berufs wegen gemeinsame Ehrlosigkeit (*infamia*) festzustellen ist.

2.8.1 „Mit dem Körper Gewinn erzielen"

Die römischen Juristen, in erster Linie Ulpian, haben versucht, Prostitution zu definieren und von anderen Formen des (außerehelichen) Geschlechtsverkehrs abzugrenzen, vor allem von jenen, die der römischen Gesellschaft als unakzeptabel und seit Augustus auch als ungesetzlich galten wie *stuprum* („Unzucht") und *adulterium* („Ehebruch"). Dies läßt sich schon sehr gut am Zusammenhang ablesen, in dem die Ausführungen stehen, nämlich in einem Kommentar zum „Iulischen Gesetz zur Unterbindung von Ehebruch" (‚*lex Iulia de adulteriis coercendis*'). Behandelt werden dort die geduldeten Formen außerehelicher sexueller Beziehungen, aber auch die – in beklemmende Nähe zueinander gerückten – Begriffe Ehebrecherin („*adultera*") und Prostituierte („*prostituta*").

Wie eingangs erwähnt, bietet diese Definition, die treffender als jede „moderne" Begriffsbestimmung die zeitgenössischen Rechts- und Moralvorstellungen widerspiegelt, Ausgangspunkt und Basis für die vorliegende

Arbeit. Die ulpianische Formulierung samt der Ergänzung durch ein Zitat von Octavenus lautet:

Ulp. D. 23. 2. 43. 1-3
„Wir sagen, daß nicht nur diejenige öffentlich gewerbsmäßige Prostitution betreibt, die sich im Bordell prostituiert, sondern auch diejenige, die in einer Kneipe, wie dies üblich ist, oder an einem anderen Ort ihre Sittlichkeit nicht wahrt.

1. ‚Öffentlich' aber fassen wir auf als ‚nach allen Seiten', d. h. ohne Auswahl; nicht, wie wenn eine sich Ehebrechern oder Verführern hingibt, sondern wenn sie die Lebensweise einer feilen Dirne führt.
2. Desgleichen kann man nicht sagen, daß eine sich öffentlich prostituiert, weil sie gegen Annahme von Geld mit dem einen oder anderen Mann verkehrt.
3. Octavenus hat daher richtig bemerkt, daß auch diejenige, die ohne Geldentschädigung sich öffentlich prostituiert, unter diese gerechnet werden müsse."

Die Prostituierte wird in dieser Definition, wie generell in den Rechtstexten, oft als eine Frau umschrieben, die „öffentlich mit ihrem Körper Gewinn erzielt", so der gängige Terminus, oder aber als *meretrix*, dem neutralsten der umgangssprachlichen Begriffe, äquivalent zu unserem Wort „Prostituierte". Beide Bezeichungen leiten sich aus Begriffsfeldern des Erwerbens bzw. Verdienens ab, eine eindeutige Deklaration, daß Prostitution als Verkauf sexueller Dienstleistungen, in der Regel des Geschlechtsaktes, angesehen wurde.

Der Ort, an dem Prostitution stattfindet, spielt keine Rolle. Ulpian nennt sehr praxisnah außer den Bordellen auch die Kneipen als übliche, wenngleich nicht einzige Orte, an welchen Prostitution stattfinden konnte. Hauptkriterien sind die Öffentlichkeit und die Ausübung sexueller Handlungen ohne Auswahl der Partner. Auf die Wahllosigkeit und die große Anzahl der Sexualpartner kam es an, nicht so sehr dagegen auf die Annahme von Geld. Dieser letztgenannte Punkt der Definition ist außergewöhnlich, da wir oben festgestellt haben, daß, jedenfalls aus der Sicht der Prostituierten, der Verdienst der zentrale Beweggrund für ihre Tätigkeit war. Ulpian sieht hingegen in der willkürlichen Annahme von Geschlechtspartnern das entscheidende Kriterium.

Bemerkenswert ist die unter Punkt zwei angeführte Einschränkung, welche doch nur bedeuten kann, daß Teilzeitprostituierte, Tänzerinnen und Schauspielerinnen sowie die nobleren Semiprofessionellen *per defini-*

tionem iuris ausgeklammert werden. Daß sie nicht einfach zu den Dirnen gerechnet werden, sondern in einer merkwürdig „rechtsfreien" Zone bezüglich der Ehegesetze leben, ist bislang offenbar nicht zur Kenntnis genommen worden.

Der dritte Punkt der Definition spricht von Frauen, die sich ohne Annahme von Geld öffentlich prostituieren. Wen soll man nun darunter verstehen? Soll man an eine Nymphomanin denken, in der Art wie Juvenal die Kaiserin Messalina schildert? Oder ist dies vielleicht ein Affront gegen sämtliche unkeuschen Frauen? Wahrscheinlich eher Letzteres; er galt den Frauen, die sich über das verbreitete Ideal der keuschen Gattin, Mutter und Witwe mehr und mehr hinwegsetzten. Dafür spricht, daß Ulpian, so sehr er sich um eine präzise juristische Definition der Prostitution bemüht, doch eine bedenkliche Nähe der Ehebrecherin zur Prostituierten herstellt. Nicht nur, daß die Stigmatisierung der Ehebrecherin im Kontext mit der Prostitution behandelt wird, auch die Öffentlichmachung der Schande der Ehebrecherin in einem öffentlichen Verfahren und/oder das Ertappen *in flagranti* ist eng verbunden mit dem hier an zentraler Stelle verwendeten Begriff des Öffentlichen. Außerdem wurde eine wegen Ehebruches verurteilte Frau ebenfalls zur „Ehrlosen" (*„infamis femina"*), verlor das Recht, eine neue rechtsgültige Ehe einzugehen und darüber hinaus größtenteils ihre Mitgift. Der Mann, der sie widerrechtlich doch ehelichte, hatte mit einer Klage wegen Zuhälterei zu rechnen. Überspitzt formuliert kann von der strafrechtlichen Aufteilung der Frauen in Matronen und Prostituierte gesprochen werden, und zu letzteren gehörte folglich auch die Ehebrecherin.

Die nichtjuristischen Autoren, seien es Dichter oder Historiker, seien es mythische oder historische Episoden, von welchen sie erzählten, bemühten sich nicht um eine präzise Unterscheidung von unerlaubten sexuellen Beziehungen. Frauen, die sich der strikten sexuellen Normierung nicht unterwarfen, wurde nachgesagt, sie lebten nach „Hurenart" (*„meretricio more"*). Vor allem einflußreichen Frauen, wie z. B. den syrischen Frauen der Savererdynastie, Julia Domna, Julia Soaemias und Julia Maesa, wird in der zeitgenössischen Überlieferung oft Selbstständigkeit auf politischem *und* sexuellem Gebiet vorgehalten, und auf diese Weise wird auch Kleopatra zur „königlichen Hure" (*„meretrix regina"*). Die Ehebrecherin als Hure gleichzusetzen war nicht nur in der antiken Welt üblich. Als Beispiel für diese Auffassung um die Jahrhundertwende, und zwar selbst in wissenschaftlichen Kreisen: „Ich schicke voraus, daß ich die Meinung vertrete, daß die Ehebrecherin, im allgemeinen wenigstens, nicht mehr und nicht weniger ist als eine Prostituierte, zumal, wenn sie rückfällig ist"[80].

Der Definition von Ulpian fehlt erstaunlicherweise jeder Hinweis auf Knaben und Männer, obgleich es damals durchaus auch homosexuelle Prostitution gab. Letztere kommt in den juristischen Quellen generell so gut wie nicht vor, ein Problem, dem man andernorts einmal nachgehen müßte.

2.8.2 Zuhälterinnen und Zuhälter

Das Gewerbe der Zuhälterei übten sowohl Frauen als auch Männer aus. Frauen, die sich nicht selbst prostituierten, sondern andere durch Zwang oder Verführung zur Prostitution veranlaßten, wurden ebenfalls zur Kategorie der Prostituierten gerechnet. Diese Regelung betraf sämtliche hauptund nebenberuflichen Zuhälterinnen. So heißt es dann auch ausdrücklich in

D. 23. 2. 43. 9
„Wenn eine eine Wirtschaft betreibt und in dieser käufliche Leiber hat (wie ja viele unter dem Deckmäntelchen einer Wirtschaft Frauen zu prostituieren pflegen), muß man sagen, daß auch sie unter die Bezeichnung ‚Zuhälterin' fällt."

In Ulp. Ep. 13, 2 werden Kupplerinnen als nicht erlaubte Ehepartnerinnen für Freigeborene aufgezählt. Aufgrund ihres Berufes konnten sie nämlich weder wegen Ehebruch noch wegen Unzucht strafrechtlich verfolgt werden. In den genannten Punkten waren sie nicht deliktfähig, weil man ihnen ebenso wie ihren „Schützlingen" einen unmoralischen Lebenswandel unterstellte.

Ein Reskript von Kaiser Konstantin aus dem Jahr 326 n. Chr. modifizierte diese Regel, indem es zwischen der Bedienung und der Inhaberin unterschied. Die Inhaberin wurde vom Delikt des Ehebruches nicht mehr ausgenommen und erhielt damit zugleich den Status einer ehrbaren Frau.

Die Zuhälterin wurde also generell mit einer Prostituierten gleichgesetzt. Daher gelten alle Rechtsnachteile für Prostituierte immer auch für Zuhälterinnen. Eine solche Gleichsetzung war jedoch nur für die weibli

---

80 B. MORAGLIA, Neue Forschungen auf dem Gebiete der weiblichen Kriminalität, Prostitution und Psychotherapie, Zeitschr. für Kriminalanthropologie, Gefängniswissenschaft und Prostitution I (1897), 239.

chen Zuhälterinnen festgelegt; männliche Angehörige des Gewerbes kamen darin nicht vor. Sie waren jedoch ebenfalls sozial Geächtete, deren Bürgerrechte, sofern sie zu den Freien gehörten, empfindlich eingeschränkt waren. Zu den männlichen Vertretern des Gewerbes wurden ebenfalls alle Arten von Kneipiers gezählt. Die Angleichung der Kneipiers an die Zuhälter erscheint nicht nur in den Rechtstexten, sondern häufig auch in literarischen Quellen. Die Einschränkung ziviler Rechte aufgrund einer Verurteilung oder von Berufs wegen wurde erst spät unter dem Kaiser Iustinian zu einem einheitlichen Sachverhalt zusammengefaßt (D. 3.2.1). Ausführlich wird im gleichen Buch genauer definiert, wer Zuhälterei betreibt:

D. 3. 2. 4. 2
„Der Prätor sagt: ‚Wer Zuhälterei betreibt'. Zuhälterei betreibt, wer käufliche Sklaven hält; aber auch wer mit Freien ein derartiges Gewerbe ausübt, fällt in dieselbe Kategorie. Ob er nämlich vorzugsweise dieses Geschäft betreibt oder als Zutritt dazu eine anderes Geschäft benutzt – wenn zum Beispiel ein Kneipenwirt oder Herbergsvater solche Sklaven hat, die bedienen, und dies als Gelegenheit nutzen, sich gegen Geld hinzugeben, oder wenn ein Bademeister, wie es in bestimmten Regionen vorkommt in den Bädern Sklaven angemietet hat, welche die Kleider bewachen sollen – , so fällt er unter den Straftatbestand der Zuhälterei."

Zuhälterei konnte also an den verschiedensten Orten und in verschiedenen Ausprägungen stattfinden, oft unter dem Schein anderer Gewerbe. Besonders beliebt waren Bäder, Kneipen und vergleichbare Etablissements. Der letzte Satz des Zitates ist das Resultat einer tiefgreifenden Veränderung der Haltung gegenüber der Zwangsprostitution im spätantiken christlichen Staat. Hier spiegelt sich bereits der Versuch wieder, Zuhälterei unter Androhung empfindlicher Strafen zu untersagen. Wenn man von der Ehrlosigkeit einmal absieht, war die haupt- wie nebenberufliche Zuhälterei trotz ihres üblen Rufes über Jahrhunderte bis in die späte Kaiserzeit hinein kein Delikt. Lediglich bestimmte Formen der Kuppelei, wie z. B. Veranlassung zu oder Begünstigung von Ehebruch fielen seit der Regierungszeit des Augustus unter die Bezeichnung *lenocinium* („Zuhälterei") und waren deswegen auch strafbar.

2.8.3 Abgrenzung zu anderen Arten außerehelicher Verhältnisse

Das römische Recht unterschied Frauen, die in irgendeiner anderen Form außerehelichen Geschlechtsverkehr hatten, von der Prostituierten. So z. B. die *concubina* („Beischläferin", „Konkubine"), die mit einem – unverheirateten – Mann in meist längerfristiger Geschlechtsgemeinschaft lebte. Im Gegensatz zur Ehegattin fehlte ihr der ehrenvolle Status der rechtmäßigen Gattin. Ihre Kinder waren ehelichen Nachkommen nachgestellt. Diese Form des Zusammenlebens wurde überwiegend von Standesungleichen gewählt, deren Status, Herkunft oder Beruf ihnen eine rechtmäßige Ehe unmöglich machte. Auch die *paelex* („Nebenfrau") war rechtlich anders definiert. Sie war wohl ursprünglich die Nebenfrau eines Mannes, der schon eine rechtmäßige Gattin hatte. Der Begriff ist schon bei den Alten selbst umstritten gewesen. Paulus meint, damit sei bei den Alten eine Art Nebenfrau gemeint, jetzt würden auch die Beischläfer männlichen Geschlechtes so benannt. Gellius denkt an die altgewohnte Beischläferin des Mannes, die dieser hatte, bevor er eine rechtmäßige Ehe einging. Der Begriff betont meist die Beziehung zwischen der *paelex* und einer legitimen Ehefrau, am ehesten vielleicht im Sinne von Nebenbuhlerin. In der frühen und hohen Kaiserzeit ist dann mit einiger Sicherheit die außereheliche Gefährtin gemeint, wohingegen in der Spätantike, in der sich die Grenzen mehr und mehr verwischen, die *paelex* zur *meretrix* wird.

Per definitionem iuris wurden auch professionelle oder semiprofessionelle vornehmere Hetären nicht zu den Prostituierten gezählt, obgleich auch sie Geld oder Geschenke für den Verkehr forderten und danach trachteten, sich immer wieder nach günstigeren Partien umzusehen. Sie wählten ihre Liebhaber sorgfältig aus und verkehrten über längere Zeit mit demselben Mann. Das hatte, wie wir oben gesehen haben, offenbar auch nach Ansicht der Juristen nichts mit den kurzfristigen sexuellen Kontakten der Bordellprostitution zu tun.

2.9 Die Prostituierten-Steuer

Zahlreiche Quellen über die Prostituiertensteuer aus verschiedenen Provinzen belegen die weite Verbreitung dieser Einrichtung in der Kaiserzeit und lassen auf ihre ökonomische Bedeutung schließen. Durch Papyri und Inschriften bietet sich überdies die bei dem vorliegenden Thema so rare

Möglichkeit, vom literarisch aufbereiteten und auf Rom zentrierten Blickwinkel der zeitgenössischen Autoren Abstand zu nehmen.

2.9.1 Die Einführung der Prostituiertensteuer

Die wichtigste Quelle ist der Biograph Sueton. Er berichtet im Kapitel 40 der Lebensbeschreibung des Kaisers Caligula, daß dieser ganz unerhörte und noch nie dagewesene Steuern eingeführt habe.

Caligula hatte auf Lebensmittel, gerichtliche Streitfälle, auf den Verdienst von Lastträgern und sogar auf den Lohn von Prostituierten Steuern erhoben, und überhaupt habe es, wie Sueton schreibt, niemanden gegeben, dem er nicht eine Abgabe aufgebürdet hätte.

Die Prostituierten-Steuer wurde wahrscheinlich von diesem Zeitpunkt an im ganzen Imperium erhoben. *Vectigalia nova et inaudita* („neuartige und unerhörte Steuern") waren die Steuern für Prostituierte freilich nur aus der Sicht der Römer. Vorläufer dafür gab es in vielen Gebieten griechischer Kultur. Gesichert sind sie für Athen, die Insel Kos und das hellenistische Aegypten, so daß die Einziehung der Steuer in den Ostgebieten wenig Befremden ausgelöst haben dürfte. Daß die Besteuerung der Prostituierten eine übliche Maßnahme war, bestätigt ein Satz des Polyainos (5, 2, 13), der seiner Verwunderung darüber Ausdruck verleiht, daß Dionysios II. die syrakusanischen Hetären nur registrieren, nicht aber habe besteuern lassen. Der Zusatz Suetons, auch die Prostituierten „im Ruhestand" hätten diese Steuer entrichten müssen, war wahrscheinlich eine Vorsichtsmaßnahme zur Schließung etwaiger Gesetzeslücken; denn viele der Ehemaligen des Gewerbes wären bei den harten Steuersätzen sowieso nicht in der Lage gewesen, die geforderten Summen zu entrichten. Sueton selbst gibt allerdings keinen Hinweis, wie dieser Zusatz zu verstehen sei. Ihm war lediglich daran gelegen, dadurch den verschwendungssüchtigen Caligula noch einprägsamer als Repräsentanten der Steuerwillkür darzustellen. Das Klischee der Verschwendungssucht zur Abqualifikation eines bestimmten Herrschers taucht im gleichen thematischen Zusammenhang als rhetorisches Mittel auch bei Zosimus' Beschreibung über steuerliche Maßnahmen des Kaisers Konstantin wieder auf (2, 38). Allerdings ist es nicht von der Hand zu weisen, daß Caligula – zu diesem Zeitpunkt schon im Endstadium seines absolutistischen Größenwahns – versuchte, seine stetig wachsenden Schulden zu begleichen, und es ist ebenso belegt, daß das Volk, darunter gewiß auch die Dirnen Roms, im Circus gegen diese

Abgaben vehement protestierte, worauf Caligula die Leute von seinen Soldaten niedermetzeln ließ (Cass. Dio 59, 28, 11).

Auffallend ist, daß Sueton und die nachfolgenden Belege aus den Provinzen explizit nur auf Frauen im Gewerbe der Prostitution Bezug nehmen, obwohl auch Knaben und Männer sich prostituierten. Als erste Quelle einer Steuer für männliche Prostituierte läßt sich erst der christliche Autor Justinus Martyr vernehmen, der die heidnischen Laster anprangert, für die der Staat auch noch Steuern kassiere:

Just. Martyr 1, 27:

„... und im Hinblick auf diese Abscheulichkeit findet man Frauen und Hermaphroditen und solche, die unaussprechliche Schändlichkeiten begehen in jeder Nation. Und ihr empfangt ihren Lohn und Zölle und Steuern von diesen, die ihr aus der zivilisierten Welt ausschließen solltet."

2.9.2 Registration und Exekutive

Um die steuerpflichtigen Prostituierten möglichst vollständig erfassen zu können, war vor der Steuererhebung eine Einschreibung der Prostituierten und Zuhälter notwendig. In Rom gab es eine solche Erfassung bereits vor der Einführung der Prostituierten-Steuer. Tiberius hatte wegen eines skandalösen Vorfalls, als sich eine Tocher vornehmer Familie ins Dirnenregister hatte eintragen lassen, allen weiblichen Angehörigen ab dem Ritterstand die Eintragung ins Dirnenregister verboten.

Tac. Ann. 2, 85

„Im gleichen Jahr (19 n. Chr) bemühte man sich, durch strenge Senatsbeschlüsse das ausschweifende Leben der Frauen zu steuern. Allen Frauen, deren Großvater, Vater oder Gatte ein römischer Ritter gewesen war, wurde verboten, sich für Geld zu verkaufen. Vistilia, die aus einer prätorischen Familie stammte, hatte bei den Aedilen ihre verwerfliche Feilheit bekannt gegeben, nach jener überlieferten Sitte, die im bloßen Bekenntnis der Schande eine ausreichende Strafe für unzüchtige Frauen zu finden glaubte".

Aber diese Nachricht ist nicht unbedingt der erste Schritt zu einer Registration; denn Tacitus weist, wenngleich nur nebenbei, darauf hin, daß diese Maßnahme schon länger üblich war. Vor der Einführung der Steuer hat sie sehr wahrscheinlich dazu gedient, Dirnen von ehrbaren Frauen ab-

zugrenzen und die Kontrolle über den Lebenswandel der letzteren zu gewährleisten. Das bekam zunächst durch die Ehegesetze des Augustus ganz
besondere Brisanz, denn Frauen, die außereheliche Verhältnisse eingingen
wie zum Beispiel Vistilia, wollten so schlicht den Strafen für Ehebruch
entgehen.

Die Dirnen in Rom wurden schon zu Zeiten der Republik sporadisch
von den Aedilen kontrolliert; von Registration ist allerdings nicht die Rede. Die Aedilen hatten wahrscheinlich Kenntnis über die Quartiere von
Prostituierten und konnten sich von Amts wegen Zutritt verschaffen. In
der Kaiserzeit tauchten die Aedilen als Polizei in Kneipen und Bädern zu
Razzien auf. Für Bordelle darf man Entsprechendes annehmen. Dabei
werden sie nicht nur ein wachsames Auge auf die in diesem Milieu ver-
kehrenden Tagediebe, Gauner und Zecher geworfen, sondern auch unregi-
strierte Prostituierte aufgespürt haben. Die Aedilen waren aber nie für die
Einziehung der Dirnensteuer verantwortlich. Laut Sueton zogen in der
Stadt Rom erst die Steuerpächter, die *publicani*, die Prostituierten-Steuer
ein, bevor die Prätorianergarde mit dieser Aufgabe betraut wurde. Warum
das geschah, darüber kann man nur mutmaßen, denn Suetons Begründung
„weil der Ertrag sehr reichlich war", reicht für eine plausible Erklärung
nicht aus. Warum sollten erfahrene Steuerpächter die Einziehung dieser
Steuer nicht haben bewältigen können? Eher läßt sich denken, daß der
Kaiser dort, wo er auf seine Elitetruppe zurückgreifen konnte, gerne auf
die Steuerpächter, die als freie Unternehmer den eigenen Gewinn im Auge
hatten, verzichtete. Außerdem hatte Caligula die Zahl der Prätorianerko-
horten auf zwölf erhöht, so daß ausreichend Personal vorhanden war, welches bezahlt und vor allem beschäftigt werden mußte. Wann die Übertragung der Steuerexekutive auf die Prätorianer stattfand, geht aus der
Erzählung des Sueton nicht hervor, doch informiert der Schriftsteller Flavius Josephus seine Leser, daß die Einziehung sämtlicher Steuern von Caligula dem Prätorianertribun Cassius Chaerea, dem späteren Mörder des
Kaisers, übertragen worden sei (Ios. Ant. Jud. 19, 28).

In den Provinzen gab es keine einheitliche Regelung, welche Personen
mit der Registration und Steuereinziehung in den Quartieren der Prostituierten beauftragt wurden. Teils handelte es sich um Militär, und zwar entweder um normale Legionäre, wenn in der Gegend Truppen stationiert
waren, wie in Chersonnesus, oder um speziell als Sonderbeauftragte abge-
stellte Soldaten städtischer Kohorten, wie in Karthago, teils aber auch
weiterhin um zivile Steuerpächter, welche in Palmyra und Aegypten (s.
unten) noch im zweiten Jahrhundert diesen Dienst versahen. Es waren
nicht mehr die einflußreichen Gesellschaften von Privatfinanciers, wenn-

gleich sie aufgrund der sich nur zögerlich entwickelnden kaiserlichen Finanzverwaltung noch lange auf lokaler Ebene eine Rolle spielten und für verschiedene Abgaben zuständig blieben.

Die Frage, warum es überhaupt Armeeangehörige gab, die mit der Steuereinziehung bei den Prostituierten betraut wurden, hat man in der Regel damit zu beantworten versucht, daß die Soldaten eine höhere Effizienz erzielten, weil sie die Steuerzahler stärker einschüchterten und darüber hinaus die einschlägigen Plätze, an denen Dirnen sich aufhielten oder versteckten, gut kannten. Beide Punkte dürften sicherlich zutreffen, doch braucht man die Einziehung der Prostituiertensteuer durch Soldaten nicht unbedingt als bemerkenswerten Sonderfall hervorheben, denn es gibt zahlreiche Beispiele dafür, daß Truppen in Ermangelung einer organisierten inneren Ordnungsstruktur im Imperium häufig Aufgaben im Zoll- und Polizeibereich, aber auch Bau- oder Verwaltungsarbeiten übernahmen. Auch bei der Steuereinziehung gab es neben den Steuerpächtern oftmals mehr oder weniger qualifizierte Arbeitskräfte aus dem Heer.

2.9.3 Rentabilität der Steuer

Sueton versichert nachdrücklich, daß diese Steuerquelle sehr lukrativ war. Weitere Quellen erhärten Suetons Aussage über die großen Gewinne aus dieser Steuer. Die hohen Einnahmen hatten Kaiser Claudius, der alle anderen Anordnungen seines psychopathischen Vorgängers Caligula bereits beim Regierungsantritt annullierte, davon abgehalten, die Prostituierten-Steuer gleichfalls wieder aufzuheben. Des weiteren soll sich nach Angaben der Historia Augusta Kaiser Alexander Severus zwar peinlich berührt gefühlt haben, die Einnahmen aus den Steuern auf Prostitution und Zuhälterei in das *sacrum aerarium* („erhabene Staatskasse") fließen zu lassen, doch schien es ihm nicht unangemessen, sie für die Ausbesserung von öffentlichen Gebäuden zu verwenden. Die Formulierung, wie sie in der Historia Augusta lautet, klingt sehr merkwürdig. Warum sollte ein heidnischer Imperator plötzlich Gewissensbisse wegen einer seit Jahrhunderten gebräuchlichen Abgabe haben? Wenn die Biographie des Alexander Severus nicht bloße Fiktion ist, so ist doch anzunehmen, daß sie vielfach idealisiert ist, und daß die gleichsam entschuldigende Formulierung für die Beibehaltung der Hurensteuer wahrscheinlich eine Projektion späterer, christlicher Anschauungen auf den jungen Princeps ist. Faktum bleibt letzlich, daß Alexander Severus nicht auf die erheblichen Steuergelder verzichten konnte oder wollte. Ihn bewog vielmehr sein groß angelegtes

Bauprogramm in Rom und den Provinzen zur Umleitung dieser Gelder. Skrupel über ihre Herkunft hatte er offenbar keine.

Auch der christliche Staat behält die Prostituierten-Steuer noch lange bei. Wie schwer es den christlichen Kaisern fallen mußte, auf diese Steuer zu verzichten, geht aus der achtzehnten Novelle des Kaisers Theodosius aus dem Jahr 439 n. Chr. hervor, in welcher der Prätorianerpräfekt Florianus ihm, vermutlich für die Stadt Konstantinopel, eine Ausgleichszahlung aus eigener Tasche anbietet, wenn er die Hurensteuer aufhebe. Derselbe Text verbietet zwar Zuhälterei und damit die erzwungene Prostitution von Sklavinnen, jedoch wird die Steuer von den freien Dirnen ganz offensichtlich noch eingezogen. Denn trotz der Empörung christlicher Autoren wird sie endgültig erst unter Anastasius I. im Jahr 498 n. Chr. für den Ostteil des Reiches abgeschafft. Im Westteil bleibt sie noch bis ins 6. Jahrhundert im west- und ostgotischen Reich bestehen.

2.9.4 Der Steuersatz für Prostituierte

Die Festsetzung der Steuer, die eine Prostituierte zu zahlen hatte, gibt Sueton mit dem Betrag an, den sie für einen Beischlaf („*concubitus*") verlangte. Diese Berechnungsgrundlage wird durch die unten besprochene Palmyra-Inschrift bestätigt. In Ägypten scheint eine andere Berechnungsgrundlage üblich gewesen zu sein, die im Abschnitt über Ägypten gesondert diskutiert wird. Bedauerlicherweise fehlt jedoch das Intervall, auf das sich der *unus-concubitus*-Steuersatz bezog. Es könnte sich demnach entweder um die Steuer pro Monat oder die Steuer pro Tag handeln. Auf einen Zeitraum von einem Monat berechnet, wäre dieser Steuersatz enorm niedrig, auf einen Tag dagegen eine ziemlich hohe Rate. In der modernen Forschung ist man geteilter Meinung; die Ansichten für die tägliche bzw. monatliche Kalkulationsgrundlage halten sich die Waage. Da aussagekräftige Quellen fehlen, ist es nicht einfach, eine Entscheidung darüber zu treffen. Dennoch gibt Sueton den wichtigen Hinweis, daß eine Prostituierte dem Staat aus ihren *täglichen* Einnahmen das bezahlte, was sie von einem Kunden verlangte. Eine weitere Bestätigung für die Berechnung der Steuer auf Tagesbasis könnte die feindselige Reaktion der betroffenen Personen sein, wie sie bei Flavius Josephus und Dio geschildert wird. Sie läßt auf einen harten Steuerdruck schließen. Wenn man außerdem bedenkt, daß die Rendite dieser Steuern so einträglich war, daß selbst die christlichen Kaiser nicht geneigt waren, sie abzuschaffen, so spricht Einiges für eine Berechnung der Steuersätze auf der Basis der Tageseinnahmen.

Da der Steuersatz teurere und erfahrungsgemäß weniger arbeitende Prostituierte ruiniert hätte, erfolgte bei Kosten über einem Denar pro *concubitus* keine Anpassung mehr an den Preis. Die Steuer betrug dann immer einen Denar. Das war zugleich aber auch eine eindeutige steuerliche Begünstigung der gehobeneren Prostituierten. Die Hauptsteuerlast, die durch den Druck der Zuhälter noch verstärkt wurde, trugen nach dieser Verfahrensweise die Prostituierten der unteren bis mittleren Chargen. Denn das System funktionierte in der Weise, daß der Steuersatz prozentual immer niedriger wurde, je mehr die Frauen arbeiteten. Eine Preiserhöhung zur Abwälzung des finanziellen Mehraufwands auf die Kunden brachte nichts ein, denn bis zu einem Denar stieg die Steuer ja proportional mit an. Außerdem hätte eine Erhöhung der Preise in den Reihen billigerer Prostituierter wahrscheinlich einen spürbaren Rückgang der Kundschaft bewirkt, da letztere über keinen großen finanziellen Spielraum verfügte. Die einzige Möglichkeit der Kompensation war also, möglichst viel zu arbeiten oder trickreich die Steuereinnehmer zu umgehen.

Die Vorteile für eine Kalkulation der Steuer auf der Basis des *unus concubitus* lagen einseitig beim Fiskus. Sie hielten den Verwaltungsaufwand denkbar niedrig. Wahrscheinlich waren die Preise der Prostituierten gleichfalls registriert, oder sie konnten durch Preislisten oder Stichproben leicht in Erfahrung gebracht werden. Die Steuern für Prostituierte gerechter zu verteilen und enger am Einkommen zu orientieren, z. B. an der Kundenanzahl pro Tag oder Woche oder an Preisen für Sonderwünsche, war mit dem vorhandenen bürokratischen Apparat nicht zu leisten.

2.9.5 Die Belege aus den Provinzen

Chersonesus auf der Krimhalbinsel
Eine leider stark fragmentarische Inschrift aus Chersonesus, im zweiten Jahrhundert das Zentrum der römischen Besatzung auf der Krimhalbinsel, die ins Jahr 185/186 n. Chr. datiert wird, berichtet von einem Erlaß des Provinzstatthalters, der zur Beseitigung der Repressalien, welche die Soldaten der dortigen Garnison bei der Einziehung der Prostituiertensteuer den Bürgern zugemutet hatten, ergangen war (CIL III 13750). Der Herausgeber hat sie in sieben Abschnitte unterteilt, wovon die ersten vier auf Griechisch, die folgenden drei auf Lateinisch abgefaßt sind:

1. Der Brief vom Provinzstatthalter (Moesia Inferior) an die Bewohner der Stadt. Er sagt ihnen die Kenntnisnahme der Mißstände und die Abschaffung der Schikanen zu.

2. Ein kaiserliches Reskript, das gleichfalls das Versprechen zur Abschaffung der Mißstände gibt.
3. Die Petition der Bewohner und ihre Klagen über das Benehmen der Soldaten. Es wird bemerkenswerterweise auf eine ähnliche Situation in früherer Zeit und die damaligen Maßnahmen eines Tribuns verwiesen.
4.–7. Eine Reihe von Briefen des Kaisers an die lokalen Befehlshaber mit Anweisungen zur Disziplinierung der Soldaten.

Daß es sich um die Prostituierten-Steuer handelt, ist durch verschiedene Termini im griechischen wie lateinischen Text belegt, z. B. *capitulum lenocinii* („Steuer für die Zuhälterei"), *to télos to pornikón* („Hurensteuer"). Summen sind keine angegeben, so daß man nur vermuten kann, daß der Steuersatz wie in Rom und Palmyra bemessen wurde. Die Klage drehte sich um überhöhte Summen und Mißhandlungen, deren Zielscheibe offenbar zum wiederholten Male erstaunlicherweise sogar Mitglieder des Stadtrates waren. Vielleicht waren letztere von den Schikanen der Soldaten mitbetroffen, weil sie selbst Bordellbesitzer oder durch Mittelsmänner in lukrative Geschäfte mit der Prostitution verwickelt waren. Die Alternative zu dieser Überlegung wäre, daß die Soldaten fernab ihrer Kommandozentrale alle Zurückhaltung verloren hatten und marodierend durch die Stadt zogen, was die Stadtväter („*honesti viri*") von dem Vorwurf, in Geschäfte mit der Prostitution verwickelt zu sein, entlasten würde. Auf jeden Fall lag es im Interesse der Stadt, die Betroffenen zu schützen. Nur deshalb hatte der Tribun Alcibiades bei einem ähnlichen früheren Vorfall auch Verhandlungen zur Rückgabe von Geldern eingeleitet und nur deshalb war die Angelegenheit bis zum Statthalter, ja sogar bis zum Kaiser, vorgedrungen. Ein derartiger Wirbel wäre wegen Mißhandlungen und Erpressungen an den gesellschaftlich geächteten Zuhältern wohl kaum entstanden.

Ägypten

Aus dem römischen Ägypten sind einige in griechischer Sprache beschriebene Tonscherben und Papyri aus verschiedenen Orten Ober- und Unterägyptens (Theben, Elephantine, Fayum und Oxyrhynchos) erhalten, die die Besteuerung von unabhängigen Freudenmädchen und von Bordellen dokumentieren. Die Verbreitung hellenistischen Hetärenwesens reicht ins ptolemäische Ägypten zurück. In der Kaiserzeit zogen in Ägypten weiterhin zivile Steuereinnehmer die Steuer ein. Man hatte wie in vielen anderen Bereichen auch die Verwaltungsstruktur der Ptolemäer übernommen. Die Quellen belegen zugleich ein engmaschiges Netz für

Registration und Überwachung der Prostituierten zu Steuerzwecken, was im bürokratisch durchstrukturierten Ägypten nicht weiter überrascht. In Theben quittieren am 24. Juni 31 n. Chr. die Steuereinnehmer einer gewissen *Senpsa* eine unbekannte Steuersumme über einige Monate (WILCKEN Nr. 1030). Das Datum liegt bemerkenswerterweise vor dem Zeitpunkt, an dem Caligula die Steuer für das ganze Reich festsetzte. Es zeigt sich, daß diese Institution in Ägypten schon länger existierte und von den Römern nur übernommen worden war. Ziemlich sicher von der Prostituierten-Steuer handelt auch eine weiterer Beleg aus Syene-Elephantine: am 3. Juni 111 n. Chr. wird der Dirne *Thipsansotis* vom Dirnensteuereinnehmer Pelaias der Empfang einer Drachme bestätigt (WILCKEN Nr. 83). In Theben wird am 14. Juni 112 n. Chr. einer Dame namens Senpsenmothis bescheinigt, daß sie für zwei Monate bezahlt hat und nun noch 9 Obolen ausstehen (WILCKEN Nr. 504).

Nach dem Papyrus 41 aus Fayum, der ins Jahr 46 n. Chr. datiert ist, gab es auch in den Dörfern Prostituierte. Im Dorf Dimeh, dem alten Soknopaiou Nesos am Wüstenrand, bietet ein Hurenzinspächter dem Dorf 288 Drachmen als Pachtangebot auf ein Jahr. Wenn dies auch nur ein vereinzelter Beleg ist, so sollte man sich angesichts dessen doch davor hüten, organisierte Prostitution in nennenswertem Umfang nur in größeren Städten anzunehmen.

Ob nun auch im römischen Ägypten der *unus-concubitus*-Satz als Berechnungsgrundlage galt oder eine anders festgelegte Besteuerung, ist aufgrund der Relativität jeglichen Geldwertes von Ägypten zu anderen Teilen des römischen Reiches sehr schwierig zu ermitteln. Hätten die ägyptischen Steuereinnehmer auf der Grundlage des *unus concubitus* pro Monat gerechnet, so entspräche der zwischen drei Obolen und einer Drachme liegende Preis, den die ägyptischen Prostituierten verlangten, ungefähr den unteren Preislagen, wie sie die Dirnen in Pompeji und Rom verlangten. Denn für gewöhnlich rechnete man eine ägyptische Tetradrachme in einen Denar um, obwohl sie einen geringeren Silbergehalt hatte. Das ergibt im vorliegenden Fall zwischen 2 und 4 As. Ist diese Rechnung korrekt, so wäre das Steueraufkommen bei Prostituierten in Ägypten erheblich niedriger gewesen als anderswo. Allerdings wurde schon lange auf die Schwierigkeiten bei der Bewertung unterschiedlicher Währungen besonders in der Relation zu Ägypten hingewiesen, und so kann auch diese Einstufung ägyptischer Dirnen-Preise außerhalb Ägyptens nur eine vorsichtige Annäherung sein. Jedoch lassen sich die verhältnismäßig niedrigen Preise, die ägyptische Dirnen verlangten, zusätzlich durch die bis ins zweite nachchristliche Jahrhundert hinein niedrigen Lebenshaltungskosten und Löhne in Ägypten stützen. Eine Berechnung auf der Basis des *unus-concubitus*-Satzes pro Monat wäre also auch unter diesem Gesichtspunkt akzeptabel.

Mit Sicherheit auszuschließen ist die Kalkulation der ägyptischen Dirnensteuer auf der andernorts üblichen Tagesbasis. Legt man den durchschnittlichen monatlichen Steuersatz von 6 Obolen zugrunde, teilt diesen durch die dreißig Tage eines Monats und dann durch eine Kundenanzahl von vier, so ergibt sich ein lächerlich niedriger Preis von 0,05 Obolen für einen Kunden.

Bleibt noch die dritte Möglichkeit einer festgelegten Gewerbesteuer für Prostituierte auf einer ganz anderen Grundlage als der des *unus-concubitus*-Satzes. Schon früher hat man angenommen, daß die Prostituiertensteuer in der auch für andere Gewerbe üblichen Form des *cheironáxion* eingetrieben wurde. Es wurde nicht wie heutzutage als Umsatz- oder Einkommensteuer erhoben, sondern als eine für jedes Gewerbe festgelegte Summe, die wahrscheinlich mit erwarteten Gewinnbeträgen kombiniert und somit individueller bemessen wurde. Dadurch lassen sich auch die unterschiedlichen Summen auf den Quittungen, welche die Prostituierten erhielten, erklären. Sie waren offenbar in „Lohngruppen" gemäß dem erwarteten Einkommen eingeteilt, genau so, wie sie in anderen Gewerbezweigen üblich waren. Auf die Frage, nach welchem Prinzip die Gewerbesteuer berechnet war, gibt es nur vage Antworten, und daher verbieten sich weitreichende Schlüsse auf die ökonomische Situation der Prostituierten im römischen Ägypten. Als jährliche Zahlung von 6–12 Drachmen ist die Gewerbesteuer für sie auf dem unteren bis mittleren Niveau der Steuersätze für verschiedene andere Gewerbe anzusiedeln. Die Leineweber und -händler, die Kuchenverkäufer und die Wollverkäufer zum Beispiel zahlten denselben Steuerbetrag. Der Steuersatz für Dirnen war demnach höchstwahrscheinlich in Form einer Gewerbesteuer festgesetzt und war vom restlichen Imperium grundsätzlich verschieden, was beim Sonderstatus Ägyptens nichts Außergewöhnliches wäre.

Daß sich der Fiskus keine Gelegenheit entgehen ließ, die Prostituierten zur Kasse zu bitten, davon zeugen einige Erlaubnisscheine, die nicht ortsansässigen Prostituierten die Genehmigung erteilten, an einem festgesetzten Tag an einem bestimmten Ort ihrem Gewerbe nachzugehen. Eine Registrierung ortsfremder oder reisender Gewerbetreibender war auch in anderen Gewerben durchaus üblich. Mit der festgelegten Gewerbesteuer haben diese Genehmigungen wahrscheinlich nichts zu tun; auch Geldsummen nennen sie keine. In Theben erlauben die Dirnensteuereinzieher Sokraton und Simonos der Prostituierten Thinabdellah die Ausübung ihres

Gewerbes (WILCKEN Nr. 1157). Bemerkenswert ist der semitische Name der Frau, Abdellah, der mit dem aegyptischem Praefix „SEN" (gr. „THIN") beginnt. Es handelte sich vielleicht um eine Fremde oder Zugewanderte in Ägypten, die fern ihrer Heimat der Prostitution nachging.

Ein weiteres Beispiel stammt aus Elephantine und ist auf den 23. September 142 datiert[81]:

> „Ammonios und seine Kollegen, Pächter der Hetärensteuer, der Tinmareine Freude. Wir haben Dir erlaubt, am 26. Thoth des 6. Jahres des Antoninus Caesar, unseres Herrn, Deinem Gewerbe nachzugehen. Am 26. Thoth. Gezeichnet Brasidios Valens."

Hier ist gleich ein ganzes Kollegium von Hurensteuer-Pächtern genannt; sie hatten offenbar eine Menge Arbeit, um ihre Verwaltung auf dem Laufenden zu halten. Charakteristisch für diese Erlaubnisscheine war, daß sie nur an einem ganz bestimmten Tag Geltung hatten. Die Annahme, daß Prostituierte sich zu Festen, wo sich reichlich Verdienstmöglichkeiten boten, in andere Städte aufmachten, ist zwar eine naheliegende und in der Forschung akzeptierte Meinung, allerdings lassen sich die wenigen bislang bekannten Termine nicht mit Festen verknüpfen. Dagegen kann man sich aber ohne Schwierigkeiten andere weniger offizielle Anlässe wie Besuche, private Feiern, Märkte usw. als Motive für kürzere oder längere Aufenthalte von reisenden Prostituierten vorstellen.

Die bekannte Zollinschrift aus Koptos aus dem Jahr 90 n. Chr., ein Zeugnis, das nichts mit der Gewerbesteuer, sondern mit Zollgebühren zu tun hat (OGIS II 674), wurde in der Forschung bereits mehrfach als Beleg für die außerordentlich rentable Arbeit im Sexgewerbe Ägyptens herangezogen. Ob das seine Berechtigung hat, soll im Folgenden geprüft werden.

Die Inschrift listet Zölle für verschiedene Personen und Handelsgüter auf, die sich auf der Karawanen-Route zwischen Koptos und dem Roten Meer (dem großen Hafen Myos Hormos) bewegten. Diese über 150 km lange Straße war eine Hauptverkehrsader für den Handel mit Indien, Arabien und Ostafrika; Karawansereien, Wasserstellen und Polizeischutz auf dieser Strecke wurden vermutlich ganz, zumindest aber teilweise aus diesen Einnahmen bestritten. Die Zollgebühren, hier nur ein Auszug davon, zeigen wesentlich höhere Summen für Frauen als für Männer und horrende Gebühren für die extra aufgelisteten Prostituierten:

---

81   W. MÜLLER, Griechische Ostraka, APF 16 (1958), 190-213, hier: 212ff., Nr. 33.

Z. 14 Seemann	5 Dr.
Z. 16 Handwerker	8 Dr.
Z. 17 Prostituierte	108 Dr.
Z. 18 Frau eines Seemanns	20 Dr.
Z. 19 Frau eines Soldaten	20 Dr.
Z. 20 Gebühr für ein Kamel	1 Obole

Die höhere Gebühr für Frauen im allgemeinen läßt sich damit erklären, daß es ein erheblich größerer Aufwand war, auf der mehrtägigen und gefährlichen Reise für deren Sicherheit und Bequemlichkeit zu sorgen als für die der Männer.

Was die Prostituierten betrifft, so hatte die ältere Forschung nach Auffindung dieser Inschrift im Jahre 1894 dafür plädiert, die Erhebung dieser horrenden Summe habe den Prostituierten den Zutritt nach Ägypten erschweren sollen. Daran kann man allerdings nicht festhalten: Zum einen wurden die Zölle beim Verlassen Ägyptens in Richtung Seehäfen erhoben, was wohl kaum zur Tugendhaftigkeit der Provinz beigetragen haben dürfte, zum anderen widersprach es den Gepflogenheiten römischer Provinzialverwaltung, mit der Steuerpolitik ein moralisches Diktat zu verknüpfen. Ihnen lag bestenfalls an der Erzielung größtmöglichen Profits. Eher muß man annehmen, daß diese hohen Beträge als eine Widerspiegelung der relativ guten finanziellen Lage der dort reisenden Prostituierten anzusehen sind. Der hohe Zoll geht wohl auf den herausragenden Profit zurück, den Prostituierte mit einsamen Männern in dieser öden Wüstengegend erzielen konnten. Aber nicht alle Prostituierten werden Freie gewesen sein; denn auf der besagten Route waren außerdem wohl auch Mädchenhändler unterwegs. Kidnapping von Mädchen war bereits zu ptolemäischen Zeiten eine gängige Praxis. Seit der römischen Herrschaft hatte sich daran nichts Gravierendes geändert; schließlich war Sklavenhandel seit langem einträgliches Geschäft. In den Zenon-Papyri Mitte des dritten vorchristlichen Jahrhunderts hatten gerade Prostituierte von allen weiblichen Sklavinnen die höchsten Preise erzielt.

Palmyra

Die letzte Quelle für die Prostituierten-Steuer in den Provinzen ist eine bekannte, 137 n. Chr. in Palmyra vom dortigen Stadtrat aufgerichtete Inschrift[82], deren interpretatorisch schwieriger, zweisprachig griechisch und

---

82 CIS II 3, 3913 = IGR III 1056 = OGIS II 629. MATTHEWS, Tax Law of Palmyra, JRS 74 (1984), 157-8, lehnt zu Recht die für eine Interpretation unzulängliche Edition des nur griechischen Textes von DITTENBERGER (OGIS) ab. Vorzuziehen

aramäisch abgefaßter Text Gegenstand zahlreicher neuerer Diskussionen ist. Das Dokument befaßt sich mit Import- und Exportzöllen sowie lokalen Steuertarifen in Palmyra. Ihre Aufzeichnung sollte Klarheit über die Steuersummen verschaffen und Spannungen zwischen Steuerzahlern, vor allem Kaufleuten, und Steuerpächtern beseitigen. Die Stadt Palmyra war ein Knotenpunkt auf der Route des Ost-Westhandels, welcher sich mit Kamel- und Eselskarawanen über Land bewegte. Im Tarif ging es aber nicht nur um den einträglichen Fernhandel, der die Stadt wohlhabend gemacht hatte, sondern auch um den Handel mit Gebrauchsgütern im Territorium der Stadt.

Ob die Prostituierten-Steuer neben den anderen Tarifen auf römische Veranlassung hin erhoben wurde oder ob sie ein Privileg der Stadt war, das ihr erlaubte, selbst Steuern und Zölle zu erheben, ist Teil einer umfassenderen Fragestellung. Das Ausmaß römischen Einflusses auf Palmyra zur Zeit der Abfassung des Dokuments besonders im Hinblick auf die dortige Steuer- und Zollpolitik wird immer wieder kontrovers diskutiert. Wahrscheinlich aber erfolgte der Beschluß des palmyrensischen Stadtrates auf römische Order, ja eventuell basierte der Text sogar auf einer ehemals lateinischen Version. Römischer Einfluß ließ sich jedenfalls an verschiedenen Punkten feststellen und ist für die Dirnensteuer unwiderlegbar, wie noch zu zeigen sein wird.

Die Steuer, die Prostituierte zu zahlen hatten, wird einmal in der neuen und einmal in der alten Version des Fiskalgesetzes mit leichten Veränderungen im Wortlaut aufgeführt. Sie ist unter den Steuern auf Öl, Salzfisch, Fett, Bronze, Purpur, Dörrobst und Sklaven plaziert, also ganz alltägliche Gebrauchsgüter und nicht etwa Luxuswaren für den Export. In der neuen Version ist der griechische Text der betreffenden Stelle nur schlecht leserlich und wurde mit Hilfe der aramäischen Version ergänzt:

Z. 75-79:

„Der genannte Steuereinnehmer wird von den Prostituierten, welche einen Denar oder mehr nehmen, je einen Denar einziehen, von denen, die acht As nehmen, wird er acht As einziehen, von denen, die sechs As erhalten, von jeder Frau sechs As".

Im aramäischen Text des alten Fiskalgesetzes fehlt für die betreffende Stelle das Griechische entweder komplett, oder es ist unlesbar. MATTHEWS

---

ist die umfangreiche Edition von CHABOT im CIS mit griechisch und aramäischer Version, Zeichnungen, Fotos sowie einer lat. Übersetzung des aramäischen Textes. Nach dieser Version wird im folgenden zitiert.

übersetzt aus dem Aramäischen wie folgt: „As for the tax on slave girls, who take one Denarius or more, a tax of one denarius for each women, and if she receives less, he will exact whatever sum she receives"[83]. Der Unterschied zur neuen Version des Gesetzes bestand darin, daß die unteren Lohngruppen nicht näher ausdifferenziert wurden. Vielleicht war gerade das einer der strittigen Punkte gewesen, die zur Neuformulierung des Gesetzes geführt hatten. Daß in diesem Abschnitt aber ebenfalls die Prostituiertenabgaben gemeint sind, ist allgemein akzeptiert, obgleich die im neuen Gesetz verwendete Formulierung dem griechischen Äquivalent *hetaíra* näher ist als die hier genannte Steuer der „Sklavinnen".

Die Prostituiertensteuer ist nach genau demselben Prinzip festgelegt, wie es Caligula für die Einführung im ganzen Reich bestimmt hatte: eine Zahlung nach dem Steuersatz von einem *concubitus* pro Tag, außer für die gut Verdienenden, die immer einen Denar zahlten, auch wenn sie mehr als einen Denar verlangten. Darin zeigt sich entweder eine von Rom diktierte oder, was eher wahrscheinlich ist, eine freiwillige, weil zweckmäßige Beibehaltung des römischen Modells der Steuerbemessung.

Es ist wahrscheinlich, wenngleich nicht mit Gewißheit zu sagen, daß die Prostituiertensteuer seit Caligula in der Provinz Syria einschließlich Palmyras eingezogen wurde. Das Datum des alten Fiskalgesetzes ist leider unbekannt und fällt damit als Anhaltspunkt weg. Für die erste Hälfte des 1. Jahrhunderts n. Chr. ist ein *publicanus* inschriftlich nachgewiesen. Welche Steuern er einzog, ist jedoch nicht überliefert. Bekannt ist nur, daß die Beschwerdeführung über Mißbräuche der Steuerpächter und Zolleinnehmer bei allen Tarifen einem *tetangménos en Palmýrois* oblag, der ein römischer Beamter gewesen sein dürfte[84]. Auch hier zeigt sich wie in Chersonnes ein Interesse des römischen Staates am ungehinderten Sprudeln der einträglichen Einnahmequelle aus den Dirnenlöhnen.

Palmyra ist ferner ein Beispiel dafür, wie alltäglich Prostituierte in blühenden Handelsstädten waren, in denen Händler auf der Durchreise zur wichtigsten Kundschaft gehörten. Außerdem kam der Reichtum, den diese

---

83   Z. 125-128 des palmyren. Textes; engl. Üb. MATTHEWS, Tax Law of Palmyra, JRS 74 (1984), 180.

84   Im nur in der griechischen Version erhaltenen Teil über Sicherheiten der *publicani* heißt es, daß bei Beschwerden der *tetangménos en Palmýrois* zu befragen sei. Nach SEYRIG, Le statut de Palmyre, Syria 22 (1941), 159, gefolgt von MATTHEWS, Tax Law of Palmyra, JRS 74 (1984), 178, A. 25, war das ein römischer Beamter. Auch gab es Mitte des 2. Jh.'s einen *curator* in Palmyra. Die betreffende Inschrift wurde von SEYRIG, Inscriptions grecques de l'agora de Palmyre, Syria 22 (1941), 243-4, veröffentlicht.

Oasenstadt in der syrisch-mesopotamischen Wüste durch den Fernhandel mit Luxusgütern erworben hatte, der Stadt nicht nur durch großzügige Stiftungen der lokalen Oberschichten zugute, sondern förderte neben der Beschäftigung in Bau, Handwerk und Transportunternehmen auch das Aufblühen einer „Vergnügungsindustrie", zu der unentbehrlich auch die Prostitution gehörte. Sexuelle Dienstleistungen waren auch in Palmyra nicht besonders teuer. Eine gewöhnliche Prostituierte, die, wie das alte Fiskalgesetz oben zeigt, in der Regel eine Sklavin war, konnte sich jeder leisten. Ihre Einreihung unter die Gegenstände des täglichen Bedarfs im Steuertarif spricht eine deutliche Sprache.

Schlußbetrachtung

Prostituierte und Prostitution kommen in den literarischen, epigraphischen, papyrologischen und archäologischen Quellen der Zeit zwischen ca. 200 v. Chr. bis ca. 300 n. Chr. vielfach vor. Oft handelt es sich dabei um kleine Splitter, die schwierig zu interpretieren sind, bisweilen jedoch auch um aussagekräftige Darstellungen, die bedeutende Einblicke in dieses so verbreitete kultur- und sozialgeschichtliche Phänomen erlauben. Sehen wir einmal von der bereits ausgeführten Problematik des literarischen Topos ‚Hure' ab, dessen Grad an Verzerrung der Wirklichkeit für jeden Text neu bestimmt werden muß, so hat die Untersuchung gezeigt, daß für die Zeitgenossen von einst Prostitution keinesfalls ein tabuisiertes Thema war, sondern ein Bestandteil ihrer Kultur, der als selbstverständlich vorausgesetzt wurde.

Die kaiserzeitliche Gesellschaft hat wenig mit dem Bild des genußsüchtigen Rom zu tun, um welches sich – genährt von der „Schlafzimmerperspektive" der Herrscherbiographen und ausgeschlachtet von christlichen Autoren – noch immer der Mythos sittlicher Erosion rankt, einem Bild, das selbst Arbeiten mit wissenschaftlichem Anspruch lange hegten und pflegten. Zwar akzeptierte man keinen völlig zwanglosen Umgang mit Sexualität, doch galten in der philosophischen Reflexion körperliche Bedürfnisse entsprechend dem griechisch-hellenistischen Erbe als natürlich und sündlos. Auch die strengere Ethik der kaiserzeitlichen Philosophen und Ärzte verdammte sexuelle Betätigung nicht als Negativum, sofern sie maßvoll war und der Trieb durch die Vernunft gebändigt wurde. Außerdem erreichten diese Überlegungen nur eine Elite, die sich den Luxus philosophischer Erwägungen leisten konnte. Im Gegensatz zu den sich vollkommen verändernden Grundlagen durch die christliche Morallehre – jeder Mensch ist durch seine Sexualität schuldbeladen und erlösungsbedürftig – ist hier die Basis für eine weitgehende Akzeptanz der Prostitution zu suchen, die freilich ebenso notwendig wie erwünscht war, um eine schichtspezifische Moral zu stabilisieren.

Das Geschlechtsleben war im wesentlichen in zwei großen Bereichen organisiert: Das waren zum einen längerfristige monogame Beziehungen zu einem Partner, die vornehmlich die Zeugung und Erziehung von Kindern sowie die gemeinschaftliche Organisation des Hausstandes zum Ziel hatten. Dazu können sowohl die legitime Ehe als auch der Konkubinat gezählt werden, dessen Existenz letztlich aus den Eheverboten Standesungleicher resultierte und nichts mit einem Ideal der freien Liebe gemein hat. Wie bereits PAUL VEYNE einmal formulierte, waren zusätzliche emotionale Bindungen oder sexuelle Erfüllung dabei eher „Glückssache". Zum zweiten Bereich gehörten unterschiedliche vor- und außereheliche Sexualkontakte mit sozial Tieferstehenden beiderlei Geschlechts, die androzentrischen Prinzipien folgend offiziell nur den Männern zugestanden wurden. Ein großer Anteil dieser Kontakte wurde über die sexuelle Verfügbarkeit der eigenen Sklaven reguliert und der mit Sicherheit größte über die allgegenwärtige und preiswerte Prostitution von Männern und Frauen.

Prostitution ermöglichte es damals wie heute, kurzfristige oder sich wiederholende sexuelle Beziehungen aufzunehmen, die außer der Bezahlung keine weitergehenden Verpflichtungen umfaßten. Außerdem betrachtete man sie als passenden Schutz gegen die Verführung von heiratsfähigen Mädchen oder verheirateten Frauen. Als anerkannte Praxis brauchte sich ihrer niemand zu schämen, sofern gewisse Spielregeln eingehalten wurden, und Spielregeln gab es hauptsächlich für die im Licht der Öffentlichkeit stehenden Eliten, von welchen römischer *dignitas* entsprechend Dezenz und Selbstbeherrschung erwartet wurden. Nur so kann auch die politische Dimension der Beschreibung sexueller Ausschweifungen verstanden werden, die eine Person als unwürdig und ihren Begierden ergeben abstempeln sollte.

Die im Gegensatz zum heutigen Gesellschaftsideal durchaus angestrebten sozialen Diskrepanzen, die sich ausgangs der Republik durch standesübergreifende Eheschließungen und größere Freizügigkeit zu verwischen drohten, hatte Augustus durch seine Sitten- und Ehegesetze stärker denn je gefestigt und zugleich erstmalig eine juristische Definition der Prostitution durchgesetzt. Die auf Augustus folgenden gesetzgeberischen Maßnahmen folgten der Tendenz, Prostituierte finanziell zu benachteiligen und ihren sozialen Aufstieg zu verhindern, indem sie ihnen Erbschaften sowie Heiraten in höhere Schichten verwehrten und dazuhin hohe Steuern erhoben.

Diesem unbedingten Festhalten am traditionellen Sozialgefüge widersprechen keineswegs die seit Kaiser Hadrian immer wieder feststellbaren Maßnahmen zugunsten Zwangsprostituierter, die eine gewisse Sensibilisierung für die Behandlung von Sklaven an den Tag legen. Prostitution blieb weiterhin legal, und daran änderte sich auch im christlich gewordenen Imperium trotz zahlreicher offensichtlich unwirksamer Maßnahmen der Kaiser gegen Zuhälterei nichts Einschneidendes. Das Aufkommen der christlichen Sexualmoral hatte diese Säule der heidnisch-antiken Sozialordnung nicht umgestoßen.

Prostitution wird in den Quellen häufig im Zusammenhang mit den Amüsements des urbanen Lebens genannt. Zeigt sie sich uns also hauptsächlich als Phänomen der Großstadt, so müssen wir aufgrund der fehlenden Zeugnisse letztlich offenlassen, welchen Stellenwert sie in ländlichen Gebieten hatte. Eines wird man jedoch resümieren können: Das ungewöhnlich hohe Ausmaß, welches die Prostitution zur Zeit der Blüte des Imperium angenommen hatte, hing unmittelbar mit der Urbanisierung und ihren Folgen, Handel und Mobilität, Ausweitung der Geldwirtschaft, aber auch mit Pauperismus und Entwurzelung sowie schließlich mit den umfangreichen Truppenbereitstellungen an den Reichsgrenzen zusammen.

Über diese rein sachbezogene Ebene hinaus assoziiert der Leser das Begriffspaar *Stadt* und *Dirne* gewiß sogleich mit biblischer Metaphorik oder dem altorientalischen Gilgameschepos. Jeder kennt die „Hure Babylon" aus der Johannesapokalypse, die symbolisch für die reiche und üppige Stadt steht. Im Gilgameschepos ist die Dirne – positiv konnotierter – Inbegriff städtischer Kultur und zivilisiert den Waldmenschen. In diesen und vielen anderen Texten spiegelt sich unabhängig von ihrem moralischen Blickwinkel wider, daß Prostitution bereits in den altorientalischen und vorrömischen mediterranen Zivilisationen vor allem eine Erscheinung der urbanen Zentren war.

Kehren wir in die Urbs der Kaiserzeit zurück, so können wir als Ergebnis aus der sozialtopographischen Untersuchung festhalten, daß Prostituierte in hohem Maße in das Leben der einfachen Leute integriert waren. Mit dem in diesem Kontext genannten immer wieder erwähnten Begriff der Marginalisierung oder gar einer „Sündenbocktheorie" läuft man Gefahr, gerade diese Einbindung der Prostituierten in die (städtischen) Unterschichten zu verkennen. Mit ihnen teilten sie sich nicht nur die Quartiere, sondern auch die gesellschaftliche Reputation, die ihnen – aus dem Blickwinkel der Führungsschichten – wenig mehr als Verachtung einbrachte.

Relativ gut dokumentiert ist die Prostitution auch als bedeutender Wirtschaftsfaktor des Imperiums. Als solcher bleibt sie entsprechend dem herrschenden privatwirtschaftlichem System dem Organisationstalent Einzelner überlassen, von welchem der Staat allerdings durch hohe Steuern profitierte. Dieser Profit muß so erheblich gewesen sein, daß man im längst christlich gewordenen Imperium offensichtlich nur widerwillig auf diese Einnahmen verzichten konnte.

Glossar

Aedilen	ursprünglich ein der Plebs vorbehaltenes Amt, das mit je zwei Aediles besetzt war. Später kamen noch 2 Aedilen aus den Reihen der Patrizier (sog. aediles curules) hinzu. Ihre Aufgaben waren hauptsächlich die Aufsicht über Straßen- und Marktverkehr, Bäder und Bordelle sowie Überwachung von Wasserversorgung und Begräbnissen. Ähnliche Institutionen gab es auch in vielen italischen Landstädten.
Anadyomene	Beiname der Aphrodite, der auf ihre Geburt aus dem Meerschaum anspielt. Er bezeichnet ihr Auftauchen aus dem Wasser.
As	s. Geld
Augusteische Eheverbote	Augustus erließ drei Gesetzespakete, die *lex Iulia de maritandis ordinibus* (18 v. Chr.), die *lex Iulia de adulteriis coercendis* (18 v. Chr.) und die *lex Papia Poppaea* von 9 v. Chr. Die wesentlichen Punkte dieser Ehegesetzgebung waren die Ehepflicht für alle Bürger innerhalb bestimmter Altersgrenzen, Einschränkungen in der Wahl des Ehepartners, die Förderung legitimen Nachwuchses und Sanktionen für Ehebruch. So war es z. B. verboten, daß Senatoren oder Freigeborene Zuhälterinnen, Schauspielerinnen oder Prostituierte heirateten.
Bona Dea	Göttin für Frauen, von deren geheimen Riten Männer ausgeschlossen waren. Die nächtliche Feier mit Tanz, Wein und Musik fand Anfang Dezember im Haus der Frau eines hohen Beamten statt. Wahrscheinlich war

Bona Dea eine Heilgöttin. Sie hatte Kultstätten in Rom und Mittelitalien.

candida albicans
Es handelt sich um den sehr verbreiteten Hefepilz, der sich unter anderem oft im feuchten warmen Milieu der weiblichen Genitalschleimhäute einnistet und sich durch Jucken und Brennen äußert.

Codex Iustinianus
Sammlung des Kaiserrechts, in seiner zweiten Fassung von Kaiser Justinian im Jahr 534 n. Chr. verabschiedet.

Corpus Hippocraticum
Große Anzahl medizinischer Schriften ganz unterschiedlicher Herkunft aus rund 500 Jahren, die unter dem Namen des großen Arztes Hippokrates von Kos (ca. 460–370 v. Chr.), umliefen. Ob auch nur eine dem Hippokrates zugeschrieben werden kann, ist zweifelhaft.

Denar
s. Geld

Digesten
Sammlung und Redaktion des klassischen Juristenrechts, angeordnet im Jahre 530 n. Chr. durch Kaiser Justinian, vollendet im Jahr 533 in Büchern. Sie sind die wichtigste Quelle des römischen Juristenrechts überhaupt und übten starken Einfluß auf das juristische Denken im Abendland aus. Zusammen mit dem Codex Iustinianus und den Institutiones (Lehrbuch für den Rechtsunterricht) bilden sie das Corpus Iuris Civilis, das Gesetzeswerk Justinians.

Empedokles
Letzter großer Naturphilosoph des 5. Jhs. v. Chr. Er zog als Wanderredner, Arzt und Magier umher. Er diskutierte die Phänomene des Werdens und Vergehens und sah im kugelgestaltig vorgestellten Weltganzen mit den in ihr wirkenden Kräften die Summe des Seienden.

Epikureer
Diese philosophische Schule wurde um 306 v. Chr. in Athen von Epikur gegründet. Die Anhänger lebten in einer Schul- und Hausgemeinschaft. Basis der Lehre war die Vorstellung, daß alles aus kleinsten Teilchen (Atomen) bestehe. Das Ziel der Ethik war es, die See-

lenatome durch eine ausgewogene Lust-Unlustbilanz möglichst im Ruhezustand zu halten, um den Menschen – das war die wichtigste Botschaft – frei von Schmerz und Angst zu machen.

Figurae Veneris

wörtl. „die Formen der Venus", gemeint sind die verschiedenen „Liebesstellungen".

Geld

Ein Denar bedeutet ‚Zehner' und war bis zur unter Cäsar einsetzenden Goldprägung – der Denar war Silbergeld – die römische Wertmünze schlechthin. Er war zuerst 10, später 16 As wert (meist ca. 3,41 g). Als Münzbilder waren auf ihm zuerst Roma, dann auch andere Götter zu sehen. Später zeigten sie Bilder aus der Geschichte der führenden Geschlechter Roms und schließlich mit Cäsars Kopf den Auftakt zum kaiserzeitlichen Denar mit den Herrscherportraits.

Der Sesterz betrug nach der Neutarifierung des Denar um 130 v. Chr. 4 As, was einem Vierteldenar entsprach. In der Republik war er aus Silber, seit Augustus dann eine Messingmünze (27, 3 g).

Das As, also der ‚Einer', ist das Grundnominal des römischen Münzwesens. Es bestand aus Bronze mit Bleibeimischung und wurde duodezimal geteilt. Das Gewicht schwankt je nach Emission und Zeit erheblich. Um 80 v. Chr. wurde die Prägung zunächst eingestellt, begann dann aber in den Bürgerkriegen neu und wurde von Augustus auf einen bestimmten Bildtypus fixiert. Dargestellt wurden der Herrscher im Lorbeerkranz sowie symbolisch seine Verdienste um das Volk.

Gonnorhoe

Die Gonnorrhoe wird umgangssprachlich meist ‚Tripper' genannt. Es handelt sich um eine verbreitete Geschlechtskrankheit, bei welcher die Genitalschleimhäute sich eitrig entzünden. Die Einwanderung in andere Körperstellen (Augen, Gelenke) ist möglich. Bei Penizillinbehandlung ist der Verlauf relativ unkompliziert. Eine mittelbare, nicht über Geschlechtsverkehr erfolgende Ansteckung ist selten.

Hagiographie	Eine literarische Gattung, welche die Lebensläufe von Heiligen schilderte, um damit die Gläubigen zu belehren und ihnen Gottes wundersames Wirken vor Augen zu führen.
Hermaphrodit	Hermaphroditos war eine mythologische Zwittergestalt, die oftmals in der bildenden Kunst der Antike dargestellt wurde. Diese Bisexualität und das ihr innewohnende Prinzip der Vollkommenheit ist Ausdruck des androgynen Wesens undifferenzierter Göttlichkeit und fand in diversen Kulten durch Kleiderwechsel oder Geschlechtswechsel ihren Niederschlag.
Hierodulen	Das Begriff heißt wörtlich übersetzt ‚heiliger Diener‘ bzw. ‚heilige Dienerin‘. Generell kann es sich um das Personal der großen orientalischen Tempel und Tempelgüter handeln, welches sich selbst der jeweiligen Gottheit geweiht hatte oder als Sklave von jemandem geweiht worden war. In Fachpublikationen benutzt man den Begriff allerdings fast nur für Frauen, die als ‚geweihte Dirnen‘ bei den Tempeln gelebt haben sollen. Man spricht dann auch von ‚sakralen Prostituierten‘. Aufgrund der unklaren Überlieferungen ist diese Bezeichnung und die bei uns damit verbundene Vorstellungswelt mit großer Zurückhaltung zu betrachten.
Ithyphallos/ ithyphallisch	Darstellungen – meist des Priapos (s. ebda.) – von Männern mit erigiertem Glied.
ius vitae necisque	Das römische Familienoberhaupt, der *pater familias*, hatte bis in die Kaiserzeit eine scheinbar unbeschränkte Gewalt über die Gegenstände und Personen in seinem Hause. So hatte er auch über das Neugeborene das „Recht über Leben und Tod“. Allerdings schränkten sakrale Gebote und Regeln dieses Recht auch seit alters her ein.
Klient	Bezeichnung für den Schutzbefohlenen eines angesehenen Herrn, dem *patronus*, zu dem er in einem patriarchalischen Abhängigkeitsverhältnis stand. Der *patronus* gewährte Schutz sowie Speise- und Geldgeschenke, während der Klient (*cliens*) bei seinem

Herrn Morgenvisite machte und bei Wahlen für ihn eintrat.

Kondyloma-ta	Der nichtmedizinische Begriff hierfür ist ‚Feigwarzen'. Sie werden durch einen mit dem Warzenvirus verwandten Virus verursacht und bilden Knötchen am gesamten Genital- bzw. Analbereich, die durch blumenkohlartige Wucherungen oft erheblich vergrößert werden.
Kyniker	Seit ca. dem 4 Jh. V. Chr. Gruppe von Philosophen, die sich auf Sokrates berief, deren typischster Vertreter aber Diogenes war. Die K. lehnten schroff alles Herkömmliche sowie die menschliche Gemeinschaft ab und provozierten die Öffentlichkeit durch bewußte Verstöße gegen die Konvention. *Kynisch* stammt von gr. *Kynos* (Hund) und bezieht sich auf das ‚Hundeleben', das die Kyniker als arme Wanderprediger führten.
Kyrenaiker	Diese philosophische Schule, die ca. von 350 bis 275 v. Chr. bestand, hatte Aristippos von Kyrene begründet. Ihr letztes Ziel war es, die Glückseligkeit in der Lust zu finden, Unlust aber fern zu halten. Aristippos hielt es im Gegensatz zu Epikur für möglich, Lust ohne nachfolgende Unlust zu gewinnen.
lymphogranuloma inguinale	So nennt sich die ‚vierte' Geschlechtskrankheit, die durch einen 1935 von Miyagawa entdeckten Virus verursacht wird. Es entstehen kleine Bläschen, dann Geschwüre. Der Prozess breitet sich auf die Lymphknoten aus. Begleiterscheinungen sind Schüttelfrost, Fieber, Anämie. Der Krankheitsverlauf ist auch heute bei Sulfonamidbehandlung außerordentlich langwierig.
matrona	Dies war die Bezeichnung für die ehrbare Hausfrau, oftmals bezeichnete man speziell die angesehene Frau gehobenen Standes so.
Militärdiplom	Seit Kaiser Claudius wurden im Heer für alle Truppenteile außer den Legionen Entlassungsurkunden ausgestellt. Die Empfänger erhielten eine Kopie, das

Original wurde in einem Tempelarchiv verwahrt. Sie bestätigten den Soldaten den Erwerb des römischen Bürgerrechtes bzw. die Voraussetzung für eine rechtsgültige Ehe mit einer auswärtigen Frau.

Modius   Der Modius ist die größte römische Hohlmaßeinheit der Römer. Er maß ungefähr 8,7 Liter bzw. ein Drittel der Amphora.

Novellae   Als *Novellae* bezeichnet man sowohl die nach dem Codex Theodosianus im nachhinein erfolgten Kaisergesetze als auch die nach dem Codex Iustinianus erfolgten kaiserlichen Erlasse. Die sogenannten posttheodosianischen Novellen galten nur für die Reichshälfte, für die sie erlassen wurden. Beide Sammlungen sind nicht mehr in amtliche Ausgaben überführt worden.

pathici   So nannte man Homosexuelle, die beim Sex den weiblichen Part übernahmen und sich entsprechend weibisch gebärdeten.

Patristik   In Lehrbüchern der christlichen Dogmatik heißen seit dem 17. Jh. die Schriften der maßgeblichen – auch nicht rechtgläubigen – theologischen Schriftsteller des Altertums „theologia patristica". Die Wissenschaft von diesen Lehren der frühen christlichen Jahrhunderte heißt daher Patristik (Patrologia).

Priapos   Ithyphallischer (s. ebda.) Gott der Fruchtbarkeit der Menschen, Tiere und Pflanzen. Er galt als Segensspender und Übelabwehrer; heimisch war er ursprünglich an der asiatischen Küste des Hellespont, setzte sich aber bald im ganzen römischen Imperium fest.

Pythagoreer   Pythagoras von Samos gründete im 5. Jh. in Kroton (Unteritalien) eine religiös fundierte Lebensgemeinschaft. P. legte nichts schriftlich nieder, und die Überlieferung ist durch die tiefe Verehrung seiner Schüler stark umnebelt. Wichtige Themen der Pythagoreer waren die Reinheit der Lebensführung als Basis der Erkenntnis, Mathematik und Harmonie der Weltgesetzlichkeit sowie die Unsterblichkeit der Seele und die

Seelenwanderung.
[Bitte um anderthalb Zeilen auffüllen]

römische
Elegie

Das zentrale Motiv dieser dichterischen Gattung, die vom Ende der späten Republik bis in augusteische Zeit hinein blühte, ist das eigene Liebeserleben, oft im Vergleich mit mythologischen Liebesgeschichten. Vieles ist von griechischen Vorbildern (besonders alexandrinischen Vorbildern) entlehnt, doch typisch römisch ist der Ernst, mit dem mancher Dichter seinen Dienst bei der ‚Herrin‘ beschreibt. Unter anderem bei Goethe, Schiller, Hölderlin und Rilke entfaltet die Elegie ihre Nachwirkung.

Saturnalien

Dieses alte römische Bauernfest wurde vom 17.–19. Dezember gefeiert. Es war eine Art ausgelassener Karneval, an dem alle Standesunterschiede verwischt wurden und Herren und Sklaven die Kleider vertauschten.

Schanker

Meist wird diese heute nur noch selten vorkommende Geschlechtskrankheit ‚weicher Schanker‘ genannt. Die Ansteckung erfolgt durch bakterielle Infektion vor allem im unhygienischen Milieu. Die runden schmerzhaften Geschwüre an Genitalien, Leistenknoten, manchmal auch an Fingern, Mund und Lippen heilen durch Therapie mit Antibiotika leicht ab.

Sesterz

s. Geld

spintriae

So bezeichnete man sexuelle Szenen, gerade auch in den Kaiserbiographien; anfangs war das Wort vor allem für ‚Gruppensex‘ gebräuchlich. Etymologisch stammt das Wort von *sphingtér* = „zerschnürendes Band", „Ringmuskel des Afters".

Stoiker/Stoa

Stoa bezeichnet eigentlich eine Säulenhalle (hier die *Stoa poikíle* in Athen), in welchem der Unterricht dieser philosophischen Schule stattfand. Um 300 v. Chr. Von Zenon von Kition gegründet, bestand diese Schule fast 600 Jahre und wurde stark von den Römern rezipiert. Als materialistische Philosophie sieht die Stoa die Natur als das Vernünftige schlechthin an. Das in der Natur – auch in der menschlichen – wirkende Prinzip ist der Logos. Jede Entscheidung des Menschen bedarf der Zustimmung durch den Logos (lt. *ratio*). Hauptvertreter der kaiserzeitlichen Stoa waren Seneca, Epiktet, Musonius Rufus, Kaiser Marc Aurel etc.

Subura

Die Subura war ein dicht bevölkertes, von kleineren Gewerbetreibenden bewohntes Viertel in Rom. Sein Ruf war ziemlich schlecht. Es lag in der IV. Region zwischen den Hügeln Quirinal, Viminal, Esquilin und Cispius.

symplegma

Das Wort bedeutet eigentlich „Umschlingung", im übertragenen Sinn dann „Beischlaf" oder je nach Kontext auch „Gruppensex". Es wird oft noch heute im Fachjargon für die erotischen Abbildungen auf antiken Gegenständen benutzt.

Trichomonaden

Es handelt sich um breit-ovale Geißeltierchen, die sich als Parasiten im weiblichen Genitalbereich befinden können.

Ulpianus

Domitius Ulpianus war als Jurist Ratgeber des jungen Kaisers Alexander und rückte 222 zum Amt des Prätorianerpräfekten, des einflußreichsten Mannes nach dem Kaiser, auf. Schon ein Jahr später wird er bei einem Prätorianeraufstand ermordet. Ulpian hat wie auch sein zeitweiliger Kollege Paulus gewaltige Kommentarwerke zum römischen Recht verfaßt. Sein Schaffen tritt durch die starke Rezeption seiner Werke in den Digesten (s. ebda.) besonders deutlich zutage.

venerische Infektion

Der Begriff bezeichnet im Fachjargon eine durch Geschlechtsverkehr übertragene Krankheit.

Venus

Venus bezeichnet nicht nur die Göttin der Liebe und die Stammutter der Römer im römischen Gründungsmythos, sondern in vielen lateinischen Werken auch „Sex", „körperliche Liebe".

Zensor

Lat. *Censor*; er war der Amtsinhaber des römischen Amtes der *censura*, das wie der Konsulat immer von zwei Personen besetzt wurde. Hauptaufgabe war die

Vermögensschätzung und Musterung der Bürger. Die Zensoren übten aber auch eine Art Sittengerichtsbarkeit aus, z.B. wegen unzumutbaren Verhaltens gegenüber Kindern oder Sklaven, wegen luxuriösen Lebenswandels, Amtsmißbrauches etc. Die *nota censoria*, eine in der Bürgerliste vermerkte Rüge, bedeutete Ehrenminderung und war gefürchtet.

Verzeichnis der
abgekürzt zitierten Literatur

ADAMS, J. N., The Latin Sexual Vocabulary (London 1983).

ADAMS, J. N., Words for Prostitute in Latin, RhM 126 (1983), 321–358.

BIEZUNSKA-MALOWIST, L. Die Expositio von Kindern als Quelle der Sklavenbeschaffung im griechisch-römischen Ägypten, JWG 2 (1971), 129ff.

BIGGI, E., Prostituzione, in: T. ALBASI / E. BIGGI (Hrsg.), Gli affanni del vivere e del morire. Schiavi, soldati, donne, bambini nella Roma imperiale (Brescia 1991), 73–88.

BLOCH, I., Der Ursprung der Syphilis. Eine medizinische und kulturgeschichtliche Untersuchung, 2 Bde. (Jena 1911).

BLOCH, I., Die Prostitution, Handbuch der gesamten Sexualwissenschaft in Einzeldarstellungen, Bd. I (Berlin 1912).

BRANDT, P. (Ps. = H. Licht) Sittengeschichte Griechenlands, Bd. 1: Die Griechische Gesellschaft (Zürich/Dresden 1925), Bd. 2: Das Liebesleben der Griechen (Zürich/Dresden 1926), Bd. 3: Ergänzungsband, Die Erotik in der griechischen Kunst (Zürich/Dresden 1928).

BROWN, P., Die Keuschheit der Engel (München 1994), engl. Orig.: The Body and Society. Men, Women and Secual Renunciation in Early Christianity (New York 1988).

BULLOUGH, V. L./ ELCANO, B. W. u. a., A Bibliography of Prostitution (1977).

CROOK, J. A., Law and Life of Rome (Itaca/New York 1967).

DOBLHOFER, G., Vergewaltigung in der Antike (Stuttgart/Leipzig 1994).

DUFOUR, P., Geschichte der Prostitution, Bei allen Völkern von der Urzeit bis zur Gegenwart (Berlin 1925[7]).

FAUTH, W. Venena amoris: Die Motive des Liebeszaubers und der erotischen Verzauberung in der augusteischen Dichtung, Maia N. S. 32 (1980), 265–282.

FAUTH, W., Römische Religion im Spiegel der Fasti des Ovid, in: W. HAASE (Hrsg.), ANRW II 16. 1 (Berlin/New York 1978), 104–186.

FAUTH, W., Sakrale Prostitution im Orient und im Mittelmeerraum, JAC 31 (1988), 24–39.

FINLEY, M. I., Die Sklaverei in der Antike, Geschichte und Probleme (München 1981).

FONTANILLE, M.-TH., Avortement et contraception dans la médecine gréco-romaine (Paris 1977).

FOUCAULT, M., Sexualität und Wahrheit, 3 Bde., Teil 1: Der Wille zum Wissen (Frankfurt M. 1992[6]), Teil 2: Der Gebrauch der Lüste (Frankfurt M. 1993[3]), Teil 3: Die Sorge um sich (Frankfurt M. 1993[3]); Titel des frz. Originals: Histoire de la Sexualité (Paris Bd. 1=1976; Bd. 2 =1984; Bd. 3 =1984).

FRIEDL, R., Der Konkubinat im kaiserzeitlichen Rom (Von Augustus bis Septimius Severus), Historia Einzelschriften, 1996, Bd. 98.

GARRIDO-HORY, M., Martial et l'esclavage, Centre de rech. d' hist. anc. XL, Ann. Litt. Univ. de Besançon, Nr. 255 (Paris 1981).

GRANT, M., Cities of Vesuvius, Pompei - Herculaneum (London 1971).

HALPERIN, D. M., One Hundred Years of Homosexuality and Other Essays on Greek Love (New York 1989).

HALPERIN, D.M. / WINKLER, J./ ZEITLIN, F. (Hrsg.), Before Sexuality. The Construction of Erotic Experience in Ancient Greece (New Jersey 1990).

HÄNGGI, R. / HARTMANN, M., u. a. (Hrsg.), Das Liebesleben römischer Soldaten – ohne Recht auf Frau und Kind? (Brugg 1992).

HERTER, H., _Genitalien_, RAC 10 (1978), 2–25.

HEYOB, S. K., The Cult of Isis Among Women in the Graeco-Roman World. Études préliminaires aux religions Orientales dans l 'Empire Romain, Bd. 51, Hrsg. M. J. Vermaaseren (Leiden 1975).

HIMES, N. E., Medical History of Contraception (Baltimore 1936; ND New York 1970).

JACOBELLI, L., Le pitture erotiche delle Terme Suburbane di Pompei (Rom 1995).

JACOBS, S. E., Women in Perspective, A Guide for Cross-Cultural Studies (1974).

JOHNS, C., Sex or Symbol, Erotic Images of Greece and Rome (Austin 1982).

KANTHA, S. S., Prostitutes in Medical Literature. An annotated Bibliography (1991).

KASER, M., Das Römische Privatrecht, Handbuch der Altertumswissenschaft X 3, 3, 1 und 2 (München 1971–75)[2]; jetzt auch neu: 1992[16].

KELLER, A., Die Abortiva in der römischen Kaiserzeit (Stuttgart 1988).

KOLENDO, J., L'esclavage et la vie sexuelle des hommes libres à Rome, Index 10, 288–297.

KRAUSE, J.-U., Witwen und Waisen im Römischen Reich, Bd.1: Verwitwung und Wiederverheiratung; Bd. 2: Wirtschaftliche und gesellschaftliche Stellung von Witwen (Stuttgart 1994).

KRENKEL, W. A., Me tua forma capit, WZ Rostock, 33, 9 (1984), 50–77.

LA ROCCA, A. / DE VOS, M., u. a., Guida archeologica di Pompei (Rom 1989[2]).

LE GALL, J., Métiers des femmes au Corpus Inscriptionum Latinarum, REL 47 (1969), 123–130.

LEWIS, N., Life in Egypt under Roman Rule (Oxford 1983).

LYNE, R. O., The Latin Love Poets, From Catullus to Horace. Traditional Attitudes to Love. Moral and Social Background (Oxford 1980).

MASCIADRI, M. / MONTEVECCHI, O., Contratti di baliatico e vendite fiduciarie a Tebtynis, Aegyptus 62 (1982), 148–161.

MEYER, ED., Die Sklaverei im Altertum, Kleine Schriften zur Antike (Halle 1924).

MONTERO, E., Priafeos, Grafitos amatorios pompeyanos, Biblioteca Clásica Gredos 41 (1981).

MORABITO, M., Droit Romain et réalités sociales de la sexualité servile, DHA 12 (1986), 371–387.

MURPHY, E., Great Bordellos of the World (London/Melbourne/New York 1983).

MYEROWITZ, M., Ovids Games of Love (Detroit 1985).

MYEROWITZ, M., The Domestication of Desire: Ovids *parva tabella* and the Theater of Love, in: A. Richlin (Hrsg.), Pornography and Representation in Greece and Rome (Oxford 1992), 131–157.

PARKER, H. N., Love's Body anatomized. The Ancient Erotic Handbooks and the Rhethoric of Sexuality in: A. RICHLIN (Hrsg.), Pornography and Representation in Greece and Rome (Oxford 1992), 90–111.

PESCHEL, I., Die Hetäre bei Symposion und Komos in der attisch-rotfigurigen Vasenmalerei des 6.–4. Jh.'s v. Chr. (Frankfurt 1987).

POMEROY, S. B., Infanticide in Hellenistic Greece, in: A. CAMERON /A. KUHRT (Hrsg.), Images of Women in Antiquity (London/Canberra 1983), 207–222.

POMEROY, S. B., Copronyms and the Exposure of Infants in Egypt, in: R. S. BAGNALL / W. V. HARRIS (Hrsg.), Studies in Roman Law in Memory of A. A. Schiller (Leiden 1986), 147–162.

REINSBERG, C., Ehe, Hetärentum und Knabenliebe im antiken Griechenland (München 1989).

RICHLIN, A. (Hrsg.), Pornography and Representation in Greece and Rome (New York 1992).

ROSSIAUD, J., La Dame Venus. Prostitution im Mittelalter (München 1989).

SCHORSCH, E., Sexuelle Deviationen: Ideologie, Klinik, Kritik, in: E. SCHORSCH / G. SCHMIDT (Hrsg.), Ergebnisse der Sexualforschung, (Frankfurt M. 1976), 48–92.

SPRANGER, P. P., Historische Untersuchungen zu den Sklavenfiguren des Plautus und Terenz. Forschungen zur antiken Sklaverei 17 (Stuttgart 1984²).

SULLIVAN, J. P., Martial. The Unexpected Classic. A Literary and Historical Study (Cambridge u. a. 1991).

SUTTON, R. F., Pornography and Persuasion on Attic Pottery, in: A. RICHLIN (Hrsg.), Pornography and Representation in Greece and Rome (Oxford 1992), 3–35.

TREGGIARI, S., Jobs for Women, AJAH 1 (1976), 76–104.

TREGGIARI, S., Jobs in the Household of Livia, PBSR 43 (1975), 48–77.

TREGGIARI, S., Questions on Women Domestics in the Roman West, in: M. CAPOZZA (Hrsg.), Schiavitù, manumissione e classe dependenti nel mondo antico (Rom 1979), 185–201.

TREGGIARI, S., Urban Labour in Rome: Mercenarii and tabernarii, in: P. GARNSEY (Hrsg.), Non-Slave Labour in the Roman World (1980), 48–64.

VARONE, A., Erotica Pompeiana, Iscrizioni d'amore sui muri di Pompei (Rom 1994).

VEYNE, P. / DUBY, G., Histoire de la vie privée, vol. I: De l'Empire romain à l'an mil (Paris 1985); zit. nach der engl. Ausgabe: A History of Private Life, vol. I: From Pagan Rome to Byzantium (Cambridge Mass./London 1987).

VEYNE, P., La famille et l'amour sous le Haut-Empire romain, Annales E. S. C. 33 (1978), 35–63.

VORBERG, G., Glossarium Eroticum (Stuttgart 1932; ND Hanau 1965).

WEDECK, H. E., Synonyms for meretrix, Classical Week 37, 10 (Jan 1944), 116–118.

YAMAUCHI, E. M., Cultic Prostitution. A Case Study in Cultural Diffusion, in: H. A. HOFFNER (Hrsg.), Orient and Occident, Essays presented to H. Cyrus Gordon (Neukirchen-Vluyn 1973), 213–222.

ZANKER, P. Die trunkene Alte. Das Lachen der Verhöhnten (Frankfurt 1989).

MATTHEWS, J. F., The Tax Law of Palmyra, Evidence, JRS 74 (1984), 156–180.

SEYRIG, H., Le statut de Palmyre, Syria 22 (1941), 155-175.

Römische Kaiser vom 1. Jh. n. Chr. bis zu Diokletian

Die julisch-claudische Dynastie

27 v. Chr. – 14 n. Chr.	Imp. Caesar **Augustus**
14–37	Tiberius Caesar Augustus
37–41	Gaius Iulius **Caesar** Augustus Germanicus (Calligula)
41–54	Tiberius **Claudius I** Nero Caesar Augustus Germanicus
54–68	**Nero** Claudius Caesar Augustus Germanicus

Das Vierkaiserjahr

68–69	Servius Sulpicius **Galba** Imp. Caesar Augustus
69	Imp. Marcus Salvius **Otho** Caesar Augustus
69	Aulus **Vitellius** Imp. Germanicus

Die flavische Dynastie

69–79	Imp. Caesar Titus Flavius **Vespasianus** Augustus
79–81	Imp. **Titus** Flavius Caesar Vespasianus Augustus
81–96	Imp. Caesar Titus Flavius **Domitianus** I Augustus
88–89	Lucius Antonius Saturninus

Das Adoptivkaisertum

96–98	Imp. Caesar Marcus Cocceius **Nerva** Augustus
97–98	Marcus Ulpius **Traianus** *Caesar*
98–117	Imp. Caesar Marcus Ulpius **Traianus** Augustus
117–138	Imp. Caesar Publius Aelius **Hadrianus** Augustus
138–161	Imp. Caesar Titus Aurelius Fulvius Boinonius Arrius **Antoninus** Augustus Pius
161–180	Imp. Caesar **Marcus Aurelius** Antoninus Augustus

161–169	Imp. Caesar Lucius Aurelius **Verus** Augustus
175	Imp. Caesar Gaius **Avidius Cassius** Augustus
178–192	Imp. Caesar Marcus Aurelius **Commodus** Antoninus Augustus

| 193 | Imp. Caesar Publius Helvius **Pertinax** Augustus |
| 193 | Imp. Caesar Marcus **Didius** Severus Iulianus Augustus |

Die severische Dynastie

193–211	Imp. Caesar Lucius **Septimius Severus** Pertinax Augustus
193–195	Imp. Caesar Gaius **Pescennius Niger** Iustus Augustus
195–197	Imp. Caesar Decimus **Clodius** Septimius **Albinus** Augustus
198–211	**Marcus Aurelius Antoninus I** *Caesar*
209–211	Publius Septimius **Geta** *Caesar*
211–217	Imp. Caesar **Marcus Aurelius Antoninus I** Augustus (Caracalla)
211–212	Imp. Caesar Publius Septimius **Geta** Augustus

217–218	Imp. Caesar Marcus Opellius **Macrinus** Augustus
217–218	Marcus Opellius Antoninus **Diadumenianus** *Caesar*
218–222	Imp. Caesar **Marcus Aurelius Antoninus II** Augustus (Heliogabalus)

| 222–235 | Imp. Caesar Marcus Aurelius **Severus Alexander** Augustus |

Die Soldatenkaiser

235–238	Imp. Caesar Gaius Iulius Verus **Maximinus I** Augustus
235–238	Gaius Iulius Verus Maximus *Caesar*
238	Imp. Caesar Marcus Antonius **Gordianus I** Sempronianus Romanus Africanus Senior Augustus
238	Imp. Caesar Marcus Antonius **Gordianus II** Sempronianus Africanus Iunior Augustus
238	Imp. Caesar Decimus Caelius Calvinus **Balbinus** Augustus
238	Imp. Caesar Marcus Clodius **Pupienus Maximus** Augustus

238–244	Imp. Caesar Marcus Antonius **Gordianus III** Augustus
244–249	Imp. Caesar Marcus Iulius **Philippus I** Augustus
244–247	Iulius Severus **Philippus II** *Caesar*
247–249	Imp. Caesar Iulius Severus **Philippus II** Augustus
248–249	Imp. Caesar Titus Claudius Marinus **Pacatianus** Augustus
248–249	Imp. Caesar **Iotapianus** Augustus
248–253	Imp. Caesar Lucius Iulius Aurelius Sulpicius **Uranius Antoninus** Augustus
249–251	Imp. Caesar Gaius Messius Quintus Traianus **Decius** Augustus
250–251	Imp. Caesar **Herennius Etruscus** Augustus
251–253	Imp. Caesar Gaius Vibius Afinius **Trebonianus Gallus** I Augustus
251	Gaius Valens **Hostilianus** Messius Quintus *Caesar*
251	Gaius Vibius Afinius Gallus Veldumianus **Volusianus** *Caesar*
251	Imp. Caesar Gaius Valens **Hostilianus** Messius Quintus Augustus
253	Imp. Caesar Gaius Vibius Afinius Gallus Veldumianus **Volusianus** Augustus
253	Imp. Caesar Marcus Aemilius **Aemilianus** Augustus
253–260	Imp. Caesar Publius Licinius **Valerianus** Augustus
253–260	Publius Licinius Egnatius **Gallienus** *Caesar*
253–258	Publius Licinius Cornelius **Valerianus** *Caesar*
258–260	Publius Licinius Cornelius **Saloninus** Valerianus *Caesar*
259–268	Imp. Caesar Marcus Cassianius Latinius **Postumus** Augustus
260–268	Imp. Caesar Publius Licinius Egnatius **Gallienus** Augustus
260	Imp. Caesar Publius Licinius Cornelius **Saloninus** Valerianus Augustus
260	Imp. Caesar Cornelius Publius **Regalianus** Augustus
260	Imp. Caesar **Ingenuus** Augustus
260-261	Imp. Caesar Titus Fulvius Iunius **Macrinianus** Augustus
260–261	Imp. Caesar Titus Fulvius Iunius **Quietus** Augustus
260–266	Septimius **Odaenath**
266–272	Lucius Aurelius Septimius **Vaballathus** Athenodorus

266–273	Septimia **Zenobia**
268	Imp. Caesar **Aureolus** Augustus
268	Imp. Caesar Ulpius Cornelius **Laelianus** Augustus
268	Imp. Caesar Marcus Aurelius **Marius** Augustus
268–270	Imp. Caesar Marcus Piavvonius **Victorinus** Augustus
268–270	Imp. Caesar Marcus Aurelius Valerius **Claudius II** Gothicus Maximus Augustus
270	Imp. Caesar Gaius **Domitianus II** Augustus
270–273	Imp. Caesar Gaius Pius Esuvius **Tetricus I** Augustus
270–273	Imp. Caesar Gaius Pius Esuvius **Tetricus II** Augustus
270	Imp. Caesar Marcus Aurelius Claudius **Quintillus** Augustus
270–275	Imp. Caesar Lucius Domitius **Aurelianus** Augustus
275	**Ulpia Severina** Augusta
275–276	Imp. Caesar Marcus Claudius **Tacitus** Augustus
276	Imp. Caesar Marcus Annius **Florianus** Augustus
276–280	Imp. Caesar **Bonosus** Augustus
276–282	Imp. Caesar Marcus Aurelius Equitius **Probus** Augustus
282–283	Imp.Caesar Marcus Aurelius Numerius **Carus** Augustus
282–283	Marcus Aurelius Numerius **Numerianus** *Caesar*
283–285	Imp. Caesar Marcus Aurelius **Carinus** Augustus
283–284	Imp. Caesar Marcus Aurelius Numerius **Numerianus** Augustus
283–285	Imp. Caesar Marcus Aurelius Sabinus **Iulianus** Augustus

Der ‚kanonische' Beginn der Spätantike

284–305	Imp. Diocletianus